国家自然科学基金重点项目
"变革环境下的组织变革及其管理研究"（71832006）成果

U0661009

变革环境下的组织转型理论研究

刘 洪◎著

南京大学出版社

序　言

变革是组织管理的永恒主题。早在霍桑研究时代(1924—1932),学者们就提出了这样的观点:组织中唯一不变的准则就是变。组织之所以要不断地变革,就是试图通过对组织与环境以及组织内部各部门的关系、管理者和员工的态度与行为的改变,使组织能够适应环境的变化。为此,组织变革研究要解决组织为何要变革? 组织如何变革? 驱动组织变革的动因是什么? 如何评判组织变革的有效性? 这四大方面的问题。在系统属性上,将企业看成是开放的、社会构建的系统,并分别从整体性环境和层次性环境两个维度,来研究如何进行组织变革并提出各种相关理论。尽管研究成果已有很多,但问题与挑战依然存在:第一,企业环境已经发生深刻变革,正在孕育的新一轮科技革命和产业革命,将重构人们的学习、生活和工作方式,使得原有的组织假设前提正在发生改变;第二,企业与环境之间的关系已由简单的影响与被影响关系,转变成为相互影响的复杂交互作用关系,需要从生态学的视角看待每个个体企业的生存与发展;第三,现实生活中涌现出的平台经济、共享经济、网络经济、远程工作和共享办公等新的经济业态和工作方式,正在改变人们的生活与工作习惯;第四,就我国情况而言,市场经济发展水平与西方发达国家相比,尚处于初级阶段,我国的国情也与西方国家有很大不同,广大企业处于转型变革时期,整体经济进入了新常态。因此,人们不禁要问:既然环境及其与企业的关系已经发生了深刻变化,既然我国的市场经济发展阶段、国情与西方发达国家都不同,那么,已有的以西方企业为基础发展起来的变革理论还适用吗? 成功企业案例是否具有普适性、合法性? 此外,我国经济处于经济转型时期,大量企业需要转型变革,国家发展战略、发展理念和目标也在调整。那么,适合我国企业的组织变革理论与模型是什么? 总之,在企业环境发生了深刻变化的今天,不管是理论界还是实践界,都需要对已有理论与方法的适用性,进行重新审视,并发展出适合时代需要和我国国情的新理论与新方法。

带着上述思考,2018 年我申请并获得了国家自然科学基金项目"基于中国实践的组织行为与人力资源管理研究"学科重点项目群(G0202)的"变革环境下的组织变革及其管理研究"。本项目以我国处于市场初级阶段、经济新常态和进入后工业化阶段的国情为背景,以新时期国家发展的"五位一体"发展总布局,以"创新、协调、绿色、开放、共享"发展理念和全面建成小康社会的发展目标为指引,以现有组织变革与管理理论为基础,围绕我国企业组织转型变革为研究对象,以期在实践上为广大企业的转型升级,探求理论、方法和政策上的建议,在学术上发展在复杂环境下组织变革与管理的理论与方法。此外,根据社会发展的趋势,比如工业 4.0 和组织形式的网络化等,将企业看成是复杂适应系统,以此探求组织变革的目标模式。在上述学术思想指导下,根据对已有理论存在问题与挑战的思考,将本项目研究聚焦于以下五大问题:1. 环境发生了哪些深刻变化? 2. 这些变化的环境是如何影响企业的? 3. 企业如何应对环境的变化? 4. 能够适应变革环境的企业是什么样的一个组织? 5. 企业发展需要什么样的外部环境?

为了回答上述五大问题,课题组将研究内容划分为四个子课题。

子课题 1:环境变革因素辨识及其对企业影响作用机制。主要目的是辨识环境变化的本质特征,揭示主要因素对企业影响的内在机制。研究的问题包括:哪些环境变化的因素对企业有重要影响? 这些因素是如何变化的? 它们又是如何影响企业的? 影响的后果怎样?

子课题 2:适应变革环境的组织变革目标模式与变革有效性的评价。主要目的是指明组织变革方向,寻找合适的变革方法,评判变革的有效性。研究的问题包括:变革类型与变革方法相互匹配的"整合模式"是什么? 在理论上,组织变革的目标模式是什么? 在实践中,标杆企业的做法是否具有合法性、普适性? 评判"整合模式"、目标模式有效性的依据是什么?

子课题 3:组织变革的权变模式。主要目的是着重解决变革管理中的几个关键理论问题,包括组织应该何时启动变革? 从哪里开始变革? 变革的规模(局部/全局)、节奏(间隙/渐进)和过程(独立/关联)受哪些因素影响? 也就是变革时机辨识、变革内容转移的学习机制、变革策略选择等问题,并结合我国企业的实际,提出相关理论假设并进行验证。

子课题 4:组织变革及其管理的政策与建议。主要目的是为我国企业组织变革提出解决方案。研究的内容包括不同类型企业的变革需求与政策影响分析研究,组织变革目标与发展途径选择研究,变革能力培育与组织阻力克服研究,案例分析与政策建议研究。

通过对这些问题的研究,本研究试图达到四个方面的目的。第一,辨识出变革环境对企业发展的影响因素及其影响机制,即弄清楚原有理论的假设前提是否发生了变化?发生了什么样的变化?这是探讨变革环境下组织变革及其管理理论与方法的最基础性工作。第二,通过设计出变革类型与变革方法相互匹配的整合模式,以期解决理论多样性和实践活动多样性带来的指导实践难题。第三,探索组织变革目标模型与变革有效性,即回答:适应变革环境的企业应该是什么样的一个组织?现有成功案例是否具有普适性、合法性?评价组织变革是否有效的依据是什么?这些都是变革环境下组织变革与管理实践活动需要回答的问题。第四,从企业发展内在动力学机制上,对变革时机、变革内容转移的学习机制和变革策略选择等,总结出一般性原理,使研究成果更具普适性。

本项目主要特色体现在四个方面:

第一,研究背景的时代性。本项目研究以寻求新时期组织变革的理论与方法为目标,根据新时期企业环境变化的特点,从中辨识出与过去不同的、对企业有重大影响的因素,探求其对企业的影响和作用机制。

第二,研究对象的针对性。本项目研究探索适合我国企业组织变革的理论与方法,以我国企业环境为背景,以解决我国企业转型升级过程中的问题为研究对象,探索适合我国企业的组织变革理论与方法。

第三,研究理论的整合性。本项目研究根据已有研究成果,给出研究的理论整合框架,有助于重新审视不同理论的适用情景和边界条件。

第四,跨学科、多方法的应用。本研究项目应用组织管理学、组织行为学、社会心理学、复杂性科学等理论,综合利用组织研究方法、数据挖掘分析方法、模拟与统计分析和案例研究等方法,以应对研究问题的复杂性。

本项目研究主要创新体现在理论、方法和内容三个方面:

理论上,根据经济网络化的特点,提出企业作为经济网络"节点"的观点,从而将企业与环境的关系看成是复杂适应系统的整体与局部关系,有助于揭示企业与环境之间关系的复杂性,也为组织变革提供了目标方向,并拓展了企业是开放系统、社会构建系统的理论假设。

方法上,构建环境与企业之间的跨层次分析模型。以企业投入产出要素为中介,通过构建环境因素辨识矩阵,找出影响企业的主要因素,分析它们对企业的影响作用机制,使环境与企业关系的研究落到实处,避免原有理论多样化在指导具体变革活动时带来无从下手的困境。

内容上,为企业的组织变革及管理问题提出解决方案,按照"变革环境-影响机制-变革目标-权变模型-政策建议"的逻辑过程,对变革时机选择、变革内容转移学习机制、变革路径策略等问题进行研究,提出了诸如变革时间窗口、变革目标与路径匹配、企业非规模化变革、组织韧性与脆弱性、生态危机下企业修复等概念或观点,它们不仅是本领域研究的新内容,也是管理者关注的实际问题。

本书主要收集项目研究阶段性成果中的理论部分,内容包括4个模块。

模块1:组织变革研究历史、现状与趋势。包括"变革环境下的组织变革及其管理研究综述"、"组织韧性研究脉络、热点揭示与展望"、"人工智能会引起新的路德运动吗?"和"数字化时代的人力资源管理现状与展望"。

模块2:环境与组织变革的关系。包括"环境变化的层次性因素与相应的组织变革策略"和"变革环境下的组织变革目标、路径与策略"。

模块3:企业如何进行转型性变革。包括"转型性变革的时机及影响因素"、"转型变革时期的企业出路"、"平台经济下企业的非规模化变革"、"经济网络效应的临界规模及其组织生态学分析"和"企业数字化模式、路径和影响因素"。

模块4:危机情境下的企业转型。包括"组织韧性概念、特征、测量与概念策略"、"组织易感性、脆弱性、风险与韧性整合的分析模型"、"商业生态危机下的个体组织修复策略"、"面对可预见的危机:应急变革还是有计划变革?"和"适应间断平衡的企业反转过程与策略"。

当然,上述划分主要是希望帮助读者浏览本书概况而不会显得凌乱,其实从具体内容上讲有些章节也是可以放在其它模块里的,比如"组织韧性概念、特征、测量与概念策略"和"企业数字化模式、路径和影响因素"很大篇幅上是概念与研究现状介绍,因此放在模块1也是合适的。但从主题阅读的角度讲,这些章节人为地归为哪一类意义不大,因为每一篇都是相对独立的,只是参考文献被集中到了一起,以避免重复。总体而言,本书各章内容既有对传统理论研究的总结,也有对发展趋势的展望;既有纯理论的探讨,也有对现实问题的思考;通过历史总结、现状分析、实践剖析,不仅提炼出了理论成果,也对企业的转型升级提出了针对性对策建议。其中绝大多数内容都是尚未发表的最新研究成果。

本书主要为我本人思考研究的理论成果,其中也部分凝结了我的研究团队、在读学生的研究所得,他们所做的大量实证工作并没有囊括在内,拟另行整理出版。借此机会,我要对他们的努力与奉献表示衷心的感谢。本项目所在的项目群专家指导组的专家王重鸣教授、张志学教授、杨百寅教授、刘军教授、施俊琦教授,在项目启动论证会和每年交流检查会上,都给出了非常有价值的指导意见;所在项目群中赵曙明教授、刘善仕教授、刘智强教授的项目研究团队,也给予本项目研究很多支持和帮助,并从相互交流中我和我的团队学到很多,我也要对他们的无私奉献表示由衷的感谢;书中引用了许多学者的文献并给出出处,对他们表示感谢。本书出版离不开南京大学出版社的垂青,尤其是胡豪编审为本书做了精心、细致的工作。最后,我还要再次感谢国家自然科学基金会的资助和管理科学部领导的悉心指导。

在当今变革的环境下,学术研究发展迅速,本书仓促出版的主要动机是为了便于学术交流,其中的很多理论有待于实践的验证和完善,也可能存在争议性。因此,我真诚欢迎批评指正,也期待与大家共同对新时期的组织变革与管理开展交流与研究。

目 录

第1章 变革环境下的组织变革及其管理研究综述 ⋯⋯⋯⋯⋯⋯ 001

1.1 组织变革研究的现实意义 ⋯⋯⋯⋯⋯⋯⋯⋯ 001

1.2 组织变革研究的视角 ⋯⋯⋯⋯⋯⋯⋯⋯ 003

1.3 组织变革研究的内容及历史演变 ⋯⋯⋯⋯⋯⋯ 005

1.4 组织变革的动机与驱动因素 ⋯⋯⋯⋯⋯⋯ 007

1.5 组织变革过程及其管理的研究 ⋯⋯⋯⋯⋯⋯ 014

1.6 组织变革的结果评价以及影响因素 ⋯⋯⋯⋯⋯⋯ 016

1.7 组织学习与组织变革的关系 ⋯⋯⋯⋯⋯⋯ 018

1.8 现代组织环境及其与组织关系的变化 ⋯⋯⋯⋯⋯⋯ 019

1.9 已有研究主要结论与存在的不足 ⋯⋯⋯⋯⋯⋯ 021

1.10 有待研究的主要问题及意义 ⋯⋯⋯⋯⋯⋯ 024

第2章 组织环境的层次性与相应的变革策略 ⋯⋯⋯⋯⋯⋯ 026

2.1 引言 ⋯⋯⋯⋯⋯⋯⋯⋯⋯⋯ 026

2.2 组织环境因素的层次性 ⋯⋯⋯⋯⋯⋯ 027

2.3 不同层次环境因素变化对组织变革影响的直接性、紧迫性

⋯⋯⋯⋯⋯⋯⋯⋯⋯⋯ 030

2.4 应对不同层次环境因素变化的组织变革策略 ⋯⋯⋯⋯ 032

2.5 结论 ⋯⋯⋯⋯⋯⋯⋯⋯⋯⋯ 037

第3章 变革环境下的组织变革目标、路径与策略 ⋯⋯⋯⋯ 038

3.1 引言 ⋯⋯⋯⋯⋯⋯⋯⋯⋯⋯ 038

3.2 当今组织变革环境的特点 ⋯⋯⋯⋯⋯⋯ 039

3.3 组织变革的困难与需求 ⋯⋯⋯⋯⋯⋯ 045

3.4 变革的目标与能力 ⋯⋯⋯⋯⋯⋯ 050

3.5 不同变革目标与路径匹配下的变革策略 ·············· 054

3.6 当今组织的变革过程与模式 ·············· 059

3.7 结论与讨论 ·············· 061

第4章 转型性变革的时机及影响因素 ·············· 063

4.1 引言 ·············· 063

4.2 渐进性变革与转型性变革 ·············· 064

4.3 有计划变革与应急变革 ·············· 070

4.4 转型性变革的时间窗口与时机选择 ·············· 073

4.5 结束语 ·············· 079

第5章 转型变革时期的企业出路 ·············· 080

5.1 企业发展总体阶段的定位 ·············· 080

5.2 观念转变先行 ·············· 082

5.3 整体性重构 ·············· 085

5.4 问题导向的行动：预见性、关键性、联动性、自主性 ·············· 093

第6章 平台经济下企业的非规模化变革 ·············· 097

6.1 引言 ·············· 097

6.2 非规模化经营企业的主要特征 ·············· 098

6.3 非规模化企业发展给传统企业带来的挑战 ·············· 099

6.4 传统企业实现非规模化经营的变革发展策略 ·············· 101

6.5 结论 ·············· 105

第7章 网络效应的临界规模及其组织生态学分析 ·············· 106

7.1 引言 ·············· 106

7.2 网络效应及其类型 ·············· 107

7.3 网络效应发生的影响因素与临界规模 ·············· 109

7.4 网络效应临界规模的组织生态学分析 ·············· 110

7.5 结论与启示 ·············· 117

第8章 企业数字化转型模式、路径和影响因素 ·············· 119

8.1 引言 ·············· 119

8.2 企业数字化转型概念 ·············· 120

8.3 企业数字化转型的过程 ·············· 126

8.4 企业数字化的驱动因素与模式 ·············· 131

8.5　企业数字化实现路径与实施策略　⋯⋯⋯⋯⋯⋯⋯⋯⋯⋯　140

8.6　研究展望　⋯⋯⋯⋯⋯⋯⋯⋯⋯⋯　149

第 9 章　组织韧性的概念、特征、测量及管理策略　⋯⋯⋯⋯⋯⋯　152

9.1　韧性的定义　⋯⋯⋯⋯⋯⋯⋯⋯⋯⋯⋯⋯⋯　152

9.2　组织韧性　⋯⋯⋯⋯⋯⋯⋯⋯⋯⋯　155

9.3　韧性的企业具有的特征　⋯⋯⋯⋯⋯⋯⋯⋯⋯　161

9.4　组织韧性的测量　⋯⋯⋯⋯⋯⋯⋯⋯⋯　164

9.5　提高组织韧性有哪些途径、方法或手段　⋯⋯⋯　167

9.6　有待研究的问题　⋯⋯⋯⋯⋯⋯⋯⋯⋯　176

第 10 章　组织韧性研究脉络、热点揭示与未来展望　⋯⋯⋯⋯　177

10.1　引言　⋯⋯⋯⋯⋯⋯⋯⋯⋯⋯⋯⋯⋯⋯⋯　177

10.2　研究方法与数据　⋯⋯⋯⋯⋯⋯⋯⋯⋯⋯⋯　179

10.3　组织韧性的研究概貌　⋯⋯⋯⋯⋯⋯⋯⋯　180

10.4　组织韧性界定、研究脉络与热点主题　⋯⋯⋯⋯　186

10.5　研究结论与未来展望　⋯⋯⋯⋯⋯⋯⋯⋯⋯　195

第 11 章　组织易感性、脆弱性、危机与韧性整合的分析模型　⋯⋯　198

11.1　引言　⋯⋯⋯⋯⋯⋯⋯⋯⋯⋯⋯⋯⋯⋯⋯　198

11.2　组织危机的事故来源　⋯⋯⋯⋯⋯⋯⋯⋯⋯　200

11.3　组织易感性及相关推论　⋯⋯⋯⋯⋯⋯⋯⋯　203

11.4　组织脆弱性及其特点　⋯⋯⋯⋯⋯⋯⋯⋯⋯　207

11.5　组织易感性、脆弱性、危机与组织韧性之间的关系　⋯⋯⋯　210

11.6　降低组织易感性、脆弱性的可能策略　⋯⋯⋯　212

11.7　未来研究方向　⋯⋯⋯⋯⋯⋯⋯⋯⋯⋯⋯　214

第 12 章　商业生态危机下的个体组织修复策略　⋯⋯⋯⋯⋯⋯　216

12.1　引言　⋯⋯⋯⋯⋯⋯⋯⋯⋯⋯⋯⋯⋯⋯⋯　216

12.2　商业生态及其演化　⋯⋯⋯⋯⋯⋯⋯⋯⋯⋯　217

12.3　商业生态危机下企业个体应对策略　⋯⋯⋯⋯　222

12.4　结论　⋯⋯⋯⋯⋯⋯⋯⋯⋯⋯⋯⋯⋯⋯⋯　230

第 13 章　面对可预见的危机：应急变革还是有计划变革？　⋯⋯　231

13.1　引言　⋯⋯⋯⋯⋯⋯⋯⋯⋯⋯⋯⋯⋯⋯⋯　231

13.2　组织演化过程中的危机相关理论　⋯⋯⋯⋯⋯　233

13.3 应对危机的组织变革策略 ·· 259

13.4 来自华为公司的证据与经验 ······································ 268

13.5 结论 ·· 277

第14章 适应间断平衡的企业反转过程与策略 ················· 278

14.1 引言 ·· 278

14.2 疫情对企业的影响与间断平衡 ································· 280

14.3 反转过程 ·· 285

14.4 应对策略 ·· 290

14.5 结论 ·· 298

第15章 人工智能发展会引发新的卢德运动吗? ·············· 299

15.1 引言 ·· 299

15.2 卢德运动起源与新时期的担忧 ································· 300

15.3 智能技术与就业的关系 ··· 302

15.4 关于智能技术与就业关系的历史眼光与宏观视角 ···· 304

15.5 研究结论与建议 ··· 306

第16章 数字化时代的人力资源管理研究现状与展望 ······· 308

16.1 引言 ·· 308

16.2 数据库和主要期刊 ··· 310

16.3 关键词和主题分布 ··· 313

16.4 结论与未来研究方向 ··· 326

附录 ··· 330

1 企业数字化水平测量量表 ··· 330

2 个人韧性量表 ··· 330

3 组织韧性测量问卷基本条目 ··· 341

参考文献 ··· 345

第1章

变革环境下的组织变革及其管理研究综述

变革是组织管理的永恒主题。以信息技术、人工智能等为代表的现代科学技术的发展及其广泛应用，正在重构人们的生活、学习和思维方式，颠覆着现有产业形态、劳动分工和组织方式。这些因素在改变组织环境的同时，也在改变已有组织变革理论中有关组织与环境关系的假设前提，因而组织变革需要发展出适合变革环境的理论与方法。本文在对组织变革及其管理研究进行系统、全面回顾的基础上，总结已有研究的主要结论，指出其存在的不足和有待研究的问题及意义。

1.1 组织变革研究的现实意义

当今世界，以信息技术、人工智能、生物技术等为代表的现代科学技术正在推动新一轮科技革命和产业变革，对人类社会会带来难以估量的影响，将重构人们的生活、学习和思维方式，颠覆现有很多产业的形态、分工和组织方式[①]；在企业内部，员工的多代际、年轻化和多样化，信息网络通讯技术、人工智能技术的普遍采用，对工作方式、组织模式和领导力提出了新的要求（张志学，施俊琦，刘军，2016）。这些都意味着企业的内外部环境正在发生根本性的变化，其不稳定性、不确定性、复杂性和模糊性（简称 VUCA）愈加明显（Mack et al.，2016）。作为开放、社会构建系统的企业组织，与所在环

---

① 2017 年第 5 期应急管理项目《应对新科技革命和产业变革进程的政策研究》申请指南 http://www.nsfc.gov.cn/publish/portal0/tab434/info71303.htm

境之间的关系已经由影响与被影响的关系（O'Shaughnessy，1964；Khand-walla，1972）转变为相互作用的复杂适应系统关系（Basile & Dominici，2016），只有根据变化了的和正在变化的环境不断变革，包括不断调整自己目标、结构和功能，才能长久生存与持续发展（Gendron，2015；Norman，2015）。

组织变革是企业管理中重要而永恒的主题，对于变革动因以及如何变革，学者们提出了各种各样的理论（Wen & Yazdanifard，2014），实践者们也开发出了多种方法（By，2005；Vora，2015）。然而，实践表明，组织变革活动达到预期目标的比率并不高，有学者调查的结论是30%～50%（Burnes & Jackson，2011；Mcginnis，2015）。这说明现有的组织变革理论和方法并不能保证组织变革的成功，不同行业、不同规模或处于不同生命周期阶段的企业进行组织变革需要与之适应的理论与方法（陈国权，刘薇，2017）。在企业内外部环境发生了根本性变化的今天，不管是理论界还是实践界，都需要对已有理论与方法的有效性进行重新审视，并发展出适合时代需要的新理论和新模式（Alase，2017）。

另一方面，Web4.0（Aghaei et al.，2012）、电子媒体代替面对面沟通（van Dijk，2006）、物联网（IoT）互联互通、环境智慧（ambient intelligence）、普适计算（ubiquitous computing）（Kaivo-Oja et al.，2017）、大数据和智能化等新兴技术的兴起与推广应用，使得互联网、市场、人群、机器和媒体相互以复杂的方式联结（Roth et al.，2013），涌现出诸如平台经济、共享经济、共享办公（Hi work）、网络组织和远程工作（telework）等新兴经济形态和组织工作模式（克劳斯，2016），越来越多企业在战略层面、运作层面和影响员工行为的制度层面上做出各种努力，比如进行业务跨界、资本众筹、结构重组等（Zimmerman，2015；Mcconnel et al.，2015；OECD，2014）。然而，这些努力的合法性、普适性和有效性等需要总结、验证和提炼出具有现实推广价值的组织变革原则、方法和策略等。

就我国情况而言，社会经济正处于前所未有的转型变革时期。在政治上，中国共产党"十九大"制定了新时代国家发展战略目标，确立了新的发展理念，指出社会主要矛盾发生了关系全局的历史性转变，倡导通过发展"一带一路"等构建全球命运共同体（习近平，2017）；在经济上，我国已经进入经济新常态，由工业化进入后工业化发展阶段（胡鞍钢，2017），政府通过推行"三去一补"实行供给侧改革，大量企业需要转型升级；在社会上，老龄化社会的来临(戴翔等,2016),劳动力队伍的长期短缺与近期过剩、宏观丰富与微观不匹配和多代际员工、跨文化冲突、零工经济兴起(吴敬贤、姚金安,2016;叶健,2015),都要求各类组织发展新型领导力和管理新理论、新方法;在技术上,智能技术普及应用,数字经济、平台经济、网络经济日益发展,给企业组织方式、人们工作方式和生活方式带来革命性的变化(张新红,2016;钟春平等,2017)。面对变革的环境条件,企业如何应对、适应和发展,不仅学术界在理论上没有做好准备,且实践界虽不断试错,但尚未形成被认可的普遍使用的组织变革与发展模式。

因此,以我国企业的组织变革实践为研究对象,发展适合我国企业的组织变革及其管理理论与方法,不仅具有理论价值,也有实践意义。

1.2 组织变革研究的视角

研究组织变革的起点是界定组织的系统属性(Grix,2002)。已有研究关于组织的系统属性主要有开放系统观和社会构建系统观。开放系统观就是将组织看成是一个与环境不断进行交互的生命有机体,通过对内部结构关系以及与环境中其它主体关系的调整和变革,实现组织与环境的协同进化(Katz & Kahn,1966)。遵循这一观点的组织变革理论有权变理论(contingency theory)、战略选择理论(strategic choice theory)、资源依赖理论(resource dependency theory)和资源基础理论(resource based theory)等,它们将环境看成是组织行为的解释变量。但是,组织并不是人,而是由人有意识建立起来的,以实现某些功能或目标的集合体(Tsoukas,2009)。即组织是"社会构建"(social construction)的,是可以人为设置、调整和改变的;组织设计的目的就是如何使其与所处环境进行匹配(丹尼尔,1986)。遵循这一观点的组织变革理论有新制度理论(new institutional theory)、企业行为理论(behavioral theory of the firm)、组织学习理论(organizational learning theory)、演化理论(evolutionary theory)、认知理论(cognitive theory)和政治方法(political approach)等,它们认为组织中的人在环境与组织变革之间起重要的解释因子作用。

已有研究在分析环境对组织的影响时候,主要有要素视角和层次视角(参见图1-1)。

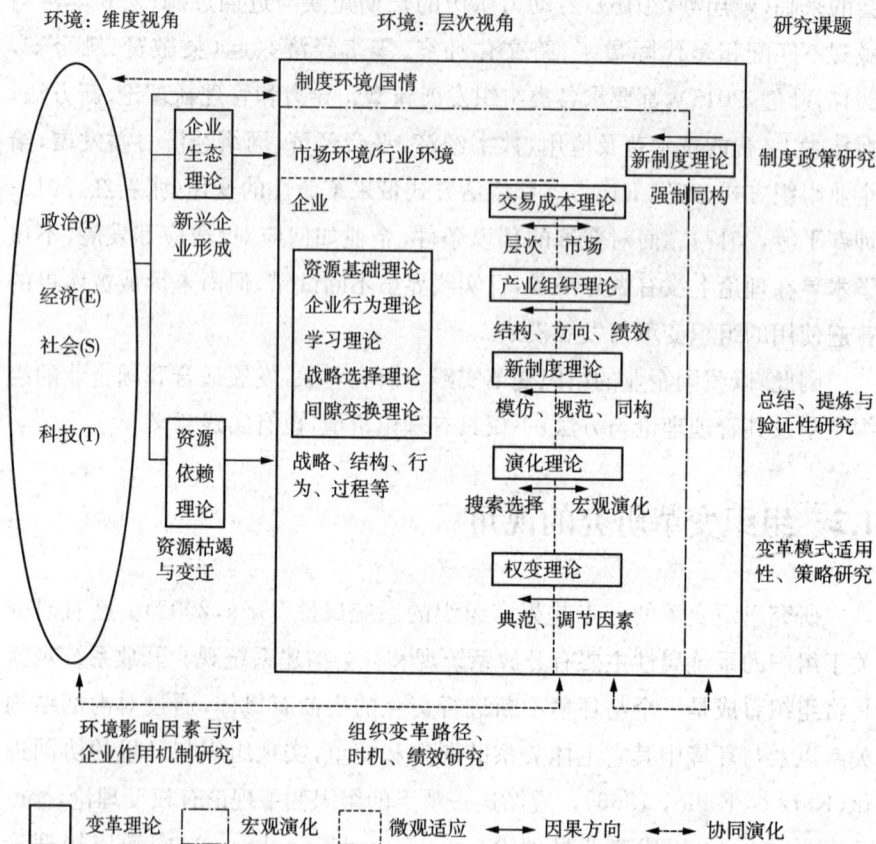

图1-1　组织变革研究的视角、理论与课题

参考：Lewin, A. Y., Weigelt, C. B., & Emery, J. D. (2004). Adaptation and Selection in Strategy and Change-perspectives on Strategic Change in Organizations. Handbook of Organizational Change and Innovation. New York：Oxford University Press, 108-149.

　　要素视角就是将环境的各种因素归结为几个维度，然后分析不同维度上的因素对组织行为与绩效的影响，典型的方法是 PEST 分析（Political, Economic, Social, Technological），也称为 STEP（Narayanan & Fahey, 1994；Clulow, 2005）。PEST 通常被用来分析一个企业或一个行业在整体环境中的地位（比如 Vrontis & Vignali, 2001；McManus et al., 2007），或者用来分析一定环境条件下组织的合法性（legitimacy），所以有时也称为 PESTL 分析（Jacobs et al., 2013）。层次视角就是将组织的环境依据环境中的各种因素对组织行为与绩效影响的直接性、重要性程度分为内部环境、市场环境、总体环境和超环境（陈定国，1983）几个不同层次，距离企业越远层次的环境因素对企业的影响作用越小、越弱、越长远。如果一个组织能够很好地完成环境所期待的任务,有效地应对内外部环境的影响,实现资源利用最大化,那么该组织就不需要变革,反之,该组织就需要变革了(Al-Haddad & Kotnour,2015)。

1.3 组织变革研究的内容及历史演变

从文献查阅看,组织变革这一主题的提出可追溯到 1924 年《哈佛商业评论》(HBR)发表的一篇案例研究[①]。作者在其中提出组织的采购与销售、服务和控制部门要根据市场变化情况进行适时变革。在第二次世界大战之后,人际关系成为企业管理研究的重要内容,组织变革研究重点相应地聚焦于探讨组织中权力的分配,以期企业能对环境变化做出快速响应和具有适应性的柔性能力(O'Shaughnessy,1964)。这一时期组织变革的主要目的是增加企业利润,强调人的心理在变革过程中起重要作用,因此提倡组织须把注意力放到员工身上(Sofer,1964)。1960 年代以后,学者们开始提出组织变革的理论与方法(Hempel & Martinsons,2009),认为有计划的变革过程对变革的成功起重要作用(Tichy,1974);员工参与,尤其是高层管理者的参与与决心,对提高组织沟通效果,激励员工支持变革和专注于组织目标的实现有着重要影响(Zeira & Harari,1975;Hunt,1980)。

到了 1980 年代和 1990 年代,人事管理开始转向人力资源管理,信息技术应用、领导力开发、员工发展成为企业管理研究的主要内容。组织变革的议题主要是围绕工作结构、组织发展(OD)、兼并收购和组织文化(Sashkin & Burke,1987)而展开。这一阶段,学者们着重探讨建立高绩效、高承诺的工作系统和国际领域的组织变革能力(Woodman,1989),强调领导者在快速变革和实施变革过程中的重要性,并认为相比其他类型领导,魅力型领导更能加快组织变革和增强员工之间的协同性(Nadler & Tushman,1990),能较好地解决因为组织变革而导致的员工积极性下降的问题(Gambrell et al.,1992)。

---

① Case Study in Business: Separation of the Buying and Selling Function in a Department Store. Harvard Business Review. Apr 1924,2(3):362-367.

1990 年代以后,组织变革文献主要讨论变革情景、变革过程和变革后果,探讨组织导向、组织结构和组织环境的相互匹配性(Armenakis & Bedeian,1999),内容涉及战略、胜任能力、运作过程、资源、产出、市场挑战和学习能力等。其中,变革情景是指影响组织内部运作以及对环境变革做出反应的内外部因素;变革过程就是实施变革的过程。例如 Lewin(1947)的解冻、移动、再冻结三阶段模型,Judson(1991)的五阶段模型和 Kotter(1995)的八步骤模型等;变革后果包括变革阻力、讨价还价、变革承诺、犬儒主义和个人对变革的反应等。2000 年以后,环境的快速变化和市场竞争加剧,环境不确定性加大,而具有高质量领导力和员工队伍的组织可以应对不确定性,因此领导力与人际关系、变革阻力等成为组织变革研究的流行主题(Sugarman,2001)。有研究表明,领导者在变革过程中的作用就是影响员工围绕组织愿景行事,所以领导者要关注员工的心理,觉察员工对变革的阻力(Skinner,2010)。但是 Hanson(2013)认为,过于夸大领导者在组织变革过程中的作用是组织变革失败率高的最大原因。

近些年来,技术革命引致组织结构变革、任务变革和人的变革(Shien & Yazdanifard,2014),员工参与、变革领导力开发、克服变革阻力成为组织变革的主要内容(Alhaddad & Kotnour,2015);研究强调通过系统的变革和对变革过程的管理(Carr & Gabriel,2018)来"连续更新组织的方向、结构和能力,以满足内外部顾客不断变化的需求"(Moran & Brightman,2001)。Celik 和 Ozsoy(2016)指出,成功的组织变革在变革之前要关注变革的计划、领导力、承诺和沟通,在变革过程中要关注时间表、上下沟通、团队质量和变革范围,在变革之后还要关注领导力、后续计划和员工参与。此外,大数据应用(Shah,Irani & Sharif,2017)、跨界重构(Chung,Jing & Jin,2014)和组织创造力提升(Jeong & Shin,2019)等战略层次的变革内容,也逐渐成为组织变革研究关注的重点领域(Jalagat,2016)。

我国企业的组织变革及其管理问题也受到了越来越多学者的关注与研究。2017 年,《管理科学》期刊专门开辟了"本土化的组织变革与创新"专栏(陆昌勤等,2017),《管理世界》、《经济研究》、《中国软科学》、《中国工业经济》等重要学术期刊也都发表相关论文(比如:谢康等,2016;林忠等,2016;吕一博等,2016;朱其权等,2017;宁光杰,林子亮,2014;韩雪亮,2016),探讨我国企业组织变革的影响因素以及由于组织变革导致的员工心理、行为和绩效变化,得出了很有学术价值和具有建设性的结论。

1.4 组织变革的动机与驱动因素

组织变革研究主要回答四个方面的问题:组织为什么要变革? 驱动组织变革的因素有哪些? 它们是如何驱动组织变革的? 组织如何进行变革? 如何衡量组织变革的效果? 对于这些问题的研究以及它们相互之间的关系可归结如表 1-1 所示。

表 1-1　组织变革的主要理论

			变革驱动因素理论									
			权变理论	战略选择	资源依赖	新制度理论	企业行为	资源基础	组织学习	演化理论	认知理论	政治方法
系统属性		开放系统	√	√	√			√				
		社会构建系统				√	√		√	√	√	√
为何变革		生命周期论								√		
		竞争选择	√			√	√			√		
		目的论		√	√	√						
		辩证论									√	√
如何变革	计划性	有计划	√	√	√							
		有计划和无计划				√	√	√		√	√	√
	规模	渐进的	√	√	√							
		激进的				√	√	√			√	√
	节奏	连续的	√	√	√					√		√
		间断的				√	√	√			√	√

参考:Parastuty, Z., Schwarz, E. J., Breitenecker, R. J., et al. (2015). Organizational Change: A Review of Theoretical Conceptions that Explain How and Why Young Firms Change. Review of Managerial Science, 9(2):241-259.

组织变革活动普遍被认为是为了提升组织的绩效,然而,对于变革而言,什么是组织绩效则有不同的理论观点,比如股东价值(简称 E 理论)、企业能力(简称 O 理论)和企业战略。E 理论强调,组织变革的首要目标是帮助组织获取经济价值,其过程是自上而下的,关注组织结构、组织体系的调整,以达成预算为动机。O 理论认为,组织变革是为了发展组织能力,尤其是员工解决问题的能力;变革的目的就是要创造出一种体系,能够使得员工从情感上投身于组织的有效性和工作效率上,进而提升组织的经济价值。这两种组织变革目标理论体现了组织发展的需求,E 理论在组织遇到危机、技术革命时期占主导地位,而 O 理论在经济利益不是组织考虑重点而能力优先时候占主导地位。两者的比较如表 1-2 所示。

表 1-2 组织变革目标的 E 理论与 O 理论比较

组织变革的手段	E 理论	O 理论
目的	经济价值	组织能力
领导力	自上而下	参与者
聚焦	结构/体系	文化
计划	程序化	应急
激励	奖励导向	奖励滞后
咨询	宏观/知识	微观/过程

此外,对于组织为什么要变革,Van De Ven 和 Poole(1995)提出 4 个"动机":获得预想的结果(prescribed sequence)、竞争选择(competitive selection)、目标导向(goal orientation)和冲突与调和(conflicts and synthesis),相对应有 4 种理论(如图 1-2):

(1) 目的过程论

目的过程论(teleological theory),即有计划的变革,认为组织都是有目的的,为实现这些目的,组织必须具有相应的功能和结构,并在组织目的发生变化后要对这些功能和结构做出相应的调整(Bekmeier-Feuerhahn,2009)。该理论将组织发展看成是目标形成、实施、评价和远景目标的调整的循环反复过程,这也是组织变革过程中参与者有目的的经济社会构建结果。有计划变革停滞的原因在于参与者没有认识到变革需求,做出无效决策,或者对于目标方向或行动并没有形成一致意见,假设人们努力变革是因为他们感受到明显的机会、问题或威胁。同时,目的过程理论认为失败是因为只有极少数的参与者认识到变革需求。根据 James & Simon (1958)的说法,对现存条件的不满意会刺激人们去寻求改善条件,直到获得满意的结果为止。所以,满意不满意取决于人的愿望强烈的水平,而这又受到过去的

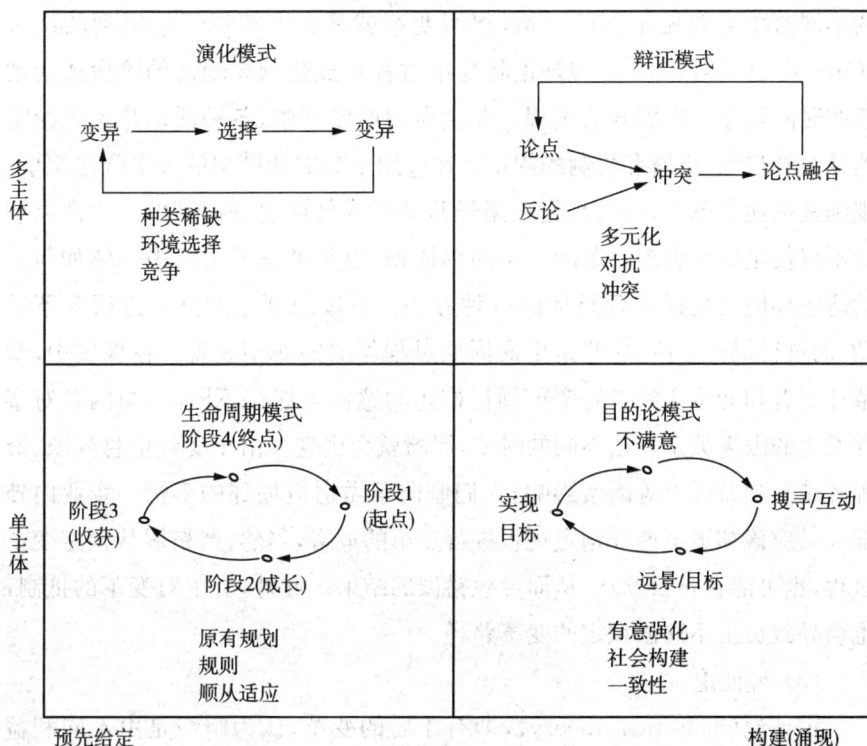

图1-2 组织变革4种动机理论

参考:Van de Ven A. H., & Sun, K. (2011). Breakdowns in Implementing Models of Organization Change. Academy of management Perspectives, 25(3): 58-74.

成功或失败的结果影响。如果现状与愿望之间差异很小的话,变革需求就不会被认识到。变革可能会逐渐地进行,但人们并不会逐渐地感知变革,而是无意识地适应变革条件,个人经验会刺激个人对变革需求的感知。

如果组织中的参与者对计划或目标缺乏一致性的话,目的变革过程也可能会停滞。团队建设、训练活动、聚会等社会化活动有助于大家分享理解、规范和合作态度,因而有助于形成一致性意见。员工参与目标制定过程,也有助于增强一致性(Wooldridge & Floyd, 1990)。目的变革过程的停滞也可能是计划或目标本身有缺陷,原因在于个人或团队判断的偏见,比如对于危机和决策的判断上有错误。最后,目的变革过程停滞也可能是因为参与者逃避行动责任。

（2）生命周期理论

生命周期论(life-cycle theory),即有规律的变革,认为组织在生命周期的不同阶段需要做不同的事情,组织变革就是为了获得预想得到的结果 (Gray & Ariss,1985)。该理论将变革过程看成是预先给定的阶段或活动 按照时间顺序依次展开的过程。在生命周期模型中,各种活动是预先给定 的并受到自然、逻辑和机制的规定。在应用生命周期模型的大多数组织里, 规则是描述变革的过程,且是根据经验学习或外部引进而来的。生命周期 并不仅仅是指导组织变革的一个简单模型,也是考虑了组织中个体如何主 动适应环境变化以实现目标的一种方法。不按照预定的路径进行变革活 动,而进行局部适应,这些是生命周期过程停滞的典型表现。在现实中,变 革计划者和变革实施者对变革预订描述的感悟可能是不同的,当两者对事 件发生的因果关系看法不同的时候,停滞就会出现。由于受到信息局限、资 源稀缺和利益诉求等因素影响,人们倾向于做适应局部的事情。企业内外 部人员应该知道不遵守预定规程进行变革的危害,当然,严格服从预定变革 过程,也可能会盲目顺从,从而导致错误的结果。此外,员工对变革的抵制, 也会导致员工不遵循预定的变革路径。

(3) 辩证论

辩证论(dialectical theory),即有矛盾的变革,认为组织是由不同利益 攸关者构成的,为化解他们之间存在的利益矛盾冲突,组织就需要在制度、 程序和目标取向等方面做出相应的改变(Benson,2013)。该理论从对立面 力量平衡的角度看待稳定与变革之间的关系,认为变革就是为了解决不同 意见之间的冲突,以寻求相互融合;冲突是辩证变革的核心机制,但错误的 解决冲突的模式就可能导致不希望的输赢结局。冲突解决有三种模式:仲 裁、调解、谈判。不同力量的存在是冲突形成的重要因素,当双方力量足够 大并相互斗争的时候,就表现为冲突。冲突可能是潜在的,直到力量大到能 够挑战对方的时候,就呈现出冲突。

(4) 演化论

演化论(evolution theroy),即有竞争的变革,认为组织为了生存,要与 其它组织争夺有限资源,而只有通过内部不断变革和改变与环境的关系,才 能得到所需的资源(Kloster,2015)。演化过程就是变异、选择、保留的递进 重复过程。变异也就是新形式的出现,通常看成是盲目或随机选择的结果; 选择主要是通过不同形式之间的竞争而出现的;保留就是保持一定形式的 组织形态。演化理论在组织层次上的应用主要来自达尔文的进化论。后来很多学者将研究的层次拓展到组织或组织内部单元上,来分析管理和行动的选择,比如在组织生命周期不同阶段需要学习、适应和获得新的变异。变异可能来自于组织对稀缺资源的争夺,选择是通过企业的资源分配机制,而保留就是对企业取得市场成功战略的学习。演化变革模式强调多样性的异质和对稀缺资源的竞争。多样性(变异)为选择提供原材料,多样性程度高者比低者更能够产生创新(Weick,1989);多样性缺乏是因为组织中探索性活动与挖掘性活动失衡的结果,如果已有路径是成功的,那么,组织就倾向于选择挖掘而不是探索,因为这样能够在短期内给组织带来更多的回报。

表1-3 不同组织变革模式下的停滞和修复

	目的论 (有计划变革)	生命周期论 (管理的变革)	辩证论 (冲突的变革)	演化论 (竞争的变革)
过程 周期	不满意、搜寻、目标设定、实施	预先给定的步骤顺序或发展阶段	矛盾、冲突、不同利益之间融合	变异、选择、不同竞争单位中保留
适用 情景	目标一致,期望的社会构建状态	根据自然、逻辑或规则,规制出程序	相对力量之间冲突	对稀缺资源的竞争
典型 停滞	• 缺乏认知 • 决策偏好 • 群体思维 • 缺乏一致性	• 抵制变革 • 缺少顺从 • 依靠指挥和控制	• 破坏性冲突 • 权力失衡 • 不可消除的差异	• 有多样性需求 • 缺少稀缺性
修复	• 引起关注 • 危机思维 • 构建共识	• 对抱怨回应 • 局部适应 • 内部委任	• 冲突管理 • 谈判技巧 • 政治智慧	• 生境开发 • 营销 • 获取竞争优势战略

参考:Van de Ven A. H., & Sun, K. (2011). Breakdowns in Implementing Models of Organization Change. Academy of management Perspectives, 25(3):58-74.

四种变革模式下组织变革过程停滞及其修复措施是不同的,如表1-3。有计划变革的目的论模式适用于群体对共同的组织目标达成一致并努力奋斗的情况。对目标不能达成一致,得到的结果是不能满足个人或群体的偏好,认知有误以及批判性思维和逃避责任等均会导致此类变革过程停滞。辩证的变革过程理论适用于在组织不同单位之间存在冲突和矛盾的情况,这一模式失败是因为冲突解决办法有问题或者冲突各方力量不平衡。有规制的生命周期模型适用于重复发生和可预测的、可以用有效方法进行组织变革的情况,其停滞是因为规则被错误地设置和人们抵制变革实施,导致参与主体蓄意破坏或抱怨变革,而不是内化为自己主动行为。变异、选择、保留的演化过程理论适用于组织不同产品、市场对稀缺资源进行争夺的情况，但当变异变得同质和资源充分或竞争不激烈的时候，这样的变革过程会停滞下来。当组织变革过程停滞出现的时候，有两种解决问题的策略。一是聚焦于行动和问题的解决，调整组织人的行为或过程，保持原有变革模型不变；第二种策略就是修正变革模型，以适应组织中变革的进程。Van de Ven & Sun（2011）给出了四种变革模式之间的关系，如图 1-3 所示。

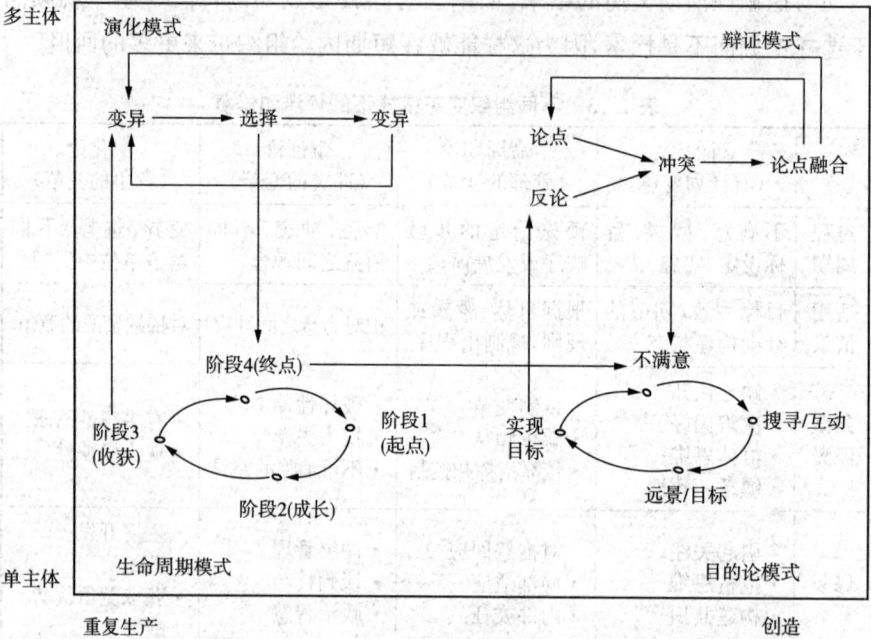

图 1-3　四种变革动机理论模式之间的关系

参考：Van de Ven A. H., & Sun, K. (2011). Breakdowns in Implementing Models of Organization Change. Academy of management Perspectives，25(3)：58 - 74.

　　除了上述变革动机之外，组织还受到一些因素的驱动而变革，Parastuty（2015）总结出比较典型的变革理论有如下十种：

　　① 权变理论，认为像组织结构、战略和环境等权变因素的变化必然引起组织中其它方面的变化(Donaldson,1987)，组织要通过对结构、功能进行连续、渐进的变革来适应环境(Gruber,2007)。

　　② 战略选择理论，强调组织在适应环境过程中管理者角色的重要性，认为环境变化并不是变革的直接源泉，因为即便有着相同的客观环境，不同的管理者感受到的变化以及紧迫性也是不同的，因而变还是不变以及如何

变革,受管理者对组织在环境中地位评估的影响(Miles & Snow,1978)。

③ 资源依赖理论,认为组织的生存与发展依赖于从环境中获取资源,组织要通过降低这种依赖性或调整所依赖资源的结构,保持对资源的控制权力(Pfeffer & Salancik,1978;Sullivan & Ford,2013)。

④ 新制度理论,将组织看成是一个柔性的、受到环境制约的实体,其获得合法性的一个途径就是不同组织之间协同一致和具有同构性,比如新企业通过模仿它所依附的机构(Ensley & Hmieleski,2005)或网络扩展(Tolbert et al.,2011)来寻求合法性。

⑤ 企业行为理论,将企业刻画成为"一个适应性的理性系统"(Cyert & March,1963),认为当环境对组织产生压力的时候,组织中理性的管理者及其下属就会将该压力转化为一系列目标、利益和期望(Augier & March,2008),从而引起组织变革;当然,组织并不仅仅受环境驱动,还受内部力量的影响(Greve,2007),所以组织追求的是满意方案而不是最优方案(Dew et al.,2009)。

⑥ 资源基础理论,认为不同企业在获取资源的能力上是异质性的,因而有着不同的增长模型(Penrose,1959),环境的变化会侵蚀企业原有的竞争优势(Hauschild & Knyphausen-Aufsess,2013),因此,企业要保持竞争优势就必须建立和发展资源基础,以期具有持续获取竞争优势资源的动态能力(Teece et al.,1997;Lichtenstein & Brush,2001)。

⑦ 组织学习理论,将组织看成是一个经验性的、适应的学习实体(March,1991),认为组织的不同层次有着不同的学习机制,在组织层次上就是日常工作方式的改变,在个人层次上就是行为和认知的变化(Crossan et al.,1999),所以组织学习导致的变革是连续的、渐进的。

⑧ 演化理论(evolutionary theory),认为组织演化过程中的变异-选择-保留(variation-selection-retention)驱动着组织变革(Aldrich & Martinez,2010)。其中,变异就是组织新规范被有意识地采纳或有意识地忽视,选择就是在组织内外部压力下获取最适合可用的资源和环境,保留就是在变异与选择过程中,通过保存、复制和再选择变异,形成组织的规则和实现可预测行为(Nelson & Winter,1982)。

⑨ 认知理论,认为组织中的不同人拥有理解事物的多重观点,对组织变革的热情和承诺也是不同的(Walsh,1995;Baron,2004)。所以,面对相

同的环境变化有的企业家认为是机会，而有的企业家却不以为然，有的企业家则更容易成功（Baron，2004）。

⑩ 政治方法，将组织看成是由一群有着不同利益和权力的人构成的政治领地（Frost & Egri，1995），而组织中人的权力是由地位、创造力和拥有的信息决定的（Quinn，1978），因此，变革就是管理权力关系和资源分配。

1.5　组织变革过程及其管理的研究

尽管变革是复杂的、多层次的，但是变革过程依旧是可以预见和规划的。组织变革过程的主要步骤包括：

· 建立一个清晰、有吸引力的远景。给出变革的理由、产生变革紧迫感，进而明确和沟通形成变革的理由或远景。这个远景通常描述期望的状态，也就是特定方面、特征或变革后的结果。形成变革远景是变革活动在最初不可或缺的一个环节。

· 将变革转移到群体或个体层面。变革远景要为组织中不同部门和个人所理解和接受。如果远景是"家庭友好的"，那么，在人力资源实践中就容易实施。组织变革过程在群体层面包括引入、采纳、持续、保持远景以及相关信念、行为的衰退。

· 个体员工对变革的采纳。变革的成功离不开员工个体对变革远景的接受，但员工个人必须做出相应的价值观、态度和行为的改变。

· 保持变革实施的势头。变革活动应得到重视和获得相应的资源，不会因为日常运作的紧迫性和缺乏关注而失败，如果变革资源不足的话，变革就会被延误或停滞，最终导致变革活动失败。保持变革就是使新行为得以持续，对于持续很长一段时间的变革活动这一点尤为重要，比如文化转型，要花费 5～7 年时间（Jick，1995）。

· 变革制度化。也就是 Lewin 的"re-freezing"（1947）。要让期望的变革产出成为组织文化、日常运作和过程的一部分。

还有研究主要从变革计划性、变革规模、变革节奏和变革方式等 4 个方面来讨论组织变革过程。

（1）变革计划性。组织为应对受到的直接威胁或环境的突然变化，比如供应商变故或高管辞职，所做出反应是高度被动的，这时候实施的组织变革就是无计划的变革,也称"涌现的变革"(Weick & Quinn,2003);如果企业领导在感知环境变化的时候,先做出一个变革计划来适应,这时候就是进行有计划的变革(Lichtenstein et al.,2006)。企业行为理论、演化理论、组织学习理论、认知理论和政治方法都认为,组织变革可以是有人为主导而有计划的,但也可以是为应对突发事件而无计划的。

(2)变革规模。组织变革可以发生在组织的局部、小范围内,渐进地进行(也称第一顺序变革,first-order change),也可以发生在组织框架本身,即进行战略性调整或组织重构等根本性的变革(也称为第二顺序变革,second-order change)(Street & Gallupe,2009),也称为革命性变革(revolutionary change)和转型变革(transformational change)(Bartunek & Moch,1987)。微观上的组织变革主要关注变革参与者的心理层面变化,比如变革态度、变革接受程度(Schwarz & Bouckenooghe,2017)等,也被称为交易型变革(transactional change);中观上的组织变革主要关注变革的背景及其对变革过程的影响,比如组织身份认同、领导力发展等变革的解释变量及机制(Eisenbach et al.,2013);宏观上的组织变革主要从社会视角关注组织的生态、组织结构、组织惯性、组织文化与天性等(Mcfarland,2016)。

(3)变革节奏。组织变革可以是连续的(continuous),也可以是断断续续的(episodic)、间隙变换式的(intermittent)。权变理论、战略选择理论、资源依赖理论、组织学习理论和政治方法认为,组织变革可以是有计划的、连续而渐进进行的;资源基础理论、新制度理论、企业行为理论和认知理论认为,在特定的时期组织可以以戏剧性、框架改变和替代者产生的形式出现(Romanelli & Tushman,1994)。也有学者指出,连续变革与间断变革是相对的,它们的区分取决于观察者的视角(Weick & Quinn,2003)。

(4)变革方式。组织可以自组织变革,也可以他组织变革(刘洪,2011)。自组织变革就是依靠组织自身具有的自修复、自复制、自增长等内在机制,实现组织与环境相匹配的演化过程,通常是"自下而上"基层自发产生或提出的变革;他组织变革就是依靠组织外部的力量引导组织的变革,内部局部的他组织变革通常是"自上而下"领导者主导的变革,整体的他组织变革通常是不同组织之间的兼并收购或政府管理规制改变的结果。

在企业做好了组织变革准备的情况下,研究者认为变革取得成效的关键就是管理层是否制定了一个好的变革过程管理模型(Sullivan, Kashiwagi

& Lines,2011)。根据变革规模是局部还是整体,变革过程的管理模型分为系统的变革方法(Systematic Change Methods)和变革管理方法(Change Management Methods)两类。

系统的变革方法就是通过确定的活动和一定的工具来帮助实施管理者在变革过程中的决策,常见的方法如 TQM、六西格玛(Six Sigma)、过程再造(Process Reengineering)等(Zook,2007);变革管理方法则是从系统整体变化的视角,瞄准组织使命、战略而设计出来的变革计划,常见的方法如Lewin 方法、Kotter 方法、Luecke 方法等(Alhaddad & Kotnour,2015)。Lewin 认为,变革作为组织有意行为包括解冻(unfreezing)、移动(moving)和再冻结(refreezing)三个步骤(Gilley,McMillan & Gilley,2009)。Lewin方法在 1950 年代到 1980 年代期间在组织变革领域占主导地位,但效果和适用性也受到不少批评(Burnes & Jackson,2011)。因为,组织变革过程既受领导力、文化、使命和战略等转型性因素影响,也受结构、体系、任务需求和个人技能等不同主体之间的交易性因素影响(Burke & Litwin,1992)。为此,Kotter(1995)、Luecke(2003)等学者提出了考虑这些因素的变革管理方法,Tuttle(2004)总结出有 12 个之多,但它们是否适合所有组织存在争议(By,2005)。

1.6　组织变革的结果评价以及影响因素

在管理者看来,当组织绩效水平低于可接受水平的时候就要进行某种变革了(Donaldson,2010),因此,绩效是被最早用来评价组织变革的结果变量。但也有研究者认为,只有改变组织成员个人的行为,成功的组织变革才能持久(Choi & Ruona,2011)。所以,对组织变革结果的评价从关注组织产出转向了员工行为,以及变革过程中员工的心理变量(Hempel & Martinsons,2009),采用经验性绩效(Sullivan et al.,2011)。也有一些学者在讨论组织变革是否失败的时候,采用的标准是"变革是否实现了预期目标"(Jacobs et al.,2013;Jansson,2013)。然而,社会系统具有"自成功"、"自失败"的特点,组织变革过程所产生的各种影响要比预期的最终结果更重要(刘洪,2011),所以,采用"效应"(effect)或有效性(effectiveness)来衡量组织变革的结果更为合适。但是,不同的组织或组织变革活动管理者所希望达到的"效应"是不同的,有的关注参与者的响应(Oreg et al.,2011),有的关注员工幸福感(Hannan & Freeman,1984),有的关注人才队伍保留(Baron et al.,2001),有的关注变革实施速度等(Walker et al.,2007),也有的关注组织合法性(Jacobs et al.,2013)。总之,学界尚未对组织变革结果的评价形成一致意见,这也与组织变革理论的多重,变革的内容层次、频率节奏和计划性不同以及变革是一个动态、非线性过程是相一致的。因此,一些学者在文献回顾中都强调组织变革结果的评价依旧是有待研究的领域(Sullivan et al.,2011;By,2005;Parastuty,2015;Alhaddad & Kotnour,2015)。

尽管对组织变革结果的评价没有形成一致意见,但这并不妨碍人们对组织变革成败原因的探讨,因为每个特定的变革活动都一定有预期的目标可作为评判标准的。Vora(2015)总结了6个影响组织变革成败的最重要因素:变革准备、系统性计划、快速解决期待、注重变革活动而忽视变革目的本身、变革管理的缺乏和变革计划与组织情景的不匹配。Sullivan 等(2011)认为,有计划的变革管理模型是保证组织变革获得绩效目标的关键因素。Shien 和 Yazdanifard(2014)在组织变革管理的文献评述中指出:组织变革成败的关键因素是领导力、变革阻力和变革承诺三大因素。领导风格决定了组织活动的程序以及如何协调与变革相关的人与事(Karsten et al.,2009);能够有效实施变革的领导者具有"多重人际关系能力"(Gilley,Mc-Millan & Gilley,2009),推行自下而上的变革过程,这样的领导也被称为魅力-变革型领导者(the charismatic-transformational leader),也被称为变革领导力(change leadership)(Gill,2002)。变革阻力来自人们对变革的迟疑,这既可能是因为人们对变革的容忍程度低(Kotter & Schlesinger,1979),也可能是他们对未知变革的恐惧(Karim & Kathawala,2005;Sætren & Laumann,2017)。有学者呼吁,与其下功夫克服变革阻力,还不如把精力放在提高员工的变革承诺(Jaros,2010)和调动员工对变革的支持上(Alase,2017)。

总而言之,组织变革的结果评价研究从关心单一结果转变到多重结果,关注的对象也从技术变革转变到结构变革、任务变革和人的变化,认为变革效果由对变革计划的依赖和对变革领导力、克服变革阻力的重视,转变到了重视员工参与、提高员工对变革的热情和支持上。

1.7 组织学习与组织变革的关系

企业行为理论认为,组织改变目标和提升问题搜寻的能力是组织学习的结果,即组织学习(organization learning)是组织实现变革的手段(Cyert & March,1963);组织是一个"适应性学习系统"(adaptive learning systems),其行为受程序、惯例和渐进学习驱动。因此有学者将组织学习定义为在组织中形成新知识、新观点、新结构或行动改变的活动(Argyris, C., & Schön,1978)。Santa & Nurcan(2016)提出的组织变革与组织学习关系模型(如图1-4)认为,组织变革的目的是建立学习型组织,而变革活动又需要组织学习才能完成。

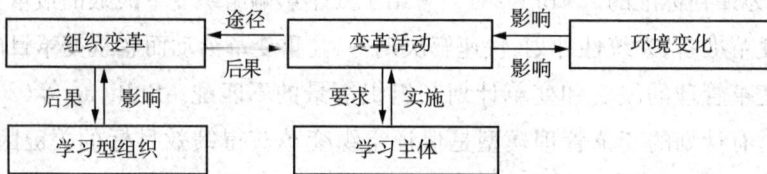

图1-4 组织学习与组织变革的关系

组织学习理论认为,学习发生在组织的个人、群体、组织和集群的不同层次(Crossan et al.,1999),个人层面聚焦于技能、知识、规范和价值的获取(Argyris, C. & Schön,1978),群体层次上注重绩效反馈、分享理解和协同行为,组织层面主要是知识转移和信息处理(Miner & Mezias,1996),集群层面主要是技术、商业模式的扩散(Shin et al.,2017)。学习的发生有多重机制,可以是国际化过程中社会化结果,可以是为改善绩效的有意识地改变组织惯例、程序的结果,也可以是组织自身经验学习或向其他企业经验学习(Huber,1991;陈国权,周琦玮,2016)。学习对组织变革成功的贡献是通过适应和挖掘过程(exploitation processes)来实现的。组织为了适应环境、改善内部绩效和避免能力陷阱,需要在挖掘与探索(exploration)之间需求平衡(March,1991)。有研究表明,学习速度对组织影响可能是正面的,也可能是负面的。学习速度太快会使组织吸收能力的发展慢于技能发展,但在快速变化的环境下如果组织惯例的变革跟不上的话,又会成为组织生存的障碍(Levinthal & March,1993)。有关组织学习与组织变革关系主要是通过模拟实验、案例分析和定量研究来进行的(Kim et al.,2009)。

1.8　现代组织环境及其与组织关系的变化

当今世界经济正处于新旧思维碰撞、新旧动力转换、新旧力量对比、新旧规则交替的动荡期、转型期、变革期和调整期(陈文玲,颜少君,2016；Roblek et al.,2016),对于企业组织而言,其环境正在发生转型性的变化,具体体现在以下五个方面:

(1) 经济体制转型。这一点主要是针对我国企业来讲的,就是由计划经济向市场经济转型。改革开放40年来,我国市场经济体制逐步完善,但从内在看,还有很多与市场经济发展不相适应的地方。我国绝大多数非上市的中小企业,如果用"两权分离"这一判断现代企业的标志来讲,这些企业都还算不上现代企业。与此同时,在很多企业大量存在着"临时工"、"合同工"、"派遣劳务工",在企业内部呈现出员工多重身份的现象(张三保、舒煜,2014),并由此产生大量劳动纠纷,成为社会不稳定的潜在动因。我国企业的经济体制转型将是一个长期的过程,这是讨论我国企业组织变革的一个前提。

(2) 财富创造方式转型。财富的创造由对自然资源的依赖转化到了对人工资源的依赖,由对普通员工的依赖转化到了对知识员工的依赖(张隆高,2000)。越来越多的人将对诸如数据、信息、知识的创造、处理、转移和应用,作为创造财富的手段和生活的方式,知识员工在所有员工中的比重越来越高(Teo et al.,2008),使得资本增值越来越多地依赖于无形资本的循环；原有的以劳动工具改进或革命为主要任务的组织管理理论,不再适用于以促进知识员工的创造性活动为主要任务的组织管理实践(Igielski,2015)；工作成为员工生活的一部分,努力提高员工工作生活质量成为组织变革活动的出发点(Muindi & K'Obonyo,2015)。

(3) 资源配置范围、方式转型。资源的配置由局部化转化到了全球化,配置的方式由对降低成本的追求转移到了对价值网络中"依赖性"增强的追求。由于信息通讯技术的发达,使得"世界是平的"(Friedman,2007),而交通运输和供应链的发达,又使得企业可以在全球范围内调配生产要素,用最经济的办法为顾客提供所需的产品或服务,而不必受当地生产能力或生产要素的制约。因此,能够成为全球供应链中一个环节的关键是企业自身是否拥有比较优势(Hunt & Morgan,1995),并控制了价值链中的相互依赖环节,这样才能获得最多的利润(Clayton,2003),否则,优势一旦消失,企业就会处于被抛弃的境地。

(4)经济发展依据的规律转型。以资源为基础的产品生产因产业门槛低,竞争者加入后资源紧缺程度加剧,产品价格降低速度高于成本降低的速度,结果就是此类产品的边际收益递减(郭熙保,习明明,2012);而以知识为基础的产品生产因主要成本是研发成本,并实行知识与技术的不断更新换代,具有"毒性"特点,所以其需求不仅不会减少,反而越来越多,形成"经济正反馈"(Ruth & Hannon,2012)。此外,知识复制成本的趋"零"化趋势,使得以知识为基础产品的成本下降速度大大高于价格的下降速度,结果是此类产品的边际收益递增,其典型的例子就是 Microsoft Windows 操作系统。

伴随着环境的变革,企业与环境之间的互动关系也变得愈加复杂,具体表现可归结为以下 5 个方面:

(1)多样性。企业的行为主体构成和行为方式的多样性(波士顿咨询,2017)。在行为主体构成上,企业所有者非单一化、董事会成员来源广泛化、雇员文化多元化、客户分布分散化、供应商多头化和债权人多个化等方面;在企业行为方式上表现为,产品或提供服务的多样性、生产经营地区的国际化、信息来源的多渠道。此外,企业分支机构分布在世界不同地方,各自利益相关者不同,所处的政治、经济、文化、法律环境和竞争者也都不同,这要求企业建立起不同的管理系统,设立不同的单位目标,推行不同的商业模式(Claudia,2015)。

(2)相互关联性。不同类型、不同地区的企业组织相互之间构成了网络性的关联(Appio et al.,2016)。现在大多数企业,仅仅是从产品设计到提供给最终消费者之间的一个中间环节(节点)(Zaheer & Bell,2005),维护好企业网络的生态性对企业生产与发展尤为重要,要求企业拥有"超越自我"的管理理念。此外,企业之间的关系是非线性的、带有延迟的相互作用(Arthur,1994),他们之间的"正反馈"作用决定企业的未来。企业组织管理由过去强调供应链关系,转变到了将企业作为价值创造网络中的"节点"来思考它们的未来,并加以管理。

(3)模糊性。组织边界、影响组织发展的驱动因素以及各种因素之间的因果关系越来越模糊。在主流的组织理论里,学者们往往"出于自己的分析目的而自觉地构建了一种概念框架"(Laumann et al.，1983)，企图把边界描绘成一种分开组织和其所处环境的稳定秩序，并由此为出发点(董华，赵生冬，2013)。然而，现代企业生存和发展越来越倚重于那些与企业活动有关的、所有信息单元之间的互动关系及其所组成的 n 维向量空间(黄泰岩，牛飞亮，1999)，从关系网络的视角来探讨企业的关系边界及其变动规律(张文松，郭广珍，2005)。

(4) 流动性。企业系统总是处于变化、转换、调整之中，即组织与环境的信息、物质交换一旦中断或削弱，这些交流就将会崩溃(Mack et al.，2016)。组织之间动态地相互交换信息、物质，它们的相互作用是广泛的、非线性的，相互构成错综复杂的反馈环(Lewin，Parker & Regine，2015)。企业中一个单元的行为影响其他单元的行为，也受到其他单元行为的影响，因此一个单元可能仅仅与少数其他单元相互作用，但它的变化会影响到整个企业系统的行为变化，产生"蝴蝶效应"(Basile & Dominici，2016)，从而具有不可预测性。

(5) 环境复杂性与组织复杂性共同增强。资源基础理论认为，组织采取什么行为依赖于它所处的环境条件(Borchert，2007)，某些行为的发生是为了满足环境提出的某些要求，同时也需要从环境获得必要的资源来支持这些行为；一个能够学习的组织会根据环境所能提供的资源，确定要采取什么行为(Senge，2010)，组织的行为模式是组织对环境适应的结果(Hajro，2015)。所以，复杂的环境要求组织提高复杂性，而组织作为它所处环境的一部分，其复杂性又将导致环境复杂性提高，组织复杂性与环境复杂性有共同增强的趋势。

1.9　已有研究主要结论与存在的不足

综上所述，已有研究已经得出诸多结论：

(1) 企业组织是开放的、社会构建的系统，与环境之间是相互作用的关系，企业应该根据变化的或正在变化的环境不断调整自己的目标、结构和功能，才能保持竞争优势。因此，组织变革是企业管理中重要而永恒的主题。不管是学术界还是实践界，都已经形成这样的共识：组织变革是现代企业在经济全球化竞争日益激烈、科技发展日新月异条件下，生存与持续发展的必由之路。

(2) 组织变革的理论与方法是随着时代进步而发展演变的,研究的对象由初期关注组织绩效,逐渐扩展为关注组织变革对员工心理的影响、变革阻力的克服,再聚焦到组织与环境之间的相互匹配、员工的积极参与和领导力作用上,并形成了许多变革理论与方法。然而,现实中组织变革活动达到预期目标的比率较低,人们对现有理论与方法的有效性、适用性存疑。

(3) 企业内外部环境正在发生着转型性的变化,经济全球化、网络化、数字化和智能化程度越来越高,环境不稳定性、不确定性、复杂性和模糊性(UVCA)愈加明显。面对变革的环境条件,企业如何应对、适应和发展,不仅学术界在理论上没有做好准备,实践界通过试错也尚未形成得到认可的具有普遍适用性的组织变革与发展模式。

(4) 我国作为世界第二大经济体,也正处于转型变革时期,在政治、经济、社会和技术等方面都发生着深刻的变化;另一方面,我国市场经济历史短,广大企业不仅需要转型升级,也处于代际传承时期,迫切需要对已有理论与方法的适用性进行审视的同时,发展出适合我国国情的企业组织变革理论与方法,提出具有现实指导意义的政策建议。

但是,已有研究也还存在如下不足:

(1) 从数量上来看,组织变革及其管理研究经过 40 多年来的发展可以说成果已经是"汗牛充栋",但缺乏整合的理论分析框架。现有组织变革理论与方法分散多样,一是因为组织变革的层次不同,可以是微观个体的、中观群体的,也可以是行业层面的,不同层面遇到的挑战或问题是不同的,因而需要有不同的解决思路与对策;二是因为组织变革在不同层次上遇到的挑战或问题不同,研究的学科理论与方法也就不同,比如心理学、组织行为学、社会学和经济学等相应的研究侧重点在于员工心理与行为、组织绩效、竞争优势和合法性等不同方面,与此同时,每个学科自身还具有不同流派。但对一个具体的组织而言,管理者需要有一个逻辑分析框架和权变的分析模型,选择适合自己环境与自身战略与结构的变革理论与模型。

(2) 即便有了整合的理论分析框架,在讨论具体企业的组织变革问题的时候,也还存在不同理论与方法的适用性问题。现有各种组织变革理论似乎都可以解决问题,然而,已经被证明很多是不切实际和不具有操作性的,组织变革活动的高失败率也使得很多管理者感到困惑和挫折。比如一个企业根据生命周期理论判断其处于探索变革时期,如依据资源基础理论可通过开拓新市场解决发展停滞问题,依据资源依赖理论则必须寻求新的竞争优势,依据间隙变换理论则又需要"重构"来实现新生等,而作为企业管理者需要知道的是,哪种变革理论更适用于本企业的转型变革。所以,需要对企业发展中的各种问题进行归类,探讨不同情境下组织变革范围、频率、速度和路径、时机的策略选择和影响因素等。

(3)对组织环境本身及其与组织变革之间的关系研究不够。尽管环境与组织之间关系的研究历史悠久、成果众多,大家也都认识到现在的环境与过去相比已发生或正在发生着根本性变化,有了质疑已有组织变革理论与方法的基础,但到底这些根本性变化是什么? 这些变化又是如何影响企业发展的? 反过来,企业的变化又是如何影响环境中其他主体的? 这些问题的研究尽管近些年来有所增加,但都是从不同视角独立展开的,比如有的从技术进步视角,有的从人们生活需求变化视角,有的从社会制度变迁视角,但系统思考和给出框架体系的研究较少。找出变革环境对企业影响的"序"参量,指出它们对企业发展影响的未来趋势和企业应对策略,对现实企业管理具有重要指导价值。

(4)企业发展演变有着一定的规律性,有些规律本身已经体现了企业与环境之间的互动关系,因此,我们不能简单地认为现代企业环境发生了根本性变化就说这些规律已不复存在,问题是要搞清楚哪些规律仍旧存在,又有哪些规律已经不再适用。换言之,理论界需要对已有的各种组织变革理论与方法重新审视,研判它们在何种情况下是适用的,在何种情况下不再适用而需要发展。另一方面,企业实践超前于理论研究,诸如共享经济、虚拟组织、远程工作等经济新业态、组织新形式、工作新方式等,都需要发展新的理论与方法来解释与指导;一些传统企业转型升级成功的案例,也需要对它们的合法性、普适性或适用的边界条件、影响因素等加以总结、验证,提炼出具有现实推广价值的组织变革原则、方法和策略等。

(5)很多学者研究指出,实践中组织变革活动成功比率很低,其主要原因在于:首先,组织变革是一个非常复杂的现象,不同理论与方法有时是相互补充的,但有时是相互矛盾的。因此,仅仅把组织看成是开放、社会构建的系统来研究还不够,还要将其看成是复杂适应系统(Complex Adaptive System, CAS)来研究。其次,虽然很多研究探讨了影响组织变革成败的因素,强调有计划的变革管理是保证变革活动取得成效的主要因素,但忽视了对组织变革时机选择、变革路径安排和步骤策略等影响因素的研究,从员工生活、商业生态等视角讨论组织重构的研究也不多。此外,关于我国当今企业如何进行组织变革,虽然为越来越多的学者关注与研究,但尚缺乏系统而深入的探讨。

1.10　有待研究的主要问题及意义

根据上述分析,既然企业环境及其与企业的关系发生了深刻变化,既然我国的市场经济发展阶段、国情与西方不同,那么,已有的组织变革理论还适用吗? 现实生活中所谓成功案例是否具有普适性、合法性? 我国处于经济转型时期,大量企业需要转型升级;党的"十九大"也提出了新时期国家发展战略、理念和目标,那么,适合我国广大企业组织变革的理论与模式是什么? 总之,在企业环境发生了深刻变化的今天,不管是理论界还是实践界,都需要对已有组织变革的理论与方法的适用性进行重新审视,并发展出适合时代需要和我国国情的新理论、新方法,其意义体现在:

首先,现有能检索到的关于组织变革与组织变革管理研究的理论成果大多数是西方的,提出组织变革理论与方法也大多是国外学者,我国学者大多是应用已有组织变革理论,从组织变革与其影响因素关系以及组织变革带来的员工心理、行为、绩效的影响等方面进行研究,提出企业组织变革理论的不多。然而,我国不管是市场化水平,还是制度环境、人文环境、企业构成成份,都与西方国家有很大不同。因此,我们有理由质疑已有理论对于我国企业组织变革的适用性和有效性,但同时也需要根据社会经济和科学技术发展变化的新趋势,借鉴前人研究成果,并结合我国国情和企业实际,对组织变革理论与方法进行前瞻性研究。

其次,我国社会经济目前正处于转型关键时期,中共"十九大"提出的国家发展战略和发展理念将对企业组织产生深刻而长远的影响。另一方面,面对数字经济、智能制造和老龄化社会等新经济形态涌现、新技术应用和社会变化,广大企业组织迫切需要有适用的理论来指导自身的适应性转型和创新发展。此外,国内外有很多具有新商业模式的企业已经取得了商业上的成功,也有很多传统企业进行组织变革取得了初步成效,因此,我们对已有理论对于我国企业组织变革的适用性、有效性研究的同时,也需要总结提炼出变革环境下我国企业组织变革的理论与方法。

最后,需要研究提出整合分析框架模型,这不仅有助于厘清现有组织变革理论多样化导致的实际应用上的困惑,也有助于搞清楚不同理论适用的边界条件、影响因素,使得理论与实际结合更加紧密;通过调查分析和案例研究,总结与提炼得到的组织变革及其管理的新理论、新方法,对组织管理理论发展做出贡献;研究提出的分析模型和针对不同情境的策略建议,能给政府部门、企业管理者和员工个人的实践活动起指导作用,尤其在我国大量企业需要进行组织变革的时候,更需要政府作出制度性的政策安排和典型案例企业示范。因此,本研究具有广阔的应用前景。

(本文主要内容发表于《人力资源管理评论》2018 年 1 期)

第 2 章
组织环境的层次性与相应的变革策略

当今的组织环境是复杂多样且快速变化的,其各种因素对组织变革有着不同的影响,因而时常令组织领导者们无法做出有效的组织变革决策。本文按照各种因素对组织影响的直接性、未来性,将组织环境分为内部环境、市场环境、制度环境和总休环境四个层次,提出环境层次-组织变革策略匹配模型,根据环境因素变化对组织影响的短期性、长期性,讨论了问题导向变革、适应性导向变革、战略导向变革和技术革命导向变革这四种组织变革策略。环境层次与组织变革策略匹配模型的提出,为复杂环境下组织变革管理决策提供了一个理论分析框架。

2.1 引言

众所周知,环境对于组织就像土壤对于植物的生长一样,是组织生存与发展的必备条件。然而,组织与其环境之间并不是简单的线性关系(Biggiero, 2001;Singh et al., 2019),尤其是在当今经济网络化时代,每个组织在运作过程中不仅受到所在环境的影响,而且也在影响着环境中其它参与主体的行为(Lipshitz & Strauss, 1997;Maitlis & Christianson, 2014;Sarta, et al., 2021),即每个组织也都构成了其他组织环境的一部分,组织与其环境之间是相互依存的关系(Dimaggio & Powell, 1983)。因此,从这个意义上来讲,企业与其环境之间并不存在明显的界限,要辨识清楚哪些因素属于组织环境是一件困难的事情。

传统组织理论将环境看成是组织行为的外生变量(Boisot &

Mckelvey，2011；Weick 1979），区分一个因素是属于组织内部因素还是环境因素的最简单办法，就是判断这个因素是否是组织可控的。如果是组织可控的，这个因素就可看成是组织内部因素；如果是组织不可控的，这个因素就可看成是组织外部因素。在组织外部因素中，只有那些对组织有影响的因素才是组织环境因素。然而，在经济网络化的社会里，一个组织对其他组织的影响会通过价值网络反馈到这个组织的本身（Ashby，1962；Boisot & Mckelvey，2011），也就是说，组织可以通过调整自身行为来影响其他相关行为主体的行为。因此，对组织行为的影响因素是否可控、是否有影响并不是绝对的，只能是处于完全可控与完全不可控，有非常强影响与非常弱影响这两种极端中间的某种状态。此外，一个因素对企业的影响程度还受到企业管理者的认知（Warner & Wager，2018；Downey et al.，1975）以及是对长期度量还是短期度量有影响（Vial，2019；Ortiz-de-mandojana & Bansal）。所以，即便确定了一个因素属于组织环境因素的情况下，要理清楚它对组织如何产生以及产生什么样的影响也是一项复杂的任务。

　　然而，组织领导者们在面对 VUCA 环境时，希望能有一个简单的分析框架性模型（Alhaddad & Kotnour，2015；By，2005），来帮助他们辨识出哪些因素变化是需要组织用心管控的，哪些因素变化是需要组织努力适应的，哪些因素变化是需要组织紧迫应对的，而又有哪些因素变化是需要组织在长期战略上思考的。为了响应组织领导者们的期望，我们根据各种因素对组织影响的直接性、未来性而划分出不同层次，提出环境因素层次-组织变革策略匹配矩阵，根据环境因素变化对企业影响的短期性、长期性和环境因素变化的可能类型，讨论相应的组织变革权变策略。本文分为三个部分：首先根据环境因素受到管控主体的社会层次，将其划分为组织内部因素、市场环境因素、制度环境因素、总体环境因素四个层次，分析不同层次环境因素对组织影响的直接性、紧迫性；其次，阐述组织在短期、长期两个不同时间尺度上，应对不同层次环境因素变化的组织变革导向策略；最后是全文总结。

2.2　组织环境因素的层次性

　　在传统组织管理理论中，环境作为组织行为的外生变量常常被认为是可以辨识的（Griffin & Grote，2020），尤其是在环境稳定、变化趋势清晰时，预先确定环境状态或变化性质是组织决策的前提。但是近年来，新兴技术、平台企业、网络营销和数字金融等颠覆性事物层出不穷（Hess，Matt，Benlian & Wiesbock，2016），环境变化的不稳定性、不确定性、变化性和模糊性越加明显（Warner & Wager，2019），尤其在全球 COVID - 19 流行情况下，企业不得不对特定的颠覆性事件实施应急变革和重构商业生态（Ivanov，2020）。这时候，就不能仅仅把环境看成是组织行为的一个外生变量，而应该把它看作是一个由多重因素构成的对企业产生影响或被影响的一个构念，不同的因素对不同组织有着不同的影响作用。

　　构念是描述事物状态的一个整合性概念（罗胜强、姜嬿，2014），往往包含多个维度变量或因素，如果仅作为单一变量看待就很难理清楚其前因后果，因此，在研究中需要揭示其构成的维度变量或构成因素。这里破解组织环境这个构念的办法，是将组织看成是其所处某个（些）商业生态下的一个耗散结构系统（Schneider & Somers，2006），通过对该系统投入产出影响因素的分析，来确定其构成的因素内容。组织作为人为设立的开放系统，要生存就要有投入产出，即与所在环境进行物质、信息、资金、人员等要素的交换（Scott & Davis，2006）。因此，凡是影响组织投入产出的因素，都可以看成是组织环境因素。从投入方面讲，组织运作需要输入，这包括人力、资金、物资、基础设施（电力、水、汽、交通运输、通讯）、厂房或土地、教育培训、技术研究等；从企业产出方面讲，主要是产品、服务和生产过程附带产生的废料、污染物，与之相关的影响因素包括消费者、顾客、市场管理者、交易平台、纠纷仲裁机构，政策制定者、交通运输、结算平台等；从规范组织投入产出行为方面讲，还有影响因素包括政府机构、舆论媒体、行业协会、非政府机构等。当然，一个组织的投入也是其他组织的产出。因此，投入与产出两个方面的影响因素是交叉重叠的。如果影响组织投入产出因素及延伸开来的间接因素都考虑在内的话，几乎人类社会活动的所有因素都可以看成是组织环境因素。但是，在实践中，组织管理者在考虑如何应对环境变化而进行组织变革的时候，就需要辨识出环境中的哪些因素变化对本组织是有影响的，该影响是直接的还是间接的，影响的结果上是短期的还是长期的。因此，即便将组织环境作为一个构念来理解，如果不能厘清其维度、构成因素以及它们与组织发展之间的关系，对组织变革管理实践的指导意义也是有限的。

组织环境作为人类构建的社会系统具有一定的结构性、层次性
(Duncan，1972)，比如有中央政府、地方政府，有教育体系、医疗保健体系、
生产运输体系等，隶属于不同的管理层次、不同体系或子系统，在一定时期
会表现出一定的趋势性或规律性，从而为各种构成因素按照管理者的需求
进行归类提供了可能。根据各种因素所受管控主体的社会层次属性，我们
将它们分为企业内部因素、市场环境因素、制度环境因素和总体环境因素，
如图1所示。其中的条目是在文献回顾(Ribeiro & Cherobim，2017；Dun-
can，1972)和对部分 EMBA 学员访谈基础上得到的。

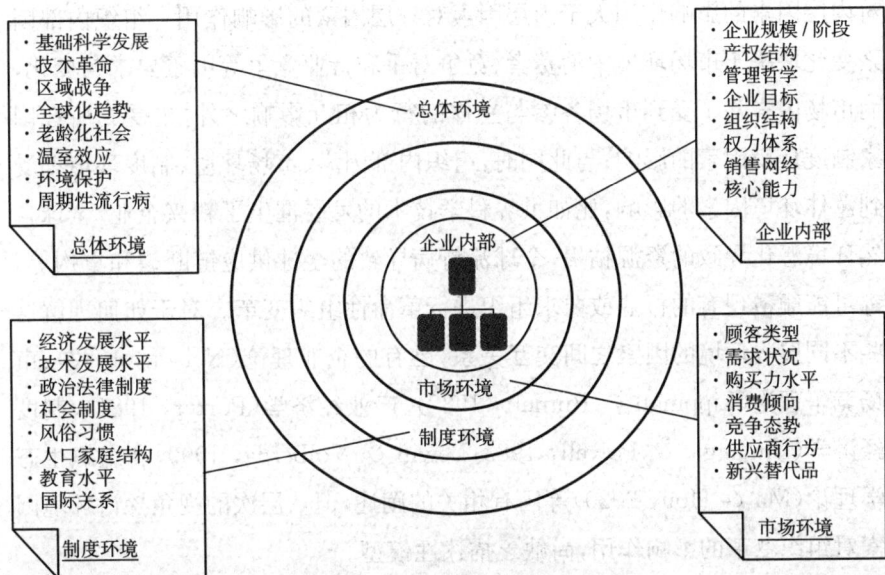

· 基础科学发展
· 技术革命
· 区域战争
· 全球化趋势
· 老龄化社会
· 温室效应
· 环境保护
· 周期性流行病
总体环境

· 企业规模/阶段
· 产权结构
· 管理哲学
· 企业目标
· 组织结构
· 权力体系
· 销售网络
· 核心能力
企业内部

· 经济发展水平
· 技术发展水平
· 政治法律制度
· 社会制度
· 风俗习惯
· 人口家庭结构
· 教育水平
· 国际关系
制度环境

· 顾客类型
· 需求状况
· 购买力水平
· 消费倾向
· 竞争态势
· 供应商行为
· 新兴替代品
市场环境

总体环境　企业内部　市场环境　制度环境

图 2 - 1　组织环境因素的层次

组织内部因素，就是对组织的生产经营有直接影响，是组织自身可控制
或施加影响的因素，包括企业规模、产权结构、管理哲学、企业目标、组织结
构、权力体系、销售网络、核心能力等，这些因素对本组织行为影响大，而对
组织之外的其他主体影响相对小，甚至没有直接影响。市场环境因素，是直
接影响组织投入产出的因素，通常并不是专门针对单一组织的，而是对具有
共同市场的所有组织都有影响，这些因素包括顾客类型、需求状况、购买力
水平、消费倾向、竞争态势、供应商行为、新兴替代品和特定的行业政策等。
市场环境有时候也称为行业环境。制度环境因素，是组织受到的所在国家

的宏观层面因素,通常并不是针对某类行业的个别组织有影响,而是对所有组织都有影响,这些因素包括国家的经济状况、技术发展水平、政治与法律制度、教育水平、社会制度与风俗习惯、国际关系等。除此之外,还有超出了国家界限,甚至不为某少数国家控制,但对所有国家的各种组织都有影响,并常常体现为决定组织未来长远发展的影响因素,包括基础科学、科技革命、区域战争、全球化趋势、人口老龄化、温室效应、空间科技等。

不同层次环境的因素之间存在交互作用关系,尤其在相邻层次的因素之间存在较强的作用与被作用关系,通常两者强度不具有对称性,外层因素对内层因素的影响作用大于内层因素对外层因素的影响作用。组织内部因素变化取决于市场环境中消费者、竞争对手和行业竞争等因素要求与变化,而市场因素除了受到市场各参与主体的行为相互影响之外,也受到所在国家制度环境因素的影响;与此同时,组织内部因素、市场环境、制度环境都受到总体环境因素的影响,比如世界科学技术的发展催生了新兴企业,全球自然环境恶化导致的资源枯竭,全球流行病导致的全球供应链断裂和重构等,都可能颠覆现有的行业或要求组织进行革命性组织变革。对于如何理解这些不同层次环境的因素之间交互关系,已有的企业理论(Nelson,1982)、市场竞争理论(Lippman & Rumelt,1982)、产业经济学(Porter,1981)、制度经济学(Dimaggio & Powell,1983;Lewin & Volberda,1999)和组织生态学理论(Ma & Hou,2020)等已有相关的阐述,但从层次的视角探讨环境因素对组织变革的影响作用,尚缺乏描述性模型。

2.3 不同层次环境因素变化对组织变革影响的直接性、紧迫性

不同层次环境中的各种因素对一个组织既有直接影响也有间接影响,而且影响的程度大小也不同,需要组织做出应对的轻重缓急程度也不同。一般而言,距离组织层次这个圆心(见图2-1)越近的环境因素,对组织影响的直接性程度越高,需要组织做出反应的紧迫性越强;反之,距离组织越远层次的环境因素,对组织影响直接性程度越低,往往影响程度也越低,需要组织做出反应的紧迫性也越弱,如图2-2所示。

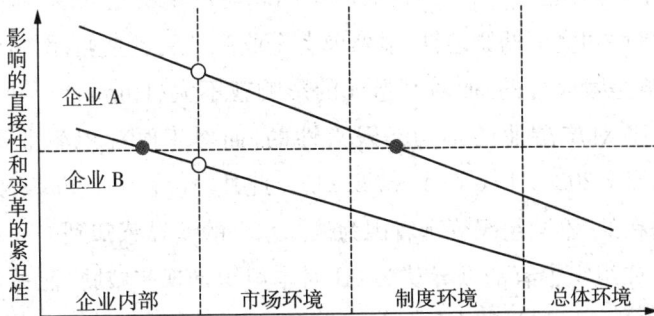

图 2‑2　不同层次环境因素对组织变革影响

　　如果组织内部因素发生了变化,比如随着时间的推移,组织规模不断扩大,同时带来了某些功能失灵、生产效率下滑等问题,就需要组织尽快进行相关变革。组织内部因素变化导致的变革常常是以问题解决为导向、以绩效改进为目标的变革(Patricia & Medina, 2020)。如果市场环境因素发生了变化,比如竞争态势变化、消费者行为改变等,则要求企业进行战略调整、业务重构,甚至是商业模式的改变。市场环境因素的变化导致的变革常常是以适应环境为导向的、调整组织与市场之间关系为目标的变革。如果是组织所在国家或地区的资源因素、社会因素、政策因素等发生了变化,比如自然资源枯竭、环保标准提高、新生代员工增多等,那么就要求组织进行顺从制度环境的业务重构、资本重构和组织重构,或者进行环境创造或商业模式转变,这些常常是以战略调整为导向的、适应或创造影响组织与社会关系为目标的变革(Bourgeois, 1980; Ferreira et al., 2020)。如果是总体环境中因素的变化,比如新兴技术的涌现、老龄化社会的到来、流行性疾病的世界性蔓延等,对大多数组织当前的生产经营影响不直接且程度不大,但当它们成为现实的时候就会产生巨大的、根本性的、革命性影响,要求组织在当前有计划地进行能力提升。总体环境因素变化导致的组织变革,常常是以技术革命为导向和以培养组织可持续发展能力为目标的变革。

　　面对相同环境因素变化,不同的组织感知到被影响的直接性、变革需要的紧迫性可以是不同的(如图2‑2中A、B两条线上空心圆圈所示);面对不同层次环境的因素变化,不同的组织感知到被影响的直接性和变革需要的紧迫性也可以是相同的(如图2中A、B两条线上实心圆圈所示)。导致这些差异的原因可能是行业、组织属性和组织领导者的认知水平等方面的差异,比如,生产高速公路两旁护栏的质量问题与汽车质量问题,对企业生存威胁的直接性和变革的紧迫性,显然前者企业低于后者企业;网络营销对门店业的影响是毁灭性的,而对制造业的影响就不大(Kumar et al.,2020);COVID-19 对旅游业的影响是毁灭性的,而对于医疗卫生业却是商机(Zheng et al.,2020;Lee & Lee,2021)。此外,环境中有些因素的变化是缓慢的、潜在的,不同组织管理者因为认知水平的差异感知到的变革紧迫性也不同,比如组织中有的领导认为 AI 对本组织是现实威胁,而另外一些领导则认为这是未来遥远的事情(Zhu,2020)。

2.4 应对不同层次环境因素变化的组织变革策略

在组织目标实现受到威胁或者实现组织目标的能力受到削弱的时候,说明组织在某个方面存在问题,而解决这个问题就需要实施组织变革活动(Alhaddad & Kotnour,2015)。当然,这个问题可能是已经呈现出来的,这时候组织所进行的变革是被动的、迫不得已的、应急性的(Porras & Son,1992);这个问题也可以是预计未来要出现的,这时候的组织变革就是有计划的变革。预计未来要出现的问题,它存在一定的不确定性,可能会发生,也可能不会出现,在统计学上呈现出一定的概率。组织变革涉及的人和事可能局限于某个部门、某个工作环节(Buchanan et al.,2010),也可能需要组织在战略、组织架构、管理模式,甚至组织文化上进行根本性的、全局性的改变(Armenakis & Bedeian,1999)。正是因为诱发组织变革的因素处于组织环境不同层次,数量众多,变化不一定同步,既有需要组织紧迫应对的,也有未来才会产生显著影响的,需要变革所涉及范围可大可小,所以,组织变革管理具有高度的复杂性,没有适用于不同组织、情景统一的变革策略可循。

多年来,组织变革研究聚焦于组织变革过程管理、员工对变革过程及其效果的影响和变革领导力研究,提出了多种旨在针对组织中微观环节变革的"变革系统管理模型"(change systemic methods)和旨在针对组织整体转型的"变革管理模型"(change management methods)(Al-Haddad and Kotnour,2020),但是,所有这些方法被认为都没有超越 Lewin(1947)的三阶段模型(Rosenbaum et al.,2018),即便是在中国被认为是依靠不断进行变革而取得成功的华为公司,其变革所遵循的"去制度化、重新构建、再制度化"的循环往复过程(吴晓波等,2017,pp.66),实质上也还是 Lewin 的"解冻、变革、再冻结"过程的翻版。因此,我们以为,如果企业在组织变革中能够把已有的变革系统模型和变革管理模型与企业的具体情况相结合,灵活应用,就不必非要寻找所谓最好的变革管理方法。华为的"削足适履"、"先僵化、再优化、后固化"的"干中学"经验(吴晓波等,2017),就是获得并遵循这一变革原则的典范。

为了呼应管理者对理解哪些因素变化需要组织用心管控、哪些因素变化需要组织努力适应、哪些因素变化对组织变革需要在时间上是紧迫的、哪些因素变化是组织要做好未来战略上应对的理论分析框架的影响因素,我们依据不同层次环境对组织影响的直接性、时间紧迫性、结果不确定性和对组织变革主动性要求的不同,提出基于应对不同层次环境因素变化的组织变革策略匹配模型,如图 2-3 所示。

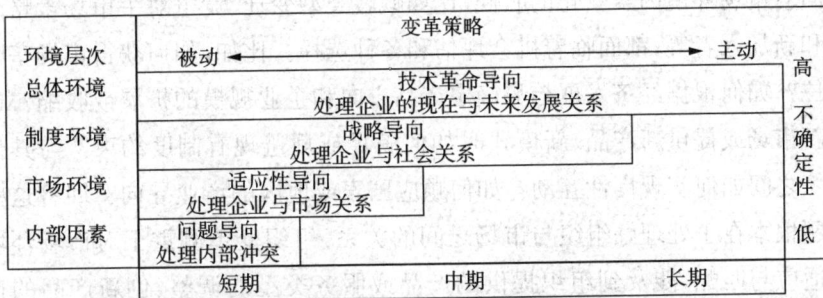

图 2-3　应对不同层次环境因素的组织变革策略匹配模型

(1) 应对内部因素变化的问题导向变革策略

变革诱因与变革范围:

来自组织内部驱动组织变革的动因,常常是因为组织绩效的下降、部门生产效率低下和个人士气不振(Indriastuti & Fachrunnisa, 2020),也可能是随着企业规模扩大和外部市场变化,组织原有的资源基础、发展动力、员工知识与能力、领导者实现观念等跟不上组织发展的需要和外部环境的变化(Maitlis & Christianson, 2014),从而需要组织在组织架构、管理模式、工作流程、工作方式、员工行为和政策制度等方面进行变革。

变革节奏与变革计划性：

鉴于组织惯性的存在(Vial，2019；Ven & Poole，1995)和生产经营稳定性的要求，组织内部因素变化要求的变革相对于组织外部环境要求的变革，变革的被动性程度要高，但变革结果的不确定性程度比较低。这时候所进行的组织变革可以看成是组织内部的变革，对组织外部的要求或受到影响不大。组织变革策略的着重点是放在组织内部存在问题或冲突的解决上，往往遵循的是"遇到问题才去解决问题"的变革原则，因而也是持续不断的、渐进的、应急变革，是以解决问题为导向的挖掘性组织变革。

(2) 应对市场环境变化的适应性导向变革策略

变革诱因与变革范围：

由于市场环境中的大多数因素变化是不为组织直接控制的，因此，大多数组织应对市场环境因素的变革是被动的(Beer et al.，1990)，但竞争力强的组织者往往是主动地适应市场变化(Eisenhardt & Martin，2000)。组织在面对市场环境因素变化的时候，比如顾客类型变迁、竞争对手市场策略改变和新加入者等，都面临着机会评估和各种选择。比如，如何获得市场垄断地位？如何根据经济发展趋势确定产品方向和企业规模的扩展或收缩？进入新市场或提供新产品、新模式时如何满足或规避现有制度约束？与其他组织之间如何实现良性互动？如何顺应国家或地区的产业导向？回答这些问题根本在于处理好组织与市场之间的关系，组织变革侧重于对市场环境的适应与匹配，涉及到组织提供的产品或服务类型的调整、创新产品的推出、市场生态的构建等，进而影响组织内部因素变化和要求相应的组织变革，这可以是局部的，也可以是涉及全局的、转型性的。

变革节奏与变革计划性：

针对市场环境因素变化的组织变革，是围绕如何提升组织对于外部环境变化的适应性和与所在环境之间达成新的匹配平衡来展开的(Shaw，1997；Allaoui & Benmoussa，2020)。根据变革对象涉及范围的不同，变革可以是连续、渐进的，也可以是应急、转型的。组织变革的时间紧迫性程度受到企业所在商业生态中的地位影响力和企业资源冗余性的影响，企业地位影响力越大，资源越富有，变革的紧迫性越低(Conz & Magnani，2020)。此外，组织管理者对市场环境变化的敏感性和危机感高低，也会影响企业变革的紧迫性(Fredberg & Pregmark，2021)。一般而言，大企业因为拥有丰富的历史经验和资源,会采取主动的、前瞻性的变革。相反,小企业则是以生存为目标的被动变革。危机感强的企业变革紧迫性高。危机意识越高的企业,越倾向于采取主动的组织变革,反之,则是实施被动的变革。

(3) 应对制度环境变化的战略导向变革策略

变革诱因与变革范围:

企业所在国家的社会发展水平和经济周期阶段,对其中长期发展有着根本性的影响,对于那些对长期发展有抱负的组织而言就需要提前做出应对策略,比如顺应行业或整体经济增长率变化的规律性,而进行扩张或收缩、创新或重构等策略。另外,当今经济全球化背景下的中美金融战、贸易战,世界列强之间的军事竞争和意识形态斗争等因素,都会对处于商业生态中的"焦点企业"产生根本性影响。比如中国被美国"卡脖子"技术的产品生产的组织,就需要寻求替代方案。第三,经济政策的调整会导致技术落后、商业模式老旧的行业衰退,与此同时也孕育一批新兴行业。比如,环保要求的提高,迫使一些小化工企业"关停并转";产品和业务数字化导致传统印刷业、实体商店大量倒闭,而物流、快递业则得到大力发展(Semana et al.,2012;Andal-Ancion et al.,2003)。因此,一个追求可持续发展的组织,就要根据所在国家的社会经济发展水平、经济周期和制度体制变化,对组织未来长期发展做出规划,对可能导致组织危机的各种破坏性事件,提出应急预案,并做好日常管理,而当前的组织变革应侧重于组织战略的调整以及进行相应的业务重构、组织结构重构、运作流程重构的变革。

变革节奏与变革计划性:

制度环境的变化及其对组织产生的影响相对缓慢、有历史经验可借鉴(刘洪,2018),因而,要求组织实施主动的、有计划的、转型性变革。而变革的过程也往往延续较长时间,比如华为的 IPD 变革项目持续了 6 年多(巩见刚 & 董小英,2012)。然而,也正是因为制度环境变化具有长期性、不确定、不可控性,也会麻痹组织管理者对其变化的敏感性,甚至被短期行为的领导者故意回避。当然,制度环境中也有些因素变化对企业发展来说是突发性的、颠覆性的,它们可能来自财富分配、教育、基础设施、公共卫生、新技术应用等很多方面(Webb,2020),对商业、政府、社会有着广泛的影响,对组织的生存有重要影响,从而要求组织进行应急性变革。针对制度因素变化的组织变革节奏和计划性,也与应对市场环境因素变化一样,依赖于组织领导者的认知水平和组织资源的冗余性。

(4) 应对总体环境变化的技术革命导向变革策略

变革诱因与变革范围：

从历史视角来看，经久不衰的企业很少，即便是"百年老店"也是与时俱进、不断进行变革的，尽管其企业称呼可能没有发生变化，但其生产经营的本质已经发生根本性的转变。那些能够持续生存下来的组织，在面对与其他组织同样挑战或机会的时候，总是能够"先行一步"，往往能够前瞻性地为未来做出准备并进行能力储备，比如华为面对美国政府的制裁而拿出"备胎计划"，显然，这个"备胎计划"不是临时出现的，而是已经准备了好多年。在总体环境的各种因素中，核心因素是技术进步和社会变迁(Shepherd et al.，2018；罗仲伟 & 卢彬彬，2011)，对它们的应对需要组织领导者拥有长远的战略眼光，并进行持续的知识积累和创新能力培养，显然这些都与组织的创新文化、领导人的抱负、组织的危机意识和社会责任感等有关，因此，往往需要组织进行涉及企业文化、价值体系的深层次组织变革。

变革节奏与变革计划性：

针对总体环境因素的变化，组织旨在处理组织的现在与未来发展关系，保证组织具有应对未来总体环境变化的资源与能力。然而，由于总体环境因素的变化是潜在的、甚至是缓慢的，对组织影响是未来的、不确定的(Tidd，2001；何铮等，2006)，所以，它们也常常为一些组织领导者、尤其是中小企业所忽视。因而，组织是否开展有计划的变革，很大程度上取决于企业战略性领导力的高低。总之，组织面对总体环境变化应该进行有计划的组织变革，但挑战是如何将这种长远目标远景转化为近期、日常的变革活动，处理好资源与能力的储备与当前的使用。组织应该建立起战略性机构，以技术革命为导向，进行持续的探索性组织变革。

在实践中，不同层次环境的因素对组织发展影响并不会按照层次依序进行，而是同步的，只是影响上有直接与间接、近期与未来区分，因而需要组织同时应对，做出相应的、不同的变革举措；或者说，组织在应对一个层次因素的时候，也应该把其它层次的因素考虑在内。为了帮助组织的领导者在面对纷繁复杂的各种因素变化时，能够根据轻重缓急，做出有所侧重的变革决策，本文提出组织变革策略匹配矩阵，来为他们提供分析框架。

2.5　结论

　　纷繁复杂和快速变化的环境要求组织做出相适应的组织变革。为了帮助组织管理者厘清环境因素变化对组织变革的影响,确定轻重缓急和制定相匹配的变革策略,本文根据对组织影响直接性和变革需求紧迫性,将组织环境分为组织内部、市场环境、制度环境和总体环境等四个层次,指出政府对不同层次环境因素变化的相应组织变革目标在于绩效改进、与环境匹配、适应社会发展和可持续发展,变革策略分别侧重于问题解决导向的变革、适应性导向的变革、战略性的变革和技术革命导向的变革;不同层次环境因素引致的组织变革目标、变革策略和紧迫性,受到组织所在行业、组织属性、领导者认知等因素的调节。这些结论为当今变革环境下的组织变革管理,提供一个简洁的分析框架和指导方针,但在实践中的有效性有待实证分析。

第3章

变革环境下的组织变革目标、路径与策略

当今,全球经济处于衰退阶段,中国经济也进入了新的转型时期。但是,对于企业如何转型升级,除了个案之外并没有整体性的分析,缺乏具有普遍价值的指导理论。本文从历史的、宏观的视角,阐述了企业外部环境的总体变化趋势,并利用中国的历史数据对目前所处的增长阶段做了定性分析;通过与上一个增长阶段的历史数据比较,指出当前增长阶段组织变革面临的困境与需求;对组织变革内外动因及目标与路径相匹配的变革策略进行了讨论,指出当今企业组织变革的路径、过程和模式。本研究丰富了组织转型变革的文献,弥补了宏观环境变化与微观组织变革之间的理论缺失,提出的变革策略与观点对现实组织变革管理也有指导价值。

3.1 引言

组织变革的重要性和必要性已经不言而喻,尤其在当今世界大变局和中国经济转型升级时期(Wee & Taylor,2018;谭翠莲,2014;费洪平,2017)。然而,从企业管理者的视角而言,组织如何变革,却并不是一个轻易能回答的问题。首先,众所周知组织变革取决于环境变化以及组织与环境之间的关系,因此,明确环境变化的性质和趋势,辨析其对企业发展的影响,企业才有可能做出适当的组织变革决策(Boylan,2017);第二,环境变化性质的不同对组织变革的需求也不同,因此,在给定环境条件下明确组织变革的需求和面临的困难是组织变革决策的基础(Guinn,1997);第三,面对环境变化的不确定性和企业发展遇到的困境,组织变革是未来导向还是问题导

向,不仅受到企业生存的紧迫性影响,更受到领导者对组织变革目标感知影响(Bartunek,1987;Bovey & Hede,2001);第四,不同变革目标情景和在变革的路径已知或未知两种情况下的组织变革的策略也不同(Nelson et al.,2005)。针对这些问题,现有组织变革管理研究成果并不多。本文基于经济增长 S 型理论和组织-环境匹配理论,界定了当今组织变革环境变化的性质和对组织变革的总体要求,利用历史数据、事实案例和构建目标-路径匹配模型,对上述问题进行了性质上的分析,并给出了政策建议。最后,本文围绕中国企业环境现状,就组织变革目标定位、路径与模式选择进行了分析。

　　本文从历史的、全局的视角分析了当今企业组织变革的性质和面对的困难与变革需求,分析了其变革的动力来源;辨析了变革目标与变革能力之间的关系,对不同目标和路径匹配情景下的变革策略进行了探讨;分析了中国企业的变革目标定位、变革过程和变革模型;最后给出主要结论和实际建议,指出本文的不足和未来研究方向。本文的贡献在于:丰富了组织转型变革的文献,弥补了宏观环境与微观组织之间的中观组织变革理论空白,所提出的变革策略与观点对现实组织变革管理也有指导价值。

3.2　当今组织变革环境的特点

3.2.1　环境总体变化趋势

　　尽管世界经济由于战争、科学技术发展、艺术和商业贸易等相互作用,其发展重心在不同的国家之间转移,但在总体上依旧体现出一定的规律。Kwasnicki(2013)以 GDP 为指标,刻画了全球经济增长的 S 形曲线模型,认为全球经济发展过程如同植物在自然界的春夏秋冬四季中生长一样,经历创新、增长、衰退和再创新四个阶段,如图 3-1 所示。目前,全球经济正处于 1900 年至 2100 年的这一近 200 年增长时期的"夏季",并且 2015 年前后是这一时期增长的最快阶段,未来将持续衰退,但存量上将继续积累直到其极限,并等待下一个突破性增长时期的到来。如果这一世界经济增长规律成立的话,则意味着对包括中国在内的全球经济来说不是一个好消息,过去所拥有的快速增长的辉煌岁月未来 100 年里将难以重现。当然,不同国家由于各自的社会经济发展水平不同,自然禀赋以及在世界经济网络中的地位与作用不同,也会表现出与世界经济总体发展不同步的现象。根据Boretos(2009)的计算,1840年,中国实际GDP在世界总量中的比重是33%,鸦片战争之后便持续缩减,到了1950年的时候已下降到5%,而这一时期全球经济处于增长阶段。1978年中国推行改革开放之后,这个比例沿着S曲线不断提高(参见图3-2),2005年达到了17%。按照Boretos的计算,如果这一增长过程不被打断的话,预计到2025年中国实际GDP占世界的比重将达到32%、2050年将超过世界总量的一半。

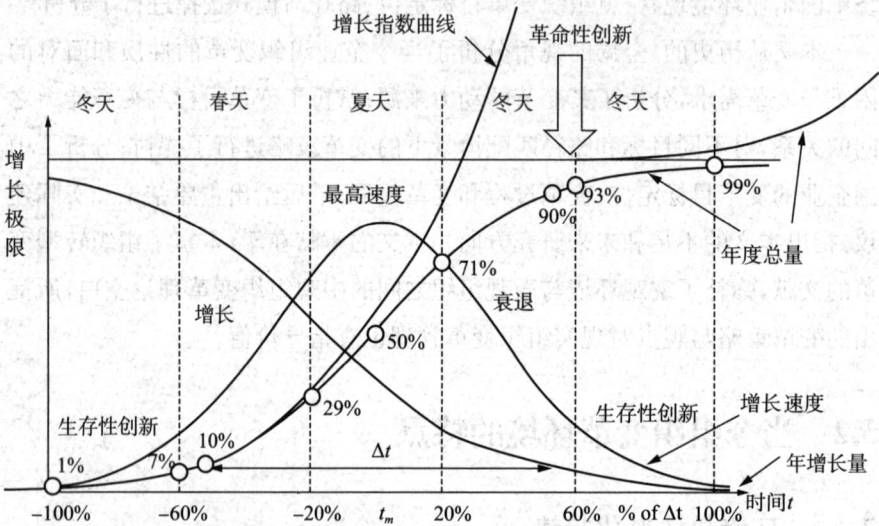

图 3 - 1   Logistic 增长模型

来源:Kwasnicki, K. Logistic Growth of the Global Economy and Competitiveness of Nations. Technological Forecasting & Social Change, 2013, 80(1):50-76.)

　　然而,社会科学与自然科学的根本差别在于自然规律不会因为被人类认识而发生变化,而社会经济发展规律或趋势在被人类探索出来之后,人们会根据其对自身的利弊得失而调整行为,从而使得原有的规律或趋势得以保持、强化或改变,即存在着预测的自成功与自失败(刘洪,2003)。因此,全球经济增长趋势也许不会发生大的变化,但因为国家之间利益上的关联与冲突,各自原有的发展趋势就可能发生改变。对于中国经济发展而言,最近40多年里由于"改革开放"极大地解放了社会生产力,经济增长速度远远高于全球平均增长速度(林毅夫,2012),在为全球GDP增长做出贡献的同时并没有削弱其他国家财富的增长,因而在总体上,中国经济发展得到了世界上其他国家的支持。然而,中国在国际分工中承担的是"世界制造工厂"的角色,也就是成为全球最大的资源消耗国。联合国环境报告 2013 指出[①],中国 2008 年消耗的原材料占全球消耗总量的 1/3,资源消耗量是美国的 4 倍;2017 年一次性能源消费占全球的 23%[②]。这种状况引起了西方国家的担忧和敌意,尤其是美国,千方百计地遏制中国的社会经济发展,这在近期的中美贸易冲突中表现得尤为明显(姜加林,2012),使得中国未来经济发展受国际环境的制约会越来越大。从中国经济增长的内在动力来看,过去 40 多年来的经济快速增长主要是依靠人口红利、资源依赖和对环境污染的容忍,这三条未来都不可持续。未来中国人口老龄化程度会越来越高,有专家预计到 2050 年,65 岁以上人口将占总人口的 30% 以上(黄毅、佟晓光,2012);而石油、矿石等资源性商品 60% 要依赖进口(王家枢等,2000);人们对青山绿水的向往已经成为美好生活所不可缺少的组成部分。正因为如此,Kwasnicki(2013)指出,2015 年之后中国经济在全球的竞争力将逐渐下降,GDP 占全球的比重将增长到 2025 年的 30% 后再逐渐下降到 2050 年的 22%。简而言之,未来中国经济发展要由过去依赖人口红利、依赖资源和对环境污染的容忍,转变为依靠人力资本、人造资源和人与环境的和谐发展模式上。

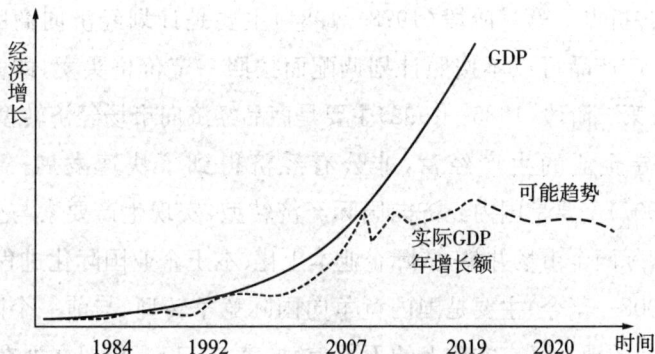

图 3-2 中国实际 GDP 增长历程
来源:根据中国统计年鉴的数据绘制

---

① 联合国环境报告:中国已成全球最大资源消耗国。参考消息网,http://finance.cankaoxiaoxi.com/2013/0805/ 250186.shtml
② 智研咨询发布的《2019—2025 年中国能源行业市场竞争格局及投资前景预测报告》,http://www.chyxx.com/ esearch/201810/685298.html

尽管从长期来说,中国经济增长尚未到达 Boretos(2009)和 Kwasnicki(2013)所描述的增长极限,但从事物增长的分形增长规律上来讲(刘洪,1996),这一增长过程是由多个增长阶段构成的,其阶段性的增长极限已经到来。自 1978 年以来,中国实际 GDP 的同比增长率先后在 1984 年、1992年和 2007 年达到了阶段性最高,分别是 15.1%、14.2%和 14.2%,2018 年是6.6%,如图 3-2 所示,其中三条线分别表示实际 GDP 绝对值、年增长额、未来设想的年增长额。如果以三个实际 GDP 同比增长率高点为标志的话,1978 年至今的中国经济发展可以划分为四个增长阶段:1978—1984(6 年)、1985—1992(8 年)、1993—2007(15 年)、2008—至今(已经持续 14 年,但尚未到达下一个阶段性高点)。因为近几年实际 GDP 同比增长率是下降的,2018 年是 6.6%,即便 2019 年是本阶段的同比增长率最低的为 6%,按照分形曲线的对称性原理估计,后一个增长阶段也是如同上一个增长阶段一样持续 15 年的话,则到达下一个阶段增长率最高点需要 7 年左右,即下一个增长阶段的最高点大概在 2026 年前后。

3.2.2　阶段性增长特点

这四个阶段经济增长最快的时间点也反映了中国经济进行较大规模转型升级的转折点。第一阶段(1978—1984)主要是计划经济向商品经济转型,企业生产产品可以不按照计划调配而按照一定价格买卖,即实行价格"双轨制";第二阶段(1985—1992)主要是商品经济向市场经济转型,利用市场机制引导企业的生产经营,非公有经济得到了快速发展;第三阶段(1993—2007)主要是国内经济向国际经济转型,实现生产要素与生产产品的国内、国际两个市场并举,国际企业本土化、本土企业国际化进程加快;第四阶段(2008—至今)主要是国内竞争向国际竞争转型,与前一个阶段相比较既有相似的地方又有本质上的不同(参见表 3-1)。相似之处在于,很多企业生产产品卖不掉而呈现产能过剩的现象,进而引起企业资金短缺、相互欠债(1990 年代为"三角债",今天则表现为"资金链断裂"),许多企业濒临停工倒闭的边缘;宏观经济上都表现为通货膨胀严重、就业难。然而,这两个阶段所面临的外部环境与内在条件又有本质的不同,主要表现在如下五个方面。

表 3-1　两个经济增长阶段的主要特点比较

		1993—2007 增长阶段（春夏交替）	2008—至今增长阶段（夏冬交替）
相似之处		供给过剩、融资难、经营困难、通货膨胀、就业难	
不同之处	主体经济成份	国有企业为主	非国有企业为主
	有效调控手段	直接的行政命令	间接的经济政策、市场需求与竞争
	主要竞争对手	国内的先进企业（主要是外资企业）	国际先进企业
	国际化竞争态势	外国企业、外资企业强大，国内企业弱，跟随策略	国内企业在生产能力、市场能力和国际化竞争优势上与国际企业相竞争
	环境总体特点	稳定，信息与电子技术等新技术应用；线性经济（管道经济），规模经济	动荡，大数据、人工智能、纳米材料、3D 打印、物联网等为代表的新技术革命革命；非线性经济、平台经济

（1）主体经济成份不同。1990 年代初期，中国绝大多数企业是国有企业，而当今绝大多数企业是非国有企业。根据杨正东和甘德安（2011）的测算，1990 年中国工业企业中 52％的企业是国有企业（10.44 万户），而到 2006 年国有企业仅占 0.52％（2.5 万户）。国家市场监督管理总局信用监督管理司、中国市场监督管理学会联合公布的《企业年度报告（2018）》表明，2017 年中国民营企业数量占所有企业总数之比为 88.07％[①]。经济成份中主体企业性质不同，劳动关系也就不同，管理者与员工的工作态度和行为也会有明显的差异（常凯，2009），因而需要不同的管理模式。

（2）有效调控的手段不同。企业主体性质不同，政府调控其行为的手段或工具也就不同；国有企业的行为主要受政府行政命令的影响，而非国有企业的行为则主要受市场变化的影响。在 1990 年代初，政府通过"打破三铁"和"关、停、并、转"国有企业，以及通过引进外资、管理层 MBO 等手法，实现了国有企业的改制与私有化，促进了整个经济的市场化程度，较好地解决了当时广大企业面临的生产停滞、通货膨胀、三角债等经济发展问题（魏杰，2008）。然而，当今以非国有经济为主体的企业行为并不受政府行政命

---

① 国家市场监管总局《企业年度报告（2018）》，《人民日报》（海外版），2019 年 1 月 16 日。

令的直接影响,政府也只能通过财税政策、金融政策、汇兑政策等经济杠杆和市场准入制度等法律法规,来间接地影响它们的行为,大量"僵尸企业"、"低端企业"依靠它们自身的行动或市场的影响来实现优胜劣汰,以至于IPO就成为政府将非国有企业纳入市场监督管理机制的重要途径,一定程度上扭曲了资本市场筹资的本质属性。

(3) 主要竞争对手不同。如果把中国企业看成是一个整体,那么,在上一个增长阶段里(1993—2007)其竞争的对象主要是与"三来一补"(来料加工、来样加工、来料装配、补偿贸易的简称)、独资和合资企业争夺中国国内市场,竞争促进了国内企业的国际化。由于经济全球化、电子商务和市场网络平台化等原因,现在这个增长阶段的广大企业竞争的对象,不再仅仅是身边的外资、合资等先进企业了,而是直接与世界上最先进的企业进行竞争。另一方面,随着老龄化社会的到来,人口红利所带来的成本优势逐渐丧失,"中国制造"逐渐丧失在全球的竞争力。此外,一些高技术产品的核心技术、关键原材料、零部件等严重依赖其他国家企业的供给(李建平等,2017),个别企业随时面临"休克"的风险。

(4) 国际化竞争态势不同。在上一个经济增长阶段里,西方市场经济发达的国家的企业以及在中国的外资企业,在技术、管理和市场营销能力等方面相较于中国企业都很强大,中国企业在国际经济分工中主要做配角。而如今中国企业研发能力已经得到极大提高,有些产品的研发与生产能力达到甚至超过了世界先进水平,西方企业在中国市场的优势地位逐渐丧失,国际市场竞争已经转化为国家之间的竞争,因此导致贸易保护主义抬头,一些国家对中国企业设置各种贸易壁垒(张二震、戴翔,2017)。此外,在1993—2007期间中国经济处于快速发展的上升期,企业遇到的很多困难或内在问题被快速发展所掩盖;但2008年至今的增长阶段,速度放缓,企业个体面对市场需求衰竭和自身原有的、可持续发展动力不足等被快速发展所掩盖的弊端,就逐渐显露出来了,成为当今企业发展的障碍。

(5) 环境变化性质不同。自20世纪初以来,工业发展先后经历了手工业到机器工业、机器工业到电子工业、电子工业到信息工业、信息工业到互联网工业的四次工业革命,尤其是近10年来,以信息通讯技术、大数据、人工智能、物联网、纳米技术、3D打印、分布式制造等为代表的新技术(Segars,2019)和人口变化、全球化2.0、环境危机,正在重塑工业经济并颠覆原有的商业模式、组织形态和企业组织方式与员工工作方式(格奥尔格·凡尔梅特、伊冯娜·赛尔,2014),网络经济、连接经济、平台经济逐渐替代原来盛行的规模经济、线性经济、管道经济,虚拟组织、网络组织、扁平化管理、远程工作、共享办公室日益盛行。换言之,当今的社会经济正由原来的"秋天"步入"冬天",需要广大企业进行"生存性创新"来度过"冬天"(参见图3-1),企业要由追求规模经济转向借助平台实现非规模化经营(Taneja,2018)。

3.3　组织变革的困难与需求

3.3.1　变革的困难

然而,面对新时期的广大企业组织变革,也有很多困难。从笔者在教学和调研过程中对现有企业的感知,宏观层面上的困难包括:

(1) 市场发展水平尚处于初级阶段,变革合法性不确定性高。中国现代市场经济始于1978年改革开放,至今只有40余年历史,相较于西方发达国家上百年的市场经济发展水平,中国的市场经济尚处于"孩提时代"(如图3-3所示)。在市场经济成熟的国家里,市场规则和相关制度已经比较完善,更为重要的是那里的人们已经习惯于按照市场规则和相关制度来做事,因而企业市场环境的可预见性比较高。当然,它也有明显的缺点,就是企业打破原有制度、体系的突破性创新比较难。而在中国市场规则和相关制度尚处于建设之中,即便已经建立起少数规则和相关制度,人们却还不习惯于按照这些规则和制度做事,甚至有些人还要特意地钻空子。按理说,在规则和制度缺乏的环境里企业受到的束缚少,更有利于企业创新;但也正是因为缺乏规则、制度,企业行为的"合法性"只能是事后评判,而这或受舆论左右,或受政府官员影响,不确定性高,导致的结果是很多企业家、创业者将"等政策"、"观望"、"模仿"或"官商结盟给政策"等作为获得变革行为"合法性"的主要途径,反而导致了创新缓慢、转型性变革犹豫、产业雷同化和滋生出各种社会腐败现象(郭海等,2018;李玉刚、童超,2015)。

(2) 中国传统文化观念影响深刻,市场经济的企业理论尚未成为管理主流。由于市场经济发展的历史比较短,本土企业中很多企业家是草根出

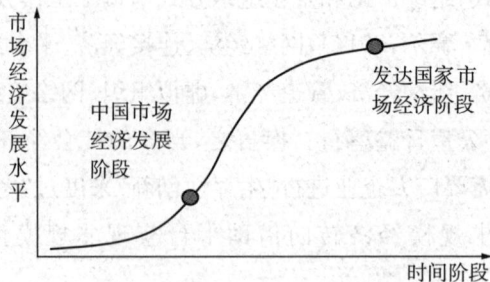

图 3-3　中国市场经济水平所处阶段

身,并未受到现代工商管理的系统教育(杨明海,2001),在企业管理中他们既没有可供学习参考的历史经验,又不能够充分借鉴西方市场经济经验;另一方面,现行企业管理制度和思想观念依旧受计划经济和中国传统文化的影响,它们与市场经济发展要求并不完全匹配,从而阻碍了企业的转型变革。比如说,已经有一百多年历史的泰罗制在西方社会可以说是通识,不同劳动者从事相同的劳动可以使用不同的工具,而能够使得各自效率都是高的。然而,就这一点在中国的各类组织里又有多少体现呢?事实上,*不是理论没有用,而是人们没有习惯使用理论*。理论毕竟是前人经验的总结,其中很多内容具有"自然属性",它们是"科学"而不是"艺术",不受环境、文化的影响。就像飞机飞行需要"适航证"一样,它是一百多年来成千上万人以生命为代价换来的"技术标准",所有飞机都应该达到该标准的要求。再比如说在用人上,我们企业家经常说"用人不疑,疑人不用",但又提倡"害人之心不可有,防人之心不可无",相互之间是矛盾的;一旦工作出了问题,管理者就对下属"追究责任"——负责任与"倒霉"是挂钩的,结果就是下属想方设法地"逃避责任",很多问题以及产生问题的原因就被掩盖了,未来再出现类似问题就不会得到揭示或消除,企业进步就慢。在市场经济理论中,员工行为的制约与激励是通过"责、权、利"三者统一来实现的——除故意的犯罪行为以外,所有问题的出现都是现有制度、管理体系、工作流程的不完善所导致的,所以,企业应该成为学习型组织,才能变得越来越强大。

(3)大多企业技术水平低下,处于全球价值链底端。很多资料表明,很多地区80%以上企业没有专利,资产单一,无形资产尤其是专有技术、技术诀窍在企业资产中的比重太低(鄂齐,2011),所谓的商业价值不堪负面新闻一击。如果所在市场技术门槛低，竞争激烈，利润率低，会使企业反过来更努力地抬高非技术门槛——行政准入门槛、资本门槛。然而，一旦政策发生变化，行政准入门槛就会消失；资金链一旦断裂，企业就立马陷入零资产甚至负资产状态。与之不同的，在中国的外资企业，办公楼、厂房都是租赁的，行政管理中很多业务也都是外包的，即有所谓轻资产，转型和搬迁都十分便利。与外资企业形成鲜明对比的是，中国企业热衷于建立自己的行政大楼、生产工厂和属于自己的行政管理系统，有观点认为大楼在企业就在，办公场所是企业存在的标志，大楼大是企业强盛的象征。由于缺乏共享理念，资产利用效率低，运营成本也就高。生产函数理论表明（付才辉，2018），有形资本与无形资本对生产率的贡献是有机联系的，物质资本比重过大和缺乏专利、技术诀窍，也是制约企业之间生产要素重组的重要障碍。

（4）变革有心无力，变革领导力缺乏。笔者近几年对两个 EMBA 班近 80 位来自各行各业的学员进行调查表明，100％学员认为所在的组织需要变革；其中 60％的学员认为所在组织应该进行全局性的变革，另外 40％的学员认为需要进行局部性的变革。60％的学员认为如果不进行变革的话 3 年后所在组织的绩效将会下降，25％的学员认为可以维持，另外 15％学员认为将会崩溃。针对组织需要在哪些方面进行变革这一问题，在组织层面上，学员回答最多的是战略调整、组织框架和体制改变、人力资源管理变革；在团队层面上，主要提到专业化发展；在个体层面上，主要涉及人力资源管理政策调整和员工专业能力提升。而对于组织如何变革，大部分学员回答都是要依据环境、政策社会、周边企业而定。在与学员讨论组织如何进行变革的时候，大家普遍反映："变革认知"缺失、"变革准备"不足、"变革动力"缺乏和来自"组织惯性"、"文化基因"、"资源条件有限"等阻碍组织变革的因素。上述结论在一定程度反映出中国企业整体上在转型变革的状态。

3.3.2　变革的需求

整体经济转型是微观企业组织变革的综合结果。当前经济增长阶段的特点和企业所处的环境，决定了当今企业的组织变革需求：

（1）营造外部环境，促进市场自组织。"橘生淮南则为橘，橘生淮北则为枳"，不同的环境条件对企业生存与发展有不同的影响。然而，环境对企业影响是一个复杂过程，往往是间接的、长期的，不同层次环境因素所起的影响作用也不同(刘洪,2018)。

在现实生活中,企业的变革往往受到政府主导,比如通过价格补贴(如新能源汽车、太阳能发电)、下乡补贴(比如家用电器)等措施,试图刺激市场需求来解决企业产能过剩和下岗失业问题,或者通过加大 IPO 将企业纳入市场监管范围,这些措施的结果往往是"头痛医头,脚痛医脚","按下葫芦浮起了瓢",不能从根本上解决市场的自组织机制。历史经验表明,市场自身的优胜劣汰功能是最为有效的影响企业行为的手段,只有在市场失效的地方和时期才是行政干预的地方和时机(樊纲,1992)。正如图 3-3 所示的那样,中国目前的市场经济水平尚处于初级阶段,因而企业发展存在两个基本问题:如何弥补市场经济水平不足的缺陷? 市场经济水平的增长能不能快一点? 如果说发达国家主要靠市场来调节企业行为的话,那么处于市场经济初级阶段的中国,就主要靠政府干预来调节企业行为。在逻辑上这并没有问题,但问题是从长期演化的视角看,政府的干预只能是解决暂时的、不能靠市场自身解决的问题,长远的发展还必须靠市场自身的自组织机制。因此,政府对于市场干预的目标是帮助市场建立起自我发展、自我修复、自我进化的机制,这样经济市场化就得以以更快的速度发展。

(2) 自主地转型变革,实现生产要素重新组合。非国有企业和非上市公司的组织行为既不受政府行为的直接影响,也不在针对上市公司的市场管理机构的监管范围内,从而使得政府宏观调控政策对它们作用的效果大打折扣。那些技术落后、产能过剩、缺乏创新活力但占用土地、人力等生产资料的企业,消耗与占用着资源,却效率低下。它们的存在对社会而言不仅不创造价值,反而是隐形负债;而那些新创企业,为社会创造价值,更有效率,却缺少诸如生产场所、办公室和劳动力等生产要素资源。因此,中国经济需要发生一次大规模的,熊彼特意义上的创新——生产要素重新组合——通过大规模的企业兼并收购活动,使社会生产要素得到重新有效配置。这就需要企业家重塑对成功的定义,重新认识企业的价值,处理好守业与再创业之间的关系,类似于回到改革开放初期针对国有企业是否需要转型问题上一样,实质上是担心"流失"还是让其自然"消融",是主动"盘活"还是守住"产权"成为"僵尸企业"。

(3) 面向全球化竞争,树立联节点意识。从单个企业看,每个企业都是一个投入产出系统,投入包括技术、资金、数据、信息、人力、知识、外包服务和制度环境;输出包括产品、服务,以及为其他企业提供所需要的各种投入。如图3-4所示。企业如果要生存与持续发展,就需要投入产出顺畅,成为一个"熵减"的"耗散系统"(沈小峰,1987),确保企业的输出有人接受——市场有竞争力、社会友好、有合法性,输入有保障——别人有依赖、自身有独立性。从企业群体看,由于世界物流业和信息网络的发达,使得"世界是平的"(托马斯·弗里德曼,2010),每个企业的投入与产出所触及的范围已经由局部市场延伸到了全球国际市场,从而使得遍布世界各地的不同组织之间形成了复杂的全球经济网络;供应商和销售商之间的竞争不再仅仅是与地理位置相近的企业相竞争,而是与全球经济网络中的同类组织相竞争;每一个企业都是全球经济网络中的一个节点,其生存与发展取决于自身在该网络中的地位和影响力——联接与被联接的能力。总而言之,企业竞争的对象已由国内企业扩展到了全球企业,竞争的范围已由本地区拓展到全球各个角落,竞争的客体已由产品或服务转变为核心能力,竞争主体也由企业之间竞争转变为国家之间、经济体之间的竞争,并派生出反全球化趋势和贸易保护主义的抬头。

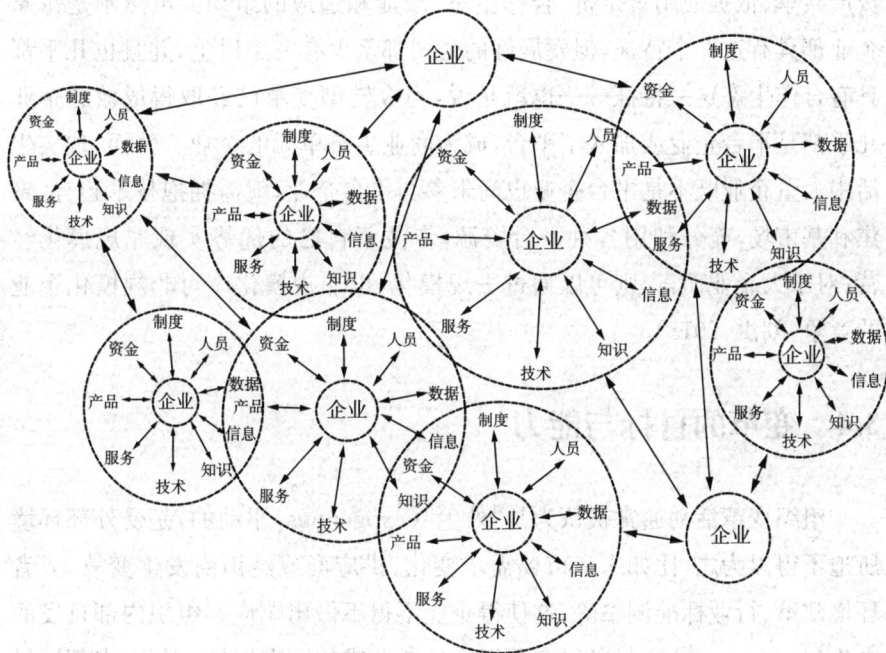

图3-4 企业在全球价值网络中的节点

（4）主动迎接新技术革命,转变商业模式。传统企业正在受到新技术涌现与市场需求变化两个方面的驱动,要想在新形势下生存与发展就需要进行商业模式的转型(Kavadias,2016),如图3-5所示。在技术方面,触摸、声纳、光感和图像辨识等传感技术使大数据的收集与传输更为广泛、廉价。大数据、人工智能、机器人和机器学习等技术又使得企业能够在大量非结构化的数据中找出规则和进行优化决策,物联网和云计算等连接技术使边缘计算与分析的广泛应用成为可能,纳米技术、3D打印和分布式制造等技术使远程制造和小规模生产成为可能(Segars,2019)。在市场需求方面,虽然用于满足贫困人口的日常用品大规模生产仍然有存在必要,但在趋势上人们的需求、偏好都越来越多样化、个性化;劳动力、自然资源和运输等生产要素的成本越来越高,各级政府对环境要求、产品质量与安全等监管越来越严格。面对技术进步和市场需求的变化,越来越多的企业尝试进行商业模式的转型变革,并取得了初步成效。

Kavadias(2016)通过对40家企业的分析,表明在市场上取得成功的商业模式具有6个方面的特征:产品或服务个性化、可再生利用的闭环过程、资产共享、依据使用量定价、合作生态、敏捷和适应的组织。虽然不是每家企业都具有这6个特征,但发展好的公司都至少有三个以上,并且也几乎都具有合作生态这一特征——也就是说,当今转型变革已经取得成效的企业几乎都是平台企业或加入了平台,成为商业生态单元的企业。然而,现实生活中大量企业既不是平台企业也尚未参与平台企业,就需拥抱技术趋势,聚焦利基市场,充分利用各种平台资源,专注于自己的优势实现非规模化经营;对于大企业而言,则可以通过去规模化,以非规模化应对非规模化企业的竞争(刘洪,2018)。

3.4 变革的目标与能力

组织变革活动通常被认为是"外生"(exogenous)驱动的,是受外部环境所迫不得以为之,比如未来市场需求变化、供应商或经销商发生变故,或者环境政策、行业标准调整等,这使得企业不得不做出响应。组织内部自发的内生(endogenous)变革必须克服组织长期形成的固有惯性,因此,内部诱导的变革也需要来自外部环境冲击起催化作用,即进行 Lewin(1947)变革模

型所描述的"解冻"(unfreezing)。然而,正如社会认知理论认为的(Wood &
Bandura,1989),面对相同的环境不同的管理者所感知到的变革紧迫感是不
同的,影响管理者变革感知的因素包括他们对组织变革的方向、目标和路径
是否有清晰的理解。如我们对 EMBA 学员调查所表明的,即便学员们都有
变革紧迫感,明白变革的必要性,但对于组织变革的方向和目标在哪里? 如
何实现这一目标? 是市场导向还是未来导向的? 从哪个地方着手开始变
革? 人们依旧存在疑虑。

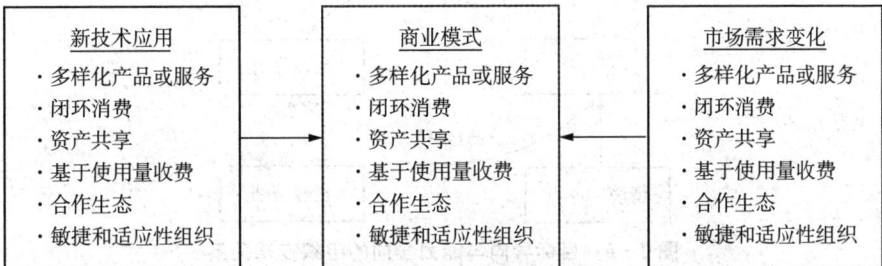

新技术应用	商业模式	市场需求变化
·多样化产品或服务 ·闭环消费 ·资产共享 ·基于使用量收费 ·合作生态 ·敏捷和适应性组织	·多样化产品或服务 ·闭环消费 ·资产共享 ·基于使用量收费 ·合作生态 ·敏捷和适应性组织	·多样化产品或服务 ·闭环消费 ·资产共享 ·基于使用量收费 ·合作生态 ·敏捷和适应性组织

图 3 - 5　新技术革命和市场需求变化驱动的商业模式

来源:Stelios Kavadias. The Transformative Business Model. Harvard Business Review, Oc-
tober 2016:96 - 98.

　　当组织内外部环境发生了影响组织原有计划目标实现的变化时,就需
要对组织内部结构以及组织与外部环境关系进行调整,以保证组织目标的
实现。组织变革目标是组织在给定的条件下和预定的时间内希望达到的状
态,可以是长期目标,也可以是短期目标;可以是涉及组织发展全局的整体
目标,也可以是部门局部目标;可以是经济价值目标,也可以是组织文化、价
值观和员工个人的行为、心理、情感上的目标(Parastuty et al.,2015)。
　　当组织从一种状态变化到另一种状态的时候,我们就说组织发生了变
革;如果达到的状态是我们所期望的,我们就说组织变革实现了变革目标,
也可以说组织变革是成功的。显然,组织变革内容以及能否成功,与组织变
革的目标设定有关,而组织变革的目标与组织目标有关。组织为什么要变
革? 前面的组织变革定义已经清楚给出了来自两个方面的原因,一是外部
环境变化影响了组织目标实现,二是组织内部存在矛盾或要求调整组织目
标。环境的变化会改变企业的投入产出,比如市场需求发生变化从而要求
企业提供的产品或服务的品种、类型、质量等进行改变;也可能是供应商行
为的变化,要求企业减少对原有资源的依赖或寻找替代供应商或替代资源,

这些都要求企业调整战略方向、改变内部组织架构和工作流程;企业内部不同群体之间的利益争端、新技术的应用和生产过程的再造等,也都要求组织在不同层面上做出变革,比政策制度、劳动关系、工作安排等做出调整(Armenakis & Bedeian,1999)。所以,组织变革目标的设定首先要以组织的环境适应性和内部问题解决为依据,此外,还要根据组织已有的能力和可以形成的能力为基础。组织变革目标与组织能力之间的关系,如图3-6所示。

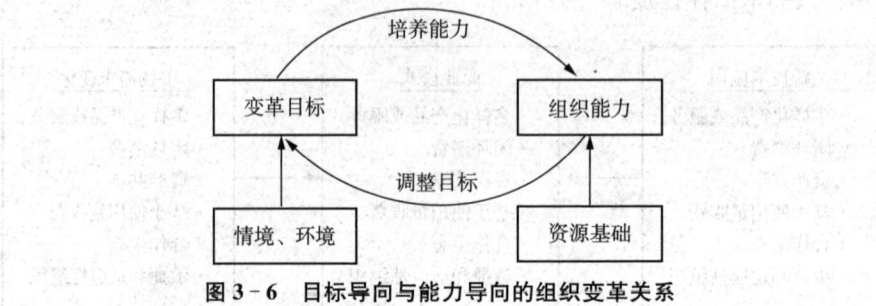

图3-6 目标导向与能力导向的组织变革关系

因此,组织变革目标的设定有两种导向:组织战略导向和组织能力导向。组织战略导向就是根据环境 PESTL 的变化趋势和对企业发展的要求,确定组织变革的内容与目标;能力导向有两个方面含义,一是根据组织能力确定变革目标,实现能力的溢出效应;二是通过组织变革取得实现变革目标所需要的能力,即弥补能力短板。两种导向的不同,组织变革的内容和方式也就会不同。下面以苏宁收购家乐福股权的例子来说明。

(1)案例问题。2019 年 6 月,国内著名商业零售企业苏宁易购的全资子公司苏宁国际(简称苏宁)拟收购家乐福中国 80% 股权,成为业界热点话题,人们对此也提出了一些疑问:家乐福 2018 年年底已经资不抵债,且传统大卖场业态正在衰退,苏宁易购为何还要收购家乐福? 苏宁易购自身近两年业绩也不乐观,为何还要花钱收购没有盈利的公司? 苏宁易购这一收购行为是防御性竞争策略,还是战略使然? 对此,舆论界给出了很多分析[①],主要观点包括:第一,苏宁将"家乐福网上商城"以及遍布全国 22 个省份 51 座大中型城市的 210 家大型综合超市和数十家便利店整合进来,在丰富线上线下品类的同时,实现优质资源对接,进而放大线上线下联动效应。第二,

---

① 张锐:《苏宁收购家乐福是顺势而为》,《经济日报》,2019 年 6 月 27 日。

并购家乐福之后,扩大了手中可供消费者进场消费的商业空间,填补了苏宁快消品类的短板,更精准地满足了消费者需求。第三,家乐福除了海外密集的仓储网点外,家乐福中国创建了遍布 52 座城市的 6 个大型配送中心,完成并购后苏宁不仅可以借此增强国内外的商品采购能力,还能够扩充物流仓储与配送能力,并与苏宁全力打造的苏宁小店结合,完善最后一公里配送网络,提高到家模式的效率并节约物流成本。第四,苏宁零售体系 4 亿会员及家乐福中国 3000 万忠实会员将形成有效互补,丰富苏宁现有的会员生态,从而提升用户价值。第五,也有阴谋论者认为,2019 年 4 月家乐福中国和国美成为了战略合作伙伴关系,根据合作协议预计到 7 月底前,家乐福中国旗下的 200 余家门店将要完成改造,国美会进驻其中,因而苏宁易购的收购有将国美踢出局的嫌疑。苏宁易购自身也给出了解释:本次收购家乐福中国,苏宁在锁定国内优质大型综合超市资源的同时,还将加速推进大快消品类扩展与专业化、精细化运营,更为旗下多种业态融合创新带来全新探索,打造数字化门店的核心竞争力,提升全产品的运营能力。

苏宁收购家乐福案例之所以有典型意义,是因为目前很多企业发展时都面临着类似的困惑:自主创新能力不足的情况下,通过收购兼并是否能帮助企业实现变革环境下转型;看不到前景时,如果把公司卖出去,被别人收购兼并又于心不忍。因此,理清楚本案例的动机,对其他企业破解发展中难题具有重要的指导价值。因此,我们把苏宁收购家乐福行为看成是企业在发展过程中的变革行为,从组织变革的视角分析其背后的逻辑与原因。

(2) 收购的背后逻辑。众所周知,公司在发展战略确定之后,以实现该战略为目的来审视公司的各方面工作就会发现,公司能力会显现出制约战略实施的"短板"。通常"补短板"有两个途径:自我成长和外部嫁接。自我成长就是利用公司自身的资源、条件,培养公司战略实施所需要的能力。然而,能力的成长服从学习曲线(Spence,1981),如果某个能力对于公司发展紧迫而又至关重要的话,学习的时间就可能延误时机,令公司在市场竞争上失去优势甚至造成致命的后果。因此,有些公司就采用"补短板"的另外一种途径——收购兼并,这样可以"短平快"地补短板。当然,兼并收购式的"补短板"需要如同人体器官移植所需经历的"配位选择"、"融合过渡"和"消除排异"等相关过程,如果这些过程中的工作做不好,也会因为"文化冲突"、"水土不服"而失败。因此,企业"补短板"策略上采用自我成长还是外部嫁接,取决于公司面临问题或挑战的紧迫性,紧迫性越高越倾向于采用外部嫁接策略,但要有合格的"移植配型"对象;而应对趋势性风险或未来长期的挑战,则应该倾向于采用自我成长的策略。当然,也可能出现功能能力相对过剩的情况,公司通过兼并收购实现"能力溢出"。

不管采用何种策略,企业能力的形成并达到理想的状态都有一个过程,即需要时间,因而也可能出现时过境迁的情景。在公司原来战略的能力短板被补起来之后,环境发生了影响企业生存与发展的新变化,迫使企业不得不调整原有战略、制定新的战略。战略调整或新战略制定不仅要适应环境变化的要求,还要以企业已有能力为基础;如果战略超越了现有能力及其未来自我成长的极限,就会出现依赖于外部嫁接才能获得所需能力的情况。外部嫁接只能是应急的、不得已为之策略,甚至权宜之计,不应成为公司成长常规手段。历史上,有些总是收购不断的公司虽然一段时期内做的非常大,但会因各种原因而瞬间崩溃(吴晓波,2017)。

(3) 收购的原因。根据上述分析可知,苏宁收购家乐福的动因可能有三:一是弥补公司现有发展战略实施上的能力短板,即线上线下联动效应;二是解决公司现有物流与供应链的非规模化问题,降低运营成本;三是实现公司能力溢出,打造数字化门店的核心竞争力,通过双方原有市场的相互渗透,获得实现双边市场效应所需要的客户关键规模(刘洪,2018)。笔者以为,苏宁收购家乐福是为了快速构建完善的物流体系,弥补线上单兵突进而线下后勤能力跟不上的缺陷,就像其他网上公司构建实体门店一样,门店是作为建设物流、仓储的一种途径,既弥补了线上对物流、仓储利用的不充分,实现了"范围经济",也避免了单独成为"纯物流"而受制于人,从而实现所谓的线上线下协同效应,本质上是减少公司在经济网络中对其他主体的依赖性,增强自主性,符合资源依赖理论的组织变革原则(马迎贤,2005)。

3.5 不同变革目标与路径匹配下的变革策略

3.5.1 变革目标的 4 种情境

变革目标是组织通过变革期望达到的状态。不同层次上的变革对象所期望达到的状态可能是相同的,也可能不同。如前面所说,组织变革既可以是外部环境变化驱动的,也可以是内部远景目标界定的,如果是环境驱动的,变革目标就是让组织适应环境变化;如果是远景目标驱动的,变革目标就是让组织达到期望的状态。人们通常认为变革目标可以预先确定,确定变革目标也是大多数变革模型理论的起点(Rosenbaum et al.,2018)。其实在现实生活中,由于受到变革者知识局限、认知水平和其他各种因素变化不确定性的影响,使得组织变革的目标可能是清楚的,也可能是不清楚的,因而相应的组织变革策略也不同。

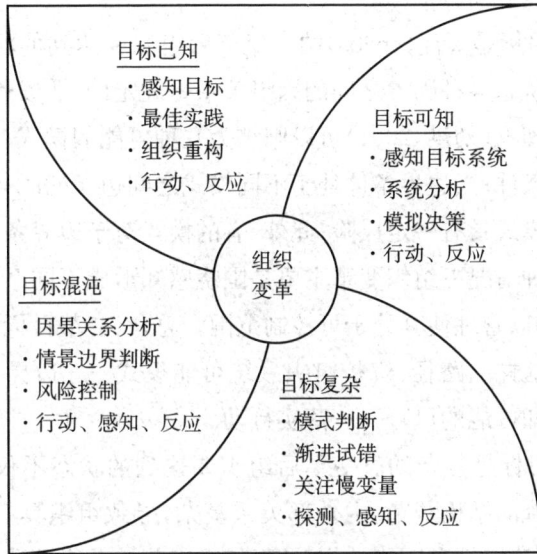

图 3 - 7　四种变革目标模式

　　(1) 变革目标是已知的。变革后组织要达到什么样的状态是已知、明确的,比如产品销售量、零部件质量水平、员工满意度等是给定的、有参照标准;实现目标的途径就是找到可以学习的范例、类似的最佳实践,然后制定相应的工作流程,按部就班地进行实践。当然,也有一种可能,那就是变革目标组织需要进行组织重构,原有的商业模式、组织架构和生产过程已经不适用,这时候可以按照系统理论的目标-功能-结构思路,进行目标分解和系统再设计。总之,变革目标已知情况下组织变革策略遵循的路径是:感知目标——模式分类——最优路径——落实行动。

　　(2) 变革目标是可知的。变革后组织要达到的状态是可以知道的,但现在不知道,或者说是能够知道的但我们不知道,需要经过对相关因素因果关系的分析、计算、推理来得到,比如说企业通过人力资源管理政策的调整来提高员工的满意度,那么,薪酬制度的调整会多大程度上影响员工的满意度呢?变革行动与变革目标之间并不存在直接的、显而易见的关系,需要通过构建系统分析模型,利用一定的工具进行系统状态重构才能使之清晰起来,将不同政策情景下可能达到的状态进行刻画、模拟不同情景下系统状态的变化,反过来根据系统分析、模拟的结构进行变革决策。总之,变革目标可知情况下组织变革策略遵循这样的路径:感知目标——系统分析——模拟决策——落实行动。

(3) 变革目标是混沌(chaos)的。变革后组织要达到的状态是未知的,但是影响组织状态各种因素之间的因果关系是确定的、非线性的,因而根据经济混沌管理理论(刘洪,2001)可以归结为几种可能的模式,不同的模式具有不同的边界条件;当边界条件处于不同模式之间边缘的时候,要判断组织系统未来可能模式具有一定风险;此外,有的模式对于边界条件具有初始敏感依赖性。此种情况下组织变革主要是围绕感知形成不同系统模式的边界条件,并将其加以管理使其处于可控范围。总之,变革目标混沌情况下的变革策略遵循这样的路径:辨析组织系统可能模式——边界条件识别并加以管控——感知可能的风险——落实行动。

(4) 变革目标是复杂的。变革后组织要达到的状态不仅是未知的,而且由于组织系统的结构复杂、内外部关系复杂,导致组织具有单元集聚、状态涌现、变化不确定性和网路效应,从而使得变革活动所导致的结果具有高度的不确定性。这种情况下组织变革只能是短期目标、局部目标,要根据组织运行过程中出现的情景适时调整变革行为,应该找出影响组织系统长期运行的"慢变量"、"吸引子",如果其属于环境变量则应该加以适应,如果系统序参量则加以辨识与管理。总之,变革目标复杂情况下组织变革策略遵循这样的路径:系统模式判断——过滤快变量、寻找慢变量并加以适应或管理——自下而上——落实行动。

3.5.2 目标与路径的匹配策略

正如前面所讨论到的,社会科学具有"预测自成功、自失败"特点,组织作为社会构建系统(Stinchcombe,2000)以及组织变革作为一项社会实践活动,自然也就具有这一特点。如果从这一理论观点出发,那么对待组织变革的成功与失败就会有不同的评判视角。传统上,组织变革成功与失败主要看组织变革是否达到了原来预期的状态;从历史实践的情况来看,组织变革活动达到预期目标的比率一直很低,学术普遍将这一现象描述成为"变革成功失败率高"(Burnes & Jackson,2011;Mosadeghrad,2014)。然而,如果我们将"自成功、自失败"作为组织变革活动的本质属性,那么,变革目标的设定就是一种策略,甚至可以看成是一种技巧——追求这一个目标的过程中给组织带来的结果,才应该是组织变革的真正目的。换言之,组织变革目标有设计的目标和最终实现的目标,两者并不一定一致。从这个意义上讲,对于组织管理者来说设计好变革路径要比确定最终目标更为重要。

组织变革路径就是组织从一种状态到达目标状态所经历的路线,并可以在一定的维度坐标体系下加以刻画,就像一个人从一个地方到达另一个地方,所经历的路线可以由时空加以描述。当然,在到达目标之前也可能因为有很多不确定因素的影响而无法事前刻画,但可以提前做出行动安排和对各种可能遇到的情况进行对策预案,包括相机行事或应急的变革(emerging change)。因此,变革路径不同于变革模型或变革方法。在本领域的研究历史上,学者们提出了各种变革管理方法(change management methods)和系统变革方法(systemic change methods),给出的都是实施一项变革活动需要经历的步骤,而不是变革活动本身在达到预期目标(或最终状态)所经历的路径(Al-Haddad & Kotnour,2015)。其中,在变革管理方法中,虽然 Judson(1991)的方法包括计划安排(plan)、到达希望的状态(desired state),Kotter(1995)方法和 Luecke(2003)也都提到创立远景(create a vision)或形成分享远景(develop a shared vision),但都没有对计划和远景给出具体内容;系统变革模型则给出更为具体实施步骤,而没有描述系统状态可能的路径。

鉴于不同的组织变革活动所反映出来的"系统状态"是依赖情景的,并不具有一致的指标或指标体系。因此,组织变革路径可依据不同的组织系统属性采取不同的刻画维度,比如,在宏观上业务调整的状态可能体现在市场销售额和市场占有率,微观上薪酬制度调整的状态可能体现在员工满意度、离职率和生产效率上。为说明问题,本文将组织变革目标和变革路径抽象为普遍意义上的目标和道路概念,可以是已知,也可以是未知的,它们相互组合就形成了四个不同的组织变革情景,如表 3-2 所示。

表 3－2　变革目标与变革路径匹配矩阵

		组织变革目标	
		已知	未知
组织变革路径	已知	路线图（有计划变革）	学习型变革
	未知	探路式变革	演进式变革

（1）目标已知，路径已知。组织变革在具体时间计划内要达到的目标状态是已知的，达到这一状态经历的路径也是已知的；这时候的组织变革只要按部就班、按图索骥，实行有计划的、自上而下的变革即可。这种情况往往是组织所处的环境条件是稳定的或渐进变化的，影响组织运行的各种因素变化的确定性程度高，可预测、可控制，变革者的任务是找出实现变革目标的最佳路径和策略方案，并做出详细计划，将任务与资源分解到各个单位部门，加强协作与控制，各单位部门任务完成了，组织目标也就实现了。找出最优路径是关键。

（2）目标已知，路径未知。组织变革的目标方向是明确的，但实现的路径并不清楚或不能确定。好比一个人要爬过一座大山，这个目标是清楚的，但如何才能到达山的那一边，是否有更有效率、更为安全和便捷的道路，并不清楚。这时候组织变革的最好做法就是探索式变革，走一步瞧一瞧、看一看，"摸着石头过河"；当然，如果能够有帮助探索路径的工具、"老马识途"，就可以少走弯路、错路，如同如果有卫星照片、望远镜、无人机、地导来帮助我们爬山一样。原则与经验是至关重要的。

（3）目标未知，路径已知。也存在这样一种情况，我们知道下一步应该如何走，甚至有几条向前的道路，但未来走向哪里或者说每条路通到哪里，其实并不清楚，因而常常导致管理者犹豫不决、裹足不前，从而丧失了组织发展机会。比如说，鼓励创新与提升员工的创造力是正确的，但导致的结果是什么？是原有行业的不断进步，还是进入一个新兴领域，心理没有底。就像回过头来考察华为、阿里巴巴一样，当初没有人能够预计到今天的状态。这时候就需要理论知识加以演绎推理，从历史的、宏观的视角进行分析，使目标逐渐清晰起来，或者做好当下，"在行走的过程中发现目标"。变革侧重于建设学习型组织。

（4）目标未知，路径未知。有些情况下组织发展的目标和路径都不清楚,就像人类社会一样,早期的人类没有人知道未来的社会是个什么样子,也就谈不上到达未来社会的道路,人类只能在求生过程中逐步进化进入现代社会。对有些组织而言也是如此,由于各种原因既不知道未来目标方向,也不知道未能如何向前走,这时候最好的策略就是JIT(Just in Time),遇到问题解决问题,在解决问题的过程中变异、选择、保留,使得组织得到不断发展。这时候的组织变革就是演化的变革(evolution change),

3.6 当今组织的变革过程与模式

(1) 环境与未来定位。从历史的、全球视野看,当今企业组织的经济环境正处在历史的转折点,由过去 100 年的增长转向了未来 100 年的衰退;中国经济则将由过去依靠人口红利、资源消耗和环境污染的容忍转向依靠智力、知识和环境友好,从而要求广大企业组织进行转型变革。然而,对诸如大数据、人工智能、平台经济和线上消费等发展变化对企业到底产生哪些影响? 组织的未来在哪里? 企业如何向前走? 这些问题都尚未得到很好回答。总体来说,面对经济衰退趋势和不确定的未来,组织的未来就像人类进化一样,解决当前面对的和可预见到的困难或问题才是最重要任务,在解决困难和应对遇见的问题中不知不觉地发展起来。当然,在此过程中"优胜劣汰",有的企业生存下来了,有的企业被兼并收购,有的企业破产倒闭,但是总体在时间上服从"指数衰退",在空间上服从"幂律分布"。

(2) 变革过程的选择。通常来说,变革活动的发起有两个极端方式,一是自上而下的命令型变革,二是自下而上的指导性变革(如图 3-8 所示的左右两种情况)。前者由组织高层制定变革计划,然后向追随者沟通贯彻,基层服从接受。这种变革方式一般适用于环境稳定或未来变化可知的情况下,组织进行有计划变革。后者是在充分授权的组织里,基层部门或员工根据自身所处的环境条件和遇到的问题,凭借自己对未来发展的感知,自主地提出组织变革需求,上级部门提供支持帮助,包括进行变革方案说明、设计,然后进行具体的变革活动并承担变革带来的收益与风险。此外,还有一种处于它们两者之间的变革过程,就是总体变革过程由组织高层进行有计划的设计,将具体的变革活动划分为不同的阶段,将变革过程所带来的组织行为变化(包括员工行为变化)作为组织变革的目标,即探索型变革。对于当今的广大企业组织来说,组织层面上的变革活动适合采用探索型变革,而微观层面的变革活动适合采用指导型变革。

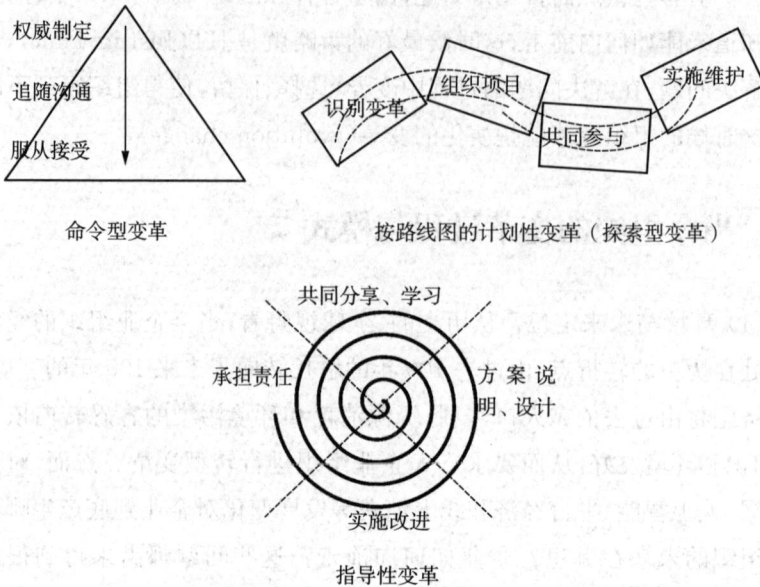

命令型变革　　　　　　　　　按路线图的计划性变革（探索型变革）

指导性变革

图3-8　适合不同变革环境的组织变革过程

（3）组织变革模式。面对 VUCA 变化的环境,有计划的(planning)、间隙性(episodic)的组织变革模式已经不适合,取而代之应该是基于规则的、连续性(incremental change or continuous change)的变革。前者是局部的、时序性的变革活动;后者是全局的、并行自发的、相互关联的变革,如图3-9所示,也就是先辨识出影响组织发展的最重要、最紧迫的症结所在,对其进行变革;然后再辨识下一个变革对象,如此持续地进行下去;并基于关联性各部门单位自主地适应环境变革要求而进行再变革,从而实现组织再整体上的演进。

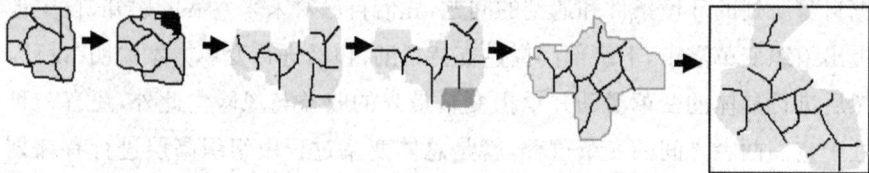

图3-9　渐进、持续变革模式示意图

3.7　结论与讨论

全球经济在未来相当长的时间内将进入"冬天",中国经济也将在整体趋势上增长减缓,并因为经济成份、调控手段、竞争对象和外部环境发生了前所未有的根本性转变,从而使得原有的依靠人口红利、资源消耗、环境污染容忍的增长模式不能持续,必须要转变为依靠智力资本、人造资源、环境友好的增长模式上;当今中国经济成份主要是非国有企业,因此整体经济转型必须依赖于广大个体企业的自主转型变革;经济市场化水平和科学技术发展的趋势,决定了个体企业的转型变革要以市场经济为导向,解放思想,用全球化思维和历史观看待企业发展,主动迎接新技术革命,并根据市场需求变化变革商业模式,增强企业在全球经济价值网络中的节点意识,发展具有自主性和被依赖性的核心能力。在此大背景环境下,企业组织变革需要在目标导向的变革还是问题导向的变革之间权衡,并依据变革目标是否明确、变革路径是否清楚而采取不同组织变革策略。对于当今的中国企业组织而言,环境变化的不确定和未来目标的模糊性,决定了组织变革过程应该是指导性的变革和探索性的变革,变革模式上应该是基于规则的、连续的、全局性、并行自发的变革。

本文从历史的、宏观的视角阐述了当今企业组织变革环境变化的性质和未来总体发展方向,通过改革开放以来中国企业的转变变革与当今情景的比较,指出了组织变革面临的障碍、变革需求和不同变革目标、路径下的变革策略;提出变革目标的设定是一种策略、甚至可以看成是一种技巧——追求这一个目标的过程中给组织带来的结果,才应该是组织变革的真正目的;认为促进市场的自我进化、自我组织才是从根本上解决经济转型升级的有效途径,企业"补短板"策略是采用自我成长还是外部嫁接,取决于公司面临问题或挑战的紧迫性,时间越是紧迫则越是倾向于采用外部嫁接策略,而应对趋势性风险或未来长期的挑战,则应该倾向于采用自我成长的策略;针对市场经济水平不发达引起的组织变革合法性问题,认为最好策略就是"法无禁止即可为"和"不以现在标准衡量过去事情",借鉴改革开放初期的"充分尊重广大人民群众的创造性精神"这一经验,在学习中不断进步,即建立起快速学习的学习型社会、学习型政府、学习型企业。上述观点属于组织变革领域的新探索，一定程度上弥补了组织变革理论在宏观环境与微观组织变革模式之间的文献上缺乏。这些成果丰富了现有组织变革理论，也为未来研究提供了理论框架和进一步验证的基础，对于从宏观上指导组织变革实践活动也有实践价值。

当然，本研究的不足在于更多地是逻辑推理和哲学思辨，缺乏对提出的观点进行实证分析和案例讨论，从而对具体的企业组织变革活动只是给出一般原则性建议而缺乏情景对应的策略与建议，这些也都成为未来进一步研究的有价值空间；形成具体而严谨的过程变革理论模型与方法，也是本研究领域所缺乏的。具体来说，未来可研究的问题包括：第一，分析经济市场化水平、传统文化对组织变革决策的影响，比如找出衡量一个国家或地区经济市场水平的指标，分析其对于组织变革决定的影响，包括对变革策略上是主动、被动还是跟随模仿的影响；分析变革实施过程中传统文化影响的正面性与负面性，以及组织年龄、发展阶段、资产结构所起作用的边界条件。第二，调查总结企业领导者变革能力状况，包括变革准备、变革价值创造、变革赋能、变革动力，分析影响这些因素的原因；分析不同层次环境因素对组织变革影响的优先次序，解释现实生活中企业为什么过于关注政治甚于关注创新、创造力发展。第三，影响企业自主变革的外部政策环境与条件，阻碍熊彼特创新意义上的生产要素重组的文化因素、经济因素、政策因素，以及促进生产要素优化组合的途径与风险；寻找经济网络中具有自主控制能力和被依赖能力的样板企业，剖析商业模式特点和成长历程。第四，实证研究变革目标与变革能力之间的关系，构建变革能力构成模型和培养途径，以及在变革目标明确、不明确和变革能力高、变革能力低情况下，组织变革的有效性策略；对变革目标设定与变革路径选择匹配的变革效果进一步分析的理论模型，从而结合实际案例对不同变革过程和变革模式的有效性进行验证分析。

第4章

转型性变革的时机及影响因素

组织变革是为了满足环境变化对组织发展提出的要求,然而面对同样的变革需求,不同的组织或相同组织中的不同领导者所做出的反应既可能是主动的,也可能是被动的;既可能是有计划的,也可能是应急的,其中的缘由既有组织领导者的认知水平、领导风格因素,也有缺乏对组织变革时机把握的理论指导。本文针对转型性变革,根据组织发展的演进与危机间隙平衡理论和分形增长理论,提出转型性组织变革的时间窗口概念,分析变革时间点选择的影响因素和机制,以期为组织变革的时机管理提供理论依据。

4.1 引言

组织变革是组织管理研究领域的永恒主题(Ford & Ford, 1995;Petti-grew, Woodman & Cameron, 2001;Van De Ven & Poole, 1995),然而长期以来组织变革的成功率一直低下(Burnes, 2004),其原因之一被认为是组织未能采用适当的变革方法(Schein, 1988)。为此,自 Kurt Lewin 提出解冻-变革-再冻结的组织变革模型以来(Lewin,1947;Smith,1951),学者们相继提出了各种针对微观层次上涉及群体、个体、工作变革的系统变革方法(systematic change methods)和针对宏观层次上涉及组织战略、结构、运作流程和组织文化变革的变革管理方法(change management methods)(Al-Haddad & Kotnour, 2015),给出了变革活动的具体步骤和策略建议。然而,却很少有文献回答组织应于何时启动变革,而将其归咎于组织领导者变革认知、组织变革准备和变革紧迫感的结果变量,这也是变革型领导力近些年来成为组织变革领域热点问题的一个重要原因(Oreg & Berson,2019)。

众所周知,组织变革的目的不在于变革活动本身,而在于由此引起的"霍桑效应"(Zhong & House, 2012),即通过组织内外部关系的调整和员工态度与行为的改变,使组织能够适应外部环境的变化与要求(Wen & Yazdanifard, 2014)。组织外部环境有稳定与不稳定两个极端情况,组织发展也有演进(evolution)与变革(revolution)间隙变换的内在规律(Greiner, 1997;Wischnevsky & Damanpour, 2015)。在外部环境稳定和处于演进阶段的时候,组织变革主要是局部的、渐进的和连续性的,这种情况下变革时机的选择并不是一个问题。而在外部环境不稳定或组织处于危机中时,抑或组织领导者同时感知到这两种情况的时候,组织就需要在战略、结构、运作流程,甚至文化上进行重大的、根本性的改变,即进行转型性变革(transformational change)(Chapman,2002)。这时候不管是实行有计划的变革(planned change)还是应急式的变革(emergent change),对组织管理的要求乃是组织能够即时适应环境的变化而生存下来,这是至关重要的。

因此,组织面对内部产生的问题和外部环境的变化时,首先要辨识出变革需求是微观、渐进的变革,还是宏观、转型性的变革;对于转型性的变革则要确定变革的时机,提前营造变革的危机感,做好变革前准备,以提高变革的有效性(Rafferty et al., 2013)。由此可见,对于转型性变革时机及其影响因素的分析,具有重要的实际应用价值,同时也是对现有组织变革研究有关变革时机理论的补充与发展。

本文将首先辨析渐进性变革与转型性变革、应急变革与计划变革之间的关系,接着以 Geriner(1989)的组织增长与危机间隙变化规律和刘洪(1996,1988)的组织增长分形理论为基础,指出组织在不同发展阶段转型性变革的类型、内容与目的,提出变革时间窗的概念;分析在该时间窗内不同时点的变革障碍、变革准备和变革效应;探讨影响变革时间点选择的因素和机制。本研究结论对提升组织领导者的变革认识水平、适时做出转型性变革的决策提供了理论依据。

4.2　渐进性变革与转型性变革

组织需要不断地改变和调整业已存在的战略、组织结构、工作方式,甚至企业文化,以适应变化了的和正在变化的内外部环境与条件,实现组织与环境的匹配(Herold et al.,2008),并进而要求组织成员在心理、态度和行为上进行改变,实现组织与人员之间的匹配(Shah et al.,2017)。简单来说,组织变革就是通过对组织与环境的关系、内部单位之间关系的调整,以及组织中管理者、员工的心理、态度和行为的改变,使组织适应环境变化要求的过程(Wen & Yazdanifard,2014)。然而,按照对组织行为影响的直接或间接、短期或长期和挖掘性或探索性的标准,组织环境可以划分为组织内部因素、市场环境、制度环境和总体环境等不同的层次(陈定国,1983),如图 4-1 所示。越是外围层次环境的因素对组织行为的影响越是间接、长期和深远,对企业而言也更具有探索性。

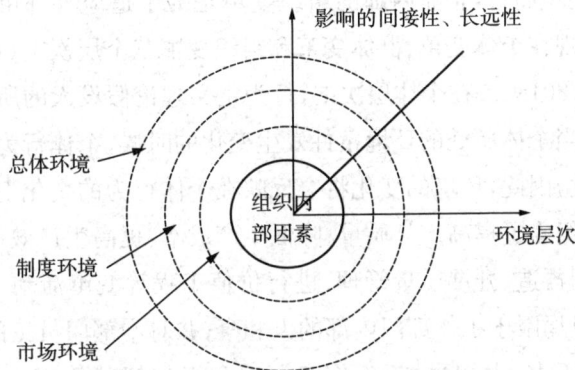

图 4-1　组织环境的层次与对组织的影响

组织内部因素包括企业规模、生命周期阶段、产权结构、高层管理者哲学、组织发展目标、组织结构和治理结构、销售网络和核心能力等;市场环境也称为行业环境,包括顾客类型、需求状况、购买力水平、消费倾向、同业竞争态势、供应商行为等;制度环境也称为国家环境,包括经济周期、科技进步、政治和政策规制、教育和文化、社会趋势、国际关系等;总体环境是指超越国家界限的各种影响因素,对企业而言主要包括地球气候变化、基础科学发展、全球化趋势,以及诸如大数据、云计划、人工智能、新兴材料等新兴技术的发展等。具体而言,组织内部因素直接影响员工、群体的行为、能力和绩效,也是组织整体行为、绩效和演变过程中的内在动力因素;市场环境影响组织与环境的互动关系,诸如调整产品或服务、调整对外部资源的依赖性、营造新的资源基础性等,并进一步要求组织进行战略、组织结构和工作流程的改变;制度环境因为涉及政治、经济、社会、科学技术的变迁和组织的合法性问题(简称 PESTL)(Bayerl et al.,2013),从而导致了新兴企业的涌现,挑战了现有的行业规则,颠覆了现行的商业模式,改变了现有组织的合法性以及原有法律法规对新兴组织合法性的质疑;总体环境涉及基础科学和重大科学发现和技术突破性进步,会对人们的生活和工作产生意想不到的根本性的、重大的影响,从而引致社会经济系统的长期周期性变化。需要指出的是,高层次环境直接影响较低层次环境,间接影响更低层次环境;而较低层次环境的内容必须通过变革来适应较高层次环境的变化,但处于较低层次环境中主体的集体交互行为,又会涌现出整体行为,并进而影响较高层次环境的变化(Howitt & Clower,2000)。

就企业组织而言,企业内部的组织变革是为了适应外部市场环境变化与要求,并体现在个体变革、群体变革和组织变革三个层次上(如图 4 - 2 所示)(Bulling,2018)。在个体层次上,行为主义理论假设人的所有行为都是可以学习的,当个体所处的环境条件发生变化的时候,个体行为就要跟着做出相应的变化,因此,环境的变化将会反映在个体行为的变化上。比如在工作场所中,组织为了提高产品质量、降低生产成本、提高生产效率,就需要不断地进行流程再造、开展质量管理、进行价值工程等变革活动,所涉及的范围大多时候只局限于工作部门内部的人和事,并对本部门员工的工作成就、满意度、工作压力、未知恐惧、工作幸福感和工作绩效等产生影响(Iwi et al.,1998;Raza et al.,2018)。但是,完形主义(Gestalt-field theory)则认为,环境变化并不必然导致人的行为改变,这要看个人对于环境的变化持有什么样的认识。换言之,一个人是否针对所处环境变化采取变革行动取决于他是否改变对周围环境的认识(Burley & Freier,2004)。所以,不同的人对于相同的变革环境,就可能有不同的变革态度,可以是欢迎的、抵制的或犬儒主义的(Choi & Ruona,2011),进而产生不同的变革行为。

在群体层次上,群体行为和绩效的改变依赖于群体中个体行为改变,但是,群体的氛围、规则、规范、价值观也一定程度上决定了其成员的行为预期(Lewin,1947)。所以,要变革一个群体的行为,就需要改变这个群体整体的心智模式,而不是仅仅改变个人的行为模式(Burnes,2004)。个体行为改变或群体心智模式的变化,有时也会要求得到本部门之外的组织资源和条件的支持,或者影响与要求其他部门做出相应的变革,即把本群体的变革传染

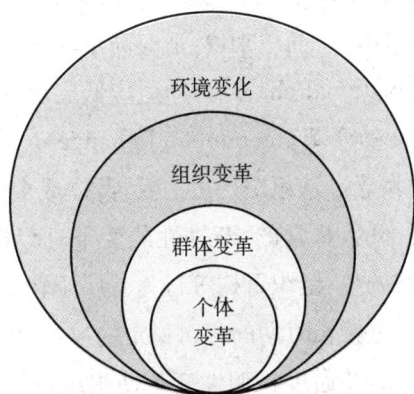

图 4 - 2 组织变革的层次性

来源:Bulling,K. (2018). The Systems Constellation as an Instrument for Change Agents—A Case Study, General Conceptual Model and Exploration of Intervention Effects. Springer Gabler: Wiesbaden.

到组织内部的其他部门,或上升到更高层次的组织变革活动上,进而在整个组织得到积极的变革响应,形成变革的扩散效应(Wee & Taylor,2018)。群体的变革活动通常是日常的、连续的、渐进的,是对现有工作流程、制度和管理体系的挖掘式的(explorational)改进性活动,既可能是自上而下的计划安排,也可能是基层单位或员工个体自下而上的自发行为,属于组织的第一次序变革(first-order change)(Bartunek & Moch,1987)。

在组织层次上,市场竞争态势的变化或资源条件的变迁,要求企业构建新的竞争优势,营造新的资源基础,减少对原有资源的依赖,甚至要求进行商业模式的转变,这都要求企业进行业务重构、组织结构重构和资本重构,同时对内部各部门的职能进行重新划分,进而要求或引起组织在深层次的、大规模范围的、甚至是组织价值观、理念等文化上的变化,也被称为组织第二次序变革(second-order change)和转型性变革(transformational change)(Bartunek & Moch,1987;Levy,1986;Limerick et al.,1994)。组织作为开放系统,一个部门的变化将会引起和要求组织中其他部门做出相应的变化(Scott,1987)。所以,组织变革的目标需要组织系统的不同部门协同工作才能实现。

微观层次上的第一次序变革不一定能够引起组织层次上的第二次序变革,但宏观层次上的第二次序变革则必然要求组织内部进行第一次序的变革,这不仅是微观局部上变革的要求,也是组织全局上的变革要求(Bartunek & Moch,1987)。简单来说,适应高层次环境变化要求组织实行转型性变革(transformational change),而适应低层次环境变化则要求组织实行挖掘式的、渐进性的变革(incremental change)。当然,渐进性变革与转型性变革是相对的概念。从组织层次上看,群体或个体的工作流程、制度等变革大多数属于局部的、日常的、渐进性的变革;而从群体或个体的层次看,组织层次上的战略调整、组织重构等行为就属于转型性变革。从历史视角来看,组织在经历一个较长时期的相对稳定的发展之后,会有一个短暂时期的波动或革命性变化,并通过转型性变革使组织进入下一个较长时期的相对稳定的发展阶段(Romanelli & Tushman,1994)。此外,对于相同的变革活动,由于不同的人认知水平的差异,对其属于渐进性变革还是转型性变革也会做出不同的判断。

最后需要指出的是,虽然渐进性变革与转型性变革的前因、后果不同(如表 4-1 所示),但两者是同一个系统中变革的不同层面问题,因为具有相互关联性,各自影响或被影响的因素常常互为因果。即便是微观的、日常的变革活动,有的也会触及组织的根本,比如需要组织文化做出调整,产生"蝴蝶效应",进而引起组织全局性的变化;反过来,转型性变革也不是要求组织内部各个群体或每一个体都要进行同等规模尺度的变化,有些工作流程需要保持不变或仅仅做些微调,而有些则要进行革命性的流程再造(re-engineering)。

从总体趋势上讲,以人工智能、区块链、云计算、大数据和物联网等新兴技术为代表的现代科技的发展与应用,正不断重塑着现代商业模式(Segars,2019),而由此引发的新一轮工业革命,则带来了整个社会范式的转换(Chang et al.,2014)。诸如文化多元化、企业数字化、人口老龄化、全球化 2.0、环境危机和科技大融合(格奥尔格、伊冯娜,2014)等社会发展趋势,使得网络经济、平台经济日益盛行(芮明杰,2018),这不仅要求企业改变现行的商业模式,并且对企业运作的方式和员工的工作方式与生活方式提出了更多的新要求,例如远程工作、共享办公和网络生活等。另一方面,组织所处环境的 VUCA 特征愈加明显(Mack et al.,2016),在这样的环境变化情况下,广大企业仅仅进行渐进性变革已不能应对市场竞争新格局和消费者需求的新要求,因而需要企业在业务模式、资本结构和管理框架等方面进行全面的重构,即进行探索性(explorational)、转型性的组织变革。

表 4-1 转型性变革与渐进性变革的前因与后果比较

			渐进性变革	转型性变革
前因		内部影响因素	◆ 领导风格 ◆ 生产效率 ◆ 工作流程 ◆ 组织结构、能力、稳定性	◆ 组织规模变化 ◆ 组织发展年龄 ◆ 领导层改变 ◆ 劳动关系矛盾激化
	外部环境因素	市场环境	◆ 顾客类型 ◆ 需求趋势 ◆ 消费水平 ◆ 市场竞争态势 ◆ 供应商行为	◆ 顾客需求多样化 ◆ O2O、O2C 消费渠道 ◆ 平台经济 ◆ 价值共创 ◆ 全球供应链
		制度环境	◆ 环境友好的要求 ◆ 员工队伍的变化 ◆ 社会需求倾向 ◆ ICT 的应用	◆ 社会转型 ◆ 新兴商业模式 ◆ 网络经济 ◆ 国际贸易
		总体环境	◆ 新技术的应用 ◆ 新知识的普及 ◆ 幸福感追求 ◆ 工作与生活方式	◆ 大数据应用 ◆ ABCD 技术发展与应用 ◆ 老龄化社会 ◆ 经济全球化、贸易保护主义
后果		个人	◆ 工作满意度 ◆ 幸福感 ◆ 绩效 ◆ 个人创造力 ◆ 员工关系	◆ 工作方式 ◆ 生活方式 ◆ 新型劳动关系 ◆ 工作与生活的重新定义 ◆ 工作价值的重新定义
		群体	◆ 团队规则、价值观 ◆ 工作氛围 ◆ 绩效 ◆ 团队创造力	◆ 网络组织 ◆ 虚拟工作 ◆ 自主管理
		组织	◆ 产品、服务类型与绩效 ◆ 组织创造力 ◆ 组织结构、流程、制度 ◆ 评价体系	◆ 组织形态 ◆ 组织文化 ◆ 生态链和生态位 ◆ 使命、战略与目标

4.3　有计划变革与应急变革

在给定的环境条件下,影响组织变革的前因是相同的,但一个组织采取渐进性变革还是转型性变革,采取有计划的变革还是应急式的变革,不管是哪个层次、哪种范围规模上的组织变革,触发的原因可以是不同的。Van De Ven 和 Poole(1995)指出,组织变革是为了获得预想的结果(prescribed sequence),也可以是竞争选择(competitive selection)、目标导向(goal orientation)和冲突与化解(conflicts and synthesis)的结果。对应于解释这四个动机的理论,分别是生命周期论(life-cycle theory)、竞争选择理论、目的论(teleological theory)和辩证论(dialectical theory)。生命周期理论认为,组织在生命周期的不同阶段面对的问题和困难不同,因而需要有不同的组织结构、管理模式,组织变革就是为了使得组织结构和管理模式能够适应组织发展的阶段性需要(Gray & Ariss,1985);竞争选择理论认为,在一定的商业生态环境里,一个组织为了生存就要与其他组织争夺有限的外部资源,这就需要该组织通过内部不断变革和改变与环境的关系,以争取到生存所需要的资源(Kloster,2005);目的论认为,组织作为社会构建系统,为实现一定目标就必须具有与之相应的功能和结构,那么,在组织目标根据环境变化,就要对组织的这些功能和结构做出相应的调整(Bekmeier-Feuerhahn,2009);辩证论认为,组织是由不同利益相关者构成的,为化解他们之间存在的利益冲突,组织就需要在制度、程序和目标取向等方面做出相应的改变(Benson,2013)。

表 4-2　不同动因下的变革启动因素与变革属性

驱动变革的动因		变革启动的因素	渐进性变革	转型变革	有计划	应急
变革动机	生命周期	对组织所处生命周期阶段的辨识,并做出预见性举措	√	√	√	
	竞争选择	管理者对竞争态势的判断		√		√
	目的论	组织与环境是否匹配		√		√
	辩证论	组织利益攸关者力量对比		√	√	

驱动变革的动因		变革启动的因素	渐进性变革	转型变革	有计划	应急
触发原因	权变因素调整	战略、结构、功能与环境的密切关联性程度	✓		✓	
	战略选择	取决于管理者对环境变化的评估		✓	✓	
	降低资源依赖	供应商行为和贸易保护主义		✓		✓
	追求合法性	政策环境的稳定性	✓		✓	✓
	理性分析行为	组织内部责任制度,分权	✓		✓	
	构建基础性资源	在行业中地位、管理哲学	✓		✓	
	组织学习过程	学习机制和相应激励制度	✓		✓	
	演化过程	组织演化所处阶段是增长期还是危机即将到来的革命期	✓		✓	
	变革感知	组织成员的变革感知和变革准备	✓		✓	
	政治利益	劳动关系冲突的层次属于员工关系还是劳资关系	✓	✓	✓	✓

本表参考 Parastuty et al.(2015)文章中的表 1。

变革动机的四个理论解释了组织为什么必须要变革,但变革并不会自然地发生,而触发组织变革的原因在不同组织中、不同情况下也都不同,就此学者们总结有 10 个方面(参见表 4 - 2)并形成了相应的解释性理论(Parastuty et al.,2015),参见第一章 1.4 节。

组织变革的动机与触发原因只是解释了组织为什么要变革,以及在什么情况下发生什么样的组织变革,然而,变革活动是否就一定会发生,则取决于组织变革者对组织变革需求的感知和组织变革紧迫感的形成——Lewin(1947)称之为"解冻",也依赖于组织变革需求是否具有规律性、人们对此规律的把握。组织变革的动力来源既可能是内部不同力量作用的结果,也可能是外部环境变化产生的影响。组织作为开放系统,其内部的动力机制的改变则可以看成是组织转型变革的结果。简单而言,三方面因素决定了组织变革的启动:第一,组织内在动力的必然要求;第二,环境变革的必然要求;第三,组织成员认识到这两个必然要求而采取行动。如果管理者认识到了组织变革的这两个必然要求,就可以预先确定变革步骤、措施与对策,即主动地进行有计划的变革;如果管理者不能够认识到组织发展规律和环境变化趋势对组织发展提出的这两个必然要求,但对组织有重要影响的内部事件或外部环境因素突然发生了变化,要求组织进行变革,那么,这时候的组织变革就是被动的,或者说是应急式的变革。

人们普遍热爱有计划的变革,因为可以按照人们的意愿,有组织、有步骤、有准备地进行变革活动。正因为如此,在 Lewin(1947)提出三阶段的变革模型之后,学者们围绕渐进性变革和转型性变革提出了众多的系统变革模型(Systematic Change Methods)和变革管理模型(Change Management Methods),将变革活动作为一项任务而分解成为一系列可操作的步骤(Bulling,2018)(如图 4-3 所示)。然而,越来越多的人认识到环境变化的不稳定性、不确定性和组织与环境之间关系的复杂性,使得很多变革活动并不具有预见性,于是应急变革应运而生。应急变革不是按照预先设想的程序方法进行的,而是走一步,瞧一瞧,适应下来,再视情况做出调整,遵循的是 JIT 思路(Weick,2000)。组织不管在宏观组织层次上还是在微观工作层次上,如果遇到紧急事件、突发情况和遇到新的机遇,就需要进行应急的变革。在组织范围内各部门、每个人日常的、不为人们觉察的小变革活动,都可以是应急的变革,但它们在整体上导致的组织宏观上的状态变化,既可以是渐进的变化,也可以是转型性的变化。

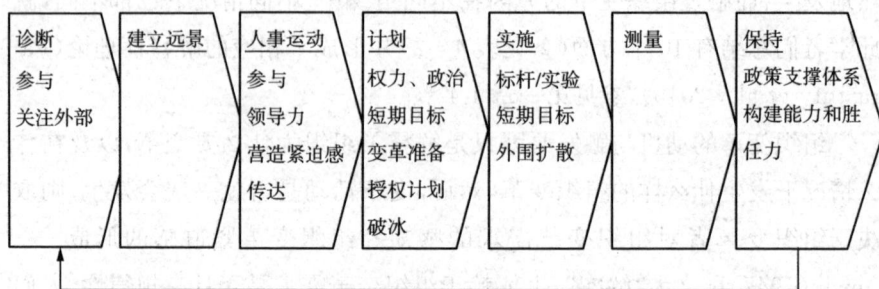

诊断	建立远景	人事运动	计划	实施	测量	保持
参与		参与	权力、政治	标杆/实验		政策支撑体系
关注外部		领导力	短期目标	短期目标		构建能力和胜
		营造紧迫感	变革准备	外围扩散		任力
		传达	授权计划			
			破冰			

图 4-3 有计划变革的一般流程

来源:Bulling, K. (2018). The Systems Constellation as an Instrument for Change Agents——A Case Study, General Conceptual Model and Exploration of Intervention Effects. Springer Gabler:Wiesbaden.

尽管应急变革不具有预见性,但作为一种常见的现象,学者们也提出了可供遵循的程序模型。Kanter 等学者(1992)给出的应急变革实施的 10 个步骤,即分析组织对变革的需求;建立远景目标和共同方向;与过去切割;营造变革紧迫感;支持形成一个强势领导角色;形成政治联盟;筹划一个实施计划;构建赋能架构;人际沟通和强化人们的忠诚;变革制度化。Kotter (1995) 提出的 8 步骤组织转型性变革模型是:建立变革紧迫感;形成指导联盟;描述愿景与战略;沟通变革远景;广泛的行动授权;实现短期目标;巩固成果和开展更多新的变革;在文化中注入新方法。Luecke 和 Booksx (2003) 提出了 7 步骤模型:在辨识业务问题和提出解决方案过程中凝聚力量;发展组织与管理竞争优势的共享远景;辨识领导力;聚焦结果而不是行动;从外围开始变革然后逐渐扩散(而不是高层强力推行);通过正式的政策、体系和结构将成功制度化;根据变革过程中遇到的问题调整战略。所有这些方法,相较于有计划的变革模型,应急变革的共同特点在于变革过程不是瞄准已知的变革活动,而是根据问题和远景,在推进过程中形成经验并制度化。

所以说,应急变革与有计划的变革是相对的。首先,如果组织成员对于环境变化、组织演进过程中出现的问题洞察能力强,预见到组织变革的需求,那么,就可以实行有计划的变革,反之就只能是应急的,"到什么时候说什么话"。第二,如果是事件引致的应急变革,大多数的事件是有历史经验可借鉴的,因而对于有变革经验或知识型领导来说,也是可以做好预案的。反之,在事件真正发生的时候只能忙于应付,甚至手足无措。因此,应急变革是可以预见的,但时机是不可以预先规划的,只能是被动等待。对此,最好的措施是做好"战备",否则,就要靠"运气"了。第三,组织也可能遭受重大的技术、条件变化,或者影响企业生产经营的重大事故、市场突变等组织未能遇见的情况,比如国际贸易壁垒、供应链断裂等,这时候就要求企业进行根本的、框架结构上的、战略性的变革。最后,从复杂适应性系统的角度看(刘洪,2011),组织内部个体协同变革也会导致组织层面上涌现出重大变化。所以说,组织整体的应急变革也可以是组织系统进行自组织、自适应的结果。

4.4 转型性变革的时间窗口与时机选择

上述研究表明,转型性组织变革既可能是环境变化的要求,也可能是组织自身演化的要求。图 4-4 是本文提出组织变革属性的环境稳定性-组织发展阶段矩阵模型,如图 4-4 所示。(1) 环境是稳定的,组织发展处于演进阶段,那么,组织的变革属于渐进性、有计划的变革;(2) 环境是稳定的,但组织发展处于危机阶段,此时组织要化解危机,就要进行转型性、有计划的变革;(3) 环境不稳定,但组织发展处于演进的增长阶段,组织可以根据环境的变化要求,有计划地进行组织变革,既可以是渐进性的变革,也可以是转型性的变革,主要看环境变化对组织发展的影响内容和程度;(4) 环境不稳定,组织发展也处于革命性阶段,通常组织要进行转型性变革来适应环境和化解危机。

	组织演进阶段	组织革命阶段
环境不稳定	转型性或渐进的、有计划的变革	转型性、应急性变革
环境稳定	渐进的、有计划变革	转型性、有计划的变革

图 4-4　组织变革属性的环境稳定性-组织发展阶段矩阵模型

早在 20 世纪 80 年代 Greiner(1972)对企业调查发现,大多数企业的演化是由一个较长时期演进(evolution)和在此之后的短暂时期震荡(revolution)、再进入下一个较长时期演进所构成的(如图 4-5 所示)。Greiner 认为,所能考察到的企业演化阶段由 5 个部分组成:创造性增长-领导危机——指导性增长-自主危机——分权性增长-控制危机——协调性增长-程序危机——协作性增长-未知危机。组织所在的行业发展速度越快,其增长与危机的间隙变换频率越高;每一增长(或称演进)阶段中积累的问题就会导致接下来的危机(或称震荡),而解决危机需要适当的转型性组织变革,如果变革措施得当,那么,组织就会进入下一个增长阶段,与此同时,解决危机的措施也会孕育新的问题,并在下一个危机中体现出来。Romanelli 和 Tushman(1994)以美国的小型电脑公司的数据,对 Greiner 的组织发展间隙变换模型进行了验证,发现重大转型性变革是通过组织中大多数领域的快速、不连续变革活动完成的;环境的重大变化和 CEO 的继任将影响转型性变革;Wischnevsky 和 Damanpour(2015)以美国 50 家银行的 1975—

1995 年间数据,验证了转型性变革与渐进性变革的间隙变化关系,发现转型性变革除了通过革命之外,也可以通过非革命的方式实现;Dean, Carlisle, Baden-Fuller(1999)在对英国水务行业研究中发现,重大的环境变化也可以引起组织的间隙变化,即进行转型变革,而不必一定是组织发展中较长一个时期演进的结果。

这些研究的结论与本文提出的环境稳定性-组织发展阶段矩阵模型相一致,即转型性变革发生在组织发展的每个演进阶段的后期和环境发生大的变化的时候。但是,依旧存在两个问题:

第一,上述理论虽然给出了增长与危机间隙变换的顺序,但在时间上是否呈现出一定的规律性?

第二,强调转型性变革都是被动的,要么是组织发展中化解危机的需要,要么是适应环境变化的要求,并且认为每次危机的发生都是组织演进的必然结果,那么,明知道后面有某种危机,可否预见性地采取变革措施呢?换言之,如果考虑某一个增长阶段的转型变革,如图 4-5 所示,是在 A 点变革还是 B 点变革效果更好呢?

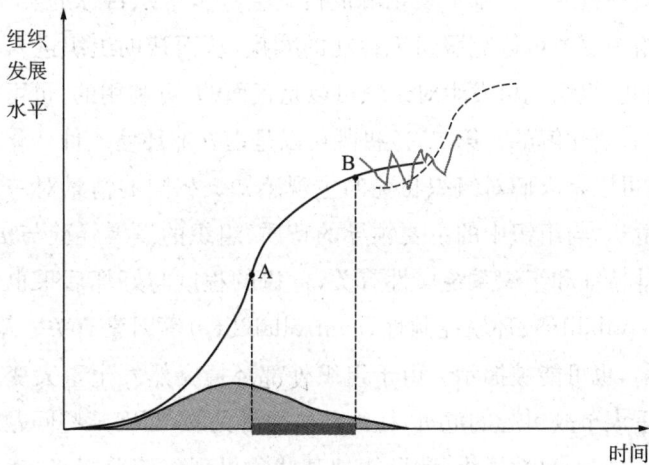

图 4-5　转型性组织变革的时间窗口

对于第一个问题,笔者根据复杂系统理论提出了自然增长过程的分形规律(刘洪,1996),并以科学发展为例进行了验证(刘洪,1998)。该理论认为:危机的发生是事物增长过程中的必然现象;危机的发生有规律可循,在事物增长的早期或晚期,危机发生的频率较高,早期的间隔期越来越长,晚期的间隔期越来越短；每一次危机的发生并不必然会被化解，因而可能导致事物的死亡；在更长时期内，事物增长与阶段性增长具有相似性，每一阶段增长速度最高的时候就意味着未来的衰退开始。对于企业组织来说，如果发展中出现了某种危机，传统观点认为是外部环境因素或突发事件影响的结果，但分形增长理论则认为可以是组织自身发展的必然结果，并且在企业创立的早期每次危机化解都会导致组织更加健康的成长，因此，我们应该以积极的态度对待危机；反之，在企业进入成熟期之后，每次危机的产生即便化解也会导致组织越来越衰落，因此，化解危机只能是权宜之计，应该把重点放在孕育新一轮的长期增长过程。

　　第二个问题本质上是对于每一个增长-危机阶段而言，为了应对后面出现的危机，需要确定何时进行转型性变革。对于图4-5来说，是要在危机显现之后（B点）再开始变革，还是阶段增长速度开始呈现出下降趋势的时候（A点）就开始变革？回答这个问题有个前提，就是对于"危机"的认识与反应。关于危机有很多定义，但基本上含义包括三个方面（Milburn et al.，1983）：第一，组织实现当前目标遇到了问题或困难，也可能是当前目标的实现遇到了新的机遇。如果不去化解危机就会危害组织目标的实现，而利用危机进行组织变革可以克服组织存在的痼疾，从而帮助组织进入良性的发展轨道，因此，组织危机发生对组织可以是正面的、可利用的，也可以是负面的，要避免和要化解的。第二，危机既可以是内外部环境条件变化导致的客观情况，也可以是人们对组织状况的主观感知。相同的情景对一个组织而言是否是危机，与组织中的主要领导的特质、组织的发展经验与历史、组织的人口统计特征和组织系统属性有关，危机的程度与好坏后果也与组织脆弱性（susceptibility）、环境控制性（controllability）等因素有关。第三，危机可能被掩盖，也可能被揭示。由于组织外部环境突然发生重大变化或组织内部发生重大事故引起的危机，往往是显而易见的；而因某些问题或困难的存在，由于人们的惯性思维，就可能把某些危机现象掩盖起来，就像家具下面的灰尘，若不去挪动就看不出来，而客观上是存在的，日积月累对家人的健康是有害的，而挪动家具就可以让灰尘暴露出来。

　　对于如何缓解组织危机，Milburn等人（1983）从短期、中期和长期三个时间尺度上给出了组织可能的反应（如表4-3所示）；Greiner（1972）的组织5阶段间隙变换模型，指出了不同类型危机化解的主要措施。后来学者们还提出了更多的模式方法和策略建议,基本上都是对这两篇文章研究成果的补充和拓展。从文献看,几乎所有的研究都不怀疑在 B 点(见图 4-5)进行转型性变革的必要性,但却没有看到认同要在 A 点就进行转型变革来应对未来危机,这似乎是"杞人忧天"。

表 4-3　组织对危机的反应

短期	中期	长期
组织特征的变化: a. 集权 b. 分权 c. 部门协作 d. 部门重组 e. 评价指标改变	高层领导特征的变化: a. 岗位替换 b. 辞退 c. 新假设 d. 新思想 组织特征的变化: a. 开拓新市场 b. 应用新技术 c. 数据收集新系统	价值与目标的变化: a. 缩减 b. 扩展 组织特征的变化: a. 规模缩小 b. 规模变大 c. 新的决策体系 d. 新的发展计划 经验与历史: 成功与失败

来源:Milburn, T. W., Schuler, R. S., & Watman, K. H. (1983). Organizational Crisis. Part I: Definition and Conceptualization. Human Relations, 36(12):1141-1160.

其实,理性分析转型性变革时间点的选择,靠近 A 点还是靠近 B 点,变革所需的条件、产生的影响和组织成员的心态是显然不同的。在 A 点,组织处于阶段性增长的最快时期,在外人看来组织发展顺风顺水,应该保持原有势头继续向前。其实,这时候组织的资源条件、市场空间、竞争态势和自身能力都决定了阶段性增长即将进入衰退,增长的速度将逐渐下降。在开始的时候,人们愿意把真正缓慢的原因归咎于组织以外的因素,并期待情况得到恢复或改变,但往往是事与愿违,增长过程还是会不以人的意志为转移,趋于衰退。所以,对于绝大多数人来说,组织不需要变革,而是要想方设法让环境条件保持原有的状态或趋势;如果需要变革也是为了如何保持原有的发展势头、组织结构、生产能力及稳定销售量等。这时候组织拥有充沛的现金流,但人们没有变革的紧迫感;如果组织为了应对后面一定会到来的危机而采取防备性举措的话,会遭遇内部强烈的反对,只有强有力的领导、有类似经验的组织,才会使得相应的转型性变革变得可能。比如华为的"备胎计划"。在后果上,靠近 A 点的转型性变革像"挪动家具"一样,暴露出"问题"。但这时候,人们倾向于认为这些"问题"并不是原来就存在的,而是变革所引起的,因而成为反对变革的理由——这也就是为什么被动的组织变革相对于主动的变革来得容易。另一方面,"未雨绸缪",在组织来到 B 点的时候,就会应对有余,成为战胜竞争对手,在新环境条件生存下来的独特优势。所以,在 A 点,组织的主要任务是营造变革的紧迫感,对组织发展趋势形成共识,并为未来可预见的危机做好远景规划和战略储备。

在 B 点,前期发展积累起来的问题或矛盾开始显现出来,为大多数人所知晓。一方面,变革的紧迫感在组织内部扩散和加强,最容易形成变革共识。如果这时候组织动员大家开始变革活动,会给大家带来信心、希望,有助于变革取得预期的目标。另一方面,如果组织高层迟疑不决,就会被下面的成员抱怨,认为坐失良机,悲观情绪在组织中蔓延,出现人才不稳定、部门之间利益争斗明显等现象。此外,组织这时候变革迟疑的原因也是因为缺乏前期的准备,面对"突如其来"的问题有点措手不及,再加上组织增长处于低潮时期,库存的资源条件已经被侵蚀、消耗殆尽,如同一个人生病,在初期进行防御,避免恶化的办法、途径有很多,而真正到了晚期,办法、途径就越来越少了。所以,在组织增长的阶段性下降时期,组织最宝贵的资源是留给转型性变革的时间,自上而下的果断决策尤为重要。对于组织的转型性变革而言,A-B 就是变革时间窗口,变革时机选择的影响因素如表 4-4 所示。

表 4-4　转新变革的时机与影响因素

	紧迫感	资源条件	态度	动力源	最重要的因素	后果
A 点	弱	丰富	反对是主流	来自高层	危机意识	应对自如/成功率高
B 点	强	匮乏	赞成是主流	来自基层	果断决策	惊慌失措/失败率高

从更长的组织生命周期视角来看,组织越年轻,组织变革越倾向于渐进性变革;组织越成熟,组织变革越倾向于转型性变革。因为组织在年轻的时候,内部管理流程尚不完善,制度尚不健全,管理所需要的生产体系、供应体系、维护体系、适应体系、管理体系等尚未全部建立起来,此时组织遇到问题都是组织对自身的管理流程、管理制度和管理体系进行构建、完善的契机。而在组织趋向于成熟时期,发生此种大问题或危机的现象,往往是组织原有制度、体系和流程在机制上不适应环境变化的结果,这时候要变革就不是修修补补,而要大动干戈,需要大刀阔斧式的改革。但就每个增长阶段来看,组织越是年轻,转型性变革的时机越会靠近 B 点;组织越是成熟,转型性变

革越会靠近 A 点。因为在组织年轻的时候,要做的事情很多,面对的挑战也很多,组织的资源和领导者的精力往往被日常事务占有,环境的不确定以及组织发展的不确定性很高,就不可能有更多的时间和精力"未雨绸缪",往往是 JIT,"到什么时候说什么话",应急式变革占据主导。而在组织倾向于成熟的时期,组织积累了大量的历史经验,也储备了应对未来不确定性的足够的资源条件,组织在更大程度上更像一部雷达,不断地捕捉机会、分析机会,对可能出现的问题、危机采取预见性措施,虽然不能消除危机,但可以相对于其他组织而言更好地化解危机甚至实现"化危为机"。大量的案例也都说明了这一点,比如本世纪初五星电器和苏宁电器在相同道路上的分道扬镳,就是苏宁先行一步推行信息化的结果。

当然,组织发展过程中有的转型性变革是环境因素中的重大事件影响导致,包括竞争对手情况、新兴技术涌现、政策转变、科学发现等因素。就像黑白电视生产企业还未等到市场最高增长率的时候,彩色电视就诞生了一样,没有技术储备,不能及时更新换代,组织的命运可想而知。也正是因为并非在 A 点改革都有优势,也并非在 B 点改革都有劣势,所以就有一个变革时机选择问题,也呈现出不同的组织实际做法上的差异。领导风格、沟通水平、创新文化、准备水平都成为变革时机选择的调节因素。

4.5 结束语

组织变革是组织发展中的永恒主题,然而,变革活动是组织自愿的,还是被动执行的,是组织自主的还是外部环境逼迫的,对组织及其利益攸关者来说是激励的还是威胁的,都会使得组织变革的范围、节奏和模式有所不同,尤其是重大的、对组织价值观、战略理念、组织结构等进行深层次改变的转型性变革,时间窗口的确定和变革时机的选择与组织发展处于的生命周期阶段、增长阶段性时间点有着密切关联性。

本文根据组织发展的间隙变换模型和分形增长理论,提出:组织增长阶段的早期,倾向于渐进性变革;组织增长阶段的后期倾向于转型性变革;就转型性变革而言,组织越年轻,时机就越会靠近增长性阶段后期;组织越是成熟,时机就越会靠近增长性阶段中期。

第5章
转型变革时期的企业出路

世界经济正处于从过去一百年增长转为未来一百年衰退的拐点，以物联网、大数据、人工智能为代表的新技术革命，导致市场需求、生活方式发生了天翻地覆的变化，这就要求企业进行根本性的变革，适应时代发展的要求。面对这样的局面，本文提出企业需要从业务、资本和战略等方面进行整体性变革，并给出了企业转型的行动路线：定位—转变—重构—行动。

5.1　企业发展总体阶段的定位

从世界经济发展的历史来看，近百年来的全球经济增长已经达到了它所处的历史性成长曲线的拐点，未来虽然在总量上还会有较大幅度的增加，但增长的速度将逐渐下降。中国作为世界主要经济体之一，在过去改革开放的四十多年里，GDP 占世界的份额从新中国成立初期的 1.6％上升到了近期的 16.33％（刘伟、蔡志洲，2021）。如果这一趋势惯性地继续下去的话，按照 Boretos（2009）当初的预测，这一比例在 2025 年前后将会超过美国，在 2050 年则会达到全世界的一半。然而在全球经济放缓的大前提下，中国经济发展的这一趋势会成为现实吗？从外部国际环境来看，有谁会愿意中国发展到如此地步呢？根据社会科学中自成功与自失败的规律可知，不同国家力量的较量使得这样的趋势难以实现。再从中国内部条件来看，这一趋势能否延续，首先要回答过去的四十多年来是什么在支撑着中国经济的发展？未来这些因素还能不能够继续起到支撑作用？众所周知，中国成为"世界制造工厂"有三个重要因素：一是廉价的劳动力，即存在人口红利；二是资源消耗，以硬件换软件；三是环境污染，即所谓的先污染后治理。显然，这三个因素在未来都靠不住了，中国企业在世界经济发展中的竞争力将走向滑坡（Kwasnicki，2013），"世界制造工厂"的地位不要说不需要，就是需要，想保也困难，很多"卡脖子"技术掌握在他人手中。那么，未来中国经济发展靠什么呢？从直观上讲，就是要从对人的体力的依赖转化为对人的智慧的依赖，从对自然资源的依赖转化为对人造资源（比如数据、信息、知识、再生资源）的依赖，从对运作成本社会化为利润源泉的依赖转化为对社会福祉贡献的依赖。这三点对企业的要求和影响是深刻而长远的，整个经济的转型都将围绕着它们而展开。对于个体企业来说，不要等待有什么奇迹发生，或有什么政策转机，也不要抱有其他幻想，未来唯一的出路就是转型变革。

中国企业发展的这一时代背景和目前大多数企业呈现出来的境况，我们可以判断它们的发展在总体上接近阶段性成长S型曲线的成熟期。如果说过去的三十多年里我们的企业面对的是发展机遇期（S型曲线的快速成长阶段）的话，那么，现在这个机遇期的窗口正在关闭，随之而来的将是变革调整期。在机遇期，企业要做的事情主要是围绕已有的市场需求进行挖掘（exploitation），管理的关键是对已有制度、流程、工作方式的完善、规范、稳定、提升、拓展；而进入变革调整期后，企业原来的成长路径变得不确定了，可能继续延伸，也可能衰退死亡，还可能处于半死不活的耗散维持状态。从较长时期来看，变革调整期的震荡是不可避免的，企业能否渡过这一时期迈入新的增长阶段的关键，是要看这个企业如何前摄性地进行创新和新市场的探索（exploration）（Johnson，1987），管理的关键在于突破、创新、容忍、柔性、非正式、自治、动态、关联、涌现。通常来说，在挖掘时期，企业的发展是依靠自身的能力，如果自身的能力不足则可以通过培养能力的方式来解决；而在探索时期，依靠自身的能力往往已经解决不了问题，需要借助外部的力量；企业要突破原有的惯性趋势，在内部需要改变系统动力，即改变企业结构和内外部关系，在外部则需要为企业营造或者寻求新的商业环境，即对企业进行整体性的重构。

表 5 - 1　企业探索与挖掘的特征比较

	探索	挖掘
能力要求	革命性变革 技术导向 尝试新事物 使用默会知识	渐进性变革 产品和工艺导向 组织内部试验 使用显性知识
治理模式	借助孵化成为新进入者 松散的联盟关系 合同的有限使用 基于关系的信任	自己培育成为新进入者 建立正式的联盟关系,比如通过收购 强调合同 基于机制的信任
网络结构	紧密而开放的网络 非正式、柔性的相互联结 规模有限,快进快出 局部化	非紧密而更为排外的网络 正规化的相互联结 强调稳定关系 非局部化
连结强度	高频率的相互作用 短寿命 较高开放性	低频率的相互作用 长寿命 有限的开放性
转型过程	知识和组织上是离散的 通过打破现有网络和与外部建立新关系来实现多样性	知识和组织上是收敛的 借助机制环境来实现选择

参考:Gilsing & Nooteboom. Exploration and Exploitation in Innovation Systems: The Case of Pharmaceutical Biotechnology. Research Policy, 2006, 35(1): 1 - 23.

5.2　观念转变先行

在挖掘时期,企业重构的最大障碍是人们思想观念的转变。比如说企业由"中国制造"转型为"中国创造",这个道理大家都懂,但你要企业怎么去做,靠原有的思路和办法不行,你得有与西方企业共同的管理语境,比如强调知识型员工、工作-生活平衡、学习型组织和创造力等概念,但是有不少企业家觉得这些东西都是西方的,不切合中国实际,太遥远。有的人存在这些想法我觉得不能怪他们,因为他们可能不了解趋势,或者对外部政治、经济、社会和技术变化的敏感性不够。我记得 10 多年前到欧洲旅行,大街小巷停的都是汽车,跟国内城市停自行车的情景差不多,当时哪敢相信这样的情况今天会发生在我国呢? 时代的变化是不以我们的意志为转移的。

经济发展从机械化转向信息化、知识化，再到全球化、网络化，其背后的根本变化是生产力三要素中劳动对象发生了转换。从手工业到机器工业的革命，核心是劳动工具的革命，人作为劳动工具被越来越先进的机器设备所替代，企业管理工作是围绕人如何使用好机器设备而展开的；机器工业到电子工业的革命核心仍然是劳动工具的革命，人的五官和大脑逐渐被传感器和电脑所取代，企业管理工作是围绕人如何使用好电器和电脑而展开的；电子工业到信息工业的革命，核心已经由劳动工具转变为劳动对象的革命，即作为财富创造的方式由对物质的加工、处理、传递，转化为对数据、信息、知识的创造、挖掘、传递和应用，企业管理工作是围绕如何发挥人的主观能动性而展开的。所以，基于前两次工业革命而总结出来的管理理论与方法，对于当今的企业管理就不适用了。因此，一些企业家说所学的东西没有用。这有两种可能：一是它们确实是陈旧的、不适时宜的；二是它们是现代的、先进的，但我们的企业还是传统的，新的理论和观念用不上。打个比方，我们的很多企业还在做馒头、面包，考虑的是如何降低成本、如何提高价格来获取利润，而西方的企业已经在开披萨店、咖啡店了，考虑的不是披萨、咖啡本身，而是如何创造出让顾客享受、产生依恋的氛围和环境，让顾客心甘情愿地掏钱，即所谓的创造客户价值。

其实对思想观念转变的要求，不仅仅是我国企业管理者的需要，而是全世界的管理者的需要。因为早在 20 多年前，彼得·圣吉（Peter M. Senge）就告诫企业家们，企业要重生，必须进行五项修炼，尤其是"第五项修炼"——系统思考；国内的那些能够不断成长的企业也都很推崇"鹰的重生"，即面对复杂环境从多样性、融合性、自发性、适应性、超越性和变形性 6 个方面构建复杂适应性组织，并取得了良好的效果（刘洪，2011）。然而，光讲观念转变没有用，很多企业五项修炼也修了 20 多年，它们中不少却早就不存在了，幸存下来的也不一定是因为修炼得好。比如有些国有企业的管理者就认为观念这个东西没多大用处，关键是体制、制度改革。为什么呢？因为自己以及周围的人都没有办法改变局面，因为存在制度惯性和利益锁模，如同过去的计划经济，现在坚持和赞成的人不会很多，但在当时要改变原有的市场计划模式，他们不见得是同意的。根据复杂系统理论，这时候指望系统自组织很难有性质上的改变，需要借助外部的他组织进行干预。所以，改变僵局就需要有所谓的顶层设计，或者说以强权推进。比如，网络金融是创新还是违规——要看顶层设计和它的组织干预是促进社会变革的干预,还是维持原有社会经济系统运行模式的干预,因为人们的观念是由制度、机制、规制以及利益格局决定的。

表5-2 抵制组织变革的原因

	原因	解释
1	安于现状	不认为变革是自然条件
2	循规蹈矩	变革就是负担
3	惯性	惯性思维影响变革过程
4	自得其乐	大多数人喜欢现在的工作方式
5	火候不到	变革的前提条件尚未达到,变革还不是时候
6	害怕	人们对未知恐惧
7	自我利益考虑	变革可能对别人好,而对自己不好
8	缺乏自信	不认为自己能够赶上新挑战
9	未来冲击	被变革压垮,不知所措并抵制变革
10	徒劳无益	认为变革都是表面文章,没什么意思
11	缺乏知识	不知道变什么、如何变
12	人的本性	人具有竞争性、侵略性、贪婪和自私,缺乏利他变革必要
13	犬儒主义	我们怀疑变革者的动机
14	任性	变革听起来很好,但未知的结局可能是坏的
15	真理在少数人手中	我们大多数人不可能看到变革的玄机
16	自尊/自负	拒绝承认自己是错的
17	短期思维	追求眼前的蝇头小利
18	盲从	群体思维,从众心理
19	近视	我们看不到变革对自己有什么好处
20	梦游者	我们大多数都过着经过检验的生活
21	集体幻想	我们不是从经验中学习,而是跟着感觉走
22	沙文主义条件制约	我们总是对的,那些要变革的人是错的
23	期望谬论	别人需要变革,而我们不需要

原因	解释
24　意识形态	我们拥有与别人不同的世界观-本质上是价值冲突
25　制度优越论	个人可以改变,而群体不需要
26　自然不可逾越	顺其自然
27　当权者的品行	我们怀疑当局这样做的目的
28　变革不能带来支持者	绝大多数人的利益在于现状而不是在于变革
29　决定论	一切命中注定,任何人都不会带来有目的的变革
30　唯科学主义	历史形成有其特定的原因,我们从中学不到什么
31　习惯的专制主义	变革者的思想是对社会的背叛

来源:Zieglar, James G. Toward a Synthesis of Decision-making and Change Management. Futurics,2003,27(No.1/2):77-85

5.3　整体性重构

观念的转变不是一个简单的教育过程,听听课只是转变观念的一种方法;我们也不能等到大家观念都转变到位了,再进行改革转型,因为世界的变化是不等人的,重要的是在实践中学习。其实企业家们,尤其是民营企业家们,是变革转型时代最值得人们期待的群体,因为他们做事的自由度更大,他们的先行可以带动整个社会经济发展的转型,并起到模范带头作用。对这些企业家来说,我建议他们可以从以下三个方面来进行整体性的重构,从而帮助企业实现转型变革,适应时代发展的需要。

5.3.1　业务重构——跨界、整合、能力、服务价值

不同企业可以按照它们生产的产品的性质分为两类:一是生产最终消费品,服务的对象是大众,满足他们的日常生活;二是生产中间产品,服务的对象不是最终消费者,而是生产最终消费品或其他生产中间产品的企业。这两类企业虽然遇到的困难都会表现在产品滞销上,但是解决的途径是不同的。

对于生产最终消费品的企业来说,每一种产品都是有生命周期的,而且在绝大多数情况下,产品的市场保有量是遵循 S 型增长曲线的,一旦渡过销

售增长率最高阶段,销售增长的衰退就开始了,这时候如果生产这个产品的企业不能够及时推出新的、让消费者更新换代的产品,结果只能是等待死亡。为说明问题,不使情景的分析复杂化,我们这里以仅生产单一电冰箱的企业为例。当全国的家庭都有了冰箱之后,国内市场的需求量就只有*总保有量的 1/使用周期*,即冰箱企业也只需要生产这么多数量的产品就能够满足社会更换的需要了,*(1-(1/使用周期))×保有量*的产能对于国内市场就是过剩的。所以,如果冰箱企业在这个时候还继续扩大产能,以图薄利多销的做法,其实是加快死亡的行为——让 S 型曲线变得更短了。通过开拓国际市场来拓展市场空间,最后的结果还是一样的,最后的需求也只有*全球总保有量的 1/使用周期*,对大多数企业来说只是死亡的时间被推迟了,为再生赢得了时间。大家设想一下,冰箱企业通过降低成本来降低价格,或者通过技术革新来降低能耗,作为消费者的你会把原有的冰箱换掉吗?大家再看一下电视机的例子,历史已经告诉我们,如果 个企业只是黑白电视的生产商(对于我国的该类企业来说称其为装配厂更为贴切),最后的结局要么死亡,要么转变成为彩色电视机的生产商,再后来转变成为平板电视的生产商等。少数存活下来的厂家与其说是电视厂家,倒不如说是替别人将零部件组包装成电视机卖给消费者的工厂,拿点打工钱,除去付给员工的工资之外,还能有多少闲钱搞创新发明?所以,这类企业就属于“搞研发找死”(那一点钱根本不够,又不是从事前瞻性的研究),“不搞研发等死”(要看别人是否有订货,零部件是否降价)的类型。

再看手机的例子,看看身边的人和您自己,已经用过了多少部手机,难道都是因为前一个手机不能用了才换新的吗?尽管出于传统的习惯我们依旧将今天的智能手机称之为手机,但很大程度上已经不是传统意义上的手机了,说成是生活助手不是更好吗?大家设想一下,如果将冰箱的门安装上附带触摸显示屏的操作系统(网上可以查到有一款 Google 冰箱就是如此),上面有家庭生活所需的各种软件和应用程序,还可以借助手机等移动终端的 APP 应用程序操控和查看家用实施,请问消费者还会等到原有冰箱坏了再换吗?这时候这个产品尽管出于传统的习惯还被称为冰箱,但对于用户来说,已经不是传统意义上的冰箱了,冷藏只是一项基本功能。这与手机的情形是一样的。如果您是这家冰箱企业的 CEO,请问您关注的还会是成本、能耗吗?我想不是,您考虑更多的应该是在系统的开发、创新上,因为这才是利润的来源，才是企业持续发展的源泉。您说这个企业是冰箱企业还是电脑企业？还是家政服务系统供应开发商？这时候对于这个产品来说，市场空间又是全新的了。顾客需要的东西有时候就像保险，不需要的人，再便宜他也不买，而需要的人花了很多钱购买，最后一辈子也不一定派上用场。所以，生产消费品的企业发展到后来的出路，就是要跨界，给消费者重新购买的理由；越是日常使用的，跨界后的市场空间越大。

对于生产中间产品的企业来说，其产品的生命周期规律与消费品有很多相同之处，但由于其市场不是直接的消费者，因此面临的问题和困难不是通过研究消费能力、消费倾向和消费行为来寻求答案的。比如挖掘机的市场不是由微观的消费者决定的，而是宏观的社会经济发展因素决定的；就算有了挖掘机的需求，您也不能什么零部件都自己生产，得由其他的企业给您提供零部件（配件）。从产业链上讲可以分成两个部分，一是挖掘机生产厂家，另一个是为挖掘机生产厂家提供零部件的供应商。对于挖掘机生产厂家来说，重要的能力是如何把全球的零部件生产能力整合到自己这里来，整合能力就是企业生存的资本。如果你有市场需求，又有能够整合行业上下游、全球范围生产力的能力，最终就会通过满足市场需求来实现共赢。

而对于中间产品产业链的另一个部分——零部件的供应商来说，现在世界是平的，物流业也非常发达，生产厂家为什么要购买你的零部件呢？比如国内某著名大型重型机械企业生产的吊机底座用的是奔驰产品。我问过为什么不能用国内的或自己生产的产品，企业告诉我根本原因还是核心技术问题。此外，对于流变的市场来说，厂家要求什么样的零部件也是不能预先确定的，一旦订货，供应周期要比价格更重要。这时候，你能不能把别人需要的零部件按质、按量、按时生产出来，并显示出具有这个能力的信誉，就成为别人找你做其供应商的根本。所以，对于生产中间产品的企业来说，未来的重点要由营销产品转化到培育独特的生产能力，并营销自己的生产能力上。

人们不可能像更换手机、电冰箱一样更换中间产品，尤其是大型机械设备；生产厂家也不可能依靠不断扩大的市场空间来维持生产能力和持续发展，如果你一定要这样子去做，市场一方面会加快饱和，另一方面宏观因素又不为企业可控，这些都会导致企业很快进入停滞状态，甚至因为"赊销"而资金链断裂，致使企业陷入生存危机中。如果一个企业不能靠不断扩大市场来维持生存,那靠什么呢? 这就是所谓的商业模式了,即企业由对产品销售本身利润(或差价)的获取,转化为用户在使用产品的过程当中给企业带来源源不断的资金,HP 和 Apple 就是两个典型的例子。对于制造企业来说,就是要依靠依附于制造业的服务业给企业带来源源不断的利润。德国的印刷机器就是这样的一个例子,安装、调试、维护、易耗品更换,每一环节都成为了企业利润的来源。此外,有的产品也许本身并不赚钱,但可通过打造免费的服务平台来吸引客户,最终实现盈利,例如目前比较盛行的 free-mium(free + premium)商业模式已在 Facebook、奇虎 360 等企业中取得了不错的成绩。

5.3.2 资本重构——联结、动态、出售

相对于全球 78 亿多的人口来说,一个人的能力是有限的;相对于全球千千万万个企业来说,一个企业的能力也是有限的。每一个企业都是世界经济网络中的一个节点,当今的社会中一个孤立的企业是无法生存下来的,必须要与其他企业构成相互依存、互利共生的关系。对于企业来说,外部能够提供的资源和能力是无穷的,而如何从中获取它们并利用起来,是现代企业管理的重要任务;反过来,企业自身的能力和资源也要具有被别的企业利用的价值。换言之,一个企业要适应复杂多变的环境,要增强自己的能力和实现跨界重构,仅仅依靠自身是不行的,要让自己成为外部更大系统中的一份子,即利用别人的同时,也被别人所利用——这就是复杂适应性系统(CAS)的原理。具体到现实中的企业来说,就是要与他人构建起动态的联盟网络关系,实现自我超越。

比如前面讲到的新型冰箱,如果冰箱企业将自己定位为生产冰箱的,计算机生产商就是将自己定位为生产计算机的,这两者就不会结合而形成新的产品。要实现新型冰箱的生产制造,依靠传统的冰箱企业做不到,依靠传统的计算机企业也做不到,需要将两者甚至还有家政服务管理的企业结合起来。比如居民家里很多东西都可以通过 iphone 上的应用程序来操控,依靠的就是墙上的"配电盘"。它不再是传统意义上简单的带保险丝、具有跳闸功能的开关了,而是在建筑中存在强电和弱电的控制系统。看到这样的东西,你说生产配电盘的企业还有前途吗? 现在还有,但未来呢? 所以,生产配电盘的企业必须与其他企业结合,成为建筑及住宅管理的专家。有一

家服装企业,以价格低廉作为竞争优势,但我参观后还是深感忧虑。我忧虑的理由是,现在人们购买服装已经不再是传统意义上的"穿"了,现在的衣服不同于从前棉布做的,要经常换新的,现在一件衣服可以10多年都不坏。对于很多的人来讲,现在服装所赋予的涵义变得十分复杂,但有一条可以肯定,很少有谁愿意以穿"价格低廉"为荣的。所以,服装要么很贵,要么不知名,因为别人没听说过,也就不知道贵还是贱了。知名品牌的服装一定不能将低价格作为营销策略,否则必然是死路一条。那要高价格,你就得有让顾客舍得花大价钱购买的理由。目前的一个趋势就是"视觉穿戴"、"电子化穿戴"。如果你是服装企业的领导人,你现在需要的是服装设计师,还是要艺术家、数学家、化学家?还是电脑及软件专家呢?再比如说,世界上除了苹果公司、三星公司之外,别的公司难道就不能生产出同类的产品吗?技术上是可以的,但没有专利、许可权。所以,很多企业收购其他公司的目的就是获得专利、许可权,为在市场上合法地从事产品销售与服务。简单来说,你现在做什么,千万不能把自己定位为就是做这个的,而是要与别人相互联结,借助别人的能力,通过资本重构实现业务重构。

资本重构就是将关联者转变为股东、合伙人,甚至消费者也可以成为股东和合伙人,实现所谓的共赢。有这么一家帮助发明者募集资金的网站 https://www.kickstarter.com,有人称之为"梦想助推器",资金的提供者很多就是未来的用户或经销商,你既可以将这理解为是提前付款,也可以理解为是一种集资、募捐,甚至看成是鼓励创新的慈善。对于"出钱者"来说,最后分得的不是利润而是产品,所以,用户也是一种形式上的股东或合伙人。在这个网站上,有一个后来很成功的产品叫 Pebble(E-Paper Watch for iPhone and Android),一种与智能手机无线连接的电子皮手表,是液晶显示的,通过手机上的应用程序来设计,满足使用者的需要,被认为是电子佩戴的时尚产品。发明者(创意提出者)原本准备募集的资金是10万美元,最后实际募得的资金是10266845美元,其中有2615位赞助者每人提供了1~99美元,但他们并没有得到手表;有31位赞助者每人提供了1万美元以上,因而得到了100个各种款式的手表,这100个手表肯定不是他们自己一个人用,可能会再销售,也可能会作为集体福利送人。大家可以设想一下,这个创意团队具有各种零部件的生产能力吗?我想一定没有,他们会有自己的核心能力(比如专利技术),但表带、表壳等部件的生产甚至组装还得借助其他厂家,他们可以找世界上生产能力最好的厂家。小米手机是不是也是这样做的呢?归根到底一句话,未来的企业是做自己能做的事,自己不能做、别人做得比自己好的,让别人来做;而做得好的企业,有能力的企业,要具备善于营销自己的能力。企业家的工作不是自己做事,而是找到共同做事的人,也就是善于整合资源的人。

一旦大家都接受了相互联结或动态联盟是未来企业的生存与发展之道,企业之间的相互兼并、收购活动就会频繁起来,人们对待企业的思想观念也会跟着发生变化。尤其是对企业的"感情"要有"养猪"的思想,企业要有随时"买卖"的意识,并形成相应的文化。这里打个比方,有两种养猪的人,一类是养老母猪的,另一类是养肥猪的。养老母猪的人的主要任务是让老母猪多生小猪,并将它们抚养成为苗壮的猪仔,卖出一个好价钱;如果猪仔不卖,自己养下去,那原有的条件和资源就不够了。而养肥猪的人是将猪仔养到200多斤了,就要卖出去杀掉,因为再养下去,边际收益就低了,划不来。所以,不管你是养老母猪的(其实是培育小猪苗的)还是养肥猪的,不能把猪看成是宠物,你对猪都不能有很深的感情,否则到时候你就舍不得卖,也就不能赚钱。做企业虽然不同于养猪,但其中的道理是相通的。一些人舍不得被收购,舍不得让渡股权与他人合作,虽然自己持股比例很高,但"蛋糕"做不大,最后得到的"蛋糕"比可能得到的少很多。企业不要追求名称的永恒,而要追求支撑着这一名称背后价值的持续增值。要做到这一点,说起来容易,做起来难,因为企业乃至社会已经形成了相应的制度、机制和文化传统。2013年中国的双汇国际控股有限公司收购美国的史密斯菲尔德,整个交易约为71.2亿美元,其中包括双汇国际承担史密斯菲尔德的24亿美元净债务。根据收购合约,如果史密斯菲尔德6名高管在拟议收购完成后继续留任三年以上,他们将获得近2400万美元的奖金,另外还有2400万美元用于奖励其他管理者和留任的核心员工;在收购完成6个月后,高管们将获得四分之一的奖金,然后在前三个收购周年纪念日各获得四分之一的奖金。其中,按照留任奖金计划,史密斯菲尔德猪肉业务总裁乔治·里希特(George Richter)将有资格获得450万美元留任奖金,首席财务官罗伯特·曼利(Robert Manly)可拿到380万美元;其他高管中,欧洲业务总裁达留什·诺瓦科夫斯基(Dariusz Nowakowski)可获得290万美元,首席大宗商品对冲官Dhamu Thamodaran可获得240万美元,首席可持续发展官丹尼斯·崔西(Dennis Treacy)可获得 200 万美元[①]。这个例子表明，如果企业在聘用高管和核心员工的时候，就要对企业未来一旦被收购与兼并做出他们在待遇上的安排。大家设想一下，这些人是想把企业做得更有价值，以期有朝一日被别人看上，卖个好价钱呢，还是"死要一起死，要活一起活"呢？猪卖了没有人会再去想它，企业"卖"了您可以想它，但不要想的太多，因为还有新的事业、新的生活在等待着你。

5.3.3 体系重构——流程、制度、文化

一个企业可以有最好的战略，但战略的实现依赖于实现这个战略所需的能力。在业务重构、资本重构确定之后，决定企业能力的就是体系重构了，它们三者的关系如图 5-1 所示。换言之，一个企业的产品、细分市场、生产技术与工艺、股东、合作方等发生了变化，势必要求企业在组织架构、管理模式、制度流程、组织文化等方面作出相应的变革与调整。TCL 就是一个很好的例子。2004 年 TCL 并购了汤姆逊电视机业务和阿尔卡特，算是业务重构和资本重构，但是并没有给这个企业带来成功，反而带来 2005 年、2006 年的巨大亏损，其中 2006 年亏损 19 亿多、股东权益超过 30 多亿，濒临破产。该企业利用由政治(治理结构、利益机制、权力分配)、经济(战略方向、商业模式、价值流程)和文化(远景使命、价值观、行为规范)三个方面构成的企业管理钻石模型进行了反思之后发现，导致公司这样局面的根本性原因是组织文化方面[②]。

企业文化是一个建设塑造的过程，一个刚刚创办的企业是没有多少企业文化的；而一个老企业，已经形成的远景目标、价值判断标准和行为规范，变革起来也是相对困难的，甚至需要通过革命性的重构才能实现超越。就像国有企业一样，如果企业性质不变化，企业内部员工的想法就没有办法改变，而一旦企业改制了，一切变化都好像是一夜之间的事情，但是企业未来能不能实现设想的远景目标，能不能高效地运作，归根结底取决于运作的流程及其效率。

---

① 网易财经：《史密斯菲尔德食品公司 4800 万美元奖励留任高管》，http://money.163.com/13/0605 /08/90JFJH3N00251LK6.html

② 薄连明的演讲，来源于南京思谋管理顾问有限责任公司主办的《企业家沙龙》，2014 年 2 月第一期。

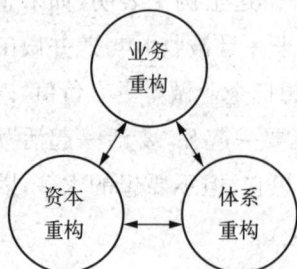

图 5-1　三个重构的关系

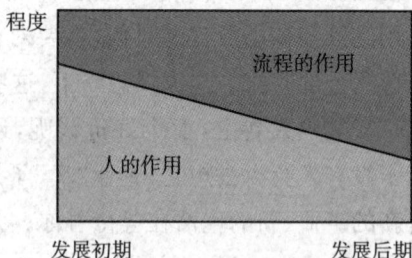

图 5-2　企业发展过程中人与流程的地位

　　大家不妨思考这样两个问题,为什么有人说企业文化就是老板文化?而为什么麦当劳遍布世界各地,但我们很少人知道它的老板是谁,你能说麦当劳的文化就是老板文化吗? 这两个问题是不是相互矛盾呢? 经验告诉我们,凡是涉及相互矛盾问题的回答,则需要引入第三个变量。在这里企业的历史就是这样的变量。当企业处于发展初期的时候,管理制度尚未建立起来,流程尚不成熟,制度和流程的缺陷就需要借助人的素质、能力、精神和态度之类的主观因素来弥补,这样做的时候一定会出现各种各样的问题以及发生各种各样的错误,因为主观因素是不稳定的、不能被外人所控制的,只能自我利用。如果将问题出现和错误产生归咎于人,通过责任制度来让员工自觉,而不是从制度、流程,甚至设备条件的角度去完善和解决问题,这就不是一个学习型组织,以后还会出现类似的问题和犯同样的错误,因为你不可能在这个世界上找到不犯错误的,素质、能力高到无可挑剔的人。大多数的案例也告诉我们,员工主动犯错误的不多;人和组织也有一个相互匹配的问题。你如果留心观察就会发现,麦当劳门店的员工是经常变的,但他们的运营似乎没有受到影响。从人力资源管理的角度来看,他们反而是把员工的流动作为企业获取竞争优势的来源。我们还注意到,很多外资企业刚到中国的时候,借助中国管理团队将企业做起来,而一旦企业做得风生水起的时候,他们就借口将中国的高管们换下来,这些高管们愤愤不平,而老外觉得这样才能保证企业的健康发展。这两个事例背后的逻辑是什么呢? 就是企业的长远发展要由对人的依赖逐渐转化为对流程的依赖(如图 5-2 所示),并通过人员的调整,暴露出流程上的缺陷,努力将隐性知识转化为显性知识,并用流程(制度)将其编码固化下来,从而达到不断改进的目的。比较一下苏宁电器与五星电器的发展历史就验证了我们的这个观点。原五星电器董事长汪建国先生认为，苏宁的成功得益于早期就注重地区布局与扩展，而原五星电器则是打局部的战争，在扩展能力的培养上不够。在原苏宁电器总裁孙为民先生看来，苏宁的扩展能力就是"我们快速地进行信息系统建设，通过信息系统实现全国的、集中化的管理，弥补了我们在人员管理上的不足，之后再立足各地分公司进行纵向的渗透。""一年开100、200、300家店，对我们来说都是驾轻就熟的事情"[①]。

　　变革是帮助管理者发现问题，而不一定是导致问题的原因，如同挪动家具会发现灰尘，但灰尘不是因为挪动家具才出现的。就问题来源而言，可以分为两类：内在系统性的和外在随机性的。内在系统性的问题是由于系统本身内在动力学机制所决定的，就像婴儿出生后7个月左右要发烧一样，任何人都不能避免，但可以预见到；而受病毒感染的发烧就是外在随机性的，常常不可预见，但可以防范。所以，在现实企业管理过程中，我们看到的现象与问题，有些就是由其背后的流程、制度、体制和机制等内在系统因素发生作用的结果，由于常常是潜在的、长远的，因而也容易被人们忽视；而找到的所谓的原因并不能从根本上解决问题，企业进步也就慢，甚至失败了也不知道为什么失败。这方面的事例太多，但我们可以将内在系统性原因归结为信息流、物资流、价值流和人事流四个方面。因此，企业要围绕这四个方面来开展变革活动，进行战略规划、目标设定、资源调配、制度建设、组织架构调整和人员管理，流程管理好了就可以将内在的不确定性降到最低，如果企业再出现问题、再遇到困难，往往也是由没有预见到的、不可抗拒的外在因素导致的。简单来说，企业就是要通过流程制度建设，把握确定性，消除不确定性，防范可能性。

5.4　问题导向的行动：预见性、关键性、联动性、自主性

　　如果说企业发展定位、整体性重构属于务虚，采取行动才是务实，在现实中企业家们更关心的是怎么去做。这确实是难以回答的问题，如同病人问医生发烧了怎么办一样，导致一种症兆的原因可以根据经验很容易地罗

---

① 孙为民的演讲，来源于南京思谋管理顾问有限责任公司主办的《企业家沙龙》，2014年2月第一期。

列出很多,但反过来回溯征兆的真实原因并排除其他原因就有点难了,需要通过借助工具、仪器的诊断之后,对症下药。企业管理也是一样。这里给出几条建议:

1. 预见性地采取对策,避免临时危机处理。企业发展过程中遇到问题是必然的,就如同人一样,在固定的时间段一定会生病,这是不可避免的,人们可做的事情就是做好预案。另一方面,一个人在没有生病的时候,避免外在原因导致的某种病变的办法和措施是很多的,然而一旦生了某种病,治疗的办法相对来说就少了。所以,要有预见性地预防此类病变。企业发展是一样的道理,企业家们应该预见性采取对策,防止某些问题的出现,这些都是已有规律可循的,可以做好预案。所以,企业家应该成为本行业的专家,企业应该成为本行业的领导者。

2. 瞄准目标,持之以恒。很多人知道某个事情是错的,但很多人依旧在做错的事情;很多人知道应该如何做事,但就是做不起来。我个人觉得这些是可以理解的,因为如何做事有一个天时、地利、人和的问题,也有一个是否符合人理、事理、物理的问题,因此除了法律意义上的对与错之外,其实并没有对错之分。但是,我们每个企业家都应该内心明白,我们未来的方向在哪里?应该如何做事?并朝着这个方向去努力,这样的企业才会不断地进步和发展,相反,迷失方向和偏离方向都会导致行动的失败。

3. 针对问题,增强局部适应性。在流变的环境条件下,或者说在未来不确定性程度高的情况下,企业遇到的问题千头万绪,不同层次、不同部门、不同岗位的员工都会遇到新的问题和挑战,如果每个部门、每个人都把自己面对的问题依赖于其他部门、其他人的问题解决,那么,最后几乎是一事无成。正确的做法是"改变可以改变的,适应不能改变的",各自认清自己面对的问题,在解决问题的过程中不断地接近目标。

4. 领导者的任务是找出关键问题,而不是解决问题。每个人的时间和精力是有限的,每个单位乃至整个企业的资源和条件也是有限的,但面对的问题很多,如果我们不加以区分地对待,就会使得宝贵的资源花费在了对企业发展无关紧要的地方,真正需要的地方却缺乏,其结果是大家都很辛苦,但是没有成效。如果我们能将有限的资源用在决定企业生死存亡、增加价值最多的地方,结果就能达到事半功倍。领导人的任务不是自己去解决问题,而是帮助他人尤其是下属找到能够产生"蝴蝶效应"的关键问题,然后寻求能够解决这些问题的人和事。

5. 连续、并行、全局地进行变革，而不是阶段性、革命性的变革。关键问题可能存在于企业的不同层次和不同部门，也会随着评判的标准变化而有所不同。现实生活并不容许一个问题解决之后再去解决另一个问题，但是不同的问题解决单位之间如果形成了相互关联、自主决策的机制，就可以实现连续、并行的变革，从而涌现出全局的变革。因此，变革的方式要由自上而下的命令式变革，转变为遵循给定规则的指导性变革，其典型的步骤包括：描述远景、形成共识、辨识问题、采取措施和策略，并进行循环，如图5-3所示。

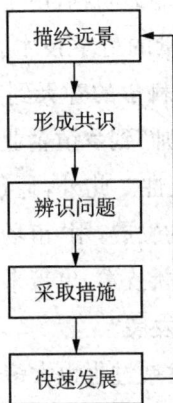

图 5-3　中国企业组织变革管理的 5 步骤迭代模型

从宏观上来讲，邓小平倡导的中国改革开放，首先是从描绘远景开始的。在1978年那个时候，中国还很封闭，外国人来中国工作交流的少，中国人到国外看看的则更少，绝大多数人几乎不知道外面世界的情况，用句成语就是我们都是"井底之蛙"，就认为自己的天最蓝，自己的天下最好。然而，有过法国勤工俭学经历的邓小平向国人指出"贫穷不是社会主义"。那么什么才是社会主义呢？他又提出"不争论"，"发展才是硬道理"等观点，并通过播放到访日本、美国等发达国家的新闻纪录片，向国人展示了什么才是"现代化"。从而让国人从"楼上楼下，电灯电话"的理想目标中看到现实情景。他所做的这些事情，我以为都是在为大家"描绘远景"。

众所周知，如果一个组织的远景仅仅是少数人追求的目标，那就调动不了广大参与者的积极性。为此，我们国家所做的事情就是让大家对于未来中国的远景形成一个普遍的共识。对于让人们过上"美好生活"这一点，很容易形成共识——谁会反对河上架桥梁、城市建高楼、乡村修道路呢？然而，话又说回来，改革遇到的主要困难来自两个方面：一是思想问题，二是能力问题。改革开放初期，人们经过长期的"阶级斗争为纲"的教育，总是担心"走回头路"、"吃二遍苦，受二茬罪"。为了解决人们的思想认识问题，当时我国采取的措施首先是"走出去，请进来"，让广大干部、知识分子、企业领导等先到国外发达国家去看一看、长长见识；第二就是思想大讨论，提出"实践是检验真理的唯一标准"，解放思想，向前看，通过"深圳特区"这样的示范区，向国人展示改革开放的成果，尝到"甜头"，从而激发更多的人、更多的地方加入到改革发展之中。对于能力问题，由于"文化大革命"的耽搁，高等教育几乎停滞，改革开放急需大量的科学技术人才。1977 年恢复高考；1978年国家召开"科学技术大会"，"科学的春天到来了"，重视知识、重视人才成为社会共识；容许"星期六工程师"到乡镇企业兼职，极大地调动了全民投身社会经济建设改革大潮的积极性。此外，通过有关政策法规的修订，鼓励"三来一补"和外资、合资企业的发展，用"市场换技术"。外资企业和合资企业的到来，不仅带来了新产品、新技术，也带来了在管理和思想上的变革，极大地推动了我国企业的改革与发展。

从微观上讲，成功企业的发展过程也大多经历了类似的 5 个阶段，这方面的例子可以参阅第 13 章"面对可预见的危机：应急变革还是有计划变革？"中的华为公司的案例。

本文部分内容来源于：刘洪：《组织能力的整体性重构—寻找转型变革期企业的出路》.《清华管理评论》,2014 年 7 月 8 日。

第 6 章
平台经济下企业的非规模化变革

随着智能移动终端、无线网络、社交媒体和物联网等技术的广泛应用，整合资源的各种平台应运而生，使得非规模经济的企业得以生存与发展，并对已有以追求规模经济为目标的企业形成了挑战。然而，针对现有企业如何实行非规模化经营的转型发展，尚缺乏较为系统的理论探讨。本文通过总结非规模经济企业的特点，以及与规模经济企业的比较，提出现有企业非规模化经营的变革发展策略。

6.1 引言

规模经营几乎是近百年来所有企业追求的目标，也被看成是企业发展成功的一个重要标志。然而，平台企业以及平台经济的涌现与发展，交易"外部化"极大地解决了传统企业通过规模经营所要解决的交易成本、交易不确定性和交易机会主义等问题，从而使得非规模化经营(unscale)的企业大行其道，原有规模化经营企业的市场份额被逐渐侵蚀(Taneja & Maney，2018)，结果是这些企业长期积累形成的生产设施和管理模式不再具有经济规模，反而成了企业经营的负担。因此，面对平台企业和平台经济的挑战，传统企业如何应对这种变化就成了企业管理者热切关注的问题。传统企业与当今非规模化的企业在管理理念和管理的基本假设上都有很大差别。比如，传统企业主张通过扩大规模来降低成本，而非规模化经营的企业是通过与其他企业共享资产、交易"外部化"来降低成本的。因此，难从已有企业管理理论上寻找应对之策(阿姆瑞特·蒂瓦纳，2018)。另一方面，近些年来大量企业的实践活动所取得的经验和教训,也为探讨企业非规模化经营提供了可能。基于这样的认识,本章首先概括出非规模化经营的企业相比较于传统企业的主要特征,以及它们给传统企业带来的挑战,进而提出传统企业适应平台经济发展,实现非规模化经营的途径和条件。

6.2 非规模化经营企业的主要特征

本世纪以来,随着智能手机、无线网络、社交媒体和物联网等快速发展与广泛应用(Segars,2019),涌现出诸如 Google、百度、阿里巴巴、京东等以促进交易双方互动和降低交易过程中"市场阻力"为目的平台企业(阿姆瑞特·蒂瓦纳,2018),并派生出了大量瞄准小众市场的中小企业。据统计,截至 2020 年 4 月 30 日,所有天猫店铺 280534 家,所有京东店铺 236367 家①,其中绝大多数都是小微企业。有统计表明,在淘宝天猫上 39.3% 的店主月收入在 1000~2000 元之间,22.0% 的店主月收入在 2000~3000 元之间。这些小微企业属于典型的非规模化经营企业,即既不具有供给规模经济,也不具有需求规模经济(杰奥夫雷 G.帕克等,2017),与传统的追求规模经营的企业相比较,它们具有如下的主要共性特征:

1. 聚焦利基市场。与为大众客户提供相同产品的规模化经营的企业不同,非规模化经营的企业针对客户的特殊需求,为他们提供个性化的产品和服务,并借助平台企业(交易平台)实现双方的"精准匹配"。比如,爱彼迎(Airbnb)相比较于希尔顿等品牌酒店,并不为客户提供标准化的房间,而是将分散于世界各地的房东可租赁房间罗列在网站平台上,旅客根据房间的便利性和自己的喜好、支付能力来选择。

2. 轻资产,低成本。非规模化经营的企业除了需要拥有自己核心资源或能力之外,像传统企业所拥有的设计实验、生产制造、组装分销体系、广告、法律事务等业务,都可以由平台企业提供或借助平台实现外包或采购;与之相对应,个别企业通过把自己建设成为一个业务、资源的共享平台,在该业务或资源的使用上实现了需求的规模经济,但在资源上又能够利用其他企业平台,从而实现轻资产。所以,就有了几个人的平台企业却可以把销

---

① https://www.douban.com/note/637762334/

售额做到过去只有大规模生产企业才能做到的几个亿。

3. 依赖商业生态。庞大的网民群体、智能移动终端、交易平台、物流快递、物联网、金融支付等共同构成了企业非规模化运营所需要的商业生态的各种要素,在此商业生态中各参与方实现核心互动,在互动过程中增进各方价值,实现网络交叉正向效应。因此,一个企业的非规模化经营离不开平台企业,而平台企业也离不开包括提供信息、产品或服务、交易支付各方的参与,它们共同形成互利共生的商业生态。

4. 拥有核心能力或资源。借助于平台经营的企业自身可以不直接生产产品,但必须拥有生产某种产品的核心能力或资源,因为信息的透明化和网络化传播,很快就会将同质化产品或服务的价格降到最低,最后生存下来的只能是别人无法替代生产或提供的商家;交易平台提供的评价信号也增加了虚拟世界中从众心理的作用,使得声誉成为商家生命力的重要表征;此外,治理良好的平台也会对抄袭、假冒产品的进入进行限制,只有拥有核心能力或资源的企业才能得以持续生存下来。

6.3 非规模化企业发展给传统企业带来的挑战

从全球范围来看,当今发展最好的公司是平台企业和寄生于平台的企业。2014 年世界上市值最大的五家公司中的三家(苹果公司、谷歌公司和微软公司)均采用了平台模式(杰奥夫雷 G.帕克等,2017);未来 25 年里标准普尔 500 净收益 50%将来自平台企业(亚历克斯·莫塞德、尼古拉斯 L.约翰逊,2017)。在我国,2017 年全国快递服务业的业务收入累计完成 4957.1 亿元,同比增长 24.7%[①];2020 年全国快递服务企业业务收入达 8750 亿元,同比增长 16.7%,就业人口 300 多万。平台企业及其引致的大量非规模化经营企业的快速发展,给传统企业带来了前所未有的挑战,甚至是颠覆性的,主要表现在以下几个方面:

(1)原市场份额被侵蚀。生产大众商品的传统企业,在很多情况下只知道有顾客,但并不知道顾客在哪里,因此只能把自己生产的产品与同类商

---

① 中商产业研究院:《2018 年中国快递行业市场前景研究报告》,http://www.100ec.cn/detail-6443214.html

品集中在一个市场里,被动地由消费者选择,这就导致不同品牌产品之间的竞争激烈。然而,建立在平台基础上的买卖双方是相互搜寻、协商,直到"精准匹配",完成交易。顾客会感觉商家是专门为自己定制产品,商家则感觉顾客是专门慕名而来,最后的结果是访问传统市场的顾客大大减少,原有大众商品的市场份额也就必然减少,实体店生意萧条,不得不转型为体验店、娱乐城。

(2)企业规模不经济。随着市场份额的减少,传统企业的成本—产量曲线中的销售规模将远离最佳经济规模,产品边际成本上升,使得企业长期投资与积累起来的研发、生产、分销和管理体系等,因为不能满负荷地工作而变得冗余,即企业虽有规模但并不经济。而在平台经济中,各参与主体并不需要自己拥有产品生产或服务提供所需的所有资产、实物和职能部门,只需将分散于世界各地的、具有本企业所需资产、实物和职能的企业、机构整合在一起,真正做到了分工协作和轻资产经营,从而使得传统企业丧失掉了成本竞争优势。

(3)成为经济网络孤岛。对于大企业而言,如果不能建立起基于自身能力与资源基础的平台,就会因为市场份额萎缩而逐渐入不敷出,不得不缩减生产规模或产品范围。比如:捷安特(GIANT)在中国大陆前几年一年销量保持在300万辆左右,但到了2017年由于受到共享单车的冲击,一年销量不足百万辆。对于中小企业而言,由于自身创新能力、转型变革能力先天不足,如果不加入平台就会成为经济网络中的孤岛,逐渐被市场边缘化而走向衰亡。当然,那些受到高监管的行业、消费者可预见损失高的平台、资源密集型企业等就不一定要平台化,而信息敏感型行业、原本需要人来把关的行业、高度分散化与个体化行业、信息极端不对称行业的企业等,就应该适当加入平台经济中(杰奥夫雷 G.帕克等,2017)。

(4)需要革命性变革。非规模化经营企业与传统企业的差异不仅体现在商业模式上,更重要的是外部的市场平台、商业环境发生了根本性的变化,带来了企业目标市场、核心优势、竞争策略和风险来源等方面的完全不同(表 6-1 是两者比较),采用渐进性的变革难以应对这些变化,企业必须进行革命性的变革。比如,面对数字化运营环境,美的集团从 2011 年到 2016 年的五年时间里关停了 10 多个生产基地,砍掉多个利润率低的产品,员工数量从近 20 万缩减到 10 万以内,建设工业互联网平台 M.IoT,其中的美云智数对外服务起始于 2017 年,2018 年完成订单额超过 4 亿,客户超过 100 多家企业,业务已从制造业延伸到了能源、交通运输和快消品行业(邱月烨,2019)。这是传统制造业企业经济数字化、平台化变革的一个典范。

表 6-1 非规模化经营企业与传统企业的比较

	非规模化经营企业	传统企业
目标市场	利基市场:为个体客户、少数群体量身定制产品或服务,实行精准营销	大众市场:用相同产品满足尽可能多的、无区分的客户
核心优势	平台优势:具有需求发现能力、资源整合能力、快速学习能力、动态演化能力,轻资产	成本优势:通过纵向一体化降低交易成本、横向一体化降低生产成本,重资产
竞争策略	共生进化:通过持续创新、创业和培育商业生态环境,来实现供需各方的正向互动	提高门槛:通过扩大规模、技术水平和管理复杂性来提升市场进入门槛,实现规模经济
主要风险	隐形风险:AI算法伦理,存在网络负效应	显性风险:产品伦理,丧失所有权(控制权)

6.4 传统企业实现非规模化经营的变革发展策略

传统企业在技术进步与市场需求变化的两方面驱动下,需要进行商业模式的转型(Kavadias et al.,2016)。从技术进步方面来讲,包括触摸、声纳、光感和图像辨识等传感技术使大数据的收集与传输更为广泛、廉价,物联网和元计算等连接技术使边缘计算与分析的广泛应用成为可能,而大数据、人工智能和机器学习等技术又使得企业能够在大量非结构化的数据中找出优化决策的规则;纳米技术、3D 打印和分布式制造等技术,使远程制造和小规模生产成为可能。在市场需求变化方面来讲,尽管对于满足规模庞大的低收入人群的产品,依旧需要大规模生产,但从未来发展趋势上来说,人们的需求、偏好都将越来越多样化,劳动力、自然资源和运输等生产要素的成本也会越来越高,各级政府对环保要求、产品质量与安全的监管也会越来越严格。面对技术进步和市场需求变化,越来越多的企业尝试进行商业模式的转型变革,有些已取得初步成效。Kavadias 在对 40 家企业的分析表明,在市场上取得成功的商业模式具有 6 个方面的特征:产品或服务个性化、可再生利用的闭环过程、资产共享、依据用量定价、合作生态、敏捷和适应的组织。虽然不是每家企业都具有这6个特征，但都至少有三个以上，并且也几乎都具有合作生态这一特征。也就是说，当今转型变革已经取得成效的企业几乎都是平台企业或加入了平台的企业。

然而，现实经济生活中大量企业不是平台企业，也尚未参与平台企业，有些企业在一段时期内并不适合平台化（杰奥夫雷G.帕克等，2018），那么，它们如何变革才能应对现在的技术进步和市场需求变化的趋势呢？非规模化经营企业的主要特征，给传统企业带来的主要挑战和已经进行商业模式转型企业的经验，为回答这一问题提供了借鉴。本文认为，对于小企业而言，已经发展起来的平台经济为它们的生存与发展提供了便利条件，因此，不必另起炉灶，只需拥抱技术趋势，聚焦利基市场，充分利用各种平台资源，专注于自身优势，就可以实现非规模化的经营（Taneja，2018b）。对于大企业而言，则可以通过去规模化和平台化来应对非规模化企业发展的竞争，并采取相应的策略：

（1）思维平台化。大企业经过多年的苦心经营往往建立起了在本行业高度专业化、一体化的运营体系，拥有自己的研发团队、生产工厂、分销渠道、供应链、营销队伍和合作伙伴，形成了庞大的管理团队和复杂的管理体系。然而，外部平台经济的发展使得它们原有的市场被不断细分，份额不断减少，原有的规模经济优势逐渐丧失，生产能力不仅不能满负荷地利用，反而成了企业运营的高成本负担。另一方面，对于不断涌现的新兴公司和创业者来说，大企业所拥有的这些资源条件和生产能力却又是紧缺和需要的。因此，现有大企业如果把自己冗余的资源条件和能力"租赁"出去，跟他人共享，既有利于他人，也可以成为自身新的盈利来源。比如，宝洁公司通过建设Predix平台，推行C&D（Connect ＋ Development）联发策略，允许外部利用本公司资源条件开发满足小众市场需求的新产品；沃尔玛（Walmart）收购Jet.com，将遍布世界各地的众多零售商积聚在此平台上，使自己成为销售平台；海尔将自己定位为"小微企业"的创业平台，鼓励员工成为"创客"。另一方面，我们也应该看到，并不是所有企业都可以建设成为平台企业，但是平台经济的共享理念可以帮助所有企业实现生产要素市场化，从而将冗余的资源与条件被充分利用起来。

（2）业务模块化。尽管某种产品的市场规模是缩减的，但类似的、关联的产品总需求量并不一定是减少的,反而会随着人民生活水平的提高而增加,而这些类似的、关联产品的零部件、业务可以是共同的。所以,企业可以由追求产品的经济规模转变为追求零部件、业务模块的经济规模,通过零部件、业务模块的"积木化"形成产品系列化。比如,苹果公司将 iPhone 中的打电话功能除去后就形成了产品 iTouch,把 iTouch 的屏幕做大了就是 iPad,而把 iPad 屏幕缩小后就是 MiniPad,这四种产品所需的零部件大多数都是相同的,并使用共同的生产、分销网络。因此,如果单独的产品不能够实现经济规模的话,它们的零部件或构成模块是可以实现经济规模的。另外,诸如计算机辅助设计(CAD)、计算机辅助制造(CAM)和智能制造(IM)等先进制造技术的应用,也使得企业模块化生产的边际成本降低(徐明琦,2017)。总之,业务模块化、积木化、系列化是现有企业在非规模经济发展情况下降低生产成本的重要途径。

(3)市场利基化。复杂系统的幂分布统计规律(Power Law)表明,在一定的市场生态条件下,某种规模企业的数量与该规模的大小成反比(Newman,2005)。也就是说,大企业只能是少数,而小企业一定是多数。所以说,对于绝大多数企业来说不应该以追求大企业为目标,而应该围绕其组织使命、责任和任务,管理企业的社会影响和社会责任(彼得·德鲁克,2006)。在当今社会里,企业最重要的任务就是满足消费者的合法、正当的生活需求。平台经济的发展及其治理的完善,尤其是人工智能(AI)在平台中的使用,对于实现企业这一最重要的任务提供了便利——供需之间的"精准匹配";即便是生产资料的企业,如果专注于标准化零部件或业务模块的产生,也能与特定的需求方精准匹配,构成合作共生关系,从而实现经济规模。比如南京贝迪电子有限公司(Bready)根据苹果、三星、微软、小米、LGD 等公司的需求,专注于显示用光学膜的研发、生产与销售,不仅满足了这些公司的需求,所研究出来的新型光学膜也促进了这些应用公司的新产品开发。

(4)创新迭代化。技术进步的加快和市场竞争的日益激烈促使产品生命周期越来越短,社交媒体的发达和交易平台的增多,使得新产品和新技术的扩散速度呈现指数增长,也加快了每种产品市场的饱和。因此,当今环境下的企业只有不断地开发新产品才能生存与发展。对于生产消费品的企业而言,就是要不断推陈出新。比如,在黑白电视机市场尚未饱和的时候,彩色电视就出现了,而在彩色电视尚未达到市场饱和的时候等离子电视、LED电视和智能电视等又被不断地推出,那些未能掌握核心技术的电视机厂家要么被淘汰,要么沦落为贴牌工厂或关门转行。对生产资料产品的企业而言,则是要不断更新服务内容。生产资料产品因为通常价格高昂或成套复杂,虽也有市场需求饱和的时候,但客户不可能像更换电视机一样新旧更换,因此,企业就不可能像消费品生产企业那样通过不断更新换代来保持市场需求,但可以借助于零件更换、软件更新、专用耗材供应以及生产能力的平台化,形成新的利润来源点。总之,消费品企业的出路在于产品的创新迭代,不断推陈出新,而生产资料企业的出路则在于对发展基于制造业的服务业不断更新(刘洪,2014)。

(5) 能力节点化。在平台经济下,需求方与供给方之间的信息对称性程度提高,需求方由对供给方信息的局部了解转变为更为全局的把握,消费者通过搜索可以找到自认为最好的产品或服务,从而出现赢家通吃的现象——产品或服务做得好的企业供不应求,不得不通过制定标准、品牌战略不断扩张,成为经济网络中的"节点"。"节点"企业将不再自己直接生产产品或提供服务,而是通过依靠自身具有的核心能力、不可替代的资源或条件,整合其他需要或依赖于这些能力、资源或条件的企业,按照自己的标准、品牌来生产经营,实现共赢。比如宝洁公司通过实施联发战略(C&D)把外部的创新能力引入到了公司的研发平台上,共同开发新产品。总之,未来企业要把自己定位成为所在经济网络中具有独特能力或资源的节点,而不仅仅是销售产品。

(6) 组织敏捷化。技术的日新月异和新产品、新服务的层出不穷,导致现代商业环境的 VUCA 特征愈加明显(Mack et al.,2016),企业与顾客,以及其他各类主体之间的关系共同构成经济网络的节点与节点之间的关联,它们相互影响、相互依存,旧的节点不断消失,新的节点不断涌现。企业要保持在网络中的节点地位,持续生存,就要成为商业生态环境中"变色龙",能够不断根据关联主体的行为变化而变化,与商业环境共同形成复杂适应系统(CAS),而自身则要成为复杂适应组织(CAO),保持多样性、自发性、融合性、适应性、超越性和变形性(刘洪,2011:67-69),提高组织结构虚拟化、内部管理数字化、领导能力多元化的水平。

6.5 结论

　　作为技术进步的产物,平台企业和平台经济已经成为一种发展趋势,给人们生活、工作和学习带来的影响是颠覆性的,要求我们重新审视对待技术的责任、教育的角色、工作的属性,甚至人的生活意义本身的定义,对社会、经济、政治的影响将是长远、深刻和不确定的。总之,新技术发展与应用引起的企业非规模化经营趋势,要作为广大企业既定商业环境,重新定义企业性质、商业模式和管理理念;政府应该持包容和促进的态度,并担负起监管、立法等治理责任,负责相关公共基础设施的建设与管理工作;作为新的现象,也需要学者们探索其背后的发展规律,对其发展过程遇到的问题提出解决的理论与方法。

第7章
网络效应的临界规模及其组织生态学分析

在网络经济中，企业的发展不仅取决于自身的产品或服务品质，还取决于与其他企业之间的关系以及在网络中的地位，即网络效应决定企业的未来。然而，网络效应的发生是有条件的，与企业的环境承载力、增长速度和存量规模等有关。如何确定网络效应发生的边界条件，得到了学界和实践界的关注，但缺乏普适性的结论。本文利用组织生态学理论与方法，分析产生不同类型网络效应的边界条件，得出了诸如网络效应并非只发生在平台经济中，网络效应并非都需要临界规模，网络效应的临界规模并非一个数值而是一个区间，所有参与者对于网络效应的贡献都是平等的，市场中最好的关系是互利共生关系等结论。这些结论是对现有相关研究成果的补充，对于正确理解与制定网络经济中企业的发展策略有实际应用价值。

7.1 引言

在当前企业生态化的趋势下，快速发展的公司具有的共同特点就是平台化或称为平台价值链的重要构成，即将尽可能多的用户、供应商、服务商连接在一起，形成相互关联的"网络"[①]，通过网络"共享"实现"经济规模"，其本质是参与者之间实现了"网络效应"(network effect)。早在 1990 年代，研究者们就认识到了市场关联主体之间的正反馈对于各方良性而快速发展的

---

① 泽平宏观：《中国独角兽报告：2019》，https://mp.weixin.qq.com/s/ZsLOrIQzVeUYY2llTaJ_Rg。

重要价值(布莱恩·阿瑟,1998),然而传统的市场并不具有当今互联网、人工智能和物联网等技术具有的交易精准匹配、集聚性、便利性和涌现性等(芮明杰,2018),也就很难发生"网络效应",而如今这已经成为企业成功的一个重要原因,吸引了很多学者和实践者的关注,并提出了帮助企业实现网络效应的各种策略和建议(戴维 S.埃文斯、理查德·施马兰奇,2018;亚历克斯·莫塞德、尼古拉斯 L.约翰逊,2017)。

已有研究和实践经验都表明,网络效应只有在互动的参与者达到一定的规模时才有可能发生,即网络效应存在临界规模(critical mass)(Evans & Schmaleness,2010)。由于不同商业生态下经济活动参与者的互动关系受到空间、时间、环境条件和生态系统本身演进阶段等因素影响,要对给定的研究对象确定其网络效应发生的临界规模非常困难(Uchida & Shirayama,2007),因而研究者们只能给出特定条件下网络对象的临界规模边界条件,不具有一般性。本文基于组织生态学理论,对单边网络效应、双边网络效应发生的边界条件给出一般性结论,并对这些网络效应发生的临界规模及其与影响因素的关系,借助模拟进行讨论并给出定性结果。本文首先阐述了网络效应及其类型,接着分析了产生网络效应的影响因素和临界规模的涵义,然后对单边网络效应和双边网络效应的临界规模进行组织生态学分析,最后总结本文结论及其启示。

7.2 网络效应及其类型

众所周知,传统经济企业从原材料采购、加工、装配到包装销售实行一体化运营,追求市场壁垒和规模竞争优势(迈克尔·波特,2005),也称为线性经济或管道经济(pipeline economy)(杰奥夫雷·G.帕克等,2017)。但随着社会专业化和协作化水平的提高,过去依靠"一体化"解决的交易成本、交易不确定性和交易投机性问题,可以交由市场来解决,促使企业部分生产与运作功能"外部化"——由专业性公司负责。这一转变带来的一个重要变化是,企业产品的销售不再仅仅依赖于技术、质量,甚至价格,而必须要克服"鸡生蛋,蛋生鸡"问题。比如在 1980 年代,录像机市场上索尼公司的 Betamax 制式和日本联合 JVC 公司的 VHS 制式,相应的录像带也不同,并互不兼容,最终索尼公司生产的技术更为先进的 Betamax 制式录像机并未取得市场主导地位,市场 80% 以上份额为 VHS 制式所有(Bakker,2011)。其原因在于,消费者购买哪种制式录像机不仅要看它的技术、质量甚至价格,还要看能否购买到或租借到同样制式录像带;反过来,内容供应商生产哪种制式录像带也要考虑该种制式录像机在社会上的保有量。也就是说,市场的未来是由不同参与者之间的互动关系决定的。正因为如此,多主体参与顾客价值创造的经济也称为网络经济(network economy)(Achrol & Kotler,1999),参与主体行为所引起的互动结果也称为网络效应(network effect)(Uchida & Shirayama,2007)。

网络效应对市场参与者各方的影响是不同的,具有方向性和片面性(阿姆瑞特·蒂瓦纳,2018)。早期计算机网络系统 Ethernet 的共同发明人 Bob Metcalfe 提出,网络的价值是使用网络人数的指数倍,使用网络的人数越多,网络的价值就越大(Metcalfe,2013)。这就是梅特卡夫定律(Metcalfe's Law)。电话网络就符合这一定律,安装电话的数量越多(N),电话相互可连接数就越大(N(N-1)/2),电话网络的价值就越大,也就会吸引更多的人安装和使用电话。这是单个参与者对于自身的网络效应,也称网络直接单边效应,实践中这种情况比较少见(Evans & Schmaleness,2010)。当然,网络效应也可能是消极的,比如原有固定电话拥有者退出,或者在网络带宽一定的情况下使用互联网络的人数增多,这时候网络的价值都是下降的。此外,网络效应也可能只发生在少数参与者之间,即网络效应具有片面性。比如在录像系统的市场里,购买 Betamax 制式录像机的顾客越多,对 VHS 制式录像机销售就越不利,反之亦然。这时候的网络效应就只发生在两个市场供应者之间,也称为网络交叉单边效应。显然,某种制式录像机的销售在正向影响同样制式录像带需求的同时,反过来又正向影响该制式录像机的销售,这时候供给方与需求方相互影响作用就是网络双边效应;如果把不同的供给方、需求方作为独立的类别来讨论,则任何一方数量的增加都会对其它三方的价值产生影响,即存在网络多边效应。

在发生多边效应的市场里,不同参与者之间的相互影响作用既可能是正向的,也可能是负向的,因而最后市场的结果具有不确定性(Forrester,1997)。就像阿姆瑞特·蒂瓦纳(2018)针对平台市场存在的鸡、蛋相生问题,企鹅问题,矮胖问题等,指出平台作为一个生态系统在演化过程中充满不确定性。从广泛的意义上讲,整个市场就是一个大平台,专业市场、产业集聚就是特定平台,因此阿姆瑞特·蒂瓦纳提出的问题在具有互动关系的市场里都是存在的。从这个意义上讲,平台可以看成是更有利于不同主体之间互动、更容易产生网络效应的一种市场组织形态(Cohen,2015),因此,网络效应并非平台经济特有的现象。

7.3　网络效应发生的影响因素与临界规模

网络效应的发生受到空间、时间、环境和参与者行为策略的影响,并有一个从量变到质变的演化过程。在空间上,不同参与者必须能够相互发生影响作用,而这种影响作用可能会受到物理距离的限制,比如在北京的滴滴司机的增减对南京乘客的出行没有影响。也可能受到交易平台的影响,比如京东商城的供应商对淘宝上消费者行为的影响。在时间上,每个参与主体及其群体都有一个出生、成长、成熟和衰退的演化过程,不同主体或群体的演化阶段也不一定是同步的,它们之间的相互关系以及与外部环境的关系是随时间而变化的。在环境上,通常来说在一个商业生态演化的初期,其资源条件相对充裕,各参与主体对环境的依赖性或受制约性都比较小,各自平安无事、不构成竞争;但随着各主体的成长壮大,对资源条件的依赖性或受制约性显现出来,相互竞争性逐渐增强,这时候网络效应才会产生。所以,商业生态的承载力是各参与主体演进与网络效应产生的重要制约变量。此外,网络效应的结果也受到参与主体行为策略的影响。比如,在共享单车推出免押金策略后,市场立即将 ofo 等品牌单车置于困境之中,从而改变了原有的共享单车市场游戏规则。另外,从整个商业生态系统演化来看,也有个由小到大、量变到质变的过程。根据《中国互联网发展报告 2021》,2020年我国网民达到 9.89 亿人,互联网普及率达到 70.4%。然而在 2000 年,我国网民仅 1000 万,网络生活仅仅停留在电子邮件和新闻浏览上。从互联网发展的历史视角,我们就很容易理解为什么科龙电器在 2000 年投入 2 亿多元启动电子商务之后不了了之了,因为当时电子商务生态系统尚处于起步阶段,个别企业的投入影响作用不大。

理解网络效应发生的影响因素及其影响机制,对于在必要时干预以获得期望的结果,具有重要实践意义。比如,索尼公司汲取了 1980 年代在 Be-tamax 制式录像机业务上失败的教训(Christ & Slowak,2010),在后来生产销售的蓝光 DVD 产品上，通过向内容供应商华纳兄弟、福克斯探照灯影业公司支付大笔现金要求它们使用蓝光制式等手段，最终打败了东芝主导的高清晰 DVD(2008 年 2 月宣布退出高清 DVD 业务)。在原理上，索尼公司采取的措施就是激发属于自己技术标准产品的积极双边效应。在单车市场上，哈罗单车采用无注册预缴费的使用策略，也是针对竞争对手预缴费使用策略，从而激发了单车市场对自己有利的多边效应。当然，有些策略带来的后果也可能是消极的。比如，保健品市场上对老年人推销功效不实产品的后果，使得整个保健品市场的发展受到伤害；会员制商场将更多潜在消费者拒之门外，会员的消费规模不足以抵消运营成本和给予会员的折扣，商场最终资金链断裂。所以，参与者策略应该是能够促进积极网络效应的(杰奥夫雷 G.帕克等，2017)。

　　然而，旨在推动网络效应的策略实施是需要成本投入的，比如给予顾客补贴以期通过需求方的单边效应引发需求方的双边效应，也只能起到"点爆"网络效应的作用，可持续的网络效应应该是自组织的、积极的(戴维 S.埃文斯等，2018)；而积极的、自组织的网络效应发生需要参与者达到最低的临界规模(critical mass)。如同原子弹一样，只有在核材料体积大于临界值后，中子反应释放出的能量才能进一步催生更多的中子加入后续反应，使原子爆炸持续自主地进行下去。在参与者很少，或者很少有机会发生互动的情况下，即网络密度很低的时候，网络效应就不会产生。可以想象，如果一个地区只有少数网店，快递公司就不愿提供服务，反过来愿意开网店的人也少；某出租车网约平台试图加入现有网约车市场，开始贴钱让出租车和顾客使用，但注册的出租车太少，因此顾客不愿使用，在不能筹得更多资金来等待网络效应发生之前，该平台不得不宣布破产。所以说，在一定的商业生态系统里，自组织的、积极的网络效应只有在系统规模达到一定程度之后才可能会发生，这个规模称为临界规模，而系统规模要达到临界规模是需要时间和金钱投入的。

7.4　网络效应临界规模的组织生态学分析

　　在社会科学研究领域，学者们早在 80 年代就关注到群体行为的临界规模问题(Oliver & Marwell，1985；Oliver & Marwell，1988；Marwell & Oliver,1991)。随着平台经济的兴起,突破临界规模对于平台成功的意义受到越来越多学者的关注,并总结和提出了很多相应的对策(戴维 S.埃文斯等,2018;杰奥夫雷 G.帕克,2017;亚历克斯·莫塞德等,2017)。但也正是因为影响网络效应的因素很多,对于给定的商业生态系统问题,我们可以意识到网络效应临界规模的存在,但却难以确定它的边界。戴维 S.埃文斯等人(2018)认为,引发网络效应的临界规模并不是一个具体的数值,而是一个边界。比如市场互动者为 A、B 双方,当 $X^\alpha Y^\beta > K$ 时,市场进入"增长区",否则,市场进入"死亡区",其中 X、Y 分别表示 A、B 的规模,K 的大小反映了不同商业生态系统的特性。简单来说,网络效应的规模取决于参与者各方规模的组合状态,并具有规模替代性——A 多,B 就可以少,反之亦然(如图7-1所示)。

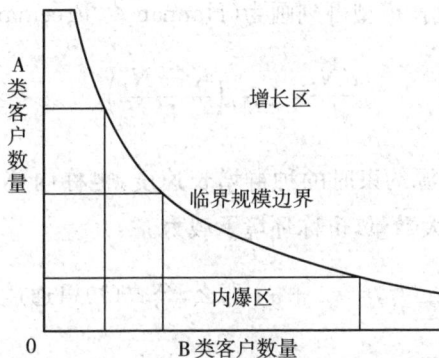

图 7-1 可替代性临界规模边界

参考:戴维·埃文斯,理查德·施马兰:《连接:多变平台经济学》,张昕译,中信出版社,2018:73—110.

然而,对于任何一个新产品、新商业模式来说,参与者各方的数量都是从零开始的,因此要成长到临界规模的"增长区",就有"鸡蛋相生"问题。如目前各城市花卉市场都很发达,那么是先有供应市场才有居民消费,还是先有居民消费才引起供应市场呢? 从宏观系统来看,花卉需求是人民生活水平提高的必然结果,但从微观系统来看,为什么花卉生产仅仅积聚在少数区域呢? 如果考察具体的乡镇,我们看到其成功的背后有很多感人的奋斗故事,而若将其抽象为一个生态种群演化问题,所经历的过程则是:地方政府看到花卉市场的未来巨大商机,主导规划并支持某个乡村种植,农户尝到甜头吸引了新的农户加入,物流运输费用降低,促进更多农户加入和市场销售扩大,聚集效应导致自我增值的花卉市场生态形成。这一过程其实就是花卉市场成长演化、发生积极网络效应的过程。所以,我们可将所研究的经济网络抽象为一个商业生态系统,把各参与者看成是该商业生态系统中的种群,用组织生态学的理论与方法来分析各类网络效应发生的动力机制与条件。

7.4.1 单边效应分析

对于一个商业生态系统来说,如果新加入者能够让其他参与者从中获益,比如群体合法性提高、运营成本下降等,那么这就会激发更多的参与者加入,从而产生网络单边效应。然而,对于每个商业生态系统来说都存在着一定的资源承载力,随着参与者数量的增多,资源约束就会愈加明显。这种情况下,该种群的成长模型可刻画为(Hannan & Freeman,1989):

$$\frac{dN_t}{dt} = \alpha N_t \left(\frac{K - N_t}{K}\right) \tag{1}$$

其中,α 为无资源约束时的种群增长速度,也称内禀增长率;K 为在资源有限时的种群最大数量,也称环境承载力。

设 $x_t = \frac{\alpha}{K + \alpha K} N_t$,$r = 1 + \alpha$,那么,公式(1)可通过差分转发为:

$$x_{t+1} = r x_t (1 - x_t) \tag{2}$$

这就是著名的逻辑斯蒂方程,其中 $0 < r \leqslant 4$($r > 4$,x_t 为负没有实际意义),$0 < x_t \leqslant 1$。因为 x_t 与 N_t 之间是正比例关系,因此,x_t 反映了 N_t 的变化情况;$r < 1$,即 $\alpha < 0$,内禀增长率为负,不管该种群初始数量 x_0 是多少,随着经过一段时间之后都归于 0(如图 7-2 左上图所示);在 $1 < r < 3$($0 < \alpha < 2$),进入稳定状态,即不管初期种群 x_0 数量多少,最终都到达一个稳定不变的数量状态(如图 7-2 右上图所示);在 $3 < r < 3.56$($2 < \alpha < 2.56$),种群数量呈现为周期性变化(如图 7-2 左下图所示),并随着 r 值的增加呈现为倍增周期变化;如果增长速度过快,即 $3.36 < r < 4$($2.56 < \alpha < 3$),因资源约束和内在非线性动力机制,种群的未来变化状态呈现混沌状态(如图 7-2 右下图所示)。

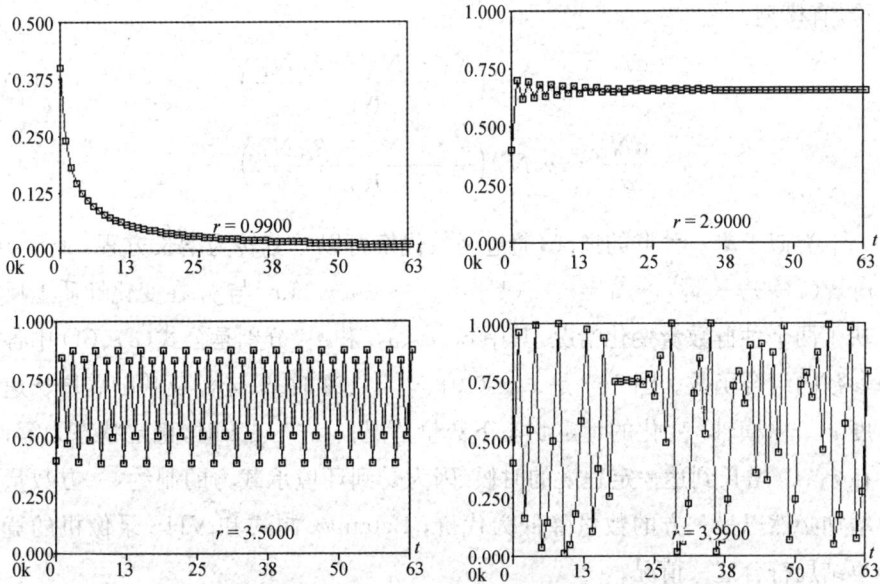

图 7-2　单一种群在不同（1+α）情况下的增长情况

　　上述数据模拟表明,在单边网络效应仅仅受环境承载力 K 和内禀增长率 α 影响的情况下,该种群未来是否存活和变化属于稳定不变、周期性变化、不确定貌似随机变化哪种状态,与该种群何时达到一定规模无关,也不存在网络效应的临界规模,而与内禀增长率 α 有关。这时候保持种群存活和发展的策略在于将增长速度提高在一定的范围内(0<α<2)。比如,固定电话流行初期,全国固定电话年净增长率是正的,2006 年拥有量达到顶峰,以后的十多年里一直在减少^①,即年净增长率是负的,未来的数量还会继续减少。由此我们可以得出结论:凡是服从梅特卡夫定律的网络,其稳定状态只取决于参与者净增长速度,而与何时达到一定规模无关,即直接单边效应不存在临界规模。

　　然而大多数情况下,市场都是竞争的,比如不同品牌单车市场、不同制式录像机市场、出租车和网约车市场,这时候每一个产品厂商的行为除了受到竞争对手行为的影响之外,还受到市场承载力的制约。假设每个竞争者的数量与环境承载力之间是线性关系,则根据 Lotka-Volterra 种群竞争理

---

　　① 《固话用户持续十年下滑,未来会被逐步淘汰吗?》,https://www.tmtpost.com/2604026. html。

论,有模型:

$$\frac{dN_{1t}}{dt} = \alpha_1 N_{1t}\left(\frac{K_1 - N_{1t} - \beta_{12}N_{2t}}{K_1}\right) \tag{3}$$

$$\frac{dN_{2t}}{dt} = \alpha_2 N_{2t}\left(\frac{K_2 - N_{2t} - \beta_{21}N_{1t}}{K_2}\right) \tag{4}$$

类似于单一种群的情况,通过函数代换可以差分转为增长方程:$x_{t+1} = r_1 x_t (1 - x_t - y_t)$,$y_{t+1} = r_2 y_t (1 - \alpha_{12}x_t - \alpha_{21}y_t)$,$x_t$ 与 y_t 在变化性质上反映了两个种群数量变化情况,其中 r_1、r_2、α_{12} 和 α_{21} 分别是公式(3)、(4)中各参数的组合函数。图 7-3 是 $x_0 = 0.01$、$y_0 = 0.02$ 时 x_t 与 y_t 反映随着增长速度 r_1、r_2(横轴)变化的稳定状态下数量情况;r_1、$r_2 < 1$ 时,稳定状态为零;在 r_1、r_2 增长到达一定程度的时候,因为受到环境承载力的制约,一方数量增加必然以另一方的数量降低为代价,Betamax 制式和 VHS 录像机的竞争结局符合这一情况。

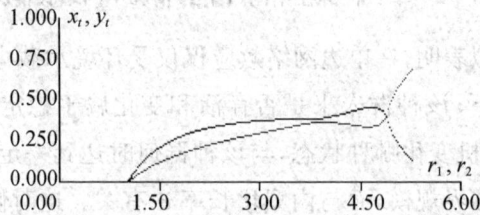

图 7-3　相互竞争种群稳定状态下的数量变化情况

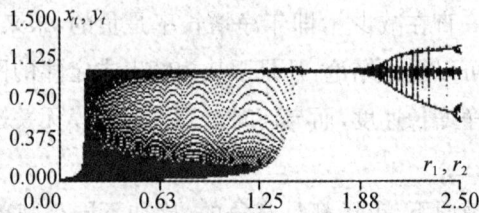

图 7-4　相互促进种群稳定状态下的数量变化情况

如果两个种群之间的关系不是竞争关系,而是一方的加入对另一方的环境承载力起到增强作用,双方是相互促进、互利共生的关系,那么,类似于前面的分析可得到它们关系的差分表达方程:$x_{t+1} = x_t(1 - r_1 x_t - \beta_1 x_t y_t)$,$y_{t+1} = y_t(1 - r_2 y_t - \beta_2 x_t y_t)$,稳定状态下的两者数量随 r_1、r_2 变化的情况,如图 7 - 4 所示。相比较于图 7 - 3 可知,双方可以在增长速率很小的情况下就可以达到平衡状态,但在 r_1、r_2 较小和较大时处于震荡状态。进一步分析可知,x_t 与 y_t 的初始值越大,震荡达到稳定平衡点状态的增长速率范围越小(比较图 7 - 4、图 7 - 5、图 7 - 6 的左端,其中图 7 - 4 的 x 与 y 的初始值为 0.01 和 0.02)。这表明,在相互增强的种群之间,初始规模越大,双方达到稳定状态所需的增长率越小;如果增长率一定,那么,达到稳定状态所需的最小初始值,就是网络单边效应的临界规模,比如,r_1 或 r_2 为 0.63 时,达到稳定状态的 x 与 y 初始值为 0.03 和 0.04(如图 7 - 5 中上图所示),即交叉单边效应的临界规模大小取决于参与各方的增长速度,增长速度越大,所需的临界规模越小。

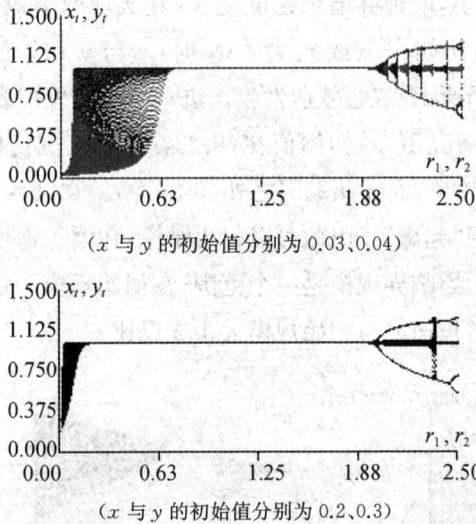

(x 与 y 的初始值分别为 0.03、0.04)

(x 与 y 的初始值分别为 0.2、0.3)

图 7 - 5　不同初始值下相互促进种群稳定状态下的数量变化情况

7.4.2　双边效应分析

由上述的单边效应分析可知,在一定的商业生态环境下,影响种群达到稳定状态有三个因素:环境承载力 K、内禀性增长率 α 和初始规模 x_0。但对于网络双边效应来说,通常所反映的两个种群并不共享环境承载力,而是受各自环境承载力约束;两者之间的关系主要是"蛋鸡相生"问题——有供给才有需求,有需求才有供给;供给增加速度与供给方的环境承载力、已有供给规模有关,同时也与需求规模有关;需求增加速度与需求方的环境承载力、已有需求规模有关,同时也与供给规模有关。类似于单边效应的种群模型,有双边效应模型:

$$\frac{dN_{1t}}{dt} = \alpha_1 N_{1t} \left(\frac{K_1 - N_{1t}}{K_1}\right) N_{2t} \tag{5}$$

$$\frac{dN_{2t}}{dt} = \alpha_2 N_{2t} \left(\frac{K_2 - N_{2t}}{K_2}\right) N_{1t} \tag{6}$$

类似于上述分析,可以得到差分表达方程:$x_{t+1} = r_1 x_t (1 - x_t) y_t$,$y_{t+1} = r_2 y_t (1 - y_t) x_t$。在双方增长速度一定的情况下,临界规模大小与 x_t 与 y_t 的初始值大小有关:增长速度 r_1、r_2 越小,x_t 与 y_t 达到稳定状态所需的初始值越大,反之越小,即种群增长速度越快,其实现网络效应的临界规模越小(参考图 7 - 6),比如在 r_1 或 r_2 为 4.00 时,x 与 y 初始值为 0.50 和 0.60(如图 7 - 6 中上图所示)双边效应发生。进一步离散模拟表明,在 y 初始值为 0.60 保持不变情况下,x 初始值在 (0.32, 0.65) 范围内的任意值均具有"起爆"(Tipping)效果,而在此范围之外 (0.32 > x > 0.65),则需要有更高的增长速度才能实现"起爆"。由此可以得出结论:在增长速度一定的情况下,获得稳定状态的初始临界规模是一个范围;在初始规模一定的情况下,获得稳定状态所需的增长速度与初始规模大小成反比。

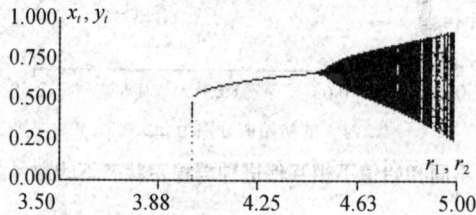

(x 与 y 的初始值分别为 0.5、0.6)

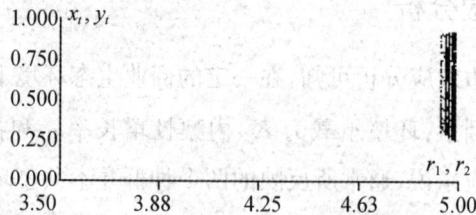

(x 与 y 的初始值分别为 0.25、0.30)

图 7 - 6 双边效应的种群数在不同初始值下随增长率变化的情况

7.5 结论与启示

研究表明,网络正向效应的发生需要参与者互动达到一定的规模,即存在网络临界规模;只有触发了这个临界规模点,网络才会正向演进。这也解释了为什么平台经济里的企业,即便不需要固定资产、不需要达到经济规模,但依旧需要达到临界规模,才能生存与发展。临界规模的取得可能是简单的,也可以是困难的,取决于网络效应的类型和所涉及商业生态系统的特点,比如环境承载力、参与者初始规模、后续增长速度等;而增长率取决于参与者对于其他参与者的价值,如果价值低就会负增长,并最后终结。所以,在网络经济环境下,需要明确网络正向效应发生的条件和临界规模,对于理解企业市场行为和采取积极促进网络效应的措施,具有十分重要的理论价值。

(1)网络效应并非只发生在平台经济中。虽然网络效应在平台经济领域讨论的比较多,但它并不是平台经济独有的现象,只要存在顾客价值共创的商业生态,不同市场参与者存在互动关系,就有可能存在网络效应。对于传统的管道经济企业来说,新客户的增加也只是企业增加一个客户关系,而对网络经济企业来说,新客户的增加使得网络中所有参与者都增加了一个潜在关系,从而使不同参与者之间的互动和交易更容易。所以,平台企业本质上是一种商业模式,通过创造更大的、可扩展的用户和资源网络,使得消费者和生产者之间的交易更为便利,因而网络效应的发生也更为容易。类似的,在产业集聚的市场网络效应容易发生,产业集聚也可以是说网络效应的结果。

(2)网络效应并非都需要临界规模。本文研究表明,直接单边效应只与增长速度正负有关,而与是否达到一定规模无关;交叉单边效应是存在临界规模的,其大小取决于参与各方的增长速度,增长速度越大,所需的临界规模就越小。这就意味着商业生态价值与某参与者规模成正比的行业,应该千方百计地保持其净增长,至少保持不变,否则其自身的正反馈机制会导致衰退更快,固定电话网络就是如此;而对于品牌汽车与该品牌汽车 4S 店之间、操作系统与基于该系统的 APP 之间,是相互增强的关系,则可通过迅速扩大一方市场存量的方式来降低直接单边效应的临界规模。

（3）网络效应的临界规模并非一个数值而是一个区间。对于双边效应来说，在各方增长速度一定的情况下，获得稳定状态的初始临界规模是一个范围；在初始规模一定的情况下，获得稳定状态所需的增长速度与初始规模大小成反比。这一结论与戴维 S.埃文斯等人（2018）提出的临界规模边界理论模型不同，他们认为超过临界规模边界的规模都可以导致双边效应（进入增长区）。但本文的研究表明，当网络达到一定程度的时候，网络的规则、网络环境、参与者构成等导致部分参与者有更多机会"被互动"，也有部分参与者无法"配对"互动，不会有积极的网络效应。比如在网约车市场上，一个城市的网约车太多，平台具有规模效益，但很多司机抱怨抢单不易，长此以往下去的后果是可想而知的。

（4）所有参与者对于网络效应的贡献都是平等的。在互联网兴盛期，投资人十分现实地将市场份额视为商业成功的唯一标准，于是在"快速扩张"和"要么扩展，要么失败"的口号下，投资人催促公司花大价钱吸引用户。然而在现实生活中每一个参与者对网络中其他参与者的价值贡献是不同的，甚至有的贡献是负面的，就像极个别有犯罪行为的滴滴司机一样，对整个网约车商业生态的破坏是极大的，有时甚至是致命的。在组织生态学的讨论中，每一类参与者被假定是同质性的，研究得到的结论只能帮助我们分析现实问题，但在数据上不能成为参考的依据。

（5）市场中最好的关系是互利共生关系。网络的价值创造在于参与者是否存在互动，有互动才有价值创造。而参与者越多，互动越多，整个网络的价值创造是增加的。但是，本文研究表明，双边或多边市场里，各参与方增长速度过慢或过快，都可能导致状态的震荡，保持在一定速度范围内有利于实现稳定增长。此外，你可以把一方的数量增加到增长区，但另一方到达增长区则必须依靠双方互动的力量，否则，就难以解决"蛋鸡相生"的难题。《平台生态系统》第一章一开始就指出："黑莓的失误在于它没能意识到其持续的成功是依赖于其生态系统的"，"一个平台的成功不只依赖于平台所有者，还依赖于众多的生态系统合作伙伴的实现能力"（阿姆瑞特·蒂瓦纳，2018）。

第8章

企业数字化转型模式、路径和影响因素

作为技术进步的产物,数字化已经成为不确定环境下企业发展的确定性趋势。然而,企业如何数字化以及数字化过程需要考虑哪些因素、遵循什么样的路径,尚处于探索与研究的初始阶段,有待理清与明晰。本文根据对现有文献的梳理,对企业数字化相关概念、数字化模式、实现路径和影响因素等进行归纳总结,并从组织演进的视角提出企业数字化过程一般性模型,以期给予企业实践指导;最后对有待研究的议题进行了介绍。

8.1 引言

近些年来,人工智能、区块链、云计算、大数据、边缘计算、社交媒体、移动终端等新兴技术的崛起,极大地促进了基于这些技术的新型公司的涌现与发展,比如阿里、腾讯、京东、Amazon 等,并取得了诱人的经济效益和不错的社会效益,激励着更多基于数字技术的公司新创成立,以及传统企业的数字化转型。与此同时,这些企业也改变了消费者的心理预期和消费行为,他们期待能够得到更加便捷、灵活和个性化的产品和服务,进而相关联的物流快递、电子支付、线上营销等行业快速发展,逐渐形成了数字化商业生态。整个商业世界正在进行的数字化浪潮,不仅打破了行业界线,而且创造了新商机,同时也在毁坏过去长期以来被证明是成功的商业模式,就像历史上的蒸汽机、汽车、飞机、电视机和新时代的移动电话、电子书一样,对传统行业的影响将是毁灭性的。比如就电子书而言,虽然其市场发展比较慢,甚至有保守人士认为电子书不会替代纸质书,但是因为电子书比纸质书便宜,具有更快速获取与被搜索的特点,尽管它的边际收益比纸质书低,但市场规模却在不断增加。美国有调查表明,2014年有28%的成年人阅读电子书,而在2011年这一比例只有17%(Zickuhr et al.,2014)。2018年,广东省成年居民电子阅读率达到91.72%,纸质图书阅读率则为71.23%。类似的例子还有Uber(正在破坏出租车行业)、Airbnb(正在破坏酒店业)、Apple Pay、Kabbage、Venmo(正在破坏银行业)和Amazon(正在破坏书店和很多其他产品零售商)等。现在,新兴技术对已有行业的颠覆被称之为数字化革命。

为适应数字化革命,企业需要实行数字化转型(Digital Transformation,DT)。企业数字化转型就是"通过使用信息技术、计算技术、沟通技术和联结技术等,引起一个实体在一些关键特征上发生显著变化,来达到改善其绩效的一个过程"(Vial,2019)。近年来,数字化转型不仅是企业战略管理的一个重要现象,也是企业实践的重要议题,正在迅速地改变企业、行业和社会的方方面面。在企业层面,数字化转型改变企业的战略、组织结构、工作流程和企业文化,从而使得企业能够应对市场新进入者的挑战而更好地生存;在行业层面,数字化转型使得创新型企业脱颖而出,甚至形成新的产业,比如快递、电子商务等;在社会层面,它改变着人们相互交际和工作、生活的方式,呈现出诸如远程办公、零工经济等新型工作与雇佣方式。

面对数字化革命,现存企业如何进行数字化转型,企业数字化转型的过程、模式、路径和影响因素以及它们的影响作用如何,诸如此类的问题虽然已经得到越来越多的学者关注和实践界的探索,但从研究视角来说,它们依旧处于初期阶段,有待研究的问题还有很多。本文旨在文献整理的基础上,对相关概念进行梳理,对企业数字化过程进行描述,总结这一过程的基本模式和影响因素。

8.2　企业数字化转型概念

数字化转型是建立在数字化转换(digitization)和数字化升级(digitalization)基础上,进一步触及公司核心业务,以新建一种商业模式为目标的高层次转型[①]。归根结底,就是企业利用数字技术替代原有技术,实现数字化

---

① https://wiki.mbalib.com/wiki/.

120

赋能。这一过程受到信息与通讯技术（ICT）的支持，在不断获得新的增长机会的同时，企业也在组织结构、管理过程等很多方面进行变革（Loonam et al.，2017）。然而，关于什么是数字化转型并没有一致的定义，但各种定义基本上有三个特点：第一，大多数是与组织相关联的，每个企业都有自己特定的数字化转型实践活动，不同企业之间具有差异性；第二，不同企业数字化转型的差异主要在于基于技术和转型方式上的不同；第三，尽管不同企业在数字化转型上存在差异，但它们都有共同点，就是使用"数字技术"。

从研究视角来说，为方便对话和比较分析，需要有一个公认的、普遍使用的定义，即需要有一个好的定义。对于什么样的定义是一个好的定义，Suddaby（2010）认为它应该是对关键名词或构念的定义，能够捕捉所考虑对象的本质属性或特征，避免重复或循环定义，并且是简约的。Wacker（2004）提出，定义一个概念的时候应该遵循的 8 条准则：第一，定义应该使用基本的、原始的名词；第二，定义应该是独一无二的；第三，定义应该使用清晰的、不模棱两可的名词；第四，定义应该使用尽可能少的名词；第五，定义应该与所在的领域相一致；第六，定义不应该使被定义的名词变得更为宽泛；第七，在定义中不能引入新的假设；第八，被定义的名词其内容有效性在统计上应该能测试出来。按照上述准则，Vial（2019）认为，现有很多关于数字化转型的定义或多或少存在缺陷，表 8-1 是部分示例。

表 8-1　部分文献有关企业数字化转型的定义及存在缺陷

定义	来源	概念清晰性挑战
通过使用技术来根本性地改变企业绩效或扩展发展空间。	Westerman et al. (2011)，Westerman et al. (2014)，Karagiannaki et al. (2017)	混淆了概念及其影响之间界限。
使用新的数字技术（比如社交媒体、移动手机、分析装置或内嵌设备）以取得重要业务改善（比如增强客户体验、精简业务、创造新的商业模式）[强调原创]。	Fitzgerald et al. (2014)，Liere-Netheler et al. (2018)	"数字技术"不清晰，使用举例来定义；混淆了概念及其影响之间界限。
数字转型战略就是这样一个蓝图，能够支持公司主导转型，使得在转型后能够整合数字技术及其运用。	Matt et al. (2015)	"数字技术"不清晰；循环定义（"转型"）。

定义	来源	概念清晰性挑战
数字转型包括利用数字技术实现重要业务改善,比如增强客户体验、创造新的商业模式。	Piccinini et al. (2015)	"数字技术"不清晰;混淆了概念及其影响之间界限。
使用数字技术根本上改善公司的绩效。	Bekkhus (2016)	"数字技术"不清晰;混淆了概念及其影响之间界限。
数字转型包括聚焦效率的过程数字化和聚焦于现有物理产品数字化赋能的数字创新。	Berghaus & Back (2016)	"数字化"、"数字赋能"不清晰。
数字转型是商业活动、过程、内在能力和模式的深刻而加速的转变,以期能够通过数字技术带来变化和机会,在战略上和优先发展方式上影响整个社会。	Demirkan et al. (2016)	"数字技术"不清晰;循环定义("转型");混淆了概念及其影响之间界限。
数字转型包括销售和沟通渠道的数字化,提供与客户交互新的方式并关注客户,以及提供数字化(产品和服务),替代或补充物理供应。数字化转型也可以看成是策略上或战略上业务的转移,依靠数据驱动和实施数字业务模式来创造价值。	Haffke et al. (2016)	"数字化"不清晰;混淆了概念及其影响之间界限;缺乏简洁性。
数字转型涉及到数字技术的变化所带来的企业商业模式转变,这不仅导致产品或组织架构的变化,也导致生产过程的自动化。这些变化可以通过基于互联网媒体的需求上升看出来,进而导致整个商业模式的改变(比如音乐行业)。	Hess et al. (2016)	"数字技术"不清晰;混淆了概念及其影响之间界限;缺乏简洁性。
诸如社交媒体、移动技术、分析或嵌入设备等新技术的使用,为了使得主要的业务能够改善,比如增强客户体验、流程顺畅或创造新的业务模式等。	Horlacher et al. (2016) Singh & Hess (2017)	"数字技术"不清晰,使用举例定义的;混淆了概念及其影响之间界限。

定义	来源	概念清晰性挑战
以数字技术为基础所驱动的变革和转型。在企业内部,数字转型就是组织向大数据、分析、云计算、移动和社交媒体平台的转变。在组织持续转型和演化以适应变化的商业环境的时候,数字转型就是以数字技术为基础,引导运作过程、业务流程和价值创造的变革。	Nwankpa & Roumani (2016)	"数字技术"不清晰,使用举例定义的;循环定义("转型");缺乏简洁性。
数字转型并不是一个软件的更新,也不是供应链改进项目,而是对那些合理功能的有计划的数字冲击。	Andriole (2017)	"数字冲击"不清晰。
是对先进 IT 的拓展应用,比如分析技术、移动计算、社交媒体、智能嵌入设备,以改进传统技术的应用,比如 ERP,实现业务上的重大改善。	Chanias (2017)	"先进 IT"不清晰,使用举例定义的;混淆了概念及其影响之间界限。
数字技术能够带来企业商业模式的变化,导致产品或组织结构的变化或生产过程的自动化。	Clohessy et al. (2017)	"数字技术"不清晰;混淆了概念及其影响之间界限。
比已有 IT 更为优秀的技术应用,使得业务转型的速度和整体属性都发生改变。	Hartl & Hess (2017)	循环定义("转型");比较性定义("能够实现业务转型的已有 IT")。
组织的转型受到新的 IT/IS 解决方案和趋势的驱动。	Heilig et al. (2017)	循环定义("转型")。
数字转型包括销售和沟通渠道的数字化,提供与客户交互新的方式并关注客户,以及提供数字化(产品和服务),替代或补充物理供应。进而言之,数字转型涉及策略和战略上的业务转型,受到数字商业的思想和模式的实施激发,实现获取价值的新方式。	Horlach et al. (2017)	"数字化"不清晰;混淆了概念及其影响之间界限;缺乏简洁性。

定义	来源	概念清晰性挑战
数字转型的最好理解就是正在采纳的业务过程实践能够帮助组织在不断数字化的世界上有效竞争。	Kane（2017），Kane et al.（2019）	混淆了概念及其影响之间界限。
数字转型描述的是信息技术影响下的变革，使得工作任务部分自动化。	Legner et al.（2017）	混淆了概念及其影响之间界限。
数字转型反映了 IT 对组织结构、日常程序、信息流程和组织适应 IT 并获得能力上的影响。在这个意义上来讲，数字转型更加强调 IT 的技术基础和将 IT 与业务的关联。	Li et al.（2018）	混淆了概念及其影响之间界限；缺乏简洁性。
应用数字能力和技术使得创造价值的商业模式、运营过程和客户体验发生演变的过程。	Morakanyane et al.（2017）	"数字能力"不清晰，使用举例定义的；混淆了概念及其影响之间界限。
使用新技术使得在运作和市场等重要业务改善，比如增强客户体验、流程顺畅，创造新的业务模式。	Paavola et al.（2017）	"先进 IT"不清晰，使用举例定义的；混淆了概念及其影响之间界限。
现有的商业模式根本性的转变，创造新的商业模式，以期应对诸如云计算、移动互联网、社交媒体和大数据等数字技术的扩散。	Remane et al.（2017）	"数字技术"不清晰，使用举例定义的。

注：本表按照时间和作者姓氏英文首字母顺序排列

来源：Vial, G.（2019）. Understanding Digital Transformation：A Review and a Research Agenda. The Journal of Strategic Information Systems，28（2）：118－144.

　　数字化转型研究对象的本质特征或属性包括 4 个方面：（1）目标对象，也就是受到数字化转型影响的分析单元；（2）范围，也就是目标对象特征的变化范围；（3）手段，也就是对于目标对象中发生变化所涉及到的技术或工具；（4）期望结果，也就是数字化转型的后果。根据这些特征，Vial（2019）给出的数字化转型定义是："一个旨在通过信息、计算、通讯和联结技术，来触发改善一个实体在特征上发生显著变革的过程"。他把数字化转型看成是企业利用数字技术应对环境变化的改变价值创造的一个过程。Vial 这个定义的特点在于:第一,聚焦于组织;第二,将绩效改善作为数字化转型的期望结果;第三,故意没有使用数字技术这个名词来定义数字化转型的手段,就是考虑到技术会随着时间的推移而变化的。Westerman(2019)认为,与企业信息化转型相比,企业数字化转型在目标对象、范围、手段、期望结果有显著的不同,转型的不确定性来源也有所不同,如表 8-2 所示;企业实践关注的焦点也有所不同(如表 8-3 所示)。

表 8-2 企业信息技术转型和数字化转型的比较

特征	信息技术推动的组织转型	组织的数字化转型
动力源头	组织决策的需要	社会和经济发展趋势,组织决策的需要
目标对象	单一组织,少数价值网络中的组织	组织,平台,生态系统,经济,社会
范围	有些情况下转型是根本性的,但通常局限于组织的过程和直接价值网络(比如供应商)	转型是根本性的,产生影响超出了组织的直接价值网络范围(比如,对社会、客户的影响)
手段	IT 工具,主要聚焦于运作(比如 ERP)	各种数字技术的组合(比如分析技术、移动 app 等)
期望结果	业务流程优化和实现高效率,有时候是焦点组织的商业模式改变;现存的制度保持不变	业务流程转变和焦点组织的商业模式改变,有时候是业务流程优化;因为导致后果在更高层次上,所以转型产生的问题是关于现有制度的转型(比如规制架构、伦理)
不确定性的来源	定位在组织内部	首先定位在组织外部;其次是组织内部
举例	一个企业购买 ERP 在于根据最好的运作时间和制度化的财务规则进行业务流程再造,同时也提高了企业与外部供应伙伴的关联性	随着消费者购买商品和服务对移动终端的依赖,企业通过开发客户使用的移动应用程序来捕捉这种趋势,通过对客户使用移动应用程序而产生交互数据的分析,提高客户的亲近感、增强他们体验

来源:Westerman, G., Soule, D. L., & Eswaran, A. (2019). Building Digital-ready Culture in Traditional Organizations. MIT Sloan Management Review, 60(4): 59-68.

表 8‑3　企业数字化实践与传统实践的比较

数字化实践			传统实践				
迅速体验	自我组织	数据驱动决策	总是担忧客户	聚焦结果	保持廉洁	追寻稳定	严格顺从规则
不停地、系统地体验，从结果中学习，迅速应用新思想	部门、地区、层次和不同组织之间流利地合作完成工作	手机和使用准确的数据来作决策和解决问题	总是关注于满足当前和潜在消费者的明确和不明确的需求	总是追求可测量的结果而不仅仅是过程与承诺	保持诚实，行为道德和为所有利益相关者追求正向的结果	在利益相关者、相互关系、运作和员工生活等目标上瞄准可靠性、可预测性	通过规则导向来寻求避免问题和保持可靠性

来源：Westerman, G., Soule, D. L., & Eswaran, A. (2019). Building Digital-ready Culture in Traditional Organizations. MIT Sloan Management Review, 60(4): 59-68.

Kane 等人(2019)在对 3300 个企业高管、经理的调查表明，数字化业务与传统业务的最大差异体现在：商业节奏方面的变革速度(23%)、文化心智方面的创造性、学习与承担风险(19%)、柔性的分散化工作场所方面的合作、决策和透明度(18%)、生产力方面的流线过程、连续改进(16%)、工具的改进与使用方面的更多数据的可获得性、技术绩效(13%)、联结性方面的远程工作和在线工作(10%)、其他(1%)。数字化工作场所领导者最为重要的技能：转型关联方面的市场和趋势的知识、业务精通、问题解决者(22%)、向前看方面的清晰的远景、完善的战略、预见性(20%)，对技术理解方面的已有经验、数字化读写能力(18%)，变革导向方面的开放心态、适应性、创新性(18%)，强领导力方面的程序性、聚焦、果断(11%)，其他方面，如合作、团队建设等(11%)。

8.3　企业数字化转型的过程

企业数字化转型是一个由数字技术发展推动，进而主动回应，通过对战略调整、组织结构改变和内部动力激发，来实现价值创造路径变革的过程。Vial(2019)将企业数字化转型过程归纳为由 8 个模块构成的一个过程(如图 8‑1 所示)。首先，社会和行业中数字技术的使用，触发了组织层次上的颠覆性事件发生,并进而引发组织进行战略上响应,企业通过利用数字技术实现组织创造价值路径的变革,但这样的改变需要企业在组织结构上的变化和克服组织内部的阻力影响,最后产生的结果可能是积极的,也可能是负面的。

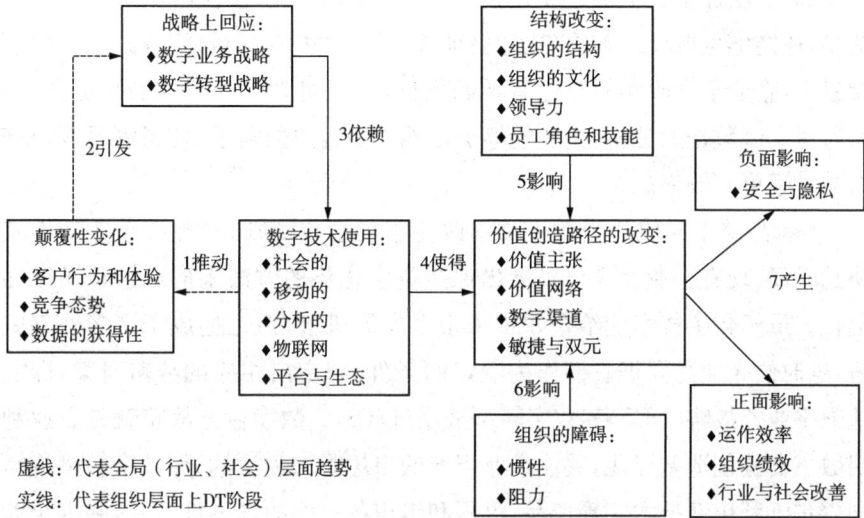

图 8-1　DT 过程模块及相互作用关系

来源:Vial,G.(2019).Understanding Digital Transformation:A Review and a Research Agenda.The Journal of Strategic Information Systems,28(2):118-144.

（1）数字技术使用。大多文献中的数字技术是包括社交媒体、移动互联网终端、分析技术与设备、云存储与云计算和物联网等相关技术的统称,也有文献将平台、区块链作为数字技术的重要部分。然而,技术是不断涌现和变化的,因此,数字技术应该被看成是各种相关技术的组合,而不应该特指哪几种技术。

（2）颠覆性变化。数字技术的使用被认为会导致颠覆性变化,表现在消费者的行为与预期、市场竞争态势和数据的可获得性三个方面。

第一,改变了消费者的行为与预期。数字技术对那些能够便利地获得信息和具有实时通讯能力的消费者行为有着根本性的影响,他们能够成为与企业利益相关关系互动的主动参与者,从而使得企业不仅仅是要响应消费者的行为变化,还要将他们的预期转变成为企业战略的重要成分。

第二,破坏了企业原有战略态势。首先,数字技术破坏了企业原有市场,它不仅促进了新兴企业的出现,还能为消费者提供更加针对性的产品和服务,也降低了市场进入门槛,使得市场参与者的竞争优势持续性下降。最为典型的案例就是各种平台的诞生,促进了数字产品和服务的交换,帮助客户实现快速搜寻、买卖双方精准匹配和实现即时交易。

第三,增加了数据的可获得性。数字技术不仅能够保障供求双方直接交易,还能够生成交易数据(比如借助移动终端的使用而收集数据)。在 DT 背景下,企业努力收集对自己有益的数据,形成可卖给第三方的数据产品;通过对这些数据的分析,企业能够更好地理解客户的需求,使得满足客户需求的过程更有效率。

(3) 战略上回应。当数字技术改变市场游戏规则,对现有企业产生威胁的时候,现有企业就需要发展出保持竞争优势的方法来应对这种颠覆性变化。虽然数字技术能给企业带来很多发展机会,但也造成了许多外部威胁,这时候企业需要把它们作为既定的条件,制定出相应的战略对策,即实施数字业务战略(DBS)和数字转型战略(DTS)。数字业务战略就是企业利用数字资源创造差异化,关注企业当前的市场需求和挑战;而数字转型战略则聚焦于利用新技术实现产品、过程和组织各方面的根本性转变,瞄准企业未来发展的需求。

(4) 价值创造路径的改变。数字技术本身并不能给企业带来价值,但是在特定的背景下企业使用这些技术则可以给企业带来创造价值的新方法,转变和重新定义商业模式。

第一,价值主张。数字技术赋能导致客户的新价值主张依赖于服务的不间断提供,企业使用数字技术实现从物理产品与服务的整合销售作为价值主张的部分,转变到通过提供创新性解决方案来满足消费者的需求,同时收集客户以及他们与产品和服务的交互数据。

第二,价值网络。Andal-Ancion 等人(2003)认为,一个企业可以使用数字技术实施三种中介策略:去中介策略(disintermediation strategy),就是利用数字技术消除了原有中介,使价值网络中的各参与方能够相互之间直接交易;再中介策略(remediation strategy),就是通过数字技术使得价值网络的各参与方更加紧密合作和协同,相互关系得到进一步加强;基于网络中介策略(network-based mediation),就是在具有潜在竞争关系的多重参与者之间构建起复杂的关系,以满足消费者的利益诉求。数字技术使得消费者成为价值的共同创造者。

第三，数字渠道。数字技术也可以用来实施企业配送和销售渠道的变革。一是创造新的直面客户的渠道，比如利用社交媒体与客户直接打交道；二是利用数字技术形成的决策算法为企业提供前所未有的机会，实现不同组织之间的有效协同，比如在制造业中，物联网能够通过定制、智能采购等方式有效改善供应链效率。

第四，敏捷和双元性。数字技术可以通过提高组织的敏捷性，来帮助企业迅速适应变化的环境条件（Fitzgerald，2016；Guenther et al.，2017；Hong & Lee，2017；Huang et al.，2017；Kohli & Johnson，2011），"发现创新机会并能够快速、出其不意地整合所需资产、知识和各种关系，进而抓住竞争性市场机会"（Sambamurthy et al.，2003：245）。此外，利用分析技术和物联网优化现有的业务流程，降低冗余资源。在有些场合，这些技术可以用来增加市场机会和客户接近度，比如内嵌入设备中的传感器收集数据，借助分析技术为客户提供维护服务。利用数字技术还可以帮助企业获得双元性：既可以通过数字服务平台给企业带来探索性创新，也可以通过运作改进带来利用性创新。

（5）组织结构变革。企业要实现数字化转型，必须进行与之相应的组织变革，包括组织结构、组织文化、领导力和员工角色与技能上的转变。

第一，组织结构的变革。组织敏捷性、双元性是与组织数字化转型的必要能力相一致的，跨部门合作也是数字化转型的一个重要因素。为实现跨部门合作这一目标，要在保持各个单位部门之间相对独立性的同时，能够在一定程度上建立相互柔性关系，以确保各自能够利用组织内部的已有资源进行创新性活动。实现跨部门合作的另一种方式，是在现有组织内部构建起跨部门的工作团队，用于协调组织内部分属于不同部门的资源，用来完成组织创新性任务。

第二，组织文化的变革。数字化转型带来的颠覆性也要求组织在核心文化上进行变革。在传统的组织中，每个部门各自为政的观念已经根植于企业文化之中，但在企业进行数字化转型的时候，就需要各个部门共享创新文化，采用共同语言、多媒体思维和合作协同。企业在进行小范围变革实验成功的基础上，在整个组织内部进行扩散，即在数字技术在小范围、渐进的、迭代变革的基础上，转化成为组织长期计划和适应环境变化要求的整体行为。

第三，领导力转变。在数字化转型背景下，组织领导者需要确保所在企业的管理者和员工都能够具有数字思维,能够适应因为数字技术应用而带来的颠覆性变化。所以,领导者应该具备新的角色,比如设立 CDO(数字总裁)职位,以确保组织中的数字技术能够被利用于实现组织目标。

第四,员工角色与技能要求转变。在数字化转型背景下,组织结构和企业文化的变化都会要求员工重新审视自己在组织中的角色,尤其是原本不在 IT 部门工作的员工,在参与高强度数字化项目的时候更是如此。数字化技术将会要求新的授权模式、决策过程、项目参与活动等,因此,也相应地需要员工具备新的技能,比如解决复杂问题的分析能力等。

(6) 变革的障碍。企业数字化转型就像任何其他颠覆性事件要求企业进行变革时候遇到的情况一样,都会遭遇到原有组织的工作模型、人们思维习惯等诸多障碍的影响。

企业数字化转型最为明显的一个障碍就是惯性,表现在现有的组织资源或能力对颠覆性变化的阻碍,比如路径依赖会阻碍企业利用数字技术进行创新,过于依赖现有的客户关系、供应链关系和已经建立起来的生产过程,依赖不容易重置的资源条件等。有的组织高层对数字技术应用的潜在优势不具有敏感性,组织的有形资产(生产设施)和无形资产(组织文化)已经固化于已有的商业模式之中,从而也遏制了应用数字技术进行颠覆性创新。

另外一个数字化转型的障碍就是在企业引入颠覆性技术的时候,员工所表现出来的阻力。阻力的产生既与技术引进的节奏、幅度有关,也与企业推动技术引进的工作与原有的工作方式、工作习惯等组织文化是否保持一致有关,它们往往根植于员工日常工作过程之中。提高技术应用益处的可见性、关联性,消除员工对技术应用可能损害自身利益的担忧等,都有利于克服数字化转型过程中来自员工的阻力。

(7) 数字化转型的影响结果。企业数字化带来的影响既有社会层面的,也有在组织层面的;既有正面的,也有负面的。在组织层面上,数字化有利于提高组织的运作效率,比如提高自动化程度、流程改进、降低成本,云计算可以代替员工进行需求分析、资源配置和管理,大数据分析能够加快决策、客户响应速度,人工智能可以帮助数据分析和自动决策等。此外,有利于提高组织绩效,比如创新能力、财务表现、公司增长和竞争优势等。在社会层面上,数字化能够改善人民生活质量。比如,电子健康设备的使用,有利于积累健康数据,并通过大数据分析提供保健建议;远程诊断则有利于减少交通压力,方便行走不便者等。当然,数字化转型也会带来人们并不希望的结果,尤其在个人隐私和数据安全方面,产生数字算法伦理问题和冲击传统行业从而引致诸如失业、金融危机等负面影响。随着时间的推移,技术创新带来的益处日益显现,与此同时,它们所带来的负面影响也逐渐暴露出来,比如,智能手机的滥用正在消耗人们大量的时间,并引发越来越多的忧郁症病例。

8.4　企业数字化的驱动因素与模式

8.4.1　企业数字化的驱动因素

企业在数字化之前都要问自己一个问题:企业为什么要实施数字化?就像任何其他的变革活动一样,企业数字化是有成本的,甚至是有风险的。因此,不管是主动的数字化还是迫于竞争压力和生存需要而进行被动的数字化,企业都必须找到驱动本公司数字化的理由。Andal-Ancion,等(2003)通过对 20 家大型公司的研究后发现,驱动企业进行数字化的因素至少来自10 个方面,如表 8-4 所示。

表 8-4　驱动企业数字化的因素

驱动力类型	驱动力
产品或服务的内在特征要求	可电子化传递(Electronic deliverability)
	可利用信息强度(Information intensity)
	客户定制化(Customizability)
	实现整合效应(Aggregation effects)
公司与客户交互关系的需要	降低搜寻成本(Search costs)
	实现实时交互(Real-time interface)
	降低合同风险(Contracting risk)
公司与合作伙伴、竞争对手交付的需要	实现网络效应(Network effects)
	利用标准化益处(Standardization benefits)
	弥补缺失能力(Missing competencies)

来源:Andal-Ancion, A., Cartwright, P., & Yip, G. S. (2003). The Digital Transformation of Traditional Businesses. Mit Sloan Management Review, 44(4): 34-41.

（1）可电子化传递。有些产品很大成分上是可以电子化的，比如航空公司，客户的订票和送票就完全可以电子化；再比如汽车销售，各种汽车型号、配置和价格也可以放在网上，通过虚拟现实、图片、视频等向客户展示和相互交流，不必像传统 4S 店那样必须在现场进行操作。

（2）可利用信息强度。所有产品或服务都具有某些信息，虽然信息的内容千差万别。过去这些信息的收集是有限的和困难的，客户需要花费很多时间和精力来了解产品或服务的信息，公司则需要提供很多文件材料或咨询服务来帮助客户了解信息。而诸如 Web 等技术的发展，使得公司可以将产品和服务的信息内容放在网上，供客户搜索和了解。公司能够提供产品和服务的信息强度越大，公司从中获得的潜在益处也就会越大。

（3）客户定制化。过去，一张相同的报纸供给所有读者阅读，而现在，在线编辑可以根据客户的订阅要求提供相应的版本或地区版本。类似的例子是 Dell 电脑，客户可以根据自己的需求定制具有不同内存容量、显示器尺寸的电脑；像家庭装修、厨卫用具等企业，也都可以通过客户定制获得收益。

（4）实现整合效应。将不同的产品和服务整合或组合在一起提供给客户，从而获得更多的销售和为客户提供便利。比如过去存钱、取钱需要到银行，现在将钱存在微信、支付宝里，既可以满足即时消费所需，又可以获得一定的利息；再比如，在 Amazon.com，过去只可以购买书，现在还可以购买玩具、服装、工具等很多商品，因为客户熟悉网站，对网站有信任度，因此愿意在该网站购买其他产品。

（5）降低搜索成本。在没有 Amazon.com 类似网站之前，你要找寻一本书需要花费很多时间和精力，而现在，Web 打破了时间与地域的限制，为人们提供了大量信息，能够较低成本地帮助人们找到所需要的产品或服务。此外，消费者和供应商双方都可以在网上看到交易产品和服务的性能和价格，提高了价格的公平性。当然，也有些产品和服务是无法通过网络搜索获得满意的信息，比如旅游产品、一些服装等，依旧需要客户到实地、传统商店购买。

（6）实现实时交互。对于那些重要的而又会经常变化的产品和服务信息，就需要企业与客户能够实时交互；对不在传统办公场所或正常时间工作，而是移动办公、居家办公的客户来说，提供实时交互也是重要的。比如，客户可以根据包裹的到达时间调整自己的生活或工作安排。

（7）降低合同风险。对于价格低的产品而言，顾客承担的风险是微不足道的，但为了鼓励客户回头再来购买同样产品或其他产品，商家会通过同意退货的方式降低客户风险和增加购买意愿；但对于价格高的产品或服务来说，实际产品可能会与网上描述的不一样，这样就会存在交易风险；此外，如果销售者并不指望客户重复购买，他们也就没有动力为客户提供附加值服务。

（8）实现网络效应。在很多行业，商品或服务的效用是随着使用者（或兼容者）数量的增加而增加的。比如，使用微软 office 的人越多，人们相互分享 word 等文档的也就越频繁，进而促进更多的人使用 office。另一个经典的案例就是电话网络中用户的数量。早期计算机网络系统 Ethernet 的共同发明人 Bob Metcalfe 提出，网络的价值是使用网络人数的指数倍，所以使用网络的人数越多，网络的价值就越大（Metcalfe，2013）。这就是梅特卡夫定律（Metcalfe's Law）。

（9）获得标准化益处。使用标准化的部件或过程，可以使得不同企业之间协作更为便利，也就会促进标准化部件更为广泛的销售，有利于满足客户生产需求；供应商和客户双方都可以从标准化当中获得收益，也降低了在网上寻找个性化零部件并相互比较的成本。

（10）弥补缺失能力。新的信息技术能够促进企业联合起来弥补各自在能力上的短板，而不必什么事情都由自己做，可以通过公共服务平台或合作联盟解决问题，信息技术平台和便利的交流为这些活动提供了便利，像"货拉拉"就能够把车辆、货主匹配起来，实现双赢。

8.4.2　企业数字化模式

当驱动每个企业数字化的主要因素不同的时候，就会有不同的数字化模式。为了总结出企业的数字化模式，可以通过案例分析法、拓扑方法、概念定义方法。案例分析法，即通过对已经取得成功的企业进行剖析，对该案例企业数字化的过程、主要策略、克服遇到困难的经验等进行归纳而总结出一种模式。通常不同的企业做法是千差万别的，因此通过不同企业案例的分析可以总结出多种不同数字化模式，比如可以有华为模式、海尔模式、苏宁模式、美的模式等。第二种方法是拓扑方法，就是从理论推理或实践归纳出不同企业数字化具有相似性的几个维度指标，然后根据这几个维度指标的不同组合勾画出相应的几种不同企业的数字化模式。第三种方法是定义法,就是根据企业数字化的定义,从定义的要素变化组合出不同的模式,比如根据 Westerman 等人(2019)对数字化转型的定义,可以从企业在数字化过程中的目标对象是单独企业还是生态系统,范围是企业局部改善还是全局转型,手段是运作工具还是综合应用,期望结果是效率还是商业模式转型,从而划分出不同的企业数字转型模式。在这三种数字化模式刻画的方法中,案例分析是最基本的方法,通过对案例的总结得出更具有一般性的企业数字化拓扑结构,进而提炼出更具有普适性的企业数字化概念定义。有时候,在企业数字化模式总结的时候需要同时使用这三种方法。

Andal-Ancion 等人(2003)在对 20 家大型企业的数字化案例分析后,总结企业数字驱动力类型与企业中介策略,进而将企业数字化分为如图 8-2所示的三模式。在传统的价值链中,供应商与客户之间存在一个分销商,当一个产品或服务可以通过电子化传递的时候,就不需要中介的分销商。分销商的存在既会降低价值传递的效率,也会提高价值传递的成本,从而使得客户价值受到损失。这方面最典型的例子就是医药行业,药品或医疗器械生产商与医院或病人之间存在的经销商,中介环节大大地抬高了它们的价格。所以,典型的去中介模式,就是取消供应商与客户之间的分销商。影响这一模式成功的最重要因素是产品具有的信息强度。像以前需要中介代理的保险、基金等产品,它们很大程度上并不是实物,而是可以用账户信息记载的权益性产品,就可以通过 Web 由买卖双方自主交互完成交易。以前购买汽车保险都要有报销员推荐和实现买卖交易,现在只需要在手机 App 上

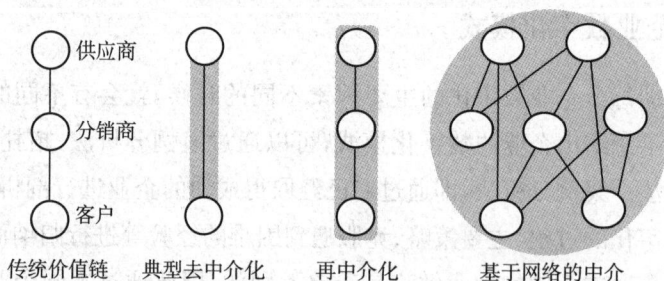

图 8-2　企业数字化转型的 3 种价值链的中介策略

来源:Andal-Ancion, A., Cartwright, P., & Yip, G. S. (2003). The Digital Transformation of Traditional Businesses. Mit Sloan Management Review, 44(4): 34 - 41.

客户自主完成交易,不再需要保险员的参与其中。导致企业采取去中介化策略的其他驱动因素是客户定制化需求、降低搜索成本、实时交互实现交易和降低合同成本等,去中介化也可以降低交易的时间延误。

表 8-5　3 种中介策略的不同数字化动力源

驱动力类型	典型的去中介	再中介	基于网络中介
产品或服务的内在特征要求	可以电子化传输		
	可利用信息强度		
	客户定制化	客户定制化	
		实现整合效应	
公司与客户交互关系的需要	降低搜寻成本		降低搜寻成本
	实现实时交互	实现实时交互	实现实时交互
	可以降低交易风险	因为具有高交易风险	
公司与合作伙伴、竞争对手交付的需要			实现网络效应
			利用标准化益处
		弥补缺失能力	弥补缺失能力

来源:Andal-Ancion, A., Cartwright, P., & Yip, G. S. (2003). The Digital Transformation of Traditional Businesses. Mit Sloan Management Review, 44(4): 34-41.

再中介化模式,就是有意识地在生产者和消费者之间引入中间商,小微企业与消费者双方不直接进行交易,而是借助于淘宝平台提供的功能完成交易。影响企业采取再中介策略数字化模式的主要驱动因素是能够实现整合效应和降低交易风险。比如一些小的公司自己并不具有某些市场化能力,就可以借助市场中介或平台来销售自己的产品与服务,而平台和中介在为众多个体、中小企业服务的时候实现规模效应,提供廉价的中介服务。此外,在网上交易对于中小商家而言,消费者会认为具有交易高风险,而由平台企业和中介提供的担保、审查、筛选等功能对消费者起到了一定的保护作用。因此,平台企业或中介也一定程度上弥补了交易双方某种能力上的缺失。

基于网络中介模式,就是市场活动的各主体,包括供应商、客户、经销商和其他市场交易参与者之间的关系,不再是线性的价值链,而是非线性的、直接与间接复合的关系(如图 8-2 最右边图示),因而所有参与者选择的自由度加大，导致的结果是相互竞争也更加激烈，对参与者的专业化能力、核心能力和其他竞争优势要求更高。这一模式主要受企业与合作伙伴相互之间的交互相关影响，尤其是能够实现网络效应和利用标准化益处是企业之间紧密合作的重要驱动力。典型的例子是出租车司机，不得不由传统的路上随机揽客的模式转变为利用诸如滴滴软件实行网约车模式。但是，一旦网络效应形成，网络中的某些主体参与者就可能形成垄断，扼杀市场的自由竞争。当然，基于网络的中介模式也有利于参与者降低成本、实时交互、弥补缺失的能力。

Weill 和 Woerner(2015)通过对 30 家大公司的高管访谈调研后发现，从商业设计是关注价值链还是关注生态系统，对终端客户知识了解是完全的还是部分的，可以把企业数字化模式分为全渠道零售模式、供应商模式、生态系统驱动者模式和模块化生产者模式，如图 8-3 所示。这种从对终端客户知识理解和商业设计两个维度来划定的企业数字化模式，可以看成是总结企业数字化模式的拓扑方法。当然，研究者也可以从其他不同企业之间具有相似性的维度上来定义出其他各种类型的数字化模式，这一点可以从很多讨论企业数字化模式的文献得到佐证。

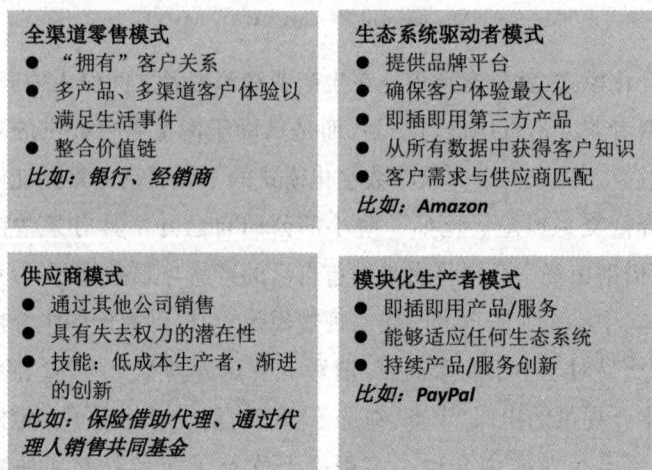

全渠道零售模式	生态系统驱动者模式
● "拥有"客户关系 ● 多产品、多渠道客户体验以满足生活事件 ● 整合价值链 *比如：银行、经销商*	● 提供品牌平台 ● 确保客户体验最大化 ● 即插即用第三方产品 ● 从所有数据中获得客户知识 ● 客户需求与供应商匹配 *比如：Amazon*
供应商模式	模块化生产者模式
● 通过其他公司销售 ● 具有失去权力的潜在性 ● 技能：低成本生产者，渐进的创新 *比如：保险借助代理、通过代理人销售共同基金*	● 即插即用产品/服务 ● 能够适应任何生态系统 ● 持续产品/服务创新 *比如：PayPal*

图 8-3　数字时代的 4 种商业模式

来源：Weill, P. , & Woerner, S. L. (2015). Thriving in an Increasingly Digital Ecosystem. MIT Sloan Management Review, 56(4)：27-34.

在 Weill 和 Woerner(2015)提出的 4 种企业数字化模式中，终端客户知识包括客户的姓名、地址、人口特征、IP地址、对本公司和其他公司的购买历史记录,深度知识还包括客户的生活事件(比如婚礼、生日,对企业客户来说包括它们打算的收购兼并、扩展活动等)。商业设计由价值链向生态的转移和不断增强的对终端客户知识了解的两个维度组合,为企业领导者提供了4种不同的商业模式,每一种模式都与某些能力或关系相对应,从而对于指导企业进行相应的数字化转型具有实践价值。首先,企业需要确定自己在多大程度上是控制价值链的"焦点企业"[①]或属于更为复杂生态的一部分;其次,需要确定多大程度上投资于对自己终端客户的了解,然后把自己的数字化模式定位在供应商模式、全渠道零售商模式、生态系统驱动者模式和模块化(标准件)生产者模式四种之一。

(1)供应商模式。在此模式下,供应商部分地了解他们终端客户的知识,通常运作于其它强势企业的价值链之中,处于依附地位。比如借助代理来销售保险产品的公司、通过零售商来销售电子产品的公司、借助代理商销售共同基金的公司等,都属于供应商模式。然而,随着整合行业的数字化进程,客户产品搜索变得越加容易,这样的结果是供应商可能失去原有优势,从而被迫不断降低价格,最终导致形成恶性竞争,整个行业收缩。比如宝洁公司(P&G),原本是其他很多公司价值链上的主要供应商,就经历了这种优势的丧失和缓慢增长过程。P&G为了获得更多的经营权,后来直接与它的全球4百万客户通过使用各种品牌媒体、采用数据库等方法建立直接联系,以期把自己从供应商模式转化为全渠道零售模式。P&G运营了40多个全球实施的决策支持环境"业务空间",数据收集、分析和决策分析在一个像天文馆那样的房间里进行,使用复杂的驾驶舱模型实时跟踪几个星期或几个月,以获得客户知识,为管理者改变数字化路径的决策提供了所需的资料。

(2)全渠道零售商模式。全渠道零售模式就是为客户提供多种渠道,包括物理渠道和数字渠道,让客户有更多的选择和无缝联结的体验。比如家乐福等采用的就是全渠道业务控制的整合价值链,声称"拥有"客户关系,它所面对的挑战是如何获得更多的关于终端客户的知识以及他们的目标,减少顾客的反感程度。有些公司通过使用大数据分析、社交媒体、移动App

---

① 参见本书第12章:"商业生态危机下的个体组织修复策略"。

和客户体验量表等方法,来理解他们终端客户的知识,并在这些方面加大投资,甚至通过组织重构来更好地理解客户日常生活所需,进而最大限度地满足他们需求,给企业带来好的绩效。

(3)生态系统驱动者模式。像 Amazon、Apple 和 Microsoft 等公司通过建立与其他辅助产品供应商(甚至是竞争对手)之间的关系,共同建立起了商业生态系统。而生态系统驱动者就是为其他参与者提供业务平台,这个平台或多或少是开放的,促进商业生态演进。比如 Google 就是非常开放的,但 Apple 是非常封闭的。与全渠道模式相类似,生态系统驱动者通过品牌优势吸引参与者,保证客户体验和提供一站式购物,通过增加终端客户知识来"拥有"某个领域客户的关系,公司可以利用强的客户关系来增加跨产品销售机会。

当今,很多企业都没有把自己看成是生态系统的一部分,而仅仅看成是线性价值链上的控制者或参与者。比如沃尔玛对自己所销售的产品知道很多:从哪里来,在那个商店,何时被卖掉,但它不知道顾客是谁,他们为什么买,买什么。亚马逊(Amazon)则是一个商业生态,企业与客户双方相互交流、选择反馈,从而大家都有很多不同的选择,企业知道客户过去购买过什么,有什么喜好或习惯等,并依次向客户推荐他们可能需要的关联产品。

(4)模块化生产者模式。像 PayPal 这样的模块生产者,提供即插即用的产品或服务来适应各种生态系统。在中国类似的例子如微信支付、支付宝,在各种销售场所和网络平台上都有它们的身影。为了生存,模块提供者必须成为同类中的佼佼者;当然,也可以借助网络效应①,通过开始时期的推广,促进供求双边正反馈效应形成。为了繁荣发展,模块化生产者需要不断地推出新产品和新服务,来表明他们是各种可选择中的优秀者并能够获得很好的定价。有些情况下,政府的准入政策也有利于某种模块生产者而不利于其他模块生产者,比如 Skype 在中国国内手机上被限制使用,促成了比 Skype 推出迟很多的微信被广泛使用。总之,生活在一个超竞争的环境中,消费者非常容易搜寻到替代方案并进行转换。但是,由于网络效应,在商品领域里只有少数几个模块生产者能获得丰硕的利益,而其他都只能挣扎在生存边缘。此外,与生态系统模式不同的是,模块化生产者并不能获得所有

---

① 参见本书第 7 章:"经济网络效应的临界规模及其组织生态学分析"。

客户的资料,他们只能从他们所从事交易中得到数据。

为了应对数字化的未来,企业需要在了解客户和构建商业生态系统两个领域开发新的能力。在了解客户领域,企业要具有能够获得用户目标和生活事件信息的使用数据能力,能够利用与客户交谈、移动手机使用或其他方式交付的时候,把数据收集起来;在企业内部放大客户声音,典型的方式包括编辑各种客户满意度量表,通过社交媒体使用大数据技术了解客户的感知等;强调基于证据的决策,更多更好地利用客户知识需要决策文化上的变革,很多公司依赖直觉和管理经验来做出有关客户需求的决策,然而,在大数据领域,为了利用实时仪表数据和很多其他真凭实据的资源,公司需要创造更加基于证据的文化。经验和直觉依旧对于无形的东西有用,但是,决策必须基于事实,而不是头衔或地位。此外,开发整合的、多产品渠道客户体验,确定客户的实际需求和目标是商业模式的核心,这就意味着公司不是销售产品,而是满足客户的生活需要。这种变化要求公司利用多种渠道提供更多产品,这往往需要企业进行外科手术式的组织变革。

在构建商业生态系统领域,对于那些已经学会如何管理价值链的企业来说,重新设计商业模式需要进行艰难的转型。首先,要成为所在商业领域里的客户第一选择,比如 Amazon 在零售领域就是很多客户的第一选择,Aetna 可能是人们健康护理需求的第一选择,Fidelity 则是人们财富管理的第一选择等。商业设计越是开放,就越具有竞争性,行业地位也就会越牢固。那些少有的赚钱者都是生态体系驱动者和模块生产者。作为被第一选择者,需要具有大的品牌、传递品牌承诺、接受大量的客户建议和传递世界级的服务表现,来满足客户需要。第二,要善于构建伙伴关系,生态体系驱动者必须与辅助产品或服务的提供者(也许是竞争者)成为伙伴,整合在一起,为其他客户提供需求,比如支付和运输等。第三,创建起别人能够使用的服务交付界面,为客户以及合作伙伴提供便利的、有效的交易方式。达到这样的目标依赖两件事情:一是要实现标准化和使得你的规则可行(比如,描述客户如何投诉);二是要使得你的业务交易作为服务是可行的。第四,将效率和顺从作为一种企业胜任力。企业要将运作数字化,识别应有的潜在效率、责任和威胁,包括处理个人隐私、网络攻击、潜在服务颠覆性,增加对政府和其他全球规则顺从的水平。能够做到这些的企业,将会把顺从作为一种胜任能力,还要尽力成为行业中的最好者。

未来,数字化带来的危机与机会并存。然而,对于现有企业来说威胁似乎更大,比如数字化正在推动银行转型,银行业的地位受到挑战,如果银行不能够成为生态体系的驱动者,成为交易入口的第一选择,那么它未来就会成为失败者。预测未来的最好方式是创造未来。

8.5 企业数字化实现路径与实施策略

8.5.1 企业数字化实现路径

数字化转型是将各种技术和过程连接起来,确保为顾客与公司提供更好的价值创造。一个公司在从事数字化转型的时候,首先需要确定转型战略,然后需要仔细考虑采用什么样的路径来实现该战略(Margiono,2020),否则,数字化转型就不一定能成功。比如,通用电气公司(GE)为了应对市场上的颠覆性创新,不是提高所提供的数字产品和服务的品质,而是专注于扩大新业务单元的规模,但结果是失败的;福特公司为了把数字技术融入到新产品中,建立了一个独立的新部门,但是,资源管理的不当和新项目的资金不足,影响了公司的原有业务。

Chanias 等人(2019)通过对案例企业 AssetCo 公司的剖析,认为企业数字化在战略方向上就是要确定企业是开发新的数字化产品和服务,还是对原有的产品和服务进行数字化改造?企业朝着哪一个方向努力以及每个方向如何做,既取决于客户的需求和兴趣,还取决于企业是否具备相应的资源、能力,比如是否具备信息技术转变的能力,是否具备大数据收集与应用的能力等。图 8-4 是 AssetCo 公司数字化转型战略目标图。

此外,Chanias 等人(2019)认为,数字化战略也是一个连续的制定过程,不可能预先知道未来的结局。对于已有产品和服务的数字化、新的数字产品和服务,它们实施的战略过程所需要做的工作是不同的(如图 8-5 所示)。对于已有产品和服务的数字化而言,是一个自上而下的数字化过程。企业首先需要开发出一个数字蓝图,接着再形成顾客导向的产品数字化概念,然后通过开发、测试并推出能够被市场最低限度可接受的产品,根据市场反馈和技术发展,不断地进行迭代和产品拓展。对于开发新的数字化产品和服务而言,是一条自下而上的数字化过程。在企业内部要形成数字化

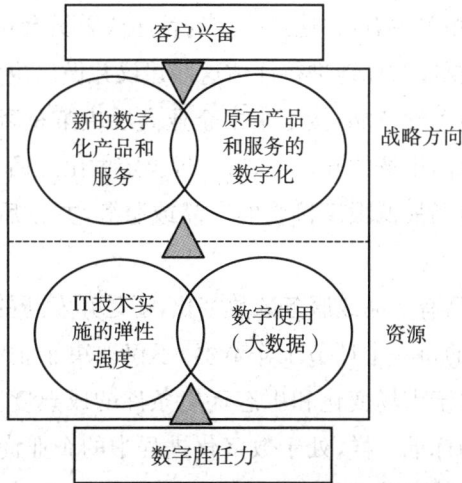

图 8 - 4　AssetCo 公司数字化转型战略目标图

来源:Chanias, S., Myers, M. D., & Hess, T. (2019). Digital Transformation Strategy Making in Pre-digital Prganizations：The Case of a Financial Services Provider. The Journal of Strategic Information Systems，28(1)，17 - 33.

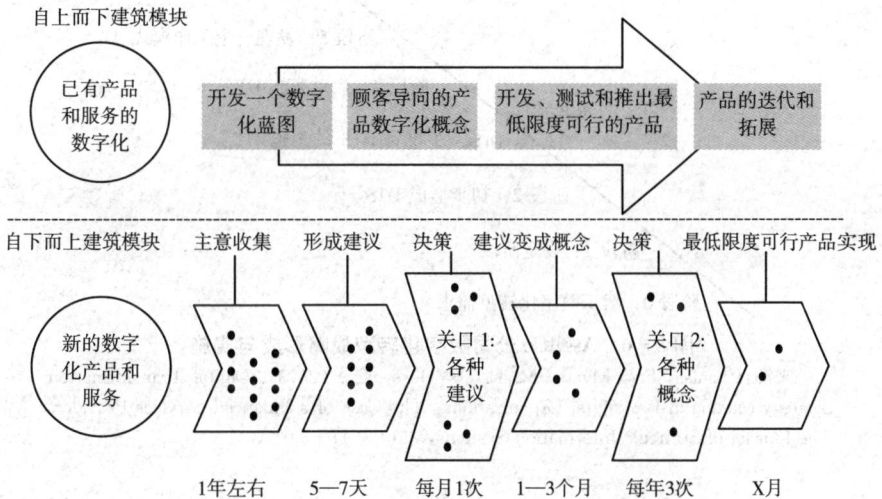

图 8 - 5　AssetCo 公司数字化转型战略构筑模块

来源:Chanias, S., Myers, M. D., & Hess, T. . (2019). Digital Transformation Strategy Making in Pre-digital Organizations：The Case of a Financial Services Provider. The Journal of Strategic Information Systems，28(1)，17 - 33.

的文化氛围,激发组织成员的积极性与创造性,企业通过设立 CDO 岗位和相应的部门,收集相关主意,并通过一定的程序或委员会形成数字化产品或服务的建议;企业要经常性地进行评估这些建议并做出决定,使得其中的一些建议发展成为概念性产品;接下来由企业高层决策是否把上述的概念性产品或服务作为推向市场的开发对象;一旦决定做出之后,企业就应该极尽所能开发出能为市场最低限度接受的产品或服务,并在后续进行不断迭代和拓展。

显然,不管是已有产品或服务的数字化,还是开发新的数字化产品或服务,它们开发过程的每一个环节工作节奏,不仅取决于企业的资源与能力,一定程度上也取决于市场变化和生态环境条件的成熟度。因此,如同数字化模式并无固定的标准一样,处于数字化进程中的企业尚未久经时间考验而得出具有普适性的经验,现有企业数字化过程应该是什么样的,也没有统一的结论,只能建立在案例分析和 IT 经验基础上的逻辑推埋。图 8-6 是 Chanias 等人(2019)给出的 AssetCo 公司数字化转型 7 个阶段。

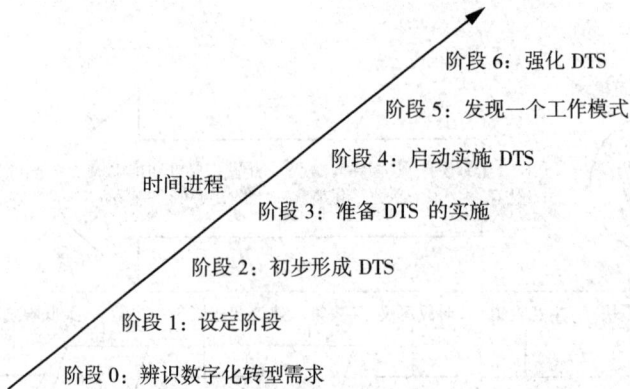

阶段 6:强化 DTS
阶段 5:发现一个工作模式
阶段 4:启动实施 DTS
时间进程
阶段 3:准备 DTS 的实施
阶段 2:初步形成 DTS
阶段 1:设定阶段
阶段 0:辨识数字化转型需求

图 8-6　AssetCo 公司数字化转型战略形成与实施

来源:Chanias, S. , Myers, M. D., & Hess, T. . (2019). Digital Transformation Strategy Making in Pre-digital Organizations: The Case of a Financial Services Provider. The Journal of Strategic Information Systems, 28(1), 17-33.

8.5.2　企业数字化转型的实施策略

从企业的实践经验来看,企业的数字化过程可以是主动的,也可以是被动的,Margiono(2020)总结为进攻和防御两条路径。进攻路径是建立在投资组合和兼并收购策略基础上的,而防御路径是依靠公司自身内在数字能力增长基础上的,两者的主要特征如表 8-6 所示。

表 8-6　企业数字化转型的两种实现路径

转型路径	价值创造路径	组织设计	组织障碍
进攻性路径	向(新)市场提供新价值:(1)为向新市场提供新的数字化产品,投资或收购新创企业;(2)通过从新创企业转移资源,实现对已有业务的数字化。	使用投资组合和收购兼并策略,获取不同于公司已有业务的新的或扩展已有数字资源,发展 PMI 战略来传递资源。	伴随着缓慢的文化与价值整合,通过拉开探索和挖掘过程的差距,避免阻力。
防御性路径	缓慢地步入价值创造过程,通过(1)在老市场或新市场上聚焦于现有产品的数字化;(2)在现有市场上开发新的数字产品;(3)在新市场上用新产品扩大业务。	通过对现有主要业务进行内在数字化运作的优化和灵活的重构,为新市场提供新价值。	通过组织来开发数字化组织文化和数字技能。

注:表中的 PMI:the post-merger integration

来源:Margiono, A. (2020). Digital Transformation: Setting the Pace. Journal of Business Strategy, 42(5), 315-322. https://doi.org/10.1108/JBS-11-2019-0215.

　　进攻性的数字转型路径:市场上颠覆性事件的出现将会导致商业环境的恶化,迫使现有市场参与者联合起来,抵抗围绕在他们周边的潜在恶意者。这些公司需要快速地实施进攻性战略,来确保他们在行业里的领导地位。进攻性的数字化转型路径,就是公司要向受到直接威胁的市场提供新产品,与出现的竞争对手面对面竞争。通过使用投资组合和收购兼并策略,帮助公司在颠覆性的环境中快速获得资源。比如出租车行业,当网约车出现之后,传统的出租车行业应该主动出击,推出能够与滴滴相抗衡的产品和服务。然而,现实是传统出租车行业只是一味地抱怨来自网约车的威胁,甚至采取"卢德运动"式的抵制措施,以及试图让政府出面,制定、出台行业壁垒政策等。现在的事实也表明,这些非进攻路径的做法是失败的。

　　防御性的数字化转型路径:尽管恶意环境可能来自于颠覆性的新创企业或者来自现有市场上的竞争对手,但很多企业还是喜欢采取防御性的数字化转型战略来"防御"和保住已有的市场,在推出完全数字化产品之前对已有产品进行数字化。一旦企业在机理上拥有了足够的数字化资源,这些公司就会实现产品多样化和为新市场提供新价值,这时候企业提供的也就不再是传统的产品了。比如电视台,过去仅仅提供电视收看服务,现在已经可以通过智能电视提供更多的数字化服务了。就这个例子而言,目前的闭路电视供应商之所以能够生存下来并逐步进行数字化,还是得益于行业的保护政策和自己已经建立起来的网络基础设施。

那么,对于企业而言,应该采取哪一种路径呢?采取进攻性数字化转型路径的主要影响因素是企业具有较高的潜在惯性和障碍,该路径的前因不清晰,后果难料,需要企业拥有充裕的财务资源。对于防御性数字化转型路径而言,虽然企业潜在惯性和障碍比较低,前因后果比较清晰,需有限的资源,但往往自上而下的进展缓慢,会失去很多市场机会,甚至不得不败下阵来。在我国,电信的案例就是"飞信"——2007 年 5 月中国电信推出的即时通讯工具,至今其使用普及程度远不如 2011 年 1 月才推出的"微信"。企业采用哪一种路径策略,一是要检查潜在的惯性和障碍,二是看是否拥有数字化知识和是否能够开发出合适的商业模式,使得企业能够处于竞争者前头;三是检查公司能够从股东/所有者那里获得财务支持。

8.5.3 企业数字化转型实施的影响因素

数字化转型是大多数企业当今优先考虑的问题。很多企业推行业务数字化,但很少有人清楚业务数字化与企业数字化转型之间的关系。首先,企业数字化转型的基础是数字化技术。数字技术是由结构化的非物质技术和物质技术对象组成的,包括计算、通讯、交互技术和信息技术,赋能创新性产品和服务的产生。通常理解的数字技术是嵌入在设备、媒体、移动终端、云、大数据分析和物联网之中的。组织需要创造出相应的治理和管理实践,以创新的方式应用这些数字技术并从中收益。正是因为数字技术具有颠覆性属性,才要求有不同的战略方式,即有了数字业务战略这个概念。

将业务与 IT 相联系已经有几十年的历史,IT 基础设施已经成为当今企业成立的必要条件,这不仅是组织赋能的需要,也会影响公司的业务战略。数字业务战略是将公司业务和 IT 战略相融合,指导整个企业利用数字技术进行业务转型,推动企业获得可持续竞争力的创新。IT 战略聚焦于企业内部的管理,对业务发展和创新过程的影响比较狭窄,但数字化转型涉及到企业的方方面面,比如企业的相关销售、供应和外部的利益相关者。数字化业务战略就是刻画数字技术对于企业的影响和应用的可能性,因此,常常是描述企业期望的未来商业机会和基于数字技术的战略。

数字化转型战略则是企业进行战略转型的蓝图,用来指导企业在转型过程如何整合应用好数字技术。其中数字化,就是在组织中实施创新和以新的数字技术来影响业务绩效,这一过程包括运营模式的转变来满足、扩展或重新定义客户价值诉求。数字化转型可能会导致现存的服务供给过时,产生新的产品和服务,并在网络上通过社交媒体来促进。数字化转型聚焦于利用数字技术改善产品和服务,形成新的商业模式,与客户共同实现价值创造。图8-7表明影响企业数字化转型的各种因素间的相互关系。企业数字化转型受到数字化转型战略的影响,数字化转型战略又受到数字化业务战略的影响,它们也都受到数字领导力、数字技术、数字化模式、数字创新和数字透明战略的影响;企业数字化转型的程度表现在数字化程度上,不同数字化成熟度的企业在当今激烈竞争的环境条件下所表现出来的业绩或竞争优势是不同的。

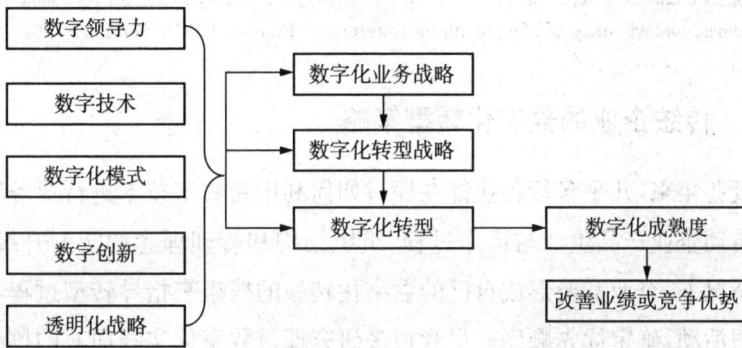

图8-7　数字化转型影响因素与数字化转型之间的关系

来源:Brown, N., Brown, I. (2019). From Digital Business Strategy to Digital Transformation-How: A Systematic Literature Review. ACM International Conference Proceeding Series. https://doi.org/10.1145/3351108.3351122.

一个在数字上成熟的组织清楚数字业务战略以及数字化转型对企业商业模式、运作过程和人力资源能力所产生的影响。因此,数字成熟度(Digital Maturity)反映了一个企业数字化的水平。Schumacher等人(2016)提出测量企业数字化成熟度的8个维度指标,如表8-7所示;Weill和Woerner(2015)还开发出了测量企业数字化水平的量表(见本书后面附录)。

Fitzgerald 等人(2014)按照数字成熟度把企业分为 4 种类型:初始使用者(Beginner)、守旧者(Conservatives)、时尚者(Fashionista)和数字精英(Digi-rati)。处于数字成熟度不同水平的企业,在数字化进程中关注的重点、投入的精力,以及企业文化和对员工技能的要求都有所不同。

表 8 - 7　数字成熟度的 8 个维度

战略	对数字转型的知觉必须根植于企业的数字业务战略(DBS)之中
领导力	转型需要数字化领导力而不应该是外包出去
产品	数字化导致产品和服务给客户带来利益和形成新的业务领域
运营	能够增强组织内部敏捷性的新运营模式,可以迫使核心产品数字化
文化	企业内部文化的改变是必要的,并导致形成一个开放的创新文化
人员	数字化需要专家和具有素质的非专家
治理	数字化业务战略必须成为目标协议的一部分
技术	必须替换老的 IT

来源:Schumacher, A, Erol, S., & Sihn, W. (2016). A Maturity Model for Assessing Industry 4.0 Readiness and Maturity of Manufacturing Enterprises. Procedia CIRP, 52: 161 - 166.

8.5.4　传统企业的数字化转型策略

近些年来,几乎各行各业都在探讨如何利用新数字技术进行业务转型,以期带动企业产品生产与运作过程、组织结构和管理理念的转型升级。在这种情况下,企业需要形成自己的数字化转型的战略来指导转型过程,协调各部门活动,确定优先顺序。尽管很多研究探讨数字化实践面对的挑战,但对于传统企业如何形成、实施和演变数字化转型战略,依旧缺少指导性结论。

Matt 等人(2015)给出传统企业数字化转型的框架,包括 4 个重要概念:技术使用、价值创造的改变、组织结构的改变和财务方面的支持。它们之间的关系如图 8 - 8 所示。技术使用体现在企业对待新技术的态度和使用新技术的能力,对待新技术态度取决于企业是否企图通过利用技术成为市场领导者,能力则体现在消化吸收新技术的能力以及成为新技术使用标准制定者的能力。很自然,新技术的使用常常意味着企业价值创造的改变,尤其在企业价值链发生变化,特别是在企业探索新产品或服务的时候,往往会改变原有的伙伴关系、业务流程和客户对象;价值创造的改变必将引起企业原有组织运作架构、活动流程、工作技能技巧等的改变,有时需要它们从根本上做出改变,甚至建立一个全新的分支机构。不管是新技术使用,还是价值创造的改变和组织结构的改变,都需要得到企业财务方面的支持,财务既是企业数字化的动力,也是企业数字化的约束。动力在于上述变化能够给企业带来新的财务资源,因此企业有积极性进行数字化转型;约束意味着上述活动需要企业财力支持,如果企业没有经费就会限制或延误数字化转型进程。

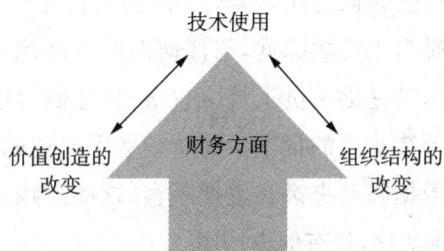

图 8-8　数字化转型框架

来源:Matt, C., Hess, T. & Benlian, A. (2015). Digital Transformation Strategies. Business & Information Systems Engineering, 57(5): 339-343.

　　当企业的资源条件和能力基础有限的情况下,就存在一个数字化切入点或侧重点的问题。Loonam 等人(2017)从聚焦于内部还是外部、关注运营还是战略两个维度上,把传统企业的数字化策略分为 4 种类型:客户策略、技术策略、战略策略和组织策略,如图 8-9 所示。客户策略,就是企业的数字化聚焦于客户并从运营视角看待问题,工作的重点就在于全面设计客户体验,重新设计客户体验的流程;组织方式从基于产品转变为基于客户,即一切以客户为中心;将物理体验和数字体验融合起来,即线上线下一体化。技术策略,就是企业的数字化聚焦于企业内部,并从运营视角看待问题,工作的重点就放在建设跨组织的系统上,所有的决策建立在数据分析的基础上,不同平台、部门、社区和员工之间可以便利地进行数据交换、访问和信息传递。战略策略,也就是商业模式创新,企业的数字化聚焦于企业的外部,并从战略的视角看待问题,工作的重点放在创造新的数字产品和服务,重新构建价值传递模式,便于客户触摸和数字虚拟化之间寻求平衡;重新思考客户的价值主张,使用大数据、人工智能和数据分析技术理解客户知识,并提出相应的战略。组织策略,就是企业的数字化聚焦于企业的内部,并从战略的视角看待问题,工作的重点放在企业猎捕数字文化建设,辨识出关键战略领域并推行数字化转型,对组织结构和运作过程进行相应的变革,以适应企业数字化转型需要。

对于企业的数字化文化,Westerman 等人(2019)提出 4 个关键价值:影响力(impact)、速度(speed)、开放性(openness)和自主性(autonomy)。影响力,就是在行业里打破原有格局,重构组织之间的关系,给顾客带来新的价值;速度,就是使得公司保持在竞争对手的前面和赶上不断变化的客户需求;开放性,就是鼓励员工挑战陈规,与任何能够帮助他们快速达成目标的人一起工作;自主性,就是给予员工自由权限,让他们可以自主地做有益于组织的事情而不必等待正式的批准。高绩效数字企业的实践活动,包括迅速体验、自我组织、数据驱动决策和重视顾客;这些实践对于形成具有上述 4 个价值的独特企业文化,具有促进作用。

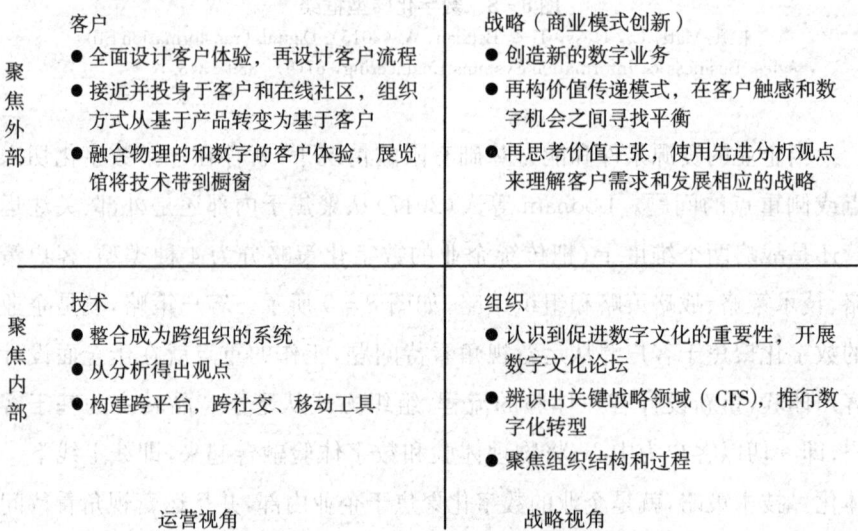

	客户	战略(商业模式创新)
聚焦外部	● 全面设计客户体验,再设计客户流程 ● 接近并投身于客户和在线社区,组织方式从基于产品转变为基于客户 ● 融合物理的和数字的客户体验,展览馆将技术带到橱窗	● 创造新的数字业务 ● 再构价值传递模式,在客户触感和数字机会之间寻找平衡 ● 再思考价值主张,使用先进分析观点来理解客户需求和发展相应的战略
	技术	组织
聚焦内部	● 整合成为跨组织的系统 ● 从分析得出观点 ● 构建跨平台,跨社交、移动工具	● 认识到促进数字文化的重要性,开展数字文化论坛 ● 辨识出关键战略领域(CFS),推行数字化转型 ● 聚焦组织结构和过程
	运营视角	战略视角

图 8 - 9　传统企业数字化转型策略

来源:Loonam, J., Eaves, S., Kumar, V., & Parry, G. . (2017). Towards Digital Transformation: Lessons Learned from Traditional Organizations. Strategic Change, 27(2): 101 - 109.

8.6 研究展望[①]

8.6.1 动态能力如何帮助企业组织转型

企业利用数字技术构建竞争优势来适应变化环境的关键,在于企业应该具有能够感知颠覆性技术和通过战略回应抓住它们,并构建相应的商业模式的动态能力。

(1) 动态能力构建。动态能力不仅有助于解释企业如何构建和维持竞争优势,也拓展了企业资源基础观(RBV),并聚焦于企业有目的地改变自身的资源基础来提升与环境相匹配的程度和确保生存的能力。动态能力假设企业具有一般能力和动态能力,一般能力与管理、运营、治理等完成任务所必需的相关功能绩效相关,动态能力涉及指导一般能力获取高回报努力的高阶活动。动态能力通过三个主要机制来帮助企业创新和适应环境的变化:感知,包括对与客户需求相关的技术机会进行识别、开发、合作和评价等;把握,包括将资源转移用于回应需求和机会,并从中获得价值;转型,包括企业在将资源在战略上用于抓住机会和应对威胁的同时保持持续更新。数字转型和动态能力在概念上是相互匹配的。前面提到的数字成熟度解释企业进行数字转型的不同方式,但动态能力有助于理解企业如何提升数字成熟度,以及在更高层次的机制上为企业进行持续的数字创新赋能。

(2) 支持数字平台和数字生态系统的整合能力角色。动态能力涉及三种类型:创新能力、环境审视和感知能力、整体能力(Helfat & Raubitschek, 2018)。其中整合能力就是企业能够就产品生产提供可靠的、可重复沟通的、协同活动的资源、能力和商业模式。整合能力既可以来自内部,也可以来自外部。在数字转型的背景下,来自外部很重要,因为企业创造价值、获得价值所依赖的价值网络变得越来越复杂,企业别无选择,只能依靠参与平台或生态系统的多个合作伙伴,它们可能是焦点企业、辅助企业,也可能是客户。

(3) 动态能力的微观基础。如何帮助企业数字化转型实践中迭代,支

---

① 依据 Vial(2019)的论文整理:Vial, G. (2019). Understanding Digital Transformation: A Review and a Research Agenda. The Journal of Strategic Information Systems, 28(2):118-144.

持构建和维持动态能力,是学界关注的问题。尽管动态能力被看成是组织的胜任能力,但对企业绩效的影响还是依赖于各个相互关联活动的表现,包括管理者和员工个人的表现。所以,探讨在数字化转型过程中个人对组织动态能力的贡献,是未来需要进一步研究的,尤其是探讨不同的领导结构(有 CDO、CIO 和没有这些职位的组织之间比较)对感知、把握和转型机制的影响。

8.6.2 数字转型过程中的伦理

现有的研究主要集中于数字转型对组织层面的影响,而对于其他层面,比如个体层面、社会层面的长期影响的分析尚不充分,尤其是伦理上的影响。

相比较于传统的 IT 赋能组织转型,在颠覆性环境下使用数字技术进行创新,影响的不仅仅局限于组织内部,而且是在个体、组织和社会的不同层面上,涉及商业模式的改变、吸引和保留数字劳动力。考虑到信息在网络上的扩散传播,企业就不能仅仅考虑经济利益,企业的道德伦理也会受到社会的关注。在更高层面上,企业的数字转型也会带来社会问题,或者促进社会的进步。比如网购模式减少了线下购物,对于城市交通有正面的影响,但同时也带来了大量的"宅人",并造成社会问题。

有关数字化转型文献大多聚焦于改变企业原有商业模式的能力,以及如何缩短这些能力对组织绩效影响的时间上(Karimi & Walter, 2015;Yeow et al., 2018),却很少有对组织绩效可持续性影响的讨论。随着价值网络变得越来越复杂,涉及到越来越多的角色参与,要对企业绩效的可持续发展进行操控也就会变得越来越困难。在这样的背景下,伦理就成为一个特别需要关注的事物,因为它会引导组织的设计以及数字技术的使用,影响企业在短期目标还是取得可持续绩效间进行取舍。例如,客户的潜在需求或偏好能够很好地通过收集已有数据获得,尽管这些非显性的东西对企业的未来发展有益。在很多情况下,获得用户数据资料的手段甚至是非法的,虽然说他们也是价值共同创造者。虽然考虑伦理是企业战略的重要因素(Carroll,1999),但是,只有少数的研究关注到这一点(Smith & Hasnas,1999;Stahl,2012)。在数字技术成为价值主张一部分的背景下,需要将内嵌伦理(比如企业社会责任)在 DT 过程中给予重新思考。

此外，价值网络复杂性的增加将会导致企业与价值共创者之间多重的、尤其是冲突的需求，这种情况尤其在多边平台和数字生态下更为突出。在有些情况下，一个企业的商业模式依赖于数据的收集、分享和销售，而这些数据并不是一个企业运作的副产品，而是企业价值整体的一部分。在这样的情况下，企业就需要充分平衡各方面需求，挑战在于确保一方利益的同时不能以损害另外一方利益为代价，比如你在获得一方数据的同时就可能危害了另一方的隐私与安全（Newell & Marabelli，2015；Constantinides et al.，2018）。

第 9 章
组织韧性的概念、特征、测量及管理策略

组织研究中,很多是讨论一个企业为什么在遭遇灾难或危机后消失的,却少有研究讨论为什么有些企业在遭遇灾难或危机后能够生存下来的。组织韧性的研究填补了这一空隙,并且随着近年来破坏性事件的频繁发生,其对组织利益的影响广泛、巨大,因而受到诸多企业与研究者的关注。本文通过文献梳理,对组织韧性的概念、特征、测量办法和管理策略进行归纳,形成相对系统的概念体系,为后续研究提供文献基础。

9.1 韧性的定义

在韦伯字典中(Merriam-Webster Online Dictionary),韧性(resilience)被定义为"从不幸或变化中恢复或调整过来"的能力。作为一个技术术语,韧性来源于生态学,是指生态系统吸纳和响应环境扰动的能力(Holling,1973)。Holling(1973)将韧性定义为一个生态系统在原有平衡或稳定状态情况下受到压力而远离平衡或稳定状态时所表现出来的动态行为,强调系统对于外界干扰的吸纳和保持与外界各主体之间平衡关系的能力。现在,"韧性"这个概念已经普遍使用于除生态学之外的材料科学、组织理论、经济学、风险管理、社会学、心理学和计算机网络等不同学科领域的文献中(Arthur,1999;Mallak,1999;Adger,2000;Callaway et al.,2000;Carpenter et al.,2001;Folke et al.,2002;Starr et al.,2003;Bonanno,2004;Fiksel,2006),并有着一定差异性的不同定义(参见表 9 - 1)。尽管韧性这个单词来源于自然科学,意指材料在受到扭曲后恢复到原有形态的能力

(Sheffi, 2006)，同时，它也被用于描述一个系统吸收变化的容量，通常在概念上是指系统受到突然的变化仍然能够保持原有状态的基本功能（Walker et al.，2006）。

表 9-1 不同学科中关于韧性的定义

学科	定义	作者
心理学	个体从逆境中恢复过来的能力	Gorman（2019）
	个体对待压力或突变事件的正面能力，以及防止未来事件发生的水平	Erol & Henry（2010）
材料科学	一个材料在受到外力发生形变后恢复到原有形态的趋势	Schwartz（2016）
通讯与计算机网络	一个网络在受到挑战情况下抵御并保持可接受服务水准的能力	Smith（2011）
社会学	从逆境中恢复并变得更为强壮的能力	Stoltz（2004）
基础工程	降低工程失败可能性、失败后果，响应和恢复的时间	Labaka, Hernantes & Sarriegi（2015）
网络	在不利的网络事件的情况下依旧能够持续传递期望的结果的能力	Björck, Henkel, Stirna & Zdravkovic（2015）
旅游	组织、社区、生态和人口在受到外部力量情况下保持整体性、持续运作的能力	Butler（2017）

来源：Sanchis, R.，Canetta, L.，& Poler, R.（2020）. A Conceptual Reference Framework for Enterprise Resilience Enhancement. Sustainability，12（4），1464.

在组织领域，韧性被看成是能够使个人、团体或组织具有应对、适应和从灾难中恢复过来的一种品质（Buckle et al.，2000）。在心理学中，韧性被用来刻画个人面对压力或突发事件的正面能力以及防止未来负面事件发生或产生影响的水平（Erol & Henry，2010）；在材料科学中，韧性被用来描述某种材料在被扭曲之后能够返回到原有形态的特性（Schwartz，2016）；在计算机网络中，韧性表示系统在正常运作过程中遇到错误或挑战时依旧能够提供或维持可接受水平服务的能力（Smith et al.，2011）；在工程学中，韧性是指系统能够从受到扰动中恢复和在变化发生的时候维持原有功能的能力（Gibbs，2009）。英国标准（British Standard 65000）对组织韧性的定义是：一个组织能够评估、准备、响应和适应渐进的、突然的变化从而得到生存与繁荣的能力。总之,从平衡的视角看,韧性是系统在受到干扰后恢复到平衡状态的能力,这种平衡状态可能是系统原有的平衡状态,也可能是系统新的平衡状态。

在不同的学科中,不仅韧性的定义有差异,强调的侧重点也不同。比如在工程学中,韧性强调的是工程对象在受到干扰后恢复到稳定状态的速度、难易程度,关注的重点是工程对象的所有功能效率是否尽可能达到最大化;在生态学中,韧性强调的是系统在环境因素突变后而被重构之前,能够吸纳被干扰幅度的大小,关注的重点是系统各个功能的生存能力而不在乎它们是否具有效率。因此在工程学里,韧性常常和鲁棒性(robustness)、可靠性(reliability)等概念相关。如果说韧性关注的是系统在受到特定破坏性事件后恢复到原有状态的可能性和程度的话,那么,可靠性强调的是系统在同样的破坏性事件影响下维持原有系统功能而不崩溃的能力;鲁棒性则关注系统在受到扰动卜保持系统功能卜被破坏的能力。尽管卜同的学科给出韧性的定义和观点不同,但是它们共同之处在于:韧性是对不期望的或未知的变化、扰动事件(甚至是破坏性事件)的响应和适应的能力。

就体现韧性的事件而言,其产生与产生影响有一个过程(如图 9-1 所示),并且在这一过程的不同时段,被影响的系统所表现出来的韧性涵义也有差异。Conz,Magnani(2020)根据事件发生的时间阶段将韧性分为 4 种类型:(1) 针对事件发生的主动性属性,包括在事件发生之前和发生之后的主动应对行为,强调系统为应对未来可能遭遇的各种问题进行资源准备的状况;(2) 事件进行过程中系统对受到干扰的吸收、适应性属性,强调系统对事件的应对过程而不是应对结果,包括事件进行期间的系统鲁棒性和结构稳定性;(3) 事件之后的被动性属性,即在干扰发生后系统的恢复能力;(4) 事件之前、之后的系统动态性属性。

图 9-1 体现系统韧性的事件发展过程

来源:Sanchís,R.,Poler,R.(2014). Evaluación de la Resiliencia Empresarial:Marco de Categorización de Disrupciones. Dirección y Organización 54:45-53.

154

9.2 组织韧性

每一个企业在其生命周期过程中,会遇到各种形式的突发性事件,比如自然灾害、声誉危机、供应链断裂等对组织与员工有负面影响的、超出我们日常想象的事件。在当今高度不确定、动荡变化的环境条件下,企业高度依赖与全球网络的关系,破坏性事件层出不穷,已经成为企业日常经营管理的一种常态,更加需要具有韧性能力(resilience capabilities)来应付突然出现的各种威胁,以此来迅速度过波动时期,同时满足利益相关者的需求。组织韧性不仅要将风险降到最低,还要使得企业能够适应不期望发生的变化和具有摆脱逆境的能力(Seville,2018)。所以,组织韧性就是遭遇和应对破坏性事件的能力,以及在破坏性事件不可避免的情况下企业能够尽可能迅速、有效恢复的能力。

对于什么是组织韧性,文献中存在两种不同的观点。一种观点认为,组织韧性就是一个企业能够从不期望发生的、有压力的、逆境中恢复到原有状态的能力(Balu,2001;Dutton et al.,2002;Gittell et al.,2006;Horne,1997;Horne & Orr,1998;Mallak,1998;Robb,2000;Rudolph & Repenning,2002;Vogus & Sutcliffe,2003)。这一观点类似于物理学中关于材料韧性的定义:一个材料在被弯曲或挤压后恢复到原有形状和性质。当称一个组织能够恢复到原来状态的时候,通常强调的是组织应对策略和快速达到期望绩效水平的能力。第二种观点认为,组织韧性是企业发展新的能力和在创造新的机会同时扩展的能力(Coutu,2002;Freeman,Hirschhorn & Triad,2003;Guidimann,2002;Jamrog et al.,2006;Lengnick-Hall & Beck,2003,2005;Weick,1988);企业能够抓住没有预见到的挑战和变化,利用企业资源与能力解决遇到的困境和发现新的机会,并取得未来的成功。因此,具有韧性的企业具有动态竞争和吸纳复杂性变化的能力,并且在挑战的环境中变得更加强大。

一般的扰动事件对企业的生产经营不会产生大的影响,而产生大的负面影响的事件常常就是所谓的破坏性事件(disruptive events),它会引起企业内部的信息流、物质流、资金流和人事流的紊乱,从而影响企业的正常活动,使企业变得脆弱,绩效和竞争性下降(Barroso et al., 2011)。破坏性事件既可以来自企业外部环境,也可以是自身系统因素变化引起的,常常被认为是随机事件。但是,Sheffi 和 Rice(2005)认为,任何严重的破坏性事件对企业绩效的影响是可以预测的,并对企业的影响体现出一定的规律性,如图 9-2 所示,具有 8 个明显差异的时间阶段:准备、破坏性事件、初始响应、初步影响、全面影响时期、恢复准备、恢复、长期影响。系统的韧性依赖于这些不同时间阶段中系统绩效(比如企业的销售、生产、收入)变化有多大,以及从产生初步影响到系统全面恢复持续的时间长短。

(1)准备阶段。有些情况下,企业是能够对破坏性事件做出准备的,以尽可能减少它的影响。但不同的破坏性事件留给企业准备的时间长短不一,有的可能只有几十分钟,有的也可能是几个月,有的也可能是没有任何事前预兆的突发事件。

(2)破坏性事件。其来源十分广泛,既可以是自然灾害,也可以是政治事件、经济事件、技术突破、市场反映、公共卫生,包括来自企业内部的系统性破坏行为或事故等(Webb,2020)。

(3)初始响应。就是企业在受到各种干扰之后首先要控制住局面,挽救和保护生命,关闭受影响的系统,防止受到进一步侵害。

(4)初步影响。有些事件产生的影响是立竿见影的,比如化学气体泄漏或洪水暴涨;也有些事件产生的影响有时间延迟,依赖于事件的程度、冗余资源、企业内在的韧性能力等因素。在此期间,通常企业的绩效开始恶化。

(5)全面影响时期。全面影响可能立即产生,也可能延迟一段时间之后产生,一旦全面影响产生,企业的绩效会迅速下滑。

(6)恢复准备。通常恢复准备从企业初始响应阶段就开始了,有时候甚至在企业预见到事件发生之前就已经开始,比如华为的"备胎计划",还有的企业有意识地采用多个供应商、经销商等。

(7)恢复。企业采取措施以期恢复到原有的运营状态,比如通过加班加点、资源满负荷利用,也包括采取一些"反转"的措施。

(8)长期影响。通常企业要花费很长的时间才能从破坏性事件的影响中恢复过来,有的影响甚至很难恢复过来(比如三鹿奶粉事件对消费者对大企业信任的影响)。从长期来说,企业能否恢复到原有水平,所需要的时间长短,甚至利用危机事件进行创新突破,还取决于企业应对策略(参见图9-3所示)。

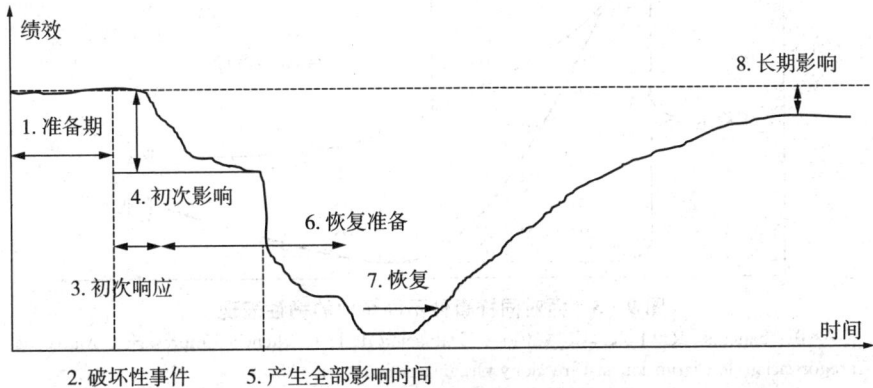

图9-2 破坏性事件对企业的影响阶段

来源:Sheffi, Y., Rice Jr. (2005). A Supply Chain View of the Resilient Enterprise. MIT Sloan Management Review, October 15: 41-48.

正是因为影响企业正常运作的事件来源多样化、影响过程的复杂性和影响结果的差异性,每个企业应对策略不同,导致的最终影响后果也就不同,所以对组织韧性也就会有不同的定义(如表9-2所示)。Gallopin (2006)将组织韧性定义为企业应对、适应和从一个破坏性事件影响中恢复过来的能力和适应性能力(保持原有目标不变的性质),并认为降低脆弱性、创造冗余性、增加柔性有利于帮助企业获得韧性。对待相同事件,不同的企业表现出来的韧性能力也是不同的。有些学者将组织韧性能力分为:(1) 认知韧性能力(cognitive resilience capability),包括概念引导和建设性的感知变量;(2) 行为韧性能力(behavioral resilience capability),包括已经学到的足智多谋、直觉敏捷性、时间习惯和行为准备变量等;(3) 情景韧性能力(contextual resilience capability),包括心理安全变量、深度社会资本、扩散的权利和责任心,以及宽广的资源网络(Lengnick-Hall et al., 2011)。

总之,组织韧性就是组织能够对潜在的、威胁组织生存的破坏性事件或环境做出有效吸纳、响应和转型的能力。

文献中的韧性与一些概念有着密切的关系,有些是反映具有韧性系统特点的概念,如柔性、敏捷性、适应能力和鲁棒性等,还有些概念是用来定义

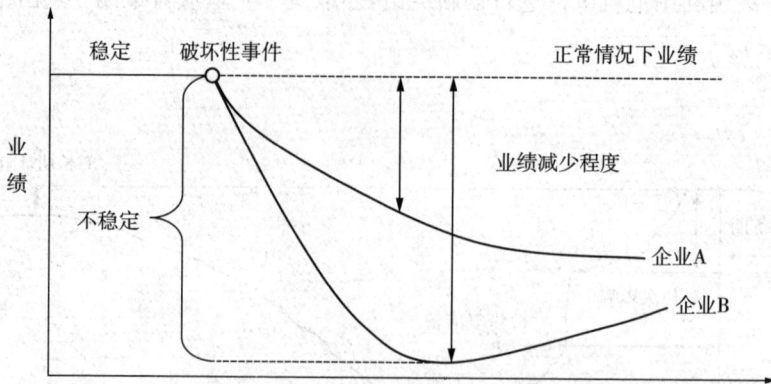

图 9 - 3　面对同样事件不同企业的韧性表现

来源：Sanchís, R., Poler, R. (2014). Evaluación de la Resiliencia Empresarial: Marco de Categorización de Disrupciones. Direccióny Organización 54: 45 - 53.

或测量系统韧性的，比如脆弱性、风险性、破坏性等，它们之间既有联系，又有区别。参见表 9 - 3 给出的不同概念之间的比较。

（1）韧性与脆弱性：一个系统对特定风险的脆弱性程度可以用来测量该系统的韧性，而脆弱性是系统面对风险受到破坏的可能性程度（Christopher & Peck，2004），降低脆弱性对系统的韧性有正面影响。Sheffi & Rice（2005）建议将脆弱性作为增强系统韧性策略计划的一部分，因为降低脆弱性有利于降低风险，即降低破坏性事件的可能性（Christopher & Peck，2004）。

（2）韧性与适应能力：适应能力是系统受到破坏后重新构建与环境匹配、保持原有状态的能力，鲁棒性是系统受到破坏性事件而不发生任何损坏的特性。

（3）韧性与柔性：柔性是系统对于环境的变化或利益相关者要求在最短时间、以最小努力下做出适应的能力，反映了系统迅速适应环境变化的能力。适应能力强调面对变化可以保持系统的原有状态，柔性则强调能够满足环境变化的要求。

（4）韧性与冗余（redundancy）：冗余性是在系统受到破坏性事件影响的时候可利用的额外资源与能力（Sheffi & Rice，2005）；系统功能上的冗余有利于增强系统的适应能力。

（5）韧性与敏捷性（agility）：敏捷性是系统迅速地适应环境变化的能力，能够在短时间内重构系统以应对内外部变化；敏捷性高的系统具有高的韧性,但也可能引起新的风险和低的韧性,因为新的系统与环境之间的平衡性有待时间的考验。

表 9-2 组织韧性的定义

定义	作者
一个组织以主动方式增强鲁棒性和柔性流程的能力	Mallak(1999)
在受到挑战的情况下,保证正向调整使得组织能够在此环境下涌现出更为强壮的结构和获取更多资源	Vogus & Sutcli_(2003)
随着时间推移,通过创新实现自我更新的能力	Reinmoeller & van Baard-wijk (2005)
能够适应环境需求和管理环境变化性的特征	McDonald (2006)
吸收组织内外部变化和干扰的能力,不影响自身的利润能力,甚至发展出一种能够快速适应的柔性,使得企业能够从逆境、无形的、未知的环境中获得额外的利益	Minolli (2005)
避免、吸收扰动和从中恢复过来的行动	Madni & Jackson (2009)
审视未来突发事件、持续适应变化和从灾害、危机中迅速恢复过来的能力	Ballesta (2011)
降低脆弱性的能力,增强变革和适应的能力,以及从应对未知事件中迅速恢复的能力	Erol & Henry (2010)
修复、替代、修补或其他能够重建损失或业绩(效率)的能力,至少随着事件的推移能够部分地从环境带来的不幸、损害或破坏性干扰中恢复的能力	Alberts (2011)
不仅能够从干扰中恢复,还能够完全避免破坏性干扰的能力	Winston (2014)
企业被动应对外部事件和主动应对可能的危机事件,并发展出新的路径的能力	Gilly, Kechidi & Talbot (2014)

来源:Sanchis, R., Canetta, L., & Raúl Poler. (2020). A Conceptual Reference Framework for Enterprise Resilience Enhancement. Sustainability, 12(4), 1464.

表 9-3 韧性、应对能力、柔性的比较

韧性(resilience)	应对能力(coping capacity)	柔性(flexibility)
扰动性事件的类型:跳跃、突然、不连续的变革	逐渐的调整,紧急的变化	可预见或不可预见的变化
品格特征(character):活跃的	被动的	被动的或主动的

韧性（resilience）	应对能力（coping capacity）	柔性（flexibility）
战略行为： 维持业务的连续性/生存/转变 损失最小化，重构	被迫的调整 积极的、自愿的调整	通过运营体系的变革和组织结构的重大转型来适应来自宏观环境的变化
来源： 内嵌于组织日常制度与工作过程	根植于资源中，是组织内生的，依赖于传统的知识、技巧、技术和固定网络	通过将组织内部的因素（冗余资源、活动多样化等）与外部的因素相联系，来获得柔性

来源：Karman, A. (2020). Flexibility, Coping Capacity and Resilience of Organizations: Between Synergy and Support. Journal of Organizational Change Management, 33(5): 883 - 907.

显然，现有研究虽然试图厘清组织韧性与相关概念的关系，找出它们各自涵义上的差异，但并没有给出相互之间的逻辑关系。Conz 和 Magnani (2020)在对 2000—2017 年之间的有关组织韧性文献评述基础上，提出了组织韧性能力形成动态过程的两条路径（如图 9 - 4 所示）：吸收韧性路径（absorptive resilience path）和适应韧性路径（adaptive resilience path）。其中，吸收韧性路径就从事件发生之前的冗余性，到事件发生过程中的鲁棒性，再到事件发生之后的敏捷性，通过这样的路径增强组织韧性水平；适应韧性路

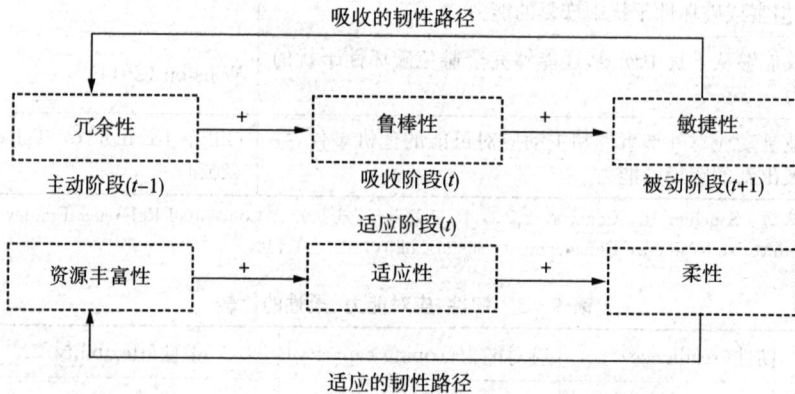

图 9 - 4　组织韧性的一个概念框架

参考：Conz, E., & Magnani, G. (2020). A Dynamic Perspective on the Resilience of Firms: A Systematic Literature Review and a Framework for Future Research. European Management Journal, 38(3): 400 - 412.

径就是从事件发生之前的资源获得性,到事件发生过程中的适应性,再到事件发生之后的柔性,通过这样的路径增强组织韧性。根据 Conz & Magnani (2020)的观点,组织韧性是一个整合性概念,不能简单地、孤立地与其他相关概念区分开来分析比较,而是企业抵御风险、破坏性事件和从事件影响中能够迅速恢复或创新发展的一种动态演化的综合能力。他们给出的组织韧性定义是:企业的一种属性,当 t 时刻企业遭遇一个不期望的事件并改变企业平衡态的时候,企业能够在 $t-1$ 时刻做出主动行为,在 t 时刻做出吸收或适应行为,在 $t+1$ 时候做出被动行为。

9.3 韧性的企业具有的特征

Erol(2010)认为,组织韧性是受到外部环境影响而体现出来的内部特征或能力,其中,外部影响的因素包括破坏性事件、紧急出现的业务需求和不断变化着的业务环境,内部的特征主要体现在适应性、敏捷性、柔性和联结性四个方面(参见表 9-4)。Sanchis 等人(2014)认为,组织韧性是企业在外部环境遭受破坏性事件影响后表现出来的脆弱性、适应能力和恢复能力,并且将这三者能相互有机地联系在一起:企业韧性(Enterprise Resilience) $=f$(脆弱性(Vulnerability),适应能力(Adaptative Capacity),恢复力(Recovery Ability))。

表 9-4 韧性企业的特征

特征	定义	文献
冗余性、吸收能力、恢复能力	冗余作为企业的额外能力能够承受现在的巨大破坏性事件影响;吸收能力是抵御破坏性事件的企业能力;恢复能力就是企业能够通过资源再配置而迅速返回到原有运作状态的能力。	Hu et al. (2008)
情景知觉、关键脆弱性管理、适应性能力	情景感知是一种辨识、理解环境变化的能力;关键性脆弱性管理是企业应对主要脆弱性的能力;适应性能力是企业响应和适应环境变化的能力。	McManuset al. (2008)

特征	定义	文献
风险意识、柔性、敏捷性	风险意识是企业辨识和评价风险的能力;柔性是应对变化的能力;敏捷性企业适时对环境和条件变化做应对的能力。	van Opstal(2007)
知觉、准备、柔性、模糊	知觉是企业获取内外部变化和事件信息的能力;准备是评审问题并作出相应准备的能力;柔性是适应新的或复杂情景的能力;模糊性(opacity)是边界感知和回避风险情景的能力。	Hollnagel et al. (2006)
多样性、效率、适应性、协同	多样性是多种形式和行为;有效性是指企业进行最佳的资源消费;适应性是对于变化的柔性;协同是连接各种力量的现状。	Fiksel (2006b)
合作、敏捷、风险管理文化、可见性	合作是与商业伙伴分享信息的能力;敏捷是对变化的条件做出迅速响应的能力;风险管理文化是企业能够广泛认知风险管理,能够由此提供风险评审和响应准备的能力;可见性是对于亲密的商业合作伙伴整合到企业内部的能力。	Christopher & Peck (2004a); Christopher & Peck (2004b)

来源:Erol, O., Sauser, B. J., & Mansouri, M. (2010). A framework for investigation into extended enterprise resilience. Enterprise Information Systems, 4(2), 111–136.

（1）脆弱性。Dalziell & McManus(2004)认为,在破坏性事件发生导致企业从一个稳定或平衡状态进入下一个状态的时候,此时企业就是脆弱的。企业由一种状态进入下一个新状态的容易程度反映了该企业脆弱性的大小。高脆弱性对企业经营和战略实现具有明显的负面影响,低脆弱性意味着破坏性事件发生的可能性是低的,能够增加企业从扰动中恢复的韧性(Sheffi & Rice, 2005)。相关研究领域包括:可预测性,可能性包括频率,企业准备所需的知识、资源、手段,影响的范围,评价指标,容忍程度等(Cynthia et al., 2011)。

（2）适应能力。适应能力是韧性相关的一个重要因素,是指一个企业能够对付破坏性的程度(Dalziell & McManus, 2004)。Starr 等人(2003)将适应能力定义为一个企业为了对付破坏性事件调整其战略、运营、管理、治理结构和决策支持系统的能力；McManus(2007)将适应性能力看成是一个企业根据日常活动、危机、破坏性事件而能够及时做出决策的文化与机制。Dalziell 和 McManus(2004)认为适应能力是一个系统以不同方式适应变化的能力：应用现存的资源条件、职能分工来应对问题的能力；应用现存的应对方式处理新背景下问题的能力；应用新方式应对问题的能力。相关研究领域包括：柔性、敏捷性、鲁棒性、冗余性等。

(3) 恢复力。在当今高度动态变化的环境中，企业不可能是一个静止不动的实体，但是，它的某些部分影响保持相对稳定。如果整个企业保持在一定的稳定状态，就会失去获取某些目标潜力，因而需要根据环境的变化而做出响应，以保持它的竞争优势(Dalziell & McManus，2004)。如果一个企业是具有韧性的，是指该企业能够适应新的环境并从破坏性事件影响中恢复过来。有学者认为恢复能力是适应能力的一部分。然而，适应能力关注短期，对应 Sheffi、Rice(2005)的 3、4、5 阶段，主要目的是应用企业已有的资源条件，适应直接的变化；而恢复能力关注长期，对应 Sheffi、Rice(2005)的6、7、8 阶段，以促进企业改善适应竞争性环境的能力，以获得可持续发展。相关研究包括：恢复水平、恢复时间、恢复成本等。

对企业而言，非常重要的是要辨识出导致企业对于不可预见事件脆弱性的内部特征和外部影响因素。但是，Annarelli 等人(2020)认为，适应力、恢复力、敏捷性、柔性等是组织韧性的指标维度，而具有韧性的系统特征体现在静态特征和动态特征两个方面。静态特征包括具有持续监控、评估能力、宽裕资源、模拟演习、初始脆弱性、关注细节、从错误中学习的能力等；动态特征包括内部沟通、即兴处置等能力。他们还给出了韧性企业的特征与韧性维度之间的关系矩阵，如表 9-5 所示。其中，降低脆弱性就是降低处于风险之中和发生破坏性的可能性；增加柔性就是企业在尽可能短时间、尽可能小代价下适应环境要求变化的能力，满足外部变化提出的要求；提高适应性就是适应环境和从破坏性事件影响中恢复过来的能力；提高敏捷性就是对变化的环境做出迅速反应的能力。

表 9-5 韧性企业的特征与其韧性维度之间的关系

		韧性维度						
		适应性	可靠性	敏捷性	有效性	柔性	恢复水平	恢复时间
韧性特征	评估能力	X			X	X		X
	错误中学习	X	X	X	X	X	X	X
	关注细节	X	X		X			X
	持续监控	X	X	X	X	X	X	
	宽裕资源		X	X	X		X	X
	模拟演习	X	X	X	X		X	
	初始韧性	X	X	X	X			
	内部沟通	X	X		X	X		X
	即兴处置	X		X	X		X	X

来源:Annarelli, A., Battistella, C., & Nonino, F. (2020). A Framework to Evaluate the Effects of Organizational Resilience on Service Quality. Sustainability, 12, 958.

9.4 组织韧性的测量

因为企业系统是复杂系统,在动荡不稳定环境下哪些生存能力强的企业往往都是复杂适应性系统的组织(刘洪,2014),因此,衡量一个企业的韧性大小从单一指标、孤立地、静态地分析是不合适的,Erol 等人(2010)指出应该考虑下面 6 各方面:

(1) 衡量韧性要有系统观:绝大多数与韧性相关的文献都主张以系统观为基础来衡量韧性。Dalziell 和 McManus (2004)认为,对于高度复杂和动态变化的组织,其韧性的衡量不是简单地识别因果关系。组织的各单元和利益相关者以复杂的方式相互作用,这就意味着要理解各决策或某个事件对整个系统的影响是困难的,而系统观关于系统目标、单元相互作用、与环境交互作用等原理为衡量组织的韧性提供了有用的框架。

(2) 韧性是系统的一种涌现特征:作为一种涌现特征(Haimes,2008),韧性是不可以预先设计出来的,而是随着各种事件演变而综合产生的后果。因此,韧性就不能从状态上直接测量,但可以预见。换言之,组织韧性不能够从企业系统的正常状态上推断出来,而是系统整体在破坏性事件发生的时候呈现出来的整体特性,因此对事件的依赖性高。

(3)区分内在韧性与适应性韧性:内在韧性是系统在通常情况下表现出来的一种能力,而适应性韧性是系统在危急情况下需要展现出非凡、额外的努力才呈现出来的能力。强调这两种韧性的目的,在于它们测量的方式不同。考察一个企业的韧性,通常是指其内在韧性;而适应性韧性是指特定环境背景或破坏性事件发生后系统所表现出来的,但因为环境、时间的复杂性、多样性等特点,很难预先进行测量,除非采用模拟的工具进行判断。

(4)韧性是一个连续的过程:韧性是一个事前战略制定、事后恢复的过程(Haimes et al.,2008)。对组织韧性的测量可以从做了什么,怎么做的,做得如何上来测量。

(5)韧性的测量依赖于破坏性事件:如上面第(3)条所述,适应性韧性取决于事件,针对不同的事件组织所采取的与韧性相关的行动可以主动地、同步地、事发后采取,相应地韧性也就可以是预防破坏性事件的能力、预防破坏性事件产生更差后果的能力、从破坏性事件影响中恢复过来的能力。

(6)适应性能力和时间维度来测量韧性:韧性是系统适应性能力的一部分,任何系统都能或快或慢地适应变化着的环境,有的因为适应太慢而失去生存所需的资源成为失败者。企业适应能力包括:缓冲能力(buffering capacity),就是企业能够吸收或适应破坏性事件的规模大小、种类范围,而不会在绩效或系统结构上发生根本性崩溃;柔性能力(flexibility),是企业能够响应外部变化或压力的能力;边界能力(margin),是企业在运作中与其他系统保持紧密关系或警觉的态势;容忍能力(tolerance),是系统能够在濒临崩溃边缘而继续运作的能力。

Annarelli 等人(2020)提出测量韧性的 7 个维度:

(1)适应力(Adaptability),就是组织适应变化的能力,尤其是指一个系统对其环境变化做出反应的能力;

(2)可靠性(Reliability),通常是指一个系统在给定的时间内、环境中圆满实现其功能的可能性;

(3)敏捷性(Agility),一个系统在不确定的、变化环境中对变化做出回应的能力;

(4)有效性(Effectiveness),就是成功获得想要的结果和质量的能力;

(5)柔性(Flexibility),就是系统能够适应突然变化的范围和程度;

(6)恢复性水平(Recovery level),就是系统在受到扰动、威胁之后回到

初始状态的水平,通常用期望恢复的水平与实际达到的水平之间的差距来衡量;

(7) 恢复时间(Recovery time),就是系统恢复到正常状态所需要的时间。前面说过,破坏性事件对企业的影响有 8 个阶段,企业在不同的阶段所表现出来或要求的韧性是不同的,因此,时间是衡量韧性的一个重要维度。所以,比较科学的提法是界定事件发生在哪个阶段的组织韧性,或者说企业处于什么环境下的韧性。通常说的组织韧性,只能是指企业内在韧性中与时间、事件无关的部分。

在管理领域关于韧性的讨论大多还是心理学层面上讨论个人的韧性(e.g., Collins & Porras,1994;Freeman et al.,2003;Vogus & Sutcliffe, 2003;Weick,1993),而作为整体行为,组织韧性并不是个人层面韧性的简单叠加,属于系统与子系统相关关系的问题。个人韧性对组织韧性的贡献体现在因素上:组织韧性的认知要素、组织韧性的行为要素和组织韧性的情景要素。员工韧性反映的是人们对待周边变化的做法或态度,可以是由政策或实践显性的,也可以是在特定工作场所表现出来的行为或态度。相关的问题包括:员工在快速变化和不确定的环境下的胜任能力如何? 员工会因为对组织的承诺而愿意花费额外的时间完成工作吗? 当遇到难题的时候,员工得到很好的支持吗? 也有学者认为,员工韧性是指即使在面对挑战的环境氛围下,员工受到组织的激发与支持,能够利用资源积极适应、辛勤工作的能力(Na¨swall et al.,2013;Kuntz et al.,2016)。

还有研究通过测量员工在工作环境下韧性行为来评估其韧性,相关关键问题包括(Seville,2018):人们是如何有效合作,共同应对没有预期出现的挑战? 他们是如何管理高负荷的工作阶段的? 他们是如何解决工作中遇到的危机的? 他们是如何从工作的错误中学习的,如何寻求持续改进的? 他们如何对待工作反馈的? 他们如何寻求工作帮助的? 经理们可接近的程度如何? 他们在多大程度上把工作上的变化看作是成长的机会的?

员工韧性量表的目的是不评估员工个人的韧性,而是用来了解在影响员工韧性的工作环境里,员工的行为和规范。在评价脆弱性时候应考虑暴露水平、瀑布效应、供应商基础、可见性等;在分析适应性的时候应该考虑联结水平、沟通渠道、内外部资源能力等因素;在衡量恢复性的时候,相关指标包括战略管理、领导力、恢复优先持续等。在大多数情况下,外部影响因素是不受企业控制的,而内部特征是以改变来适应变化的环境的。所以,找出反映组织韧性的特征,有助于寻找到提升组织韧性的途径与策略。本书附录 3 给出了 Lee 等人(2013)的测量韧性的基本条目(www.resorgs.org.nz)。

9.5 提高组织韧性有哪些途径、方法或手段

一个组织如何创建组织的韧性呢?这是实践界和学术界共同关心的问题。然而,正因为组织韧性是一个复杂系统所表现出来的响应内外部变化和恢复系统的能力,要找到不同的企业都适用的途径与方法是困难的。反映一个组织在面对未来危机的时候所表现出来的韧性指标很多(Lee et al., 2013),可归结为相互联系的三个支柱:领导力和文化、工作网络和战略上的变革准备。韧性是组织的一种动态能力,需要组织主动培养与维持。Seville (2018)提出的模型认为,组织韧性的构建受到三个方面因素的影响(参见图 9-5):(1) 领导力与文化:包括领导力、环境知觉、创新与创造、员工敬业、决策;(2) 网络与关系:有效伙伴、内部资源、撬动知识、打破孤立;(3) 变革准备:有目的的单位、有计划的战略、压力测试、主动态度。

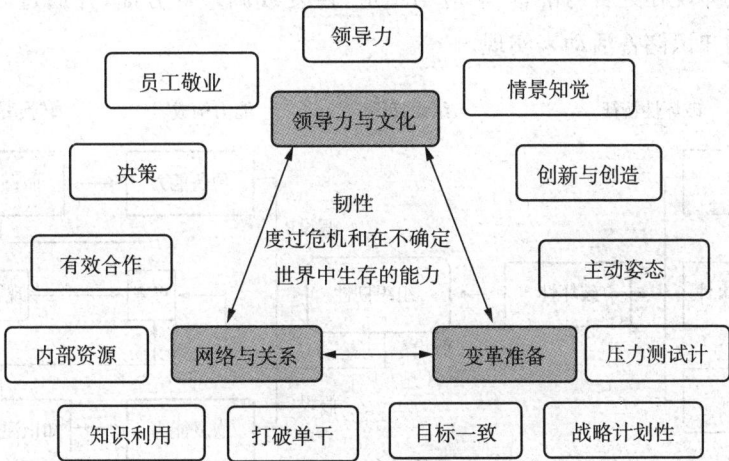

图 9-5 影响组织韧性构建的因素

来源:Seville, E. (2018). Building Resilience: How to Have a Positive Impact at the Organizational and Individual Employee Level. Development & Learning in Organizations, 32(3): 15-18.

对于关联企业(extended enterprise)的韧性构建,Erol 等人(2010)提出的框架模型建议从降低企业脆弱性、提升企业柔性、适应性和敏捷性、联结

性和相互之间的运作交付能力等方面来提升企业的韧性,并给出了关联组织韧性函数公式:关联组织韧性=f(脆弱性,柔性,适应性,敏捷性)。它们还认为,在复杂变化的环境下,孤立企业的韧性要低于处于网络中企业的韧性;但网络中企业也具有孤立企业不具有的某些脆弱性(或受到新的威胁)。因此,关联企业关系的复杂性和相互依赖性一定程度上会增加其中单个企业对于未知或不希望破坏性事件的脆弱性。

Sanchis 等人(2020)给出的组织韧性概念模型(参见图 9-6)认为,企业的韧性是由企业的准备能力与恢复能力共同决定的,它们的内涵取决于对企业而产生破坏性影响的事件类型和影响结果。通过文献回顾,Sanchis 等人总结了破坏性事件的 11 个来源(顾客、生产、分销、动力、环境、财务、库存、后勤、社会、供应、技术)和 18 个可能的后果(业务中断、声誉或品牌伤害、交货延误或取消、不能吸引和保留人才、不能满足客户需要、高库存、不能支付员工和供应商、不能交税、最终产品价格增加、生产成本增加、对最终客户产生损害、对工人产生伤害、失去知识产权或数据、失去网络化沟通、物质损失、销售降低、人员匹配不足、完不成订单),参见表 9-6,其中韧性能力的构成体现在处置与准备、响应与适应、恢复或调整等方面,并通过防御性活动和知识储备活动来实现。

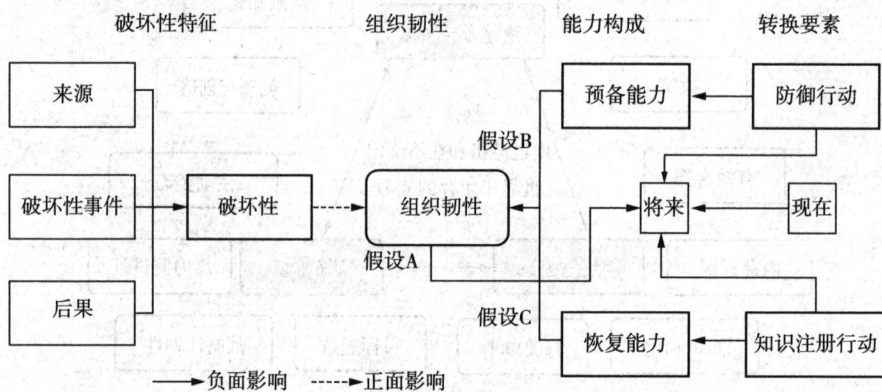

图 9-6 组织韧性的一个概念模型

来源: Sanchis, R., Canetta, L., & Poler, R. (2020). A Conceptual Reference Framework for Enterprise Resilience Enhancement. Sustainability, 12(4), 1464.

在 Annarelli 等人(2020)关于服务业企业的研究中,韧性维度是作为韧性特征与服务质量保持之间关系的中介变量,换言之,韧性特征是实现韧性的手段、措施,找出影响服务质量的最优先韧性维度,再找出影响这个(些)韧性维度的相关措施,并作为企业工作的重点;把表 9-5 作为诊断组织韧性的一个工具,逐条对照关联因素,分析其对于组织韧性维度的贡献是否到位(做的充分不充分、好不好),进而找出企业短板。

Cynthia 等人(2011)从人力资源管理的视角提出了开发企业人性能力的途径,他们将组织韧性分为认知维度、行为维度、情景维度,指出每个维度对员工共享的期待,进而提出人力资源管理的原则与实践措施,如表 9-6 所示。图 9-7 是 Teoh 等人(2013)给出的企业人性管理模型,由情景知觉、威胁剖解、重构计划三个阶段模型构成。

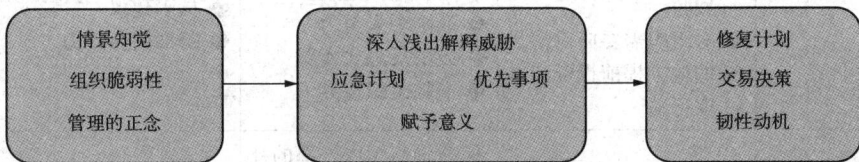

图 9-7 战略韧性管理模型

来源:Teoh, S. H., & Zadeh, S. H. (2013). Strategic Resilience Management Model: Complex Enterprise Systems Upgrade Implementation. Proceedings-Pacific Asia Conference on Information Systems,PACIS 2013.

表 9-6 促进组织韧性的人力资源原则与实践

组织韧性维度	期望员工贡献	HR 原则	HR 政策
认知维度	◆ 专长 ◆ 机会主义 ◆ 创造性 ◆ 不确定下的果断 ◆ 质疑基本假设 ◆ 提出新颖的、合适方案	◆ 与员工开发一个伙伴合作计划 ◆ 授予局部决策的权力 ◆ 创建基于团队的工作和岗位设计流程 ◆ 创建与员工理性的而不是交易的关系 ◆ 规则与程序简单化 ◆ 雇佣不同经验、观点、范式和能力的人 ◆ 非常重视多元化和个人差异性 ◆ 投资人力资本 ◆ 使用正式的、非正式的整合机制	◆ 选择性佣工 ◆ 工作安全 ◆ 跨职能工作安排 ◆ 拓展招聘来源 ◆ 持续发展的机会 ◆ 团队工作 ◆ 基于群体的激励 ◆ 持续的社会化

组织韧性维度	期望员工贡献	HR 原则	HR 政策
行为维度	◆ 设计出非传统的对前所未有的挑战鲁棒性的应对 ◆ 把原始性和自觉性结合起来面对的情景 ◆ 有时候采取非常规的行动 ◆ 重复实践、过度学习以应对意想不到的威胁 ◆ 对组织需要应对情景的地方提前投资和采取行动	◆ 开发组织二元性文化 ◆ 创造一个开放沟通与合作的氛围 ◆ 鼓励将问题解决过程与组织学习挂钩 ◆ 鼓励知识分享 ◆ 使得 HR 能够快速利用 ◆ 强调员工的柔性 ◆ 鼓励个人努力 ◆ 鼓励反思式实践 ◆ 消除组织边界	◆ 实验（允许失败） ◆ 事后评估（经验学习） ◆ 开放的架构 ◆ HR 和协同柔性 ◆ 匹配/健康 ◆ 扩展工作描述 ◆ 员工建议 ◆ 跨部门劳动力
情景维度	◆ 开发人际关系和资源供应线应具有快速行动能力 ◆ 广泛的分享信息和知识 ◆ 分享权力与责任	◆ 鼓励组织内外部的社会交互 ◆ 孕育诚实和独立的氛围 ◆ 开发沟通设施条件 ◆ 开发自我管理、自我领导力的能力 ◆ 强调贡献与产出而不是完成任务 ◆ 鼓励组织导向 ◆ 强化组织公民行为、个人责任性和基于权力的技能而不是层次地位 ◆ 创造广泛的资源网络	◆ 参加员工-客户团队和网络 ◆ 授权 ◆ 开发性沟通 ◆ 基于结果的评级 ◆ 用户友好、便利、信息整合的系统

参考：Cynthia A. Lengnick-Hall，Tammy E. Beck，Mark L. Lengnick-Hall. (2011). Developing a Capacity for Organizational Resilience through Strategic Human Resource Management. Human Resource Management Review，21：243－255.

表 9 - 7　组织韧性概念模型的内容

破坏性描述					传递因素及构成能力	
层次	来源	次来源	破坏性事件	后果	防御行动/准备能力	知识注册行动/恢复能力
外部	客户	需求	需求上的不可预见	i, iii, v, vi, xv, xvii	需求情况变化研究；需求历史异常研究；未来预测研究；需求预测体系实施；寻求额外生产能力；寻求可替换提供者；实施充分的商业管理；实施能够需求最小化变化的营销和销售实践	破坏性事件：身份、姓名、日期、时间、描述、职能领域、涉及部门、原因、法律法规方面、短期后果、长期后果、使用者；注册：日期、使用者。
内部	生产	设备机器	机器或设备的关键停机或出错	i, iii, ix, xvii	可替代方案或柔性设备的采购定义；建立与设备供应商之间生产服务系统的合同；技术服务的后向垂直一体化；全面预防维修；通过技术实现技术服务现代化；与竞争对手协议（求助竞争者）；靠最近技术服务；其他类似机器的最大化利用	历史上注册：文件编号、破坏性事件历史以及发生次数、曾经采取的防御性行动、过去恢复此类破坏性事件的经验。

恢复行动：描述、步骤、责任、时间、过程、标志、人员参与、行动的合适性。

破坏性描述				传递因素及构成能力		
外部	分销	价格	燃油价格上升	v, viii, ix, xv	与第三方、第四方物流签约；持续跟踪石油价格；定义和实施企业可承受成本范围；定义和实施最终产品的议价谈判价格	破坏性事件：身份、姓名、日期、时间、描述、职能领域、涉及部门；原因、法律法规方面、长期后果、短期后果；注册：日期、使用者；历史上注册：文件编号、破坏性事件历史上发生次数、曾经采取的防御性行动、过去恢复此类破坏性事件的经验。
外部	能源	供应	水、电、汽等的供应中断	i, ii, iii, v, x, xvii	定义和实施一旦中断出现后的议定程序；研究与实施保持企业运转的后备系统；实施与能源供应商的实时沟通系统；垂直后向整合（尤其是电力）；与能源供应商谈判中断后的赔偿	恢复行动：描述、步骤、责任、时间、参与人员、过程、标志、行动过程的合适性
外部	环境	自然	企业设施对自然的损害	i, ii, v, x, xvii, xi, xiii, xiv, xv, xvii	定义业务持续计划；定义应急逃逸方案；培训员工火灾保护安全措施；定期应急演练；模拟不同事故出现后的应对可能后果的举措	

		破坏性描述			传递因素及构成能力	
外部	金融	信用	信用受限	i, viii, xv	创建一个保护基金,确定政策以维持一定比例的货币 研究与分析公共机构支持基金的政策 外包和战略变革,聚焦于提供附加值的活动 研究求助供应链金融的可行性 通过担保企业获得信用	破坏性事件:身份,姓名,日期,时间,描述,职能领域,法律部门,原因,法律后果,短期后果,长期后果,使用者; 注册:日期,使用上注册,历史上注册,文件编号,破坏性事件经历史上发生次数,曾经采取过去恢复防御性行动,过去破坏性事件的此类恢复的经验。
	库存	低效率	包装过程重复移动	iii, vi, viii, xvii	对包装与运输过程人员培训 研究包装过程中花费的时间 研究与评价在制品库存模式 对包装方法进行系统化研究,找出最小化移动的操作方案 利用物联网技术支持库存与包装方案 设备维护以有效用于多重包装产品 将智能系统用于包装过程	恢复行动:描写人员,责任,时间,步骤,过程,标志,行动的合适性

破坏性描述				员工法律培训	传递因素及构成能力	恢复行动：描述、步骤、责任、人员、过程、标志、时间、过程、参与、行动的合适性
外部	物流	规定产品物流变化	i, ii, iii, v, xv, xvii	从正面、更好的视角定义与实施产品相关的客户可能变化	破坏性事件：身份、姓名、日期、时间、描述、职能领域、涉及部门、原因、法律法规方面、长期后果、短期后果；注册上注册：日期、使用者、历史上注册上注册：日期、使用者、历史上破坏性事件历史上号、破坏性事件历史上号、发生次数、曾经采取的防御性行动、过去恢复此类破坏性事件的经验。	
		设计企业的产品物流变化		定义与实施有关产品的新法律文件		
				设计出符合新法律的适应性产品（体积、重量、标识等）		
				设计出不同职能部门之间有效沟通系统		
				实施持续跟踪新法律或影响产品已有的法律		
内部	人事	关键员工离职	iv, xii, xvi	定义员工保护政策		
				定义员工绩效指标引导员工完成		
				定义任务、角色、绩效和完成它们的指导指标		
	社会			员工招聘、保留、外部的实施重点政策		
				促进社会事务的政策		
				注册社会人力资本		
				Know-how		

破坏性描述					传递因素及构成能力	
内部	供应	质量	供应的原材料、零部件的质量低	i, ii, v, x, xvii	寻找替代原材料、零部件	破坏性事件：身份、姓名、日期、时间、描述、职能领域、涉及部门、原因、法律法规方面、长期后果、短期后果； 注册：日期、使用者、历史上注册：文件编号，破坏性事件历史上发生次数、曾经采取的防御性行动、过去恢复此类破坏性事件的经验。 恢复行动：描述、步骤、参与人员、责任、时间、过程、标志、行动的合适性
					寻找替代供应商	
					供应商职能认证/审计	
					与供应商达成质量协议	
					建立持续跟踪供应商、原材料的系统	
					生产检查	
					原材料或零部件的安全库存	
外部、内部	技术	犯罪	网络犯罪	iii, xii, xiii, xvii	计算机系统安全培训和使用安全保护措施	
					实施使用计算机或网络的标准、协议、方法，使风险最小化	
					定义用户权力，避免越权	
					定义计算机脆弱或受到改击时候的行动	
					定义企业IT设施维护政策	
					定义病毒和防火墙软件	
					进行常规备份	
					持续跟踪流行的各种计算机威胁	

(i) 业务中断；(ii) 声誉/品牌受到损害；(iii) 交货延迟或取消；(iv) 不能吸引或保留高端人才；(v) 不能满足客户需求；(vi) 高库存；(vii) 付不起工资、货款、税收；(viii) 最终产品价格增加；(ix) 增加产品成本；(x) 损害终端客户；(xi) 失去数据或知识产权；(xii) 失去网络沟通；(xiii) 失去工人；(xiv) 物理损害；(xv) 减少了销售；(xvi) 人员配备不足；(xvii) 不能完成订购。

来源：Sanchis, R., Canetta, L., & Poler, R. (2020). A Conceptual Reference Framework for Enterprise Resilience Enhancement. Sustainability, 12 (4), 1464.

9.6　有待研究的问题

Conz 和 Magnani(2020)指出,现有研究的不足在于:第一,没有明确与组织韧性相关各种能力之间的关系;第二,没有指出各种能力之间的前后逻辑;第三,不同条件下各种韧性能力的表现效果,尤其是两种不同的组织韧性形成路径的优劣,缺乏实证研究和边界界定;第四,面对一个具体的破坏性事件,尚未有答案回答是采用吸收路径还是适应路径。因此,相关的研究需要考虑以下几点:

(1) 组织韧性的研究应该包括时间因素,将组织韧性看成是一个动态的过程表现,从而研究在事件发生的不同时间段内企业应该采取的对策,或应该具备什么样的能力。

(2) 对于组织韧性形成的两条路径中各种能力的测量、关系测试和如何开发、利用,以及两种路径及其能力的有效性等,都有待进行深入的企业调查和实证分析。

(3) 组织韧性的效果分析,也就是不同路径下导致的企业绩效、创新能力、竞争优势,以及它们在不同行业、地区等背景条件下的差异性,深化韧性企业与非韧性企业的绩效差异对比。

第 10 章

组织韧性研究脉络、热点揭示与未来展望[①]

本文基于 1992—2020 年 Web of Science 核心合集数据库中 382 篇与组织韧性高关联的文献，运用 HistCite 和 VOSviewer 可视化科学工具绘制了组织韧性的引文编年图和主题词汇聚类图谱，刻画了组织韧性的研究脉络，并探析了组织韧性当前研究的热点主题。研究发现，现有文献中存在 5 个学科研究脉络——个体韧性、团队韧性、战略韧性、环境韧性和供应链韧性，以及供应链管理与冲击应对、敏捷性运营与战略柔性、领导者特质与自我超越、积极心理学与情感管理、价值观管理和组织承诺、利益相关者与社群治理、创业者韧性与社会资本这 7 个富有研究价值的热点方向与主题的词汇。本研究为组织韧性研究的主题选择与框架构建提供参考，也为进一步研究给出了建议。

10.1 引言

COVID-19 疫情这一空前未有的大危机，如浓雾般笼罩在人类合作秩序之上。人类社会面临的总体风险与以往截然不同，颠覆性事件的出现频率越来越高，危害越来越重，全球传播范围越来越广，更重要的是，预测难度越来越大。为应对这样的全新风险格局，组织必须调整战略，改革运营和业务模式，增强组织抵御危机的韧性。目前组织韧性相关研究在高质量管理

---

① 本文由陶颜、柯红艳、何佳曦、刘洪撰写，发表在《科学与管理》，https://kns.cnki.net/kcms/detail/37.1020.G3.20210705.1412.004.html。

学期刊中频现,组织韧性也是《哈佛商业评论》《清华管理评论》等实践类期刊上的热点词汇。组织韧性是组织面临内外部冲击和破坏性时,所呈现出的临危不溃和得以复原的能力(Annarelli & Nonino,2016;Weick,1993)。在新冠病毒危机爆发前的 2016—2019 年间,前沿管理学期刊上接连刊登了 3 篇重要综述(Annarelli & Nonino,2016;Linnenluecke,2017;Williams et al.,2017),表明主流管理学研究开始正式接纳和系统讨论组织韧性,并吸引着学术研究、商业实践、公共政策和大众媒体的目光。

虽然组织韧性理论极有发展前途,但目前这一主题的研究还比较分散,学科视角和讨论主题也高度差异化(Linnenluecke,2017)。已有研究借助物理学、生态学、心理学和工程学等多学科原理,围绕韧性工程、灾害防范、应急管理、供应链韧性等领域问题进行了探讨,但对复杂多维、动态多层的组织韧性的本质仍然缺乏揭示(张公一等,2020)。实际上,同组织绩效一样,组织韧性是一个整体性概念,来自多层次和多方面的因素共同塑造了组织韧性。因此,为了整体性地理解组织韧性,我们需要:(1)梳理组织韧性的理论脉络,描绘系统化与启发式的研究图景;(2)分析组织韧性领域的热点主题和发展趋势;(3)提出未来研究的可能方向。为了实现上述研究目标,我们使用知识图谱分析这一情报学方法,采用 HistCite 和 VOSviewer 这两个文献计量与可视化软件,基于 Web of Science 数据库,对 1992—2020 年间 382 条与组织韧性高关联文献的数据集进行了文献计量分析。

本文首先描述了组织韧性研究的概貌,包括增长趋势、期刊分布、核心作者与重要文献;随后分析发现组织韧性在理论渊源上与意义构建(Weick,1993)、积极组织行为(Youssef & Luthans,2007)、领导者韧性(Coutu,2002)、员工关系与心理韧性(Gittell et al.,2006;Shin et al.,2012)等视角的紧密联系;接着描绘出现有研究中存在的 5 个研究脉络,包括:个体韧性、团队韧性、战略韧性、环境韧性和供应链韧性,并提炼出供应链关系与冲击应对、敏捷性运营与战略柔性、领导者特质与自我超越、积极心理学与情感管理、价值观管理和组织承诺、利益相关者与社群治理、创业者韧性与社会资本这 7 个富有价值的热点主题;最后,给出未来研究展望。本文研究贡献一方面在于可视化地综述了领域文献,为研究者描绘了理论发展脉络和代表文献要点;另一方面揭示了当前研究热点主题,为组织韧性塑造机制研究和实证研究的展开提供了参考方向。

10.2 研究方法与数据

10.2.1 研究方法

文献计量学中的知识图谱方法认为,学科主题是随时间推移而不断变迁的,其内在逻辑遵从范式演进思想(Kuhn,2012;陈悦等,2015)。信息可视化(Information visualization)和共词分析(Co-word analysis)技术是知识图谱方法的基础。信息可视化是指用图形表示数据,以发现信息并指导决策(靖培栋,2003);共词分析法的原理是通过两两统计一组词在同一篇文献中的出现频次,形成共词网络,网络节点之间亲疏关系可以反映研究主题的结构变化(冯璐、冷伏海,2006)。在本文研究过程中,我们运用了 HistCite 和 VOSviewer 软件:HistCite 软件不仅适合分析核心作者、研究机构、核心文献等文献计量指标,更长于建立文献引证关系和主题发展脉络(韩毅和金碧辉,2012);VOSviewer 则擅长于运用可视化呈现作者网络、共被引网络、耦合网络以及主题共现网络,有助于帮助人们理解研究主题分布情况,并反映特定领域研究热点(Eck & Waltman,2020)。因此,我们整合这两种软件的相对优势,首先运用 HistCite 中的本地总引次数(Total local citation score,TLCS)与全库总引次数(Total global citation score,TGCS)来定位主要学术期刊等信息,并参考本地引用次数(Local citation score,LCS)生成书目地图,作为文献阅读指引;其次,我们使用 VOSviewer 软件对作者合作关系进行分析,基于关键词共现网络来分析组织韧性研究热点;最后,在文献计量工作的基础上,进一步探讨了未来的研究。

10.2.2 数据来源

本文文献数据来源于"Web of Science 核心合集"数据库。首先,我们以布尔检索式 resilien * near/30(organi? ation *),在 Web of Science 的 SSCI 数据库中进行主题(包括标题、摘要或关键词)检索:(1) 使用星号(*)作为通配符,搜索韧性(Resilience)等词汇的变体(例如 Resilient 或 Resiliency);(2) 使用布尔运算符 Near 而非 And,将关于"组织"和"韧性"两个检索词的间距限定在 30 个单词以内,这个操作细节有助于检出高关联文献

(Moore,2011);(3) 为避免检索范围过大而模糊了本文的主题,我们在"Research Areas"选项上选取"Business"和"Management"学科类别,文档类型(Document Type)选择 Article、Review 和 Early access 三类。其次,我们再人工复查每条文献标题、摘要和关键词,必要时参考文献全文,以判定是否纳入文献计量范围,最终获得 1992—2020 年间 382 条与组织韧性高关联文献的数据集。

10.3 组织韧性的研究概貌

10.3.1 增长趋势与期刊分布

（1）增长趋势

我们统计了历年文献的发表情况,并对累计发表数据进行曲线拟合,结果如图 10-1 所示。可以看到,组织韧性文献累计增长趋势符合指数增长规律,拟合优度 R^2 值为 0.9843,并且增长过程可以细分为三个阶段:(1) 从 1992 年到 2006 年,历年发文量不大,增长趋势不明显,研究处于探索期;(2) 从 2007 年到 2015 年,历年发文量上了新台阶,累计发文量与拟合曲线基本吻合,研究处于增长期,其中在 2013 年出现一个论文发表数量小高峰;

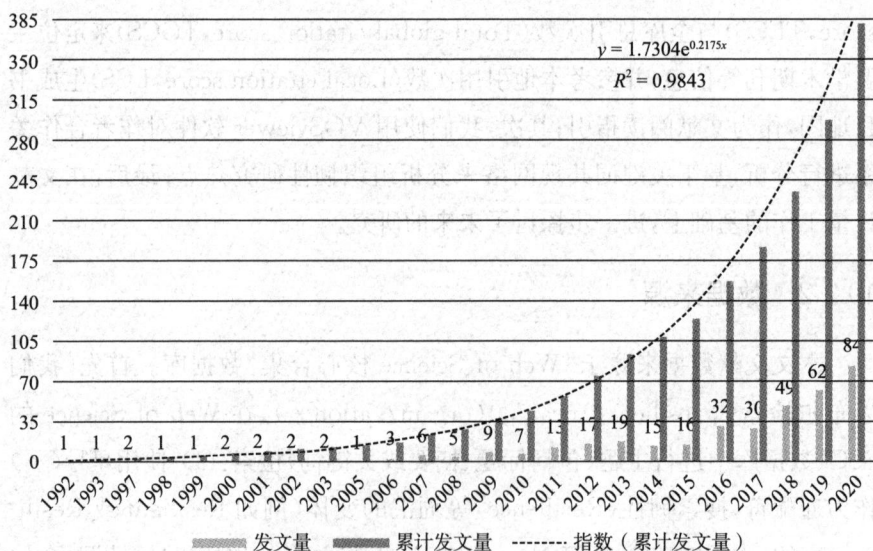

图 10-1 组织韧性相关研究时间分布图(1992—2020)

180

（3）2016 年发文量相较于 2015 年出现倍增，此后累计发文量与陡峭的拟合曲线始终贴近，研究处于爆发期，并呈现出快速增长、方兴未艾的态势。

（2）期刊分布

借助 HistCite 软件，我们计算了样本文献中 133 个期刊的 LCS。而全库总引次数 TLCS 值越高，说明期刊的影响力越高。我们以 TLCS＞18 为截断点，得到 16 个期刊，分布结果如表 10－1 所示。可以看到，有关组织韧性的研究，从发表数量上看，Journal of Applied Behavioral Science（11 篇）、Supply Chain Management（14 篇）、Business Strategy and the Environment（11 篇）、International Journal of Human Resource Management（13 篇）属于最领先的 4 本期刊。然而，主流的组织与战略管理期刊，在组织韧性研究上也不遑多让，发表在 Journal of Management、Administrative Science Quarterly、Academy of Management Journal、Harvard Business Review 这四本期刊上的相关论文，在组织韧性领域都具有较大的影响力（TLCS、TGCS 值高）。我们认为，随着组织韧性研究，从环境生态、供应链安全、高可靠性组织研究领域，向组织与战略研究领域不断迈进，会有越来越多的重要论文发表在主流组织与战略管理期刊上，这对于研究者来说，也是一个重要的机会。

表 10－1　组织韧性研究文献的期刊分布

＃	期刊名称	TLCS	TGCS	篇数
1	Journal of Applied Behavioral Science	80	614	11
2	Journal of Management	72	1059	6
3	Administrative Science Quarterly	58	1758	2
4	Harvard Business Review	50	354	2
5	Academy of Management Journal	48	233	6
6	Supply Chain Management-an International Journal	45	277	14
7	Business Strategy and the Environment	32	218	11
8	International Journal of Management Reviews	31	76	3
9	European Management Journal	28	113	5
10	Human Relations	23	157	6

＃	期刊名称	TLCS	TGCS	篇数
11	International Journal of Human Resource Management	23	106	13
12	Asia Pacific Journal of Human Resource	22	61	2
13	Journal of Organizational Behavior	21	399	2
14	Omega-International Journal of Management Science	21	150	4
15	Academy of Management Annals	18	32	2
16	Business & Society	18	102	3

注:本地年均总引用次数(Total local citation score per year,TLCS/t),总年均引用次数(Total global citation score per year,TGCS/t)

限于篇幅,仅列示 TLCS 为 18 次及以上的期刊,有兴趣的读者可与作者联系。

10.3.2　核心作者与重要文献

(1) 核心作者分析

382 篇样本文献共有 963 位作者。根据普赖斯的理论,发表 N 篇及以上论文的作者为核心作者,计算公式为 $N = 0.749(n_{max})^{1/2}$,其中,n_{max} 为发文量最多作者的论文篇数(邱均平,2007)。在样本文献中,组织行为学资深教授 Fred Luthans 发文量最多,共 8 篇文献,计算得出 $N=2.118$。因此,我们将发文量≥3 篇以上作者列为核心作者,得到核心作者 23 位,仅占全部作者人数的 2.4%。这表明:组织韧性研究受到了多个领域学者的关注,但同时整个领域的核心作者群尚处于成长阶段。

我们运用耦合分析(Bibliographic coupling)以展现核心作者之间研究关系。耦合分析既能直接反映学者之间的实质合作,也能间接反映学者之间的一致兴趣(Eck & Waltman,2020)。基于该原理,我们使用 VOSviewer 软件,生成 23 位核心作者研究关系图(图 10 - 2),得到 5 个聚类:(1) 红色聚类:该聚类有 11 位作者,核心作者是 Linnenluecke 与 Griffiths,两者合作关系较为紧密。Linnenluecke 是澳大利亚麦格理大学(Macquarie University)企业可持续发展和环境金融中心的教授,其研究方向是组织的气候适应战略。她的主要合作者是澳大利亚昆士兰大学(The University of Queensland)研究气候变化与组织可持续发展的 Griffiths 教授。(2) 绿色聚类:该聚类有 5 位作者,核心作者是美国内布拉斯加大学(University of

Nebraska)Luthans 和贝尔维尤大学(Bellevue University)Youssef,他们是积极组织行为与心理资本理论的开创者,他们的成果影响了员工韧性、工作场所韧性的相关研究。(3) 蓝色聚类:该聚类有 3 位作者,代表作者是新西兰坎特博雷大学(University of Canterbury)心理学院 Kuntz、商业与法律学院 Malinen、理学院 Naswall,虽然她们三位来自不同的学院,但研究重点都是组织行为和心理学领域,侧重于工作场所福利、灾害管理以及员工和组织韧性,一起紧密合作发表了 3 篇有关工作场所与员工韧性方向的论文;(4) 黄色聚类:该聚类有 2 位作者,Hernantes 和 Labaka 紧密合作,其主要研究领域是利益相关者与组织韧性,Hernantes 任教于英国莱斯特德蒙福特大学(De Montfort University),主要研究方向是危机管理与危机中的组织学习;(5) 紫色聚类:该聚类有 2 位作者,Martinez 和 Marisa Salanova 主要研究团队韧性与工作绩效问题,他们两位都来自西班牙海梅一世大学(Universitat Jaume I)的社会心理学系,其中 Salanova 教授 H 指数高达 79,她从积极心理学角度讨论了团队韧性等问题,发布了很多演讲视频。

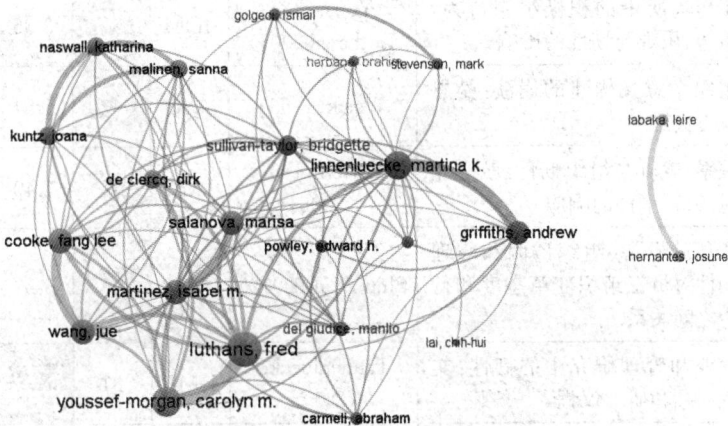

图 10 - 2 核心作者研究关系图

注:每个节点表示一位作者,节点大小表示作者发文量,颜色深浅表示作者所属簇群,连线宽度表示作者之间关系强度。

(2) 重要文献分析

在 HistCite 分析中,LCS、LCS/t 和 LCS(e/b)这三个指标可以帮助检出领域内的重要文献:(1) LCS 值越高,说明该文献领域影响力越大。我们以 LCS≥11 为标准,提取出 22 篇文献(表 2),其中前 5 篇文献 40♯(Weick,1993)、50♯(Coutu, 2002)、56♯(Gittell et al., 2006)、62♯(Youssef &

Luthans,2007)、105♯(Shin et al.,2012)是本领域重要源头文献;(2) LCS/t值(LCS值除以数据获取年份与论文发表年份之间差值)则考虑了时间因素,文献LCS/t值高,也能说明该篇文献具有长期影响力,例如表 10-2 中的 210♯(Linnenluecke,2017)和 212♯(Williams et al.,2017)文献;(3) LCS(e/b)(近期本地数据集中被引次数与该文献刚发表时期被引次数的比值),若 LCS(e/b)>1,则说明该论文在近期被引次数要大于刚发表时期,数值越大则该文献近期被关注度越高,在表 10-2 中,40♯(Weick,1993)、75♯(Powley,2009)、49♯(Rudolph & Repenning,2002)、144♯(Bardoel et al.,2014)文献的 LCS(e/b)值>6,说明这些文献在近期受到了研究者们高度关注。在下一节中,我们将结合引文编年图(图 10-3)和本表进行进一步解释。

表 10-2 组织韧性重要文献及其影响力

♯	文献标题	作者	期刊	LCS	LCS/t	LCS(e/b)
50	韧性如何发挥作用?	Coutu(2002)	HBR	47	2.47	4.40
62	工作场所中的积极组织行为:希望、乐观与韧性的影响	Youssef & Luthans(2007)	JOM	47	3.36	4.00
40	组织中意义构建的崩溃:曼恩峡谷灾难	Weick(1993)	ASQ	43	1.54	7.00
56	关系、裁员与组织韧性:航空业对"911"事件的响应	Gittell et al.(2006)	JABS	36	2.40	1.57
105	变革的资源:组织诱因和心理韧性对员工组织变革态度和行为之间关系	Shin et al.(2012)	AMJ	35	3.89	2.71
210	商业和管理研究中的韧性:文献回顾和研究议程	Linnenluecke(2017)	IJMR	31	7.75	null
60	兴起中的积极组织行为	Luthans & Youssef(2007)	JOM	21	1.50	2.67
75	重拾韧性与安全:在危机的关键时期激活韧性	Powley(2009)	HR	19	1.58	7.00
138	韧性架构框架:四种组织范型	Limnios et al.(2014)	EMJ	19	2.71	3.00
83	超越适应:在气候变化和极端天气下的企业韧性	Linnenluecke & Griffiths(2010)	B&S	18	1.64	5.50

＃	文献标题	作者	期刊	LCS	LCS/t	LCS(e/b)
212	组织对逆境的反应：融合危机管理和韧性研究流派	Williams et al.（2017）	AMA	18	4.50	null
118	关系质量和美德：作为个体与团队韧性之源的情感承载力	Stephens et al.（2013）	JABS	17	2.13	2.50
49	灾难动力学：理解数量在组织崩溃中的作用	Rudolph & Repenning（2002）	ASQ	15	0.79	6.00
101	极端天气事件下预期适应和组织韧性在应对冲击中的重要性	Linnenluecke et al.（2012）	BSE	14	1.56	5.00
64	支持性组织氛围-员工绩效关系中的心理资本中介作用	Luthans et al.（2008）	JOB	13	1.00	5.00
112	组织韧性：一个概念性整合框架	Kantur & Iseri-Say（2012）	JMO	13	1.44	2.67
144	员工韧性：人力资源管理的新挑战	Bardoel et al.（2014）	APHR	13	1.86	11.00
52	信息系统组织韧性	Riolli & Savicki（2003）	Omega	12	0.67	1
135	精简流程：建立供应链韧性的前置因素	Scholten et al.（2014）	SCM	12	1.71	2.33
66	积极的员工可以帮助积极的组织变革吗？心理资本和情绪对相关态度和行为的影响	Avey et al.（2008）	JABS	11	0.85	null
120	韧性组织：一个批判性评价	Boin & Van Eeten（2013）	PMR	11	1.38	3.50
195	建立抵御力或提供支持：海地地震后新兴企业的不同发展路径	Williams & Shepherd（2016）	AMJ	11	2.20	null

注：＃代表在本文检索文献集内的标示号；表格中的黑色底纹代表重要文献；期刊缩写如下：HBR＝Harvard Business Review，JOM＝Journal of Management，ASQ＝Administrative Science Quarterly，JABS＝Journal of Applied Behavioral Science，AMJ＝Academy of Management Journal，IJMR＝International Journal of Management Reviews，HR＝Human Relations，EMJ＝European Management Journal，B&S＝Business & Society，AMA＝Academy of Management Annals，JABS＝Journal of Applied Behavioral Science，BSE＝Business Strategy and the Environment，JOB＝Journal of Organizational Behavior，JMO＝Journal of Management & Organization，APHR＝Asia Pacific Journal of Human Resource，Omega＝Omega-International Journal of Management Science，SCM＝Supply Chain Management-an International Journal PMR＝Public Management Review，AMJ＝Academy of Management Journal。

10.4 组织韧性界定、研究脉络与热点主题

10.4.1 组织韧性内涵

通过阅读所提取出的组织韧性研究重要文献,本文首先界定组织韧性的概念内涵。在 Williams 等(2017)看来,组织韧性(Organizational Resilience)是组织构建和使用其能力禀赋(Capability endowments,包括财务能力、认知能力、行为能力、情感能力、关系能力),通过积极调整和维持运作,在逆境之前、期间和之后持续与环境互动的能力。本文综合文献认为,组织韧性具有三个明显特征:第一,"临危不溃"是指组织在危机冲击下不易瓦解崩溃,呈现出稳健性和可靠性(Linnenluecke, 2017; Weick & Roberts, 1993);第二,"复原的回",对应于国外组织韧性文献语境中最常见词汇"Bounce back",它刻画了组织受到危机冲击后恢复的能力,并据此产生了一批优质实证研究(Desjardine et al., 2019; Stoverink et al., 2020);第三,"欣欣向荣",表现为组织运行能力的提升(Kahn et al., 2018),或者跃迁到"一个新的期望状态"(Annarelli & Nonino, 2016),因为有了"欣欣向荣"内涵,组织韧性就与短期的组织复苏(Organizational turnaround)议题有所区分(Trahms et al., 2013),从而成为指向持续生存的长期战略。

在组织韧性的操作性定义上,现有研究分为结果视角和过程视角两种。如果将韧性视为一种结果,采纳"危机即事件视角"(Crisis-as-event perspective),那么组织韧性就是危机事件发生后的组织复原能力。在实证研究中,学者们多从结果视角提出组织韧性的操作性定义,例如基于股价变动情况,通过损失严重程度和复原所需时间来测量组织韧性(Desjardine et al., 2019; Buyl et al., 2017),或者基于财务波动性与成长性来测量组织韧性(Ortiz-De-Mandojana & Bansal, 2016)。如果将韧性视为一个过程,采纳"危机即过程视角"(Crisis-as-process perspective),组织韧性就是组织从前至后穿越危机而非屈服其下的能力。例如 Williams 等(2017)将"韧性"定义就侧重于将组织韧性理解为组织与环境互动的过程能力,Conz 和 Magnani(2020)把组织韧性理解为吸收韧性(Absorbtive resilience)和适应韧性路径(Adaptive resilience)两类。实际上,组织研究者可以整合两种视

角进行思考,过程视角定义有利于组织考虑韧性构建问题,而结果视角定义则有利于使用清晰易获取的数据来测量组织韧性。

10.4.2 研究脉络描绘

引文编年图是 HistCite 最重要、最有特色的可视化结果,可直观呈现本领域重要文献之间纵向继承和横向联系的交流态势,该功能强于 VOSviewer。在本研究的 382 篇样本文献中,我们以 LCS≥5 为标准,提取出 40 篇文献生成引文编年图(图 10 - 3):

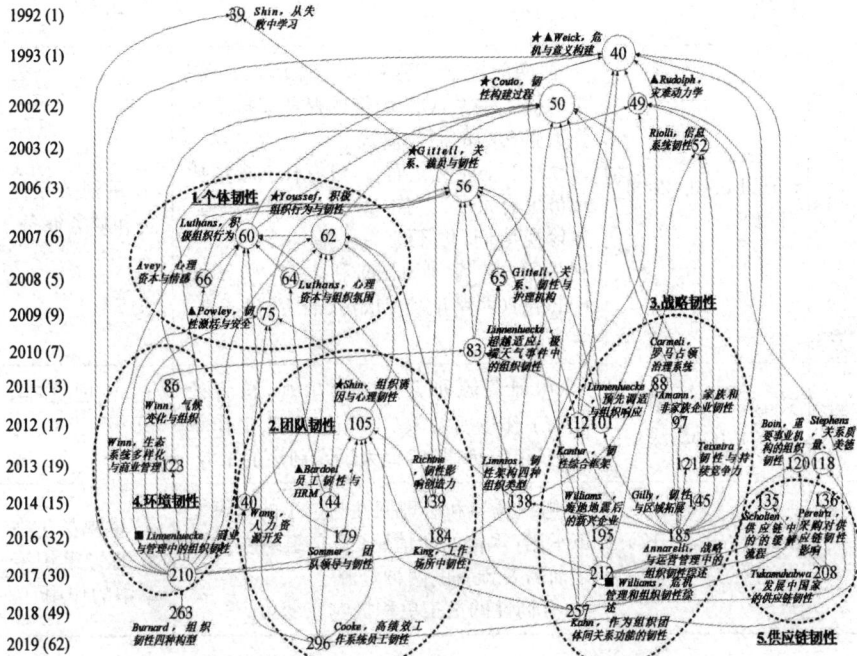

图 10 - 3 基于 Hist Cite 的组织韧性文献引文编年图

注:每个圆圈代表一篇文献,圆圈的大小代表文献被引用量,圆圈间的箭头表示文献之间的引用关系,箭头指向被引文献,箭尾指向引证文献。★标注的文献代表该领域的源头文献,■标注的文献代表该领域近期发表的综述文献,▲标注的文献代表该领域近期关注度升高的文献。同时,我们也能根据线的密集程度来分析该领域最新研究情况,若线很密集,说明该领域最新研究很活跃,文献之间的相互引用也很频繁。另外,2020 年发表的文献数量有 84 篇,但因这些文献的 LCS≤1,因此未能呈现在引文编年图中。

表 10 - 3　组织韧性研究的 5 篇源头文献

#	作者/期刊	组织韧性构建要点	评述
40	Weick （1993）/ASQ	· 危机时期的意义构建（Sensemaking），指对现实进行合理化意义解释；意义整合，指尊重彼此主体身份，分享经验知识，建构并持续整合"意义" · 即兴运作、虚拟角色系统、智慧态度和尊重互动的重要性	· 重视主体间性哲学和社群共同体
50	Coutu （2002） /HBR	· "911 事件"给组织与个人带来冲击 · 韧性过程：直面悲伤现实、寻找正面意义、持续即兴创作	· 个体韧性的建立过程
56	Gittell et al.(2006)/JABS	· 西南航空韧性强的三个原因：(1) 积极的员工关系，(2) 稳健的财务安排，(3) 强大生命力的商业模式 · "对于企业文化而言，没有什么事情比裁员更有害了"，"你希望你的员工知道，你珍视他们，你不会为了短期多挣一点利润而损害他们的利益"——Herb Kelleher(西南航空创始人兼 CEO，2019 年去世)	· 重视关系储备和财务储备
62	Youssef ＆ Luthans (2007)/JOM	· 心理资源能力（希望、乐观，自我效能）、工作场所绩效（工作满意度、工作幸福感、组织承诺）解释为组织韧性的来源	· 心理资本、积极组织行为视角
105	Shin et al.（2012)/AMJ	· 组织诱导和心理韧性与员工的组织变革承诺（规范的和情感的）是组织在危机之前需要预备的两种资源 · 有韧性的员工更积极响应变化	· 重视员工在危机与组织变革中的作用

这 40 篇文献分布在 1992 年至 2019 年，其中，5 篇源头文献（图 10 - 3 中标★文献和表 10 - 3）从意义构建（Weick，1993）、积极组织行为（Youssef ＆ Luthans，2007）、领导者韧性（Coutu，2002）、员工关系与心理韧性（Gittell et al.，2006；Shin et al.，2012)视角，开启了组织韧性的研究热潮，并衍生出 5 个研究脉络（图 10 - 3）：一是以 Youssef 和 Luthans 为核心的个体韧性研究；二是以 Shin 为核心的团队韧性研究；三是 Carmeli 和 Williams 为核心的战略韧性研究；四是以 Linnenluecke 为核心的环境韧性研究；五是以 Scholten 为核心的供应链韧性研究。

（1）个体韧性

Youssef、Luthans 和 Avey 三位学者共同发展了积极组织行为与心理资本理论，这一脉络研究与 50♯ 的 Coutu（2002）这篇源头文献有着紧密联系，强调了个体韧性的价值。积极组织行为学与传统组织行为学的差异在于，其将研究重点放在如何采取积极方法和发挥员工优势以提高组织绩效上。Luthans 等（2016）提出心理资本是积极组织行为的基础，心理资本包括四个互相协同的要素，即自我效能、乐观、希望和韧性，他们开发了心理资本测量和干预的方法。在后续的系列研究中，他们发现心理资本（希望、乐观和韧性）与期望的工作成果（工作满意度、工作幸福感、组织承诺和绩效）之间存在正相关关系（Luthans & Youssef，2007；Youssef & Luthans，2007）。Avey 等（2008）则提出心理资本通过影响员工的积极情绪，进而影响组织变革行为，Powley（2009）研究了在意外组织危机（商学院的枪击事件）下通过帮助成员激活韧性进行形成组织韧性的过程机制。可以说，组织由个体组成，从个体韧性出发来讨论组织韧性，是一种自然的思路。

（2）团队韧性

第二个脉络是团队韧性，它与 56♯ 的 Gittell 等（2006）这篇源头文献和个体韧性脉络紧密联系，强调了团队中关系与情感的价值。Gittell 等（2006）细致分析了美国西南航空案例，她发现，该公司韧性强的首要原因，就是公司管理层历来重视建设相互信任、积极合作的人际关系和企业文化。在美国航空业中，西南航空一直以良好的劳资关系著称。从 1998 年财富杂志开始评选"最佳雇主"榜单以来，西南航空长期高踞榜首。在历次经济危机中，西南航空也从来不用裁员手段来降低成本，"9·11事件"之后也是如此，西南航空的这种关系储备对于员工的个体韧性发展极为重要。而具有个体韧性的员工对环境变化的反应也更积极，更能够从逆境和艰难中复原并积极投身于组织变革（Shin et al.，2012）。因此，这个脉络的研究主张韧性并非是一种天生具有的能力，可通过后天的培养和学习所拥有，并形成工作场所韧性（King et al.，2016），从而在韧性开发过程中建立员工心理资本，提升其创造力（Richtnér & Löfsten，2014）和应对变化、逆境或风险的能力（Bardoel et al.，2014）。

（3）战略韧性

前面两个脉络主要限于个体和团队层面，主要属于组织行为学和心理学方面的研究,而第三个脉络则构成组织韧性研究的核心议题,即组织战略层面的韧性——韧性的产生源于战略和行动。其中,Kahn 等(2018)发表在AMR 上的研究与团队韧性研究脉络有一定关联,他们基于组间关系(Inter-group relations)理论,探究了关键部门和相邻部门之间的组间压力,通过整合、否认、改造三条路径塑造了组织整体的韧性水平,并提出组织韧性有助于组织获取并分析现实信息和理解复杂环境。而 Carmeli 和 Markman(2011)另辟蹊径地做了个有趣研究,他们基于罗马共和国 1000 多年的历史数据,讨论了捕获和治理策略与组织韧性的关系。他们认为,捕获策略与市场扩展有关,而治理策略是组织吸收、保留、捍卫并增强其在附属市场中的主导地位的能力。在战略韧性脉络中,还出现了两个重要综述文献,一是Annarelli 和 Nonino(2016),将战略与运营层面的组织韧性整合起来加以研究;二是 Williams 等(2017),整合了危机和组织韧性研究,提出组织韧性是组织构建和使用其能力禀赋,通过积极调整和维持运作,在逆境之前、期间和之后持续与环境互动的过程。

(4) 环境韧性

实际上,除了政治、经济的突发危机,环境危机对于组织的影响更加持久和频繁。气候的大规模不连续变化对人类生活产生着巨大影响,韧性是应对气候变化的有效措施(Winn et al.,2011),所以有一批学者从环境的角度研究了组织韧性,并且以 Business Strategy and the Environment 这本期刊为核心阵地。Clement 和 Rivera(2017)提出,根据生态逆境的数量,组织会采取不同的战略(适应或转变),适应战略需要因逆境水平的变化而变。Tisch 和 Galbreath(2018)观察到新西兰农场主基于熟人社会关系,在农业经营方面主动构建"社群意识",形成了对抗恶劣天气的组织韧性。Winn 和Pogutz(2013)探讨了组织如何管理与自然环境的关系,以免破坏自然界提供的维持生命的基础。环境策略研究学者 Linnenluecke,长期关注环境不确定情况下组织的应对机制与相应策略,在 2017 年发表了一篇综述文章(Linnenluecke,2017),讨论了商业与管理研究中的韧性,同 Annarelli 和Nonino(2016)、Williams 等(2017)一起构筑了组织韧性研究的新起点。

(5) 供应链韧性

在图 10-3 的右下角,是供应链韧性研究,反映了学者们围绕供应链中断和恢复问题研究了组织韧性。Scholten 等(2014)系统分析了供应链(再)

设计、协作、敏捷性、风险意识和知识管理之间的组合关系,提出一个整合化的供应链韧性框架,并强调缓冲流程是建立供应链韧性的先决条件。Tukamuhabwa 等(2017)认为发展中国家组织构成了全球供应链的重要组成部分,管理者需要了解供应链网络的嵌入性,在制定供应链策略时要从整体上进行审视。Pereira 等(2014)基于系统文献综述法发现,组织内和组织间利益冲突会影响供应链韧性,而采购活动的引入,有利于解决上述问题,并增强供应链韧性。在贸易战和新冠病毒等非常规事件引发的供应链中断的背景下,供应链韧性的意义尤为凸显,组织也需要在整个供应链和更广泛的利益相关者网络中,开发有关供应链协作和替代机制,以保障组织韧性(Scholten et al.,2019)。

韧性衍生于逆境,根植于时代背景,肇始于 1990 年代的组织韧性研究,贯穿了 2001 年"9·11"恐怖袭击事件、2008 年全球金融危机和 2020 年新冠病毒危机,相关研究也从对高可靠性系统、危机管理、突发事件、天气灾难等的响应,转移到高度不确定性的环境和组织日常活动等事件的管理上。就目前的研究总体上看:第一,不同脉络的研究密度存在较大差异,例如个体韧性中的研究相互联系较为紧密,而战略韧性中的研究相互联系相对稀疏;第二,各研究领域之间相互交叉、分层发展,未来学者可以从跨领域、跨层次角度来展开组织韧性研究;第三,从 Weick(1993)到战略韧性之间的研究联系,存在过主导理论缺失、脉络延伸中断的问题,理论发展经历了从个体韧性到团队韧性的迂回,未来研究可在缺失的空白领域中深入挖掘。

10.4.3　热点主题探析

在本研究文献集中,近五年文献有 257 篇,近十年文献有 337 篇,分别占总数 382 篇文献中的 67.3% 和 88.2%,因此,我们可以直接使用自然语言处理与可视化工具 VOSviewer 软件的主题词共现(Co-occurrence)功能来展现组织韧性领域的热点主题。具体而言,我们以文献"摘要"作为文本分析对象,采用"全部计入"方式,词条频次阈值设置为 10,相关性阈值设置为 60%,提取出 150 个主题词,然后删除 Method、outcome、relationship、assumption、Support 等同行文表述与研究方法有关的词条,并删除低相关性词条(Relevance<1)(Eck & Waltman,2020),从而得到 42 个核心主题词,并以 Linlog 方法生成共词图谱(图 10-4),包括供应链管理与冲击应对、敏

捷性运营与战略柔性、积极心理学与情感管理、领导者特质与自我超越、创业者韧性与社会资本、利益相关者与社群治理、价值观管理与组织承诺这 7 个聚类，其中 5、6 聚类处于研究的核心位置，属于需要重点关注的领域，1、2、4 聚类内部主题词之间联结较为紧密，是当前研究较为成熟的领域。

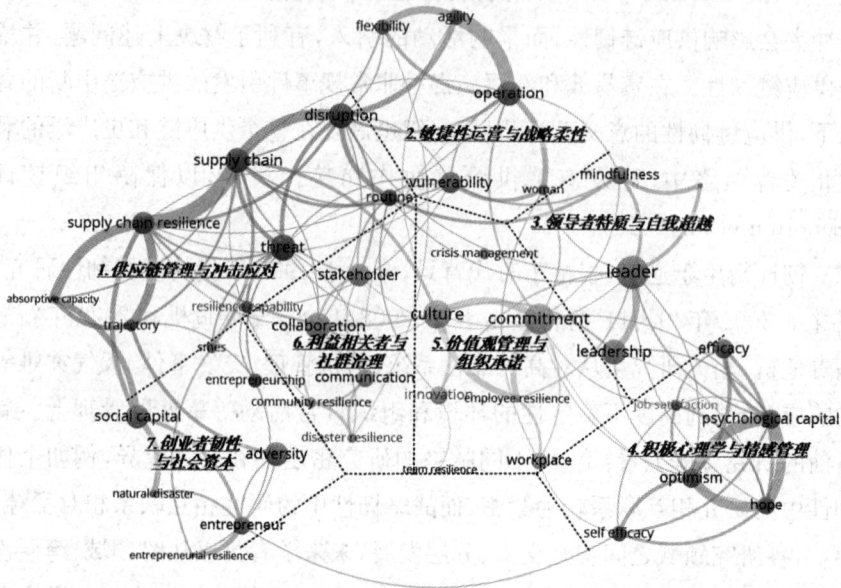

图 10-4 基于 VOSviewer 的组织韧性研究主题词汇聚类图谱

（1）供应链管理与冲击应对

"断供"是贸易战和新冠疫情期间，频频牵动企业神经的字眼。诸如芯片、光刻机和光伏特种材料等产品的中断，击碎了数十年贸易自由化理论所构建的幻境。崛起中的中国企业已经深刻认识到了供应链韧性的重要性。一方面，组织需要重视供应链自动化趋势及技术（例如射频识别、大数据、物联网、区块链和人工智能）对供应链韧性的影响。另一方面，组织也需要关注战略设计与供应链韧性的融合，怎样构建富有供应链韧性的商业模式，怎样设计供应链内在的学习机制(Scholten et al.,2019)，如何看待供应链韧性与盈利能力、利润率、资产周转率、短期流动性、长期偿债能力等业绩指标间的关系，都是组织需要关注的问题(Shashi et al.,2019)。

（2）敏捷性运营与战略柔性

意外危机事件既从职能层面对研发、财务、运营、营销活动提出敏捷运作要求,也从战略层面对柔性提出要求(Nadkarni & Narayanan,2007)。战略柔性的重要意义在于让身处不确定环境的企业,在面对不断涌现的新技术、新市场、新规则等不连续事件时,能够快速调整资源部署、投放资源于新行动,从而保持竞争优势(陶颜、魏江,2015)。为了获得战略柔性,组织需要建立合适的资源冗余与缓冲,考虑多元化战略导向,防止在专用性资源能力上过度投入和在单一战略目标上过度聚焦。因此,敏捷性运营、战略柔性对于组织结构和组织冗余提出了更高要求,组织需要在效率与灵活之间取得合理的平衡(Linnenluecke,2017)。

(3) 领导者特质与自我超越

现有文献研究了自恋、贪婪等领导者特质对组织韧性影响(Sajko et al.,2020;Buyl et al.,2017),也分析了领导者自我超越、正念和转型领导力对组织韧性的作用(Williams et al.,2017)。在危机时刻,什么样的领导者能够力挽狂澜(徐高彦等,2020)? 什么样的领导力特质有助于组织度过危机? 是恺撒的热情活力? 还是马可奥勒留的斯多葛主义? 是马基雅维利式的狡黠功利? 还是王阳明式的内圣外王? 现有研究通过"悖论领导力"、"变革型领导"等主题对此进行了讨论(Lewis et al.,2014),也通过认知视角,强调人的精神模式与认知框架影响着危机企业的战略制定和实施(Kaplan,2011),除了讨论"正念"和"变革型领导"这样西方语境的词汇,中国文化中重视的"德性"、"自性光明"、"阴阳"等词汇,也可以融合到组织韧性的研究中。

(4) 积极心理学与情感管理

"三军可夺气,将军可夺心",在危机时刻,组织成员"心气"如果被摧毁,那么崩溃就在所难免。心理资本视角认为构建组织韧性的着力点应该从金融资本、人力资本和社会资本转向心理资本(Luthans et al.,2016)。积极组织行为理论更是把希望、乐观,自我效能和工作满意度等因素,解释为组织韧性的来源(Youssef & Luthans,2007)。进一步研究提出组织中关系管理和情感管理的重要性(Bundy et al.,2017;Williams et al.,2017)。从表层看,组织需要关注员工心理援助、环境氛围等因素;从内在看,组织需要以人为本,构建积极员工关系,考虑高管员工薪酬差距(Tao et al.,2020)、裁员策略与组织韧性之间关系(Gittell et al.,2006)。可以说,危机最能揭示组织中的"真心实意"和"虚情假意"。

（5）价值观管理与组织承诺

西汉学者刘向编撰的《新序》中记载楚晋相争,晋师惨败,在黄河边争抢渡船逃往北岸,船上士兵拔刀砍向船沿上所攀附的袍泽之手,"舟中之指可掬"。近世则有南京保卫战中的唐生智等率先抛下部队逃跑,造成守军之间相互缺乏侧翼掩护而全线崩溃。在新古典经济学主导下的公司治理机制,把人仅仅视为实现目标的工具,功利主义、金钱至上、短期主义盛行(Flammer & Bansal,2017),遇到危机则争相逃命、袍泽相残,这样内部断裂的组织,就很难做到在危机面前"不抛弃、不放弃"。因此,危机时刻的价值观和长期组织承诺至关重要,Gittell 等(2006)用西南航空案例说明了组织成员间相互信任与共同价值观,是成功应对危机的关键;长期主义目前也是组织韧性构建的重要前因(Ortiz-De-Mandojana & Bansal,2016;Flammer & Bansal,2017),因此,从价值观、基本假设等视角出发讨论组织韧性的研究也极具价值。

（6）利益相关者与社群治理

利益相关者和社群治理也居于组织韧性研究的新兴核心位置。在网络与生态化时代,组织绝无可能活成一座孤岛,它们处于各种交易、联盟、政治,甚至情感关系中。从关注股东(Shareholder)到关注利益相关者(Stakeholder),是近年来危机与组织韧性研究领域的一种趋势(Trahms et al.,2013)。良好的利益相关者治理可以帮助组织走出危机并增强韧性(Bosse & Coughlan,2016)。例如 Wei 等(2017)研究危机时刻企业声誉的两个维度,即知名度和美誉度对利益相关者行为的影响,Bundy 等(2018)也从价值观契合度和战略互补性两个维度构建了组织与利益相关者的匹配模型。目前,内外部利益相关者治理机制成为组织韧性研究的重要领域。

（7）创业者韧性与社会资本

创业者韧性是心理韧性在创业领域内的延伸,在创业文献中,韧性往往被描述为创业者的一种人格特质(Bernard & Dubard Barbosa,2016)。一方面,创业者韧性与自我效能、乐观存在明显关联,创业者作为失败情境下经济损失的承担者和消极情感的感受者,其个体特质和经历会对韧性起差异化的影响作用,差异则可能与个体特质和以往情境反应经历有关(郝喜玲等,2020)。另一方面,创业者韧性也与情境因素有关,例如所处的逆境程度和类型、社会资本与支持等因素会影响创业者韧性。Bernard 和 Dubard

Barbosa(2016)记录了三位有韧性的创业者平生所经历的 206 起关键事件,发现来自社会网络中的情感支持、社群学习和经验互动、对于意义和价值感的持续追求,能够塑造创业者韧性。

总体上看,现有研究主要聚焦于以上 7 个热点主题,探索了诸多前因对组织韧性影响,但从实践上看,组织韧性的构建往往取决于多要素之间的复杂作用,需要组织考虑多因素组合和及其作用机制,但目前相对碎片化的组织韧性研究还不能满足这一需求。尽管 Bundy 等(2017)受公共关系和企业传播研究启发,提出危机和危机管理的综合框架,Williams 等(2017)围绕耐久性、组织和调整能力、应对重大干扰的能力等因素,构建了具有策略反馈机制的综合框架,Conz 和 Magnani(2020)也从吸收韧性与适应韧性角度描绘了组织韧性构建过程,但未来的研究迫切需要超越特定因素,提出组织韧性构建的整体框架。

10.5　研究结论与未来展望

组织韧性作为组织面对逆境转危为安的核心能力,对学术界和实践界而言具有重要的理论和现实意义。为了深入挖掘和探究这一热点话题,本文基于组织韧性高关联文献进行全面系统地梳理分析:第一,描述了组织韧性研究的概貌,包括增长趋势、期刊分布、核心作者与重要文献;第二,发现组织韧性在理论渊源上与意义构建(Weick,1993)、积极组织行为(Youssef & Luthans,2007)、领导者韧性(Coutu,2002)、员工关系与心理韧性(Gittell et al.,2006;Shin et al.,2012)等视角紧密联系,在现有研究中也有 5 个学科研究脉络,包括:个体韧性、团队韧性、战略韧性、环境韧性和供应链韧性;第三,提出供应链关系与冲击应对、敏捷性运营与战略柔性、领导者特质与自我超越、积极心理学与情感管理、价值观管理和组织承诺、利益相关者与社群治理、创业者韧性与社会资本这 7 个富有价值的热点研究方向与主题词汇。

危机冲击和 VUCA 环境使得组织韧性成为企业穿越逆境并保持竞争优势的重要能力,相比于指向短期主义的组织绩效来说,指向长期主义的组织韧性研究才刚刚起步。本研究结果也为未来组织韧性研究提供了几个参考方向:第一,组织韧性定义与测量。当前组织韧性研究仍显碎片化,表现为基本定义不清、研究视角零散等问题（Annarelli & Nonino,2016；Linnen-luecke,2017）。未来研究需要超越灾难管理、生态学和工程学等学科对于组织韧性的零散化定义，进一步从组织研究、战略研究和创业研究领域来定义组织韧性，提出更加可靠的测量指标体系或者指数，进一步推动组织韧性成为主流管理学概念。

第二，组织韧性的塑造过程。除了从个体、团队、战略、环境和供应链要素视角研究组织韧性塑造，未来研究还需要从过程视角研究组织韧性塑造，主要有两种思路：第一，基于组织危机与复苏研究中的两阶段模型，从紧缩策略和扩张策略来研究组织韧性塑造（Trahms et al.,2013；Tangpong et al.,2015）。第二，借鉴灾害和应急管理中的"吸收-调适"过程模型。例如Ishak和Williams（2018）提出的"刚性-韧性"、"固定-成长"的双光谱模型，Conz和Magnani（2020）提出的吸收韧性路径和适应韧性路径模型。第三，从能力构建视角研究组织韧性塑造，例如崔淼等（2020）基于路径构造理论和案例研究，提出从路径突破、路径创造到路径强化的韧性构造过程。

第三，组织韧性与战略认知。现有文献对于组织韧性的研究，多从主客二元的本体论视角，基于还原论方法，肯定了战略性资源和能力对于韧性的积极作用，并提出了增强供应链韧性、促进员工积极组织行为以及培养团队韧性等对策。然而韧性不仅仅由客观因素决定，更受到战略领导者的主观认知影响（Weick,1993），危机时刻的组织承受着多重不确定因素的密集冲击，此时合适的战略认知对组织生存至关重要。从华为公司的案例研究，我们可以看到组织成败在根本上取决于领导者认知结构与精神模式（Kaplan,2011；Eggers & Kaplan,2013；武亚军,2013）。"事在人为"，战略行动需要人的积极构思与有效实施，在危机情境下更是如此（Williams et al.,2017；陈春花等,2020），未来的研究可以从认知视角解读组织韧性的构建机制。

第四，数字化与组织韧性。环顾今日世界，覆压在组织之上的一大支配力量，恐怕非"数字化"莫属，这也是组织面临的"百年未有之大变局"。以"ABCD"（人工智能 Artificial Intelligence、区块链 Blockchain、云计算 Cloud Computing、大数据 Big Data）为支撑的数字化转型，对组织战略与发展问题产生了颠覆性影响（陈冬梅等,2020）。在万物互联、协同共生和技术穿透的时代，组织的价值空间可能因行业技术轨迹和主导逻辑的变迁而随时毁灭，也可能因为生态系统的共生逻辑与平台支撑而度过危机。可以说，数字化转型为组织韧性塑造也提出了新思路，它要求组织如同"爵士乐演奏"和"河流"一样，能够直面环境"周行而不殆"的变迁，构建即兴运作、背叛过往和改变惯例的能力，以不断重塑自我，欣欣向荣。

本研究也存在一些局限性，例如，由于搜索语句的局限性，在文献的收集过程中难免存在遗漏或偏差，比如中文文献不在 Web of Science 核心合集数据库中，就没有被收集；同时考虑到文献信息呈现的清晰性，我们根据相关理论和研究经验设置了关键词提取阈值，这可能对反映组织韧性研究全貌产生一定影响。

第 11 章
组织易感性、脆弱性、危机
与韧性整合的分析模型

新型冠状病毒在全球的肆疟致使很多企业陷入了生产经营的困境,使得组织脆弱性、韧性成为学术界的热点话题。然而,由于组织脆弱性、韧性和易感性、危机相互之间的密切关联性,这些概念常常被相互包容,甚至被混为一谈,已有研究提出的对策针对性、权变性不强。本文在文献回顾的基础上,梳理了它们之间的逻辑关系,提出一个整合分析模型,为组织脆弱性修复和危机企业反转策略制定,提供了理论模型;最后针对新型冠状病毒流行时期的组织易感性、脆弱性克服和韧性提升,提出了对策建议。

11.1 引言

爆发于 2019 年底的新冠病毒疫情,迄今已经导致全球累计近 2.2 亿人感染,近 460 万人死亡[①](截止 2021 年 9 月 7 日),全球人流、物流停滞。根据全球货币基金组织(IFM)统计,2020 年全球经济 GDP 增长−3.2%,即便是世界上经济表现最好的中国也由 2019 年的 6.1%下降到2.3%(2021 年 7 月《世界经济展望》[②]),很多企业复工不能复产。与此同时,也有些行业和企业逆势增长,比如永辉超市、小米和很多开展线上服务的企业,2020 年上半

---

① http://ncov.dxy.cn/ncovh5/view/pneumonia.

② https://www.imf.org/zh/Publications/WEO/Issues/2021/07/27/world-economic-outlook-update-july-2021.

年取得了销售同比增长的业绩。这就使得人们不禁要问，为什么面对新冠疫情有的企业脆弱性强，而有的企业韧性强？如何降低企业面对新冠疫情的脆弱性和提高企业韧性？因新冠疫情而陷入生存危机的企业如何实现反转？

脆弱性(vulnerability)是指一个系统容易受到内外部事件的影响而产生不良的、难以恢复后果的某种缺陷（Haimes，2006；Risk Steering Committee，2010；Aven，2015；刘雯雯，2011）。我们生活的世界始终处于运动之中，充满各种各样的矛盾，从而使得脆弱性具有广泛的普遍性。脆弱性存在于自然生态系统、社会政治系统、商业组织系统等各个领域（Turner et al.，2003）。对于一个组织系统而言，它的脆弱性是在该系统遭受内外部事故(accident/event)情况下表现出来的，因此它与该组织的易感性(susceptibility)密切相关；此外，由于组织脆弱性的存在，在该组织遭受事故的时候往往产生不良的后果，甚至导致组织危机。因此，现有的相关文献常常把组织易感性、组织脆弱性和组织风险甚至危机看成是同一个概念的不同表达（Bier & Gutfraind，2019），进而推理出被普遍接受的公式：脆弱性(vulnerability) $= f$（暴露性 exposure，敏感性 sensitivity，适应能力 adaptive capacity）(Scholz et al.，2012)。但是，本文认为，易感性、脆弱性、风险、危机这些在组织遭遇到事故的时候所体现出来的特征，在组织整体上具有紧密关联性，因而具有相融性和一致性。但是，从因果关系逻辑上它们又是相互独立的、间接的前因后果关系，并且这种因果关系还受到其它因素的制约或调节。所以，在分析具体事故对组织影响的时候，如果对这些概念不加以区分，就会主次不分，就不能精准施策。

本文提出的主要观点有：第一，组织易感性、组织脆弱性都是事故依赖变量，针对不同的事故，组织可能表现出不同的易感性和脆弱性，它们分别在事故与易感组织、易感组织与组织危机之间起到调节作用；第二，组织风险作为组织决策后果的不确定性，与组织易感性、脆弱性没有必然的联系，但它是组织采取反转措施的结果；第三，提出了解释影响组织韧性的易感性、脆弱性、危机之间的关系模型，从而有助于找到组织反转措施的切入点。

本文不仅理清了关于组织脆弱性研究领域中不同变量之间的关系，也揭示了组织脆弱性函数的内在机制，这些在组织领域上都有理论贡献。

11.2　组织危机的事故来源

企业作为人为构建、有目的的组织,时刻与外部环境进行物质、能源、信息等生产要素的交换,并与外部环境建立起相对平衡的关系。然而,生产社会化、专业化和经济网络化水平的日益提高,对单个企业而言其商业环境变化的复杂性程度越来越高,不确定性、涌现性事件日益增多,不断打破企业与环境之间原有的平衡关系,需要企业做出快速反应来寻求与环境的新平衡。有些事件来自企业内部,因为超出正常范围或不是日常程序所能应对的,而要求企业分力对待。企业每天需要应对各种各样的内外部事件(events/accidents),有的对企业的正常生产经营有影响,有的就没有影响;在有影响的各种事件中,有的属于利好,有利于企业发展目标的实现或企业能力的提升,而有的属于利空,不利于企业发展目标的实现或损害企业实现发展目标的能力。即便是相同的事件,每个企业处于的商业生态或者小环境的差异,受到的影响也会是不同的,甚至是截然相反的。

本文这里所关注的事件是可能导致企业危机的事件,常常是出乎预料的、不希望发生的,所以也称之为事故(accident)。当然,有些事件虽然会给企业带来危机,从未来发展看却不一定是坏事,比如 AI 设备的应用要求企业内部生产过程或管理过程进行革命性变革,一旦变革成功将会给企业发展带来新的动力与前景。总之,凡是影响企业原有发展目标实现的或者损害企业实现该目标能力的,并给企业决策者消除该事件的影响造成困难、所需要的时间上有压力的,这些事件就是危机事件(Milburn et al., 1983),极可能是"危",也可能是"机"。

出乎预料、时间紧急、难以应对,都是相对概念,不同的人对同一事件的感知是不同的。因此,危机事件是一个相对概念,依赖于人们的主观认知,而主观认知又取决于组织中人们的经验、知识、能力和组织处理应急事件的资源条件等因素。因此,一个事件的发生对一个企业来说可能属于危机事件,而对其他企业来说可能就不是危机事件。因此,危机事件对企业是否有影响、影响大小既可以用销售额、市场占有率、经济损失等客观指标评价,也取决于企业管理者的主观认知。社会普遍认可的危机事件,也就是公共危机或生态危机,对几乎所有的组织都有大小不等的负面影响,并为全社会所共识。

尽管企业内外部影响因素很多,导致危机的因素也很多,但从企业系统投入产出和公共环境的视角可以将它们罗列出来。从投入产出视角来看,一个企业要与外部的其他各类主体,包括政府、企业、大学、科研机构、各类服务机构、金融机构、水电气交通等公共产品提供者,进行各种生产要素的交换,企业行为不仅受到这些要素提供方的行为变化的影响,反过来也会影响这些要素接受方的行为。各种投入产出要素事件对企业的重要影响体现在对企业的物质流、价值流、信息流、人事流等四大流程的运行上。企业内部生产经营各部门、各环节也可能出现各种影响企业正常生产经营的事故,比如车间粉尘爆炸、关键设备损坏等。表 11 - 1 是可能导致企业危机的投入产出因素示例。

表 11 - 1　投入产出视角的可能导致组织危机的事件来源

投入产出要素	危机事件举例	流程影响			
		物质流	价值流	信息流	人事流
1 政策	环保标准改变,如汽车尾气排放新国标颁布	√	√		
2 劳动力	招工难、集体跳槽,老龄化、新生代	√			√
3 数据	根据错误、不完整的数据做出的决策	√	√	√	
4 信息	信息不畅、信息失真	√	√	√	√
5 知识	新知识、新概念、新观点出现	√	√		
6 技术	新兴技术应用、智能制造	√	√		
7 服务	财务公司提供被并购方虚假财务证明	√	√		
8 能源	电力设施遭到自然力的破坏	√			
9 资金	资金链断裂		√		
10 废料	造成环境污染	√			
11 材料、设备	断供、限制使用	√			
企业内部	设备爆炸、员工罢工、高管贪腐等	√	√	√	√

除了直接影响企业投入产出的事件之外,来自社会上的公共事件也会给企业带来至关重要的影响,比如新冠疫情就是公共危机事件,给几乎所有

的企业带来了不确定性,造成整个商业生态危机,不仅影响企业原有生产经营目标的实现,甚至危及部分企业的生存。本文在 Webb(2020)讨论的 11 种公共环境因素之外,增加了"国际关系"这一因素:(1) 财富分配,包括人口收入分布、各种群体的财产集中度、个人财务状况提升的能力、高低收入差距;收入差距加大,可能会导致社会动荡和社区动乱。(2) 教育,包括接受小学、初中、高中教育的机会、劳动力培训、学徒计划、证书项目,以及人们学习的方式与工具;教育的公平性、失衡性可能造成企业用工难问题。(3) 基础设施,包括社会运作所需的物质的、组织的和数字的结构条件(桥梁、电网、公路、Wi-Fi 塔台、安全视频线路),不同地区的基础设施实施的方式是相互影响的;基础设施的完善,既能提高企业的生态位(刘洪,2020)①,帮助企业获得更多的资源和更广阔的市场,也可能因为其他企业由此获得便利而使企业损失原有竞争优势。(4) 政府,包括地方政府、中央政府、国际组织,它们的计划、规划和规定;像我国政府推行的"三去一降一补"的政策(即去产能、去库存、去杠杆、降成本、补短板),有些企业就不得不进行转型性变革。(5) 地方政治,包括地区领导人更换、地区权力机构选举等,都会对法规调整、社会发展战略等产生影响;尤其在中国国情下,一个市的市委书记、市长更换,常常会引起所在城市基础社会建设的改变。(6) 经济,包括宏观经济与微观经济政策的变化,像《中国制造 2025》对制造企业就会产生深刻的影响。(7) 公共健康,健康与行为变化以适应生活方式、流行文化、疾病、政府治理、战争或冲突和地区信仰等;目前新冠疫情的流行所产生的全球破坏性影响已经呈现在世人面前了。(8) 国际关系,国家之间的政治、经济贸易关系,比如目前的中美关系、中印关系等都对相关企业原有的生产经营产生了重大影响;(9) 人口生态,包括出生率、死亡率,人口迁徙、疾病和其它能够引起社会变化的动力;老龄化社会的到来不仅致使社会劳动力短缺,也使家庭负担日益加重。(10) 环境,包括自然界物种或特定地理区域的变化,包括极端气候事件、天气变化、海平面上升、毒品、高温或低温气候,还有粮食产量;比如洪涝灾害、空气污染等,对很多企业的影响也是毁灭性的。(11) 媒体与通讯,包括信息发送与接收方式,了解世界的方式,包括社会网络、新闻机构、数字平台、视频服务、游戏以及人们相互联系

---

① 参见本书"第 12 章:商业生态危机下的个体组织修复策略。"

的方式等;即时通讯、数字化应用都正在改变人们的生活方式和消费行为,实体店的衰败就是这些因素影响的最为明显的表现。(12) 技术,所有其它宏观因素的变化都离不开技术的变化,AI、VR、电动汽车、无人驾驶、机器人等,正在改变企业的商业模式(辛贝宁、刘洪,2019;刘洪,2019)①。

　　根据事故来源,组织危机可分为组织内生性危机和组织外生性危机。组织内生性危机的事件来源于组织内部,可以是意想不到的生产经营事故(黑天鹅),也可以是生产经营过程中日积月累而形成的某个环节的量变到质变(灰犀牛),虽然可以预见未来要发生,但时间上具有不确定性。内因是变化根据,外因是变化条件。相比较而言,组织内生危机的可控制性(controllability)、预见性(foreseeability or predictability)比外生危机要高。因为发生在组织内部的事件大多数情况下是人为导致的,少数偶发事故也有规律可循,或有经验、知识供借鉴、参考,尽管也存在意想不到的事故。然而,影响组织正常生产经营的外部环境因素众多,既有投入方向的原材料、零部件、能源、政策、劳动力等因素,也有输出方的产品市场需求、污染物排放等,还有维护日常生产经营所需的运输、资金、政策和技术变化、社会舆论等公共资源条件;此外,自然灾害、流行疾病、恶劣气候等,也都不在企业控制范围之内。因此,对于组织外生性危机的预防,人们更愿意把注意力放在组织自身的管控体系建立和组织容错能力、恢复能力的建设上,其中的一个重要努力方向就是降低组织对某些事故的易感性(organizational susceptibility)。

11.3　组织易感性及相关推论

　　易感性(susceptibility)一词来源于流行病学。顾名思义,易感性就是容易被病毒感染的可能性。显然,被病毒感染者不代表一定生病,但相比较于没有被病毒感染者生病的机会一定大。因此,减少被病毒感染的可能性是避免生该种病的重要措施。在组织管理领域,组织易感性是指一个组织被组织内外部事故影响(波及)的可能性程度。组织易感性不一定是个常量,

---

① 辛贝宁,刘洪:《人工智能发展会引起新的如的运动吗?》,Working Papers, No.1, 2019 - 6 - 18;刘洪:《平台经济下企业非规模化变革》,Working Papers, No.1, 2019 - 6 - 18.

而是条件的函数——不同的事故对一个组织的影响可能性是不同的,换言之,有的事件有影响,有的事件就没有影响;对某些事故的易感性越高,这些事故对组织的影响可能性也越高,导致组织危机的可能性也就越大;反之,同样面对危机事故,易感性低的组织发生危机的可能性要低于易感性高的组织。在时间上,具有离散性、积累性——同样的事故,组织在发展的不同阶段呈现出不同程度的易感性,甚至还可以是时间的增函数(日积月累)。对事故的易感性是组织危机的必要条件,但不是充分条件。因此,研究组织易感性高低是组织危机管理研究的重要内容(Chandler,2014)。

针对流行病的易感性,Cassel 在 1974 年提出降低易感性的 4 条指导性原则:(1) 在组织无序的地方,易感性高;(2) 不同群体的易感性是不同的,统治阶层要比被统治阶层的易感性低;(3) 群体保护下的个体易感性要低于个体自我保护下的易感性;(4) 群体的多样性会增强易感性,但这本身并不扮演病毒(事故)的角色。这四个原则至今一直为各学科领域的学者所引用(Kunitz,2002),并被引申为适用于本学科领域的具体指导原则(Minnema & Helfrich,2016)。就企业而言,面对某种事故降低其组织易感性 4 个原则体现在:

(1) 管理混乱的组织对事故的易感性高。哪个组织管理无序,哪个组织对于事故的易感性就高。通常来说,组织内部管理的无序出现在三种情况下:一是组织发展的初期,因为各种制度尚未建立健全,各种流程尚未得到完善,员工也尚未形成组织所需要的工作惯例或文化;二是组织建立的新部门或应用新技术对组织进行改造的时期——可以看成是组织应对危机或转型变革需求的举措,新部门的管理相对于其他部门而言无序程度要高,新技术的使用也处于学习曲线的初期,原有组织有一个适应期,这些都会引起管理上的慌乱;三是在组织遇到危机的时候,原有的组织管理变得不适用,内部应对措施又尚未跟上来,管理层不知所措。因此,我们可以得出如下推论:

推论 1:组织年龄越长,面对事故时易感性越低。

这个推论是企业发展演化阶段之间的相互比较,也可以类似组织之间的比较。需要注意的是,面对同样的事故,大企业比小企业易感性低,但是大企业往往是年龄长的企业;年龄长的企业也不见得是大企业,年龄与规模之间在超出一定时间界限之后就不是正比例关系。

推论 2:组织处于危机时期或进行转型性变革的时候,面对事故时易感性高于其他时期。

这个推论是企业自身在发展不同时期的比较,研究起来需要对不同时间点的易感性测量,也容易与组织脆弱性相混淆,因为组织处于危机时期、转型时期,组织存在的脆弱性更容易显现出来,进而使得该组织更容易受到组织内外部事件的影响。关于这一点,后面有关组织脆弱性、易感性关系的时候再讨论。

(2)拥有不同社会地位的组织对事故的易感性不同。哪个组织的社会地位高,哪个组织对事故的易感性就低。在一个组织中,处于组织高层的人拥有较多的权力和较高地位,能够优先获得更多的资源,从而具有较高水平的幸福感,受到事故的伤害程度较低(Rivers & Josephs,2010)。类似地,在社会中不同的组织拥有的资源条件也不同,社会地位高的组织往往拥有充裕的资源、人才、胜任的员工、有效的工作过程等,相比较而言,其组织易感性就会低。正如大家常抱怨的受伤害的为何总是穷人一样,那些发展稳定的、有钱的、在同行中地位高的组织,相比较于那些发展不稳定的、没有足够资源、或者处在追求同行中较高地位者,易感性要低。就我国的情况而言,国有企业与民营企业、大企业与小企业相比较,面对灾害事故能够调用的资源条件和得到政府的直接支持是不同的。因此,我们可以得出如下推论:

推论 3:面对事故,我国国有企业的组织易感性低于非国有企业。

根据推论1,企业规模也是影响组织易感性的因素,所以,研究不同类型企业组织易感性的时候,应该选择规模差不多大小的国有企业、非国有企业等社会地位不同的组织,进行比较,控制组织规模这一变量。

推论 4:面对事故,大企业的组织易感性低于小企业。

因为大企业社会影响大,拥有和获取资源的能力比小企业大,所以有推论4。但是,推论4与推论1有重叠,所以,可作为辅助研究以佐证推论1的结论。

(3)拥有防护措施的组织对事故易感性低。Cassel(1974)的第三个原则讨论的是保护个体免受外部伤害的影响因素,包括生理因素和社会因素。Cassel指出,如果个体所在的社会拥有比较好的防御体系,对未来可能出现的各种危机事故做好了应对的预案,那么,到了事故真正发生的时候,个体易感性就会很低。那么,对于企业组织而言,自身防御和社会防御如果能够共同起作用,就能降低受到事故影响的可能性;反之如果社会缺乏预案、企业也没有相应的应对机制和资源条件,两者的累加效果很难预测。美国应对新冠病毒疫情的情况,就是这一原则最好诠释。美国社会有很好的医疗体系、管理措施,但是,个体却缺乏必要的防范的意识和防护措施,导致全国疫情泛滥。当然,组织已有的组织管理过程也能起到保护组织免于触发事故的影响,比如,员工安全培训、安全制度、实时监督、经常性的风险与道德评估、不断的流程改进和建立健全安全管理系统等,都有助于降低事故的发生以及事故发生后企业受到不良影响的可能性。因此,我们可以得到如下推论:

推论 5:具有风险意识和良好危机管理体系的组织,面对事故的时候易感性低。

关于组织风险意识、危机管理体系,很难有一个统一、可相互比较的指标值来衡量。通过对所研究企业的若干年内是否有重大事故的发生,可以采用 0~1 值表示。当然,如果能找到共性指标数据最好,比如可以考虑采用公司治理指数作为替代指标,因为治理好的公司,风险意识应该高、管理体系应该健全,所以面对事故时候的易感性要低。

(4) 面对事故暴露性高的组织,事故易感性高。这是最为显而易见的论断。Cassel 的第 4 个原则表明,社会组织不当一般来说只会强化群体对于疾病的易感性,但不是致病(事故所产生的后果)的原因;如果群体暴露于疾病源程度较高的环境下,他们感染疾病可能性就会高,但是感染的比率与群体所在社会组织是否不当无关。当然,社会组织的不当可以对已经建立起高度组织化结构的群体有很大影响,能够增加这类群体暴露于事故面前的可能性。社会组织不当(无序)是触发事故的诱因,但事故后果与组织自身功能失调有很大关系。组织大了以后,变得更加复杂,看不到功能失调的潜在性增加。所以,仅仅增加组织规模,内部成员的压力会增大,活动变得更为复杂、风险程度增加。因此,在小的组织里,社会过程和组织过程导致的易感性可以看作是很不重要的,因为更大程度上取决于该组织对事故的暴露性高低,只有在企业做大、内部活动变得复杂之后,社会过程和组织过程导致的易感性才显得重要。总之,社会无序不是事故导致组织危机的根源,但会增强组织对于事故的易感性。因此,相对于危险的暴露程度而言,社会管理与组织管理水平对于组织易感性反而是相对不重要的。所以,我们有如下推论：

推论6：组织的易感性很大程度上取决于组织对于事故的暴露性。

如何测量一个组织对于事故的暴露程度呢？这需要就事论事，不同事故不可能具有一致的、可计算的暴露性计算公式。比如对新冠病毒而言，关联员工的流动性是反映该企业对于新冠疫情暴露性的重要指标，像餐饮业、旅游业、交通运输业、游乐场所——凡是有人集聚、人流量大的行业，员工人数多、居住分散化的企业，它们对于新冠病毒的暴露性都比较高。因此，服务对象的单位时间流动量、企业员工人数及其居住通勤分散程度，都可以用来作为衡量面对新冠病毒暴露性的指标值。

11.4 组织脆弱性及其特点

环境中有事故发生不一定会影响到给定的组织，即使影响到了该组织，也不一定就产生不良后果。也就是说，即便易感性高的组织也不一定会因为某种事故（包括组织内部）的发生而产生危机。危机的发生还取决于组织是否对该事故存在脆弱点——经不起事件的打击。如果某个事物在运动过程中随着时间的推移或因为所处环境的变化，原有的完整性受到破坏或运动趋势性质发生了改变，并且这样比较容易受到某种事故的影响，我们就说该事物面对该种事故是比较脆弱的（vulnerability），通常是指一个系统或者组织、单元由于暴露于危害、干扰或压力源之下而经历伤害的程度（Turner et al.，2003）。但在不同的学科领域里，事物的脆弱性有着不同的定义。比如在气候变化对地球影响中，脆弱性是指一个系统容易被影响、难以对付、产生有害结果的程度（Scholz et al.，2004；McCarthy et al.，2001）。根据这一定义，Scholz等人（2012）给出脆弱性的公式：脆弱性是对威胁的暴露性、对威胁响应影响的敏感性（不确定性）和对付这些影响实际适应能力的函数：VUL＝f(exposure, sensitivity, adaptive capacity)。在风险管理中，脆弱性被定义为"一个系统具有的对于给定伤害暴露的、开放的物理特征或操作上性质"（Risk Steering Committee，2010），"给定威胁情景下的成功条件概率"（US Department of Homeland Security，2003，sec. 68/126），或者"一个系统受到风险源影响的程度"（Aven，2015）。

在组织管理领域，组织脆弱性的相关研究很少，也没有公认的定义。在国内能够查到的书名中含"组织脆弱性"的唯一一本《组织脆弱性研究》（刘雯雯，2011），也没有专门给出"定义"，但在前言中作者写道："组织脆弱性是指组织在各种内外危机因子的压力和干扰下，可能导致组织出现危机的一个衡量，它揭示了组织成长发展过程中内、外部相互耦合作用及其对危机的驱动力、抑制机制和影响能力的影响"在文献回顾部分提到："脆弱性描述的是系统及其组成要素易于受到影响和破坏，并缺乏抵抗和恢复初始状态的能力"。其它能够查阅到的中文文献，基本上都是用与脆弱性相近的概念（比如易感染能力、抵抗能力）和相对的概念（比如恢复能力、适应能力）来循环定义的（樊宏烨，2008；李宝，2012；李鹤等，2008）。这是因为脆弱性概念与适应性（adaptation）、适应能力（adaptive capacity）、韧性或恢复能力（resilience）、暴露性（exposure）和敏感性（sensitivity）具有相互密切的关系（Bier & Gutfraind，2019）。在外文数据库中以"organizational vulnerability"或"enterprise vulnerability"为搜索词，仅能找到寥寥几篇相关论文，基本上都是基于案例的说明，将组织脆弱性定义为组织对付危险事件所存在的结构、能力、机制等某个方面的缺陷，或受到伤害后难以恢复的状况。

本文按照事件发生—易感性—脆弱性—危害发生的逻辑，将组织脆弱性定义为组织结构或能力上存在的某种缺陷，使得该组织容易受到内外部环境中发生事件的影响，原有目标或实现原有组织目标的能力受到损害并难以恢复。这一定义表明，组织脆弱性依赖于事故（事件），并通过其对组织产生不良后果而体现出来。所以，在研究的时候衡量一个企业是否面对特定的事故而呈现出脆弱性的时候，要看该组织的后续表现——比如，销售同比下降超过一定值——或其他能够反映该企业受到事故打击后产生了不良后果的指标。组织的这种缺陷可以是先天的，比如组织架构、远景目标、价值取向等组织固有的、不轻易变化的东西，在后来组织发展过程中遇到事件的时候就会出问题——这就是俗话说的："这样迟早要出事的"——这里的"这样"就是指事物的先天性缺陷，为未来"出事"埋下了种子。组织的脆弱性也可以是后天的，受环境变化影响而产生的。组织的原有结构、关系、能力、价值取向等，后来因环境变化变得不适应而成为脆弱点。如果说后天脆弱性原本可以避免的话，也就可以看成是组织先天脆弱性的结果。

根据本文定义和上述分析，组织脆弱性具有这些特点：(1) 属于组织存在的缺陷，因为它（们）而使得组织容易受到组织内外部事件的影响，组织的稳定性变差；（2）因为它（们）的存在，组织在受到事件影响后，产生了人们不期望的结果；（3）受到影响后的组织很难自我修复到原有状态。自我修复能力也被称为组织韧性（resilience），韧性强的组织能够从事件影响中快速地恢复到原有状态。因此，组织韧性或自我修复能力也被看成是组织脆弱性的反向指标。组织的脆弱点可以存在于组织结构上，也可以存在于组织能力、价值、知识上；可以是单独一个，也可以是多个同时并存；可以存在于组织的不同部门、生产经营的不同环节；它们的脆弱性程度可以是不同的、随时间或环境变化而变化的。

但是，现有关于组织脆弱性文献忽视了组织脆弱性对时间和事件的依赖性。与组织易感性相类似，组织脆弱性的不变性仅仅是特例，更多的情况下是时间函数和事件函数。从时间上讲，组织的某个脆弱性在不同的时间点上其强弱程度是不同的，具有离散性，即某个时期被认为是脆弱性程度高的组织缺陷，在另一个时期则体现出较低的脆弱性。比如企业在生命周期的不同阶段会存在不同的问题，并演变成为不同的组织危机（Greiner，1972），组织发展初期管理能力不足是组织的一个脆弱点，但在组织成熟之后，成熟的管理制度、规范的流程反而成为组织适应环境变化的障碍。组织的脆弱性也可能随着时间而日积月累，由弱到强逐渐变化的，即便在环境稳定和没有发生事件的情况下，依旧会因为脆弱性的"量变到质变"而引起组织危机，即组织脆弱性具有积累性。

被学界忽视的组织脆弱性的另一个特点是其对事件的依赖性——只有某类事件发生了，组织的某种脆弱性才会表现出来，在其他情况下或其他事件发生的时候这种脆弱性则不会体现出来。由此，我们可以把组织脆弱性分为内在脆弱性和外生脆弱性。内生脆弱性就是组织因为系统结构形式、管理模式、发展阶段、文化价值、能力水平等组织自身因素决定了的组织固有缺陷，也有学者称之为先天脆弱性（樊宏烨，2008）；外生脆弱性就是因为外部环境的变化，比如某类事件的涌现，组织而呈现出的脆弱性，该类事件如果不发生，这种脆弱性就不暴露出来，甚至不被认识和承认。显然，即便是依赖于事件的组织脆弱性，两者关系也是受到组织对事件易感性的中介作用。组织易感性高不一定组织脆弱性高，但如果组织脆弱点多，组织易感性就高；反过来，组织脆弱性高低与组织易感性高低没有直接关系。此外，同一个组织的脆弱性对于不同的威胁事件可能表现出的程度也会有所不同

（Haimes，2006）。

Turner 等人（2003）指出在分析任何脆弱性的时候包括这些要素：（1）各种干扰、压力源以及后果是相互交织在一起的；（2）除了劳动、压力源以及系统应对方式之外，就是系统的暴露性；（3）系统对暴露性的敏感性；（4）系统应对暴露性的能力，或者说韧性，包括后续风险的修复性；（5）系统采取反应之后的重构能力；（6）系统内在的危害形成、反应的机制。

11.5 组织易感性、脆弱性、危机与组织韧性之间的关系

组织易感性、韧性和组织风险、危机是紧密联系在一起的（David A. McEntire，1970），因此它们之间的因果关系常常会被混淆。比如有学者将组织的易感性、脆弱性作为组织风险的前因变量（Barry et al.，2006；Scholz et al.，2012），我们认为是不合适的。风险是指某种行为结果的不确定性，冒风险意味着为了获得期望的收益而采取某种行为的结果可能对组织是反向的损失（Knight，2013）。风险行为在可能帮助组织获得了期望收益的同时，因为某种影响因素的不确定性或内在影响机理的未知性，该种行为也可能造成组织其他方面的损失，不仅期望的收益没有达到，反而造成了更大的损失。但是，如果不冒风险，按照原有趋势下去，组织也有损失或者不能够实现原有期望的目标；而如果冒风险一旦成功，则可能带来更大的利益，甚至化解所遇到的危机，所以说风险与收益共存。风险大小通常用取得期望成果的概率大小来衡量，风险越小，未来的确定性越强，反之亦然。如前面所述，组织易感性、脆弱性是组织面对事件时体现出来的某种属性、特征，但并不是组织行为，所以逻辑上就不存着组织易感性、脆弱性导致组织风险的问题。当然，如果一个组织的易感性、脆弱性形成机理尚不清楚，那么，在易感性、脆弱性高的组织里，做事情的风险就会高，这时候降低组织易感性、脆弱性可以降低该组织做事情的风险。因此，组织易感性、脆弱性可以看成是组织行为与组织风险之间关系的调节变量，而不是中介变量。

组织危机作为组织实现原有目标或组织实现原有目标的能力受到威胁，处理这个威胁的时间紧迫的一种情景（Milburn et al.，1983），在组织内外部某个事故发生的时候，这个组织就有可能陷入危机之中。但是，组织是否陷入危机与该组织的易感性、脆弱性有关系。如果一个组织针对某种事

件组织的易感性高、脆弱性也高,那么,这种事件导致该组织发生危机的可能也会高。所以,为了避免组织发生危机,人们就会首先期望造成组织危机的事件不要发生;其次,如果这样的事件不具有控制性(controllability)、不能避免,就会转而努力降低组织对该事件的易感性;第三,如果组织不能完全隔离于该事件的影响,就尽力消除或降低组织对此事件的脆弱性;第四,如果易感性、脆弱性依旧存在,那就只能将它们作为一种既定条件,进行组织重构、生态再造了。因此,厘清组织面对某类事件的易感性、脆弱性,对于防范该危机的发生具有重要的价值。图 11-1 是事故、组织易感性、组织脆弱性、组织危机之间的逻辑关系。

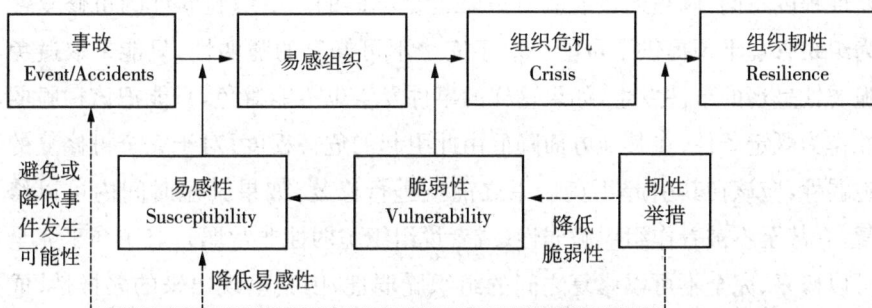

图 11-1　事件、易感性、脆弱性、危机之间的关系

正如前面关于事件的讨论中所说的,组织危机是一个相对概念,取决于人们的认知、经验和组织资源、条件等(刘洪,2020),其影响既体现在该组织中个人的影响,也体现在组织整体中的影响,从时间上体现在短期、中期和长期的影响上。但已有的共识是,组织危机是指组织面临的情景或遭遇的事件影响了组织原有目标的实现或削弱了实现目标的能力,并对组织消除这种影响在时间上具有紧迫感。新冠疫情对企业的影响是广泛的,直接后果是企业销售大幅度下滑,进而影响到企业原有目标的实现和正常的生产经营。当然,虽然几乎各行各业都受到疫情影响,但根据组织危机的定义显然不是所有企业都遇到了危机。

在某种事件导致组织危机之后,如果这种事件以及易感性不具有可控性,人们自然希望能够消除组织脆弱性,提高组织韧性(resilience)。Erol 等(2010)将企业韧性(enterprise resilience)定义为降低脆弱性的能力、变革与适应的能力和从混乱中迅速恢复的能力。根据这一定义,他们提出评价企业韧性的指标,包括:(1) 一个企业降低其对期望或不期望事件脆弱性水平的能力;(2) 改变自己和适应变化环境的能力;(3) 能够从混乱事件中尽快恢复的能力。比如依赖时间积累的脆弱性,要通过引入负反馈机制来抑制其增长;依赖事件的脆弱性要通过组织经验积累和知识学习,降低组织易感性,远离边界条件,避免事件发生及其对组织的影响,比如在财务领域,确保企业的负债率不高于某个经验值(止损止盈),再比如在组织发展后期采取有计划的变革等(刘洪,2020)。

但是,作为组织的缺陷,组织脆弱性具有修复性。其程度可以介于不可修复与完全可修复两个极端情况之间;不同的组织脆弱性以及它们的可修复性程度不同,修复途径或应对策略也是不同的。组织脆弱性的可修复性为组织管理干预提供了可能。对于完全不可修复的脆弱性,只能采取避免脆弱性呈现的事件发生,如果这样的事件发生也不能避免,只能把该种脆弱性作为既定条件,在其他方面降低由此引起的危害程度;对于完全可修复的脆弱性,应该在其引起不良后果之前就进行修复,如果其短时间内可以修复,它甚至不被看作组织脆弱性(或者说组织脆弱性非常弱);对于介于完全可以修复、完全不可以修复之间的组织脆弱性,因其呈现出来的多样性、成因的复杂性、影响后果传导的不确定性,难以有通用的修复和应对策略,只能根据实际经验进行类别划分,总结和推理出原则性的指导意见。

11.6　降低组织易感性、脆弱性的可能策略

组织危机的管理包括四个环节:遏制来源;做好预防;即时而适当处置;后续溯源与缺陷修复。导致组织危机的事故既可能来自企业内部,也可能来自企业外部。这些事故往往不是一个人的过错,而是作为复杂系统所涌现的结果。正因为如此,事故常常不能够提前预测。但是,可以根据过去出现的频率、类似事件发生经验进行推断,并做出预防性措施。预防就是降低组织对各种可能事故的易感性,消除组织对各种事故的脆弱性。可以从组织易感性的 4 个原理出发,从提高组织风险管理水平、保持发展趋势、争取组织资源、降低疫情暴露性等方面,降低组织对于疫情的易感性水平。

前面的分析已经指出,组织的易感性、脆弱性都具有事件依赖性,离开具体的事件讨论组织易感性、脆弱性,而拿出所谓具有一般性意义的组织易

感性、组织脆弱性，本文认为意义不大。当然，人们可以将导致组织危机的各种各样事件进行分类，比如人力资源管理危机、财务管理危机、市场危机、供应链危机、产业链危机等。产生这些危机的企业在易感性、脆弱性的某些方面具有共性特征，可根据这些特征提出组织危机预防、控制、恢复的对策措施。正如管理学家们早就指出的，结论越是具有一般性，实际价值就越低。另一方面，当组织面对的事件是前所未有的，其他组织也没有可供借鉴的经验，这时候只能在新兴事件发生后，根据其对足够样本企业的影响结果，来回溯在该事件情况下组织的易感性、脆弱性，进而为依旧面对此类事件、尚未发生危机的企业或产业政策管理，提供降低组织易感性、脆弱性的建议。

根据组织易感性原理可以推测，影响企业组织易感性的因素包括组织年龄、规模、风险意识和服务对象等；每个企业的易感性程度不同，所以它们受到的影响程度也不同。如果易感性程度低，组织也就"不管风吹浪打，胜似闲庭信步"，就像面对新冠病毒一样，处于孤岛之中的社会就无所谓。所以，分布式生产、消费模式有可能降低组织对于新冠疫情的易感性。案例企业的经验表明，分布式生产、局部产业链循环，有助于风险企业的反转恢复。易感性的第四原理告诉我们，面对公共危机，自救不如互救，互救不如生态修复。在受到疫情影响的企业中，因为各个企业的脆弱性不同，比如市场区域性、产业链全球化程度、储备资源能力和获得政府支持等，受到疫情影响的负面后果也就不同。对企业数据的初步分析表明，要素流动性是很多企业的脆弱点，一旦断流甚至是致命的。在疫情情况下，要素流动性的恢复，局部内循环比重越高的企业，反转效果越好。大企业脆弱性低，后果相对不严重，因此很多人更关注中小企业的修复。但本文认为，在一定的商业生态条件下，中小企业在整个企业群体中的比例在一段时间内是相对固定的，未来会有很多企业创立，也会有很多企业死亡，若干年后也只有少数企业成长为大企业。所以，对中小企业的关心与保护应该是整体上的，提供良好有序的社会秩序和资源条件，保证它们中的85％能够健康发展（如果每年它们的死亡率是15％的话）。降低风险，首先在于降低易感性，然后降低或消除脆弱性。

因为疫情对企业的影响是生态危机的影响（见本书第12章："商业生态危机下的个体组织修复策略"）。因此，修复策略可以从四个方面入手。第一,企业生态位修复。企业生态位是否被破坏? 也就是企业的市场控制地位、可获得资源和获取它们的能力是否被破坏? 是否拥有储备资源的能力和获得政府支持? 第二,企业关键的、不可替代的原材料、零部件的供应链是否断裂? 产业链全球化程度高的、资源国产化程度低的企业,能否有替代方案? 第三,市场需求是否持续? 如何提高市场区域性、当地化程度或者降低国际化程度? 第四,如何通过群体关系的多样性降低组织脆弱性? 如果一个企业面对疫情的脆弱性是低的,即便其易感性高,其受到的影响也不会大。

11.7　未来研究方向

由于新冠疫情的全球流行,组织易感性、组织脆弱性、组织韧性和组织修复等成为当今企业管理界的热点问题,但是,这些概念的交叉、重复、循环定义等原因也使得这个概念被使用的时候逻辑混乱,进而影响了据此提出的对策建议的适用性。本文的贡献在于按照事故—组织易感性—组织脆弱性—组织危机—组织修复这样一条前后关系逻辑链,给出它们之间相互关系的整合分析模型,并认为组织易感性、组织脆弱性都是组织具有的一种特征,它们依赖于事件,分别在事故与组织受影响(感染)、组织危机发生之间起到调节作用,降低组织易感性、组织脆弱性可以降低组织面对事故发生危机的可能性,因而也可以把它们看成是提高组织韧性的途径。

新冠病毒尽管是全球灾难,但从社会演化的角度看,也是研究各种组织面对全球性危机情况下如何保持健康发展的机会。对于这种生态危机如何修复,组织易感性、脆弱性如何界定与测量,以及企业如何实现康复等问题,不仅需要学术界的理论构建,更需要提出对各种企业组织有指导价值的政策建议与方法措施。后续研究拟按照以下思路展开:

首先,依据同一个企业对于不同事件的易感性,同一个事件对不同企业影响的程度,找出针对新冠疫情易感程度不同的企业。根据上市公司 2020年第一季度报告提供的数据资料,分别找出销售额变化较大的若干家最好企业与最差企业,作为研究对象。为保证找出来的最差企业排除其他因素的影响,第一,采用同比数据;第二,对该企业前 3 年该数据求平均,以低于该平均值一定阀值为遴选标准。

第二，分析易感性程度高的企业是哪些（4个原则）原因导致的？这些企业具有哪些特征？可在探索性研究基础上聚类分析。为了探讨是否可以降低组织易感性这一问题，对所有被关注企业的易感性进行排序，按照可降低/不可降低进行分类，并对绩效表现好的企业进行分析，找出可供其他同类企业借鉴的特征，比如组织模式、商业模式、管理措施等。

第三，根据易感性程度高的企业不一定脆弱性高的原理，对于同是易感性较高的企业群体，分析它们的脆弱性是否有共性特征？通过与同类后果不严重企业之间的比较，也可以反过来阐述组织韧性高的企业的共性特征。

第四，最后也是最为重要的内容，就是发生危机的企业如何修复的问题。可以从前面研究企业对象中，选出业绩表现最差的企业，在第二季度报告或第三节度报告出来后，看它们当中哪些企业恢复过来了，并进一步分析，恢复过来的企业具有哪些特点，或采取了哪些措施？最好能够与没有恢复过来的企业相比较，指出它们在组织特征上、措施上的差异，从而找出影响组织恢复的主要因素。

企业恢复是一个单独的问题，可以作为相对独立的研究进行。此外，也可以根据本文提出的整合分析模型，提出不同变量之间关系的假设，利用实际数据进行验证。

第 12 章
商业生态危机下的个体组织修复策略

新冠病毒的全球流行,打破了社会经济发展的原有平衡,各个企业都遇到前所未有的困难。本文从商业生态的视角,利用组织生态学的理论,分析企业遭遇危机的性质,并分别从企业个体和政府的视角提出对策建议。

12.1　引言

在现代商业环境中,几乎没有哪个企业能够独立地生存,市场不同参与主体之间愈加关系密切、相互依赖,一个企业的行为变化会影响其他关联企业的行为变化,成为其他关联企业环境变化的一部分,从而他们互为彼此的环境,共同形成商业生态。新冠肺炎疫情的流行不仅影响企业的生产经营,也影响社会生活的各个方面,因此不仅仅是个别企业受到影响,而是处于商业生态之中的所有相关主体都受到影响。因此,企业遭遇的危机属于商业生态危机,所以,评判疫情对企业的影响,就不能"只见树木不见森林",也不能"只见森林不见树木"。既要分析单个具体企业面临的问题原因,又要从这个企业所处于的整个生态系统上来查找根源;同样地,企业危机对策的分析,也需要从至少两个层面上进行,一是企业个体层面的分析,二是企业商业生态层面的分析,此外,则是更高层次的社会经济系统的分析。

怎样判断当前危机对于企业来说是暂时的影响,还是长期的影响?企业能否恢复到以前的状态,如果能恢复或不能恢复,企业应该如何应对?显然,这些问题的回答都必须先搞清楚企业所在的商业生态状况,把这个商业生态看成是社会经济中的一个节点,因为企业的未来变化状态与社会经济未来状态息息相关。因此,从商业生态系统的视角讨论企业修复策略,能够宏观地、历史地把握企业总体发展趋势,从而在根本上理清当前危机对企业影响的本质,才有可能帮助企业制定出精准的对策和修复策略。

12.2　商业生态及其演化

12.2.1　商业生态概念

商业生态借鉴自生物学中的生物生态概念,本意是指由多种多样的、相互依赖的生物构成的一个系统。像任何其他系统一样,每一个生物生态系统都具有自己的目的、功能和结构,并以此区分于其它生物系统。就一般性来说,不同的生物构成的生态系统其最基本的目的也是不同生物共同的目的,就是生存与繁衍。换言之,在此生态系统中的一个生物如果独立出去生存,该物种灭亡的概率就会大大增加;只有它与生态系统中的其他生物按照一定的功能分工,并形成相对固定的结构关系,这个生态系统才是稳固的,并根据环境变化而演进形成与之平衡的关系。商业生态系统(Business E-cosystem)最早是由美国学者 Moore 和 Simon 提出的(1958),他们借用生态学的概念来解释企业组织及其与环境之间的关系,认为商业生态系统是指由相互作用的不同企业组织与个人所形成的经济群体,包括生产商、销售商、消费者、投资者、竞争者、互补者以及市场管理者等。商业生态系统是一个相对开放的系统,系统中所有的成员相互影响、相互促进;同时,该系统也会受到系统之外的环境制约和影响;商业生态系统在各种内、外部力量的共同作用下演化和发展。

不同商业生态系统的目的不同,或者说与其环境之间的关系是开放系统关系,只有为外部环境提供所需的产品或服务,该商业生态才能生存与持续发展下去;商业系统中的各类组织之间形成一定的结构关系,并有不同的职能分工,如图 12-1 所示的商业生态系统,目的是为客户提供所需的产品或服务,由焦点企业(focal enterprise)、供应商、配套商、客户共同组成投入产出的关系。焦点企业离不开供应商提供的零部件,供应商如果没有焦点企业的需求就会停产;客户离不开焦点企业和配套商,否则就不能满足自身的要求。当然,客户也可能不是终端客户,而是其他客户的焦点企业;同样,供应商、配套商也可能在其它商业生态中扮演其他角色,同时为其它商业生态中的焦点企业、客户提供服务。因此,商业生态有狭义、广义的概念之分。

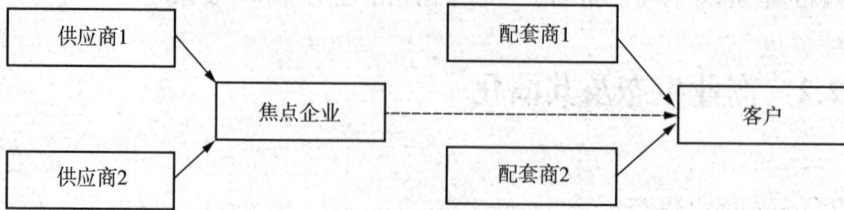

```
┌─────────┐              ┌─────────┐
│ 供应商1 │              │ 配套商1 │
└─────────┘              └─────────┘
        ↘                        ↘
     ┌──────────┐            ┌────────┐
     │ 焦点企业 │ - - - - →  │  客户  │
     └──────────┘            └────────┘
        ↗                        ↗
┌─────────┐              ┌─────────┐
│ 供应商2 │              │ 配套商2 │
└─────────┘              └─────────┘
```

图 12 - 1 狭义的商业生态示意图

来源:Makinen, S. J., & Dedehayir, O. (2012). Business Ecosystem Evolution and Strategic Considerations: A Literature Review, International Ice Conference on Engineering. IEEE, 2012.

　　狭义上的商业生态系统,就是不同的组织通过对技术与能力的整合,为客户创造价值。在这个生态系统中,每个组织都对整体生态的价值有所贡献,并且自己又依赖于生态系统中的其他成员才能生存;每个成员的生存与成功都受到整个生态系统的影响,并使得整个生态持续进化。图 12 - 1 没有考虑每个参与者在其他商业生态系统中扮演的角色,也没有考虑这个系统运作所需的社会支持、背景条件等因素,比如物流运输、金融服务,这些就像城市里的自来水、电力一样,平时并不觉得是一个要考虑的因素,但是当疫情来临的时候,物流停滞和伴随着的资金流停滞、人流停滞,就会给企业正常运营带来极大威胁。因此,如果把所有与该商业生态系统演化有关的因素(主体)都考虑在内,并考虑不同商业生态系统之间的关系,这就是广义的商业生态系统概念。不同的商业生态系统共同构成了更大层次的商业生态系统,进而再构成社会经济系统;每个企业都是商业生态系统中的一个节点,如图 3 - 4 所示。

12.2.2　商业生态参与者的地位及其作用

　　在生物生态系统中,不同生物有着不同的生活方式,与其它生物构成互利共生的关系,对整个生态系统的影响作用也有差异。类似地,在商业生态系统中,不同的组织有着不同的运营方式,相互之间构成互利共生的关系,每个组织对整个商业生态的影响作用也是不同的(参考图 12 - 1 所示,不同企业在商业生态系统中承担不同的角色)。当然,要对不同的商业生态系统给出一般性的描述比较困难，因为每个商业生态系统的目的不同，参与主体内部组成的结构和功能也就不同，相互作用关系以及面对外部环境的变化所能做出的反应、影响也不同。比如说，在电脑行业，至少有两类焦点企业：操作系统软件生产商、CPU处理器生产商，它们的技术标准决定了供应商、配套商所提供零部件的技术标准，决定了用户能够得到什么样的产品，它们在整个系统演进中处于主导地位。所以，焦点企业在整个商业生态中掌握核心技术，是决定产品发展方向的企业，其他企业都围绕着该企业，利用该企业的技术标准、平台，为焦点企业提供零部件，或者为最终客户提供配套产品或附加服务，处于从属地位。当然，每一个供应商、配套商，也可以和其他企业构成小商业生态系统，自己成为这个小商业生态系统里的"焦点企业"或"客户"。此外，不同的企业对所在商业生态依赖程度不同，有的只为生态系统里其他企业提供服务，依赖于该商业生态，因此，其生存与发展取决于该商业生态系统的发展；有的是跨生态的，就是同时为多个商业生态提供服务的企业，因而其生存的韧性（resilience）比较高，面对环境动荡的脆弱性（vulnerability）比较低。

作为生态系统，生态内部各种组织之间具有相互依赖性、紧密联系性，一旦相互联系减弱或中断，则整个生态系统就会产生问题，甚至有的联系中断会导致系统崩溃。一个企业如果仅仅属于一个商业生态系统，对该商业生态系统的依赖性程度越高，这个企业面临的风险也就越高。比如中兴公司与美国零部件供应商之间构成了一个商业生态系统，中兴公司生产的产品离不开美国供应商，但是美国供应商属于多个商业生态系统，一旦中止与中兴公司的合作关系，对其也有影响，但不会致命，而对中兴公司则有致命的影响，双方的相互影响是不对称的。除了依赖性风险，一个商业生态系统的风险还包括整体性风险、被整合性风险和相互关系被迫中断或不同步的风险。整体生态风险，就是这个生态系统整体上遇到了挑战，难以为继，比如新兴技术替代焦点企业的原有技术路线，数码存储器代替了焦点企业的胶片技术；原有的生态治理框架不能适应环境的合法性要求，生产汽车的国家标准更新；客户需求行为发生变化，门店为网点替代等。对于个体企业来说，如果仅仅为生态系统内部的企业提供服务，说明对生态的依赖程度高，这样就将自己置于危险的情境中，与生态之间的依赖关系是不对称的，就有可能被焦点企业整合到企业内部，或者被焦点企业自己创立的类似公司进行替代。

另外一个风险就是关系中断风险。疫情对各个商业生态系统最大的影响，是企业之间关系的破坏，造成生态系统的临时性瓦解。具体体现在客户休眠，物质流、价值流、信息流、人事流四大流程不同步，其中的任何一个流程中断，都会给整个生态带来比较大的负面影响。比如疫情初期的物流中断、人流中断，就导致很多企业停工停产，但这期间与之相应的价值流并没有停滞，工资要付、租金要付等等，打破了原有的企业内部四大流程之间的和与其他企业之间的平衡关系，造成在某个流程上的"过载"，甚至企业崩溃。因此，对个体企业而言，恢复生机的重要途径是恢复四大流程，或者保持四大流程的同步，在企业的资源、能力"冗余"有限的情况下，企业就把自己暴露于危险处境之中了。

12.2.3 商业生态系统的演化

商业生态系统演化是个复杂问题，如同自然界生物一样，有的瞬息万变，有的千年不变。此外，演化不同于变化，比如大海表面的波动属于变化，沧海桑田才是演化。换言之，演化是指系统在其基本特征——目的、功能、结构三方面发生了根本性的、与原来有着显著差别的变化。通常演化是一个长时间的过程，但也有短期完成的。当然，时间长短都是相对的概念，它们的讨论只能就事论事了。商业生态系统的演化，人们能够看得到的是行业的变化，尤其是集群企业的转型，比如人们会说，这个镇里的企业过去是做五金电器的，现在做家具装饰品；也有看不到的，比如过去的织布厂现在是做儿童服装的生产与销售。商业生态系统变革的动力来源于内部与外部两个方面。

内部动力是促使企业之间的协同作用，特别是知识、经验的相互交流，提升整体系统的知识能力；其中焦点企业或平台企业的变化，要求和逼迫其它关联企业跟着变化。总体来说，系统演化的内部动力来源于三个方面：不同组织之间相互关系的变化、生态系统结构的变化和生态系统构成的模块化水平。在不同组织的相互作用关系中，焦点企业的技术创新起到带头作用，客户提出的问题、供应商和配套商提出的建议或创新也都能促进焦点企业的技术进步；反之，如果焦点企业以及其它企业、客户都不求进步的话，整个生态就有被其他生态系统替代的危险。生态系统内部结构关系的不同或改变，对生态系统的未来也有较大影响。比如，依赖于"会员制"的平台，大多数随着时间的推移会是失败的，而"赌场模式的抽头制"往往越做越大，这就是系统内部利益关系的分配起到的反馈效应。此外，生态系统内部参与主体的模块化水平、专业化程度越高，那么，对生态依赖程度就越高，对生态系统稳定性越有益；如果模块化水平越高，但与此同时其标准化程度也高，那么，该模块游离于生态之外其它生态系统的可能性就增加了。这一方面有利于模块化（企业）自身的生存能力提高，但同时也可能随着对其它模块（企业）影响的提高而改变生态系统内部的游戏规则。因此，生态系统内部的治理结构和制度对该生态的演化结果有重要影响。

外部动力也就是来自生态系统环境的力量，包括来自社会经济环境的变化，它们界定了每个商业生态系统变化的范围和方向。此外，技术变化，尤其是颠覆性的、不连续和破坏性的创新，如果这些技术应用于现有焦点企业所在的商业生态之外，这就为外部平台制造者渗透进入焦点企业所在的领域提供了机会，既可能被现有商业生态系统吸纳，也可能形成新的商业生态系统，比如苹果公司 itunes 平台加入现有音乐播放器市场竞争，就形成了新音乐行业生态——音乐生产者不管销售，音乐销售者不管生产，但共同依存于 itunes。商业生态系统的变化也可能来自于其他与之竞争的商业生态系统的力量，就像计算机操作系统 windows 和 macOS；此外，配套商家为不同客户提供服务，未来做大做强之后就可能不受现有生态系统的制约或者不愿意依赖于某个单一的生态系统。

在商业生态系统中，每个企业的创新和价值创造不再是仅仅靠自己本身独立完成，需要大家的共同配合。因此，各个企业战略上不仅要考虑自己有多少资源可以使用，还要考虑关联企业有多少资源可用，相关零部件供应商、配套商都有资源用于共同的目标，才能实现共同价值。换言之，整个商业生态系统价值的创造不取决于资源最丰富的组织，而是受制于资源最缺乏的组织——当然，这个组织面临被淘汰的可能性也最大。此外，要考虑商业生态系统内部企业行为的步调能否一致。比如，早在 1990 年代，Philips、Sony 和 Thompson 都拥有高清晰电视技术，但是，零部件生产厂家、信号压缩技术和传播标准等不能够达到相应的技术要求，直到多年之后它们才能支持高清晰电视技术的发展需要。科龙电器在 2000 年推行电子商务以失败告终的原因也是如此，当时尚未形成相应的物流、支付、监管等商业生态系统所需的支撑条件。

12.3 商业生态危机下企业个体应对策略

12.3.1 当今企业遭遇疫情危机的属性判断

新冠病毒对整个社会乃至全球来说,都是一场灾难,所产生的影响是广泛和深远的。美国国务院的报告称将持续 18 个月(2020 年 3 月 8 报道),一些科学家认为会成为第五大"流感",并在未来还有季节性、地区性爆发的可能性。从我国目前疫情控制的情况来看,对社会经济的影响可以看成是暂时性的事件,但从全球化角度来看有可能是长期性事件。对于企业来说,不是个别企业受到影响,而是几乎所有组织都受到了影响。因此,与其说是当今企业遇到了环境危机,倒不如说是当今企业遭遇了商业生态系统危机,在商业生态系统更高层次上的经济系统、社会系统遇到了危机,是全球性的危机。所以,企业至少应该从与本公司关系密切的商业生态视角,来考虑遇到的困难和可能的对策措施。

企业在发展过程中会遇到各种各样的危机,既有内部的原因,也有外部环境因素变化的原因,但从对企业影响的时间维度上看可以分为三种类型:"冲击性危机"(abrupt crisis)、"间断平衡性危机"(punctuated equilibrium crisis)和"逐渐修复危机"(fluctuation crisis)。尽管三种危机的原因可以是相同的,但因为每个企业管理水平、年龄、组织模式等不同,造成的后果可能是截然不同的,如图 12-2 所示。

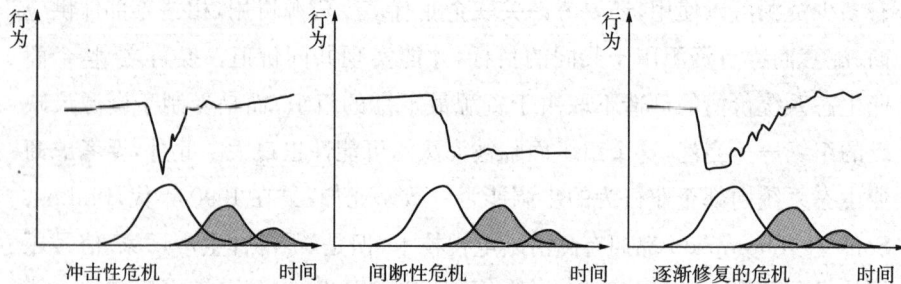

图 12-2　企业危机后发展趋势

冲击性危机,对企业的影响是脉冲式的,当影响源消失时影响也就消失,企业恢复到原有状态。比如随着时间的推移,在新冠疫情过后,企业恢复到疫情之前的状态,供给和市场需求均恢复到原有的变化趋势上,与其他组织的关系恢复到原有的平衡状态;在企业内部,生产能力、管理水平等也恢复到原有水平上。如果属于这种情况,那么,企业应对危机的重点任务就是"扛过危机",甚至不惜一切代价使企业生存下来,只要该代价不会反噬企业未来的生存,不"饮鸩止渴",就值得一试。然而,问题是:要确保这个影响的"脉冲"宽度不能太长,以及企业如何度过这个时间段? 在商业生态系统中,如果一个企业出了问题,就会传染到整个生态之中,因此将"危机"限定在特定的企业、防止感染非常重要。但是,如果商业生态系统不具有主动的治理结构,哪个企业自身愿意独自承担"危机"后果呢[①]?

　　企业面对此脉冲式影响是否可以恢复到以往状态,可以从三个方面来分析:(1) 企业个体在商业生态系统中的生态位是否发生了变化,即控制地位、可获得的资源和获取资源的能力是否发生了变化;(2) 关键的、不可替代的供给链条是否断裂? 如果断裂了是否可以再链接起来? 如果不可再链接,是否拥有可替代方案? (3) 市场需求是否持续增长? 很显然,企业如果没有需求,一切归零。所以说,一个企业复工,是全面的复工还是在一定程度上的部分复工,取决于市场需求、供给,即整个商业生态的恢复(打通产业链的程度)。企业应该随着市场需求的逐渐恢复,而同步复工程度。全面复工反而会因为商业生态系统中大家的不同步,而造成全面复工企业的负担。部分复工的可选择的策略可以是:全日制、轮岗制、缩短周工作小时、休假制、停薪留职制、工资待遇部分未来支付制度等,总之,危急情况下,一切措施的目的是减少日常开支、确保先生存下来。

　　新冠肺炎疫情给有些企业带来的影响也可能是间断平衡性的危机。间断平衡原本来自考古生物学的理论,是指自然界的物种在经历长期演进过程后突然消失,新的物种主宰世界,然后再经过若干年较为长期的演进再次消失,如此循环往复;物种的消失往往被归咎于环境中突然发生的事件,导致原有物种与环境之间的匹配平衡被打破。换言之,在环境突发大的变化后,原有的物种不可能回到原来的状态。对于企业组织来说,如果受到疫情

────────────

　　① 比如说,由于禽流感流行,某个地区肯德基的鸡肉汉堡日销售量下降50%。措施1:实销实产,整个产业链生产量减少一半或以上;措施2:维持产量,有"人"为存货买单。从商业生态系统整体的、长远的利益视角看,哪个措施更好呢?

的打击属于间断平衡危机的话,那么即便在疫情结束后,企业生产经营也不可能回到原来的状态,而是只能进入新的与变化后的环境相匹配的状态。如果属于这种情况,企业应对的任务是承认现实,根据已有能力尽快进行重组,适应新的环境条件;如果企业没有能力重组来适应新环境的化,那就尽快选择被重组。

可以从三个方面判断企业面对的当前疫情是否属于间断平衡性危机:(1)原有需求是否已经不复存在?或者被替代;(2)原有依赖的资源条件是否还存在?(3)政策环境是否发生了大的变化,使得原有生产经营合法性受到挑战。如果企业面对的危机属于间断性危机,主要对策就是重组、重构。当然,人们最希望的情况是危机冲击后企业的发展能够逐渐恢复到原有状态,如同图 12-2 右边的第三种情况。这种理想情况需要企业根据环境的变化情况,各自资源、条件和能力逐渐匹配起来,既不过剩,也不短缺,达到最佳匹配。但是大多数企业要做到这一点难度比较大,尤其是在商业生态系统处于危机之中时,不确定性比以往任何时候都要高。

12.3.2 疫情危机对商业生态的主要影响

第一,企业之间供求关系的影响。我国疫情对各个企业的商业生态系统最大的影响,是破坏了企业之间原有平衡的关系,导致生态系统的临时性瓦解,体现在物质流、信息流、价值流和人事流这四大流程的中断或不同步上。在疫情初期,因为道路封锁、小区隔离,很多客户处于"休眠"状态,物质流、人事流中断;在疫情中期,虽然政府采取各种措施帮助企业复工复产,打通物流、人流,但是,人们心理上对病毒的担忧并未完全消除,日常消费并没有恢复到原有水平;在疫情后期,疫情全球化在全球范围内的人流、物流受到影响,并可能产生严重的国际政治关系紧张局势。显然,对于受制于单一商业生态系统的企业而言,这时候其"依赖性风险"就凸显出来了。如果商业生态系统中的各参与主体之间的关系不能够恢复到企业原有生产经营水平,复工企业就只能成为经济体系中的"孤岛"——生产"库存产品",这样的局面不可能持续下去。

第二,四大流程的不同步。原本企业内部、企业之间的关系是协调一致的,处于一种动态平衡状态,而疫情打破了这种平衡态势,不仅使得物质流、人事流中断或部分中断,更为严重的是价值流、信息流并不同步,给企业带来更大的负担。比如说,疫情初期的供应物质中断、人流中断,就导致企业停产停工,但期间与之相应的价值流并没有停滞,工资要付、租金要付;复工后如果产品卖不掉、资金回不来,工人无活干,日常开支还得进行,入不敷出,"坐吃山空",加重了企业原有负担——这也就是很多企业抱怨的,现金流不能支撑企业几个月了。因此,从个体企业而言,恢复生机的重要途径是恢复四大流程,并保持四大流程的同步。"要想经济复苏,就要想办法打通整个生态链,而打通整个生态链,光靠复工是解决不了的。"(一个浙江老板的焦虑:没复工我睡不着,复工了我更睡不着!《商业大智慧传播》,2020-03-09 21:10:05)。靠每个企业短时间内自组织打通生态链不太现实,需要更高层次的组织部门(协会)协同作战。

第三,终端需求延迟或消失。显然,所有问题的根源都是消费上不去,正如现实经济表现的那样,学校、餐饮、旅游、娱乐、会议、交通等行业,凡是需要人员流动和集聚的行业,基本上都受到严重的负面影响。这些影响更多来自于"未知的恐惧"和"过度的防御",人们产生这些心理的根源如同旅行者隐瞒自己病情、行程历史一样,除了少数是出于"投机",更多人是作为对不确定性防御的对策来谋求自身利益最大化的结果。如果信息是透明公开的、流程是清晰科学的、未来是可以预见确定的,并且具有"充裕的处置资源",人们才有可能以"佛系"心态、泰然处之。因此,建立起分布式的服务体系——网络状、节点式的医疗保障体系是多么的重要。

12.3.3 针对企业个体的对策

(1) 关注小企业,增强组织惯性。组织生态学研究表明,随着组织年龄增长,组织的死亡率反而下降,组织规模越大,组织死亡率也越低。如图12-3所示。换言之,小企业、新创企业死亡率比较高。当然组织年龄与组织规模不是完全成正比例的,小企业也可以成为高龄企业。小企业、新创企业死亡率高背后的根本因素是组织惯性强度。企业年龄越大,组织惯性强度越大,复制能力越强、效率越高,所以死亡率下降;企业规模越大,惯性强度也越大,所以死亡率下降。但是,企业规模到了临界点以后,如果其外部资源获得性、变革适应性下降,内部矛盾增加需要内部变革,但企业又不能变革,那么,企业的组织运行效率就下降了,所以,大企业依旧会死亡。因此,不管什么样的企业,增强自身的"惯性"是提高生存率的重要对策。生命周期越短的组织,其结构容许有较高的出生率,但死亡率也高。

既然这样,所有企业都希望做大、长久吗? 然而,企业规模的幂分布规律表明,在给定的生态环境下,各种规模企业的数量与该种规模成反比。所以,一定规模企业的数量在给定条件下是固定的,或者说给定的商业环境中的资源条件只能支撑这么多企业生存,但是该规模的企业数量多了,资源就不够了。多了不行,少了自然会增长补充进来(因为还有商机),这与老百姓说的"定数如此"意思上比较接近。再根据间断平衡理论,环境生态危机正是老物种消失、新物种形成的契机。既然如此,当环境发生了大的变化之后,企业就不要指望能按照原有的路径继续演进,而是要主动地适应新的环境,通过革命性变革或者持续波动性变革适应新的环境。总之,大企业有实力抵挡外部冲击,而小企业能力有限;临界规模之后,规模越大,组织死亡率反而越低。那在临界规模之前呢? 随着规模增长,暴露在环境冲击下的机会越多,面对的挑战也越多,因此,死亡率反而会增加。企业在早期靠效率获得生存,后期靠制度同构的合法性持续生存。所以,对小企业来说,要适应地变革,寻找新的商机和可用的资源,依靠效率取胜。

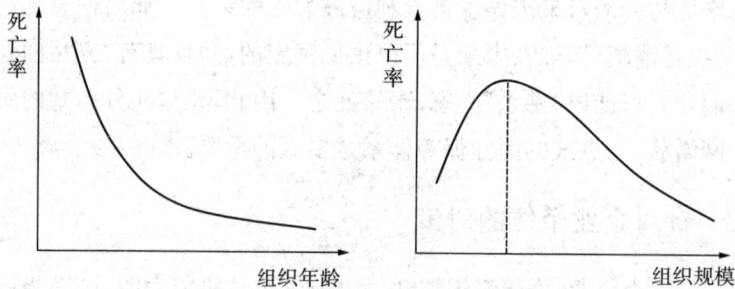

图 12 - 3　组织年龄、规模与死亡率的关系

(2) 采用生存 r 策略,应对环境的高度不确定性。作为一个种类,企业的生存策略可以分为 r 策略和 k 策略。r 策略就是有尽可能大的出生率,k 策略就是尽可能最大化能力的扩展。在环境高度不确定的条件下,企业大多数属于 r 策略。因为在资源不确定性高的环境里,企业只能不断尝试,来寻找适合自己成长的空间条件,所以,企业的出生率高;当然,在此环境下企业的死亡率也高,因为资源条件不确定变化,不能保证企业生存所需资源条件的可持续。不断出生的小企业能够在不同的环境之间转移,因为只需要较少的资源就可以创立新企业,从而有较高的成长率,并充分利用临时性资

226

源;当然,企业规模小也就缺乏环境的统治力,缺乏惯性,所以生命周期也短。那些不能够采取能力最大化扩展策略的企业,要么倒闭,要么被兼并。当新成立的小企业被大企业并购后,其原有的竞争性和效率将逐渐消失。所以,兼并将减少组织效率,使得市场中只留下效率相对低下的企业——这又为新企业的创立提供了可能机会。

(3) 支持焦点企业,引领商业生态。一个企业群体的结构和行为的变化对其他相关联的企业群体来说,就是环境在发生变化;如果正在发生变化的企业群体属于焦点群体,那么,它会影响更大范围环境的变化。所以,找出焦点企业群体,在企业群体中再找出焦点企业,促进它们的发展,就能够影响并带动更多相关企业的发展。虽然本文首先强调关注小企业,但其实在一个商业生态里,焦点企业对与之相关联的小企业的生存有较大的决定性作用。此外,人们之所以关注大企业、成功企业,因为它们对社会影响大,具有典范、模仿的价值;在一定社会结构下,长久的、成功的企业可能是最好的组织。大企业的变革也会引起其它相关企业的变革。因此,小企业要瞄准大企业的发展,与此同时大企业也要主动关心作为供应商、客户的小企业,大家要有互为环境的商业生态观。

(4) 跨生态生存,增强自主独立性。当运输成本、交易成本较低的时候,企业为了尽可能扩大资源,而相互频繁接触;那些尚未达到最大产能的企业就会争取更多资源,从而侵蚀企业生态系统的"基础生态位",引起相互竞争,导致的结果就是要么转移,要么消失、要么创新。所以,较高的互动水平,会增加组织的死亡率和设立率。每家公司原本都有自己的生态位,都有自己生存所需的、可获得的资源条件,相互之间处于一种相对平衡状态。但是,高速铁路、高速公路的开通,物联网平台的兴起,都极大地便利了资源传输,从而使得企业拓展资源的便利性大大增加,那些生产效率尚未得到完全发挥的企业,就会去拓展资源,就会打破原有企业之间的生态位平衡。生态位平衡被打破了之后,不同企业之间的生态位相互重叠的程度增加,企业之间的竞争愈加剧烈。效率高的企业会"强者更强",效率低的企业会"弱者更弱",最后的结果是派生出新的焦点企业,成为商业生态中的领头羊,成为能够左右商业生态系统的、新的较大影响的力量。

(5) 持续变革,适应动态环境。疫情发生以后,一定程度上资源的流动或企业对资源的可获得性就中断或停滞了,这就为原本在市场竞争中并不具有资源争夺优势的企业,重新获得生态位提供了契机。因此,在此期间企业应该实行能力最大化扩展策略,并提升市场竞争能力,把疫情时期作为本企业发挥竞争优势的良好契机。反之,如果现存组织无法在具有竞争优势的新组织出现之前调整战略和结构,新的竞争者就会得以立足,对原有组织的危险增大;相对而言,原有组织表现出的惯性就越大,越不能够适应环境的变化(比如,网店、百货公司),他们需要评估机会、评估市场、等待技术稳定、进行结构调整等,这些时间都为新企业创立提供了时间和机会。老企业调整时间越长,新企业越有足够的时间尝试不同的结构、战略,最后生存下来。

12.3.4 政府需要采取的策略

当前,企业遇到的问题不是单个企业问题,也许原本某些企业是有问题的,但大多数企业的问题都是因为疫情导致的,属于商业生态系统整体遭遇到了危机。因此,从整体上、更高层次上探讨解决企业问题的措施,才能得到良好的解决方案。当前,各级政府采取的很多举措都非常及时,呼应了企业或学者提出的要求或建议。这里不去评价它们的效果,但从商业生态系统修复或重建的视角,强调几个着眼点。

(1)企业外部关系链接的恢复,确保"四大流程"同步畅通。从政策法规上为企业内外部四大流程的畅通,同步提供保障。目前企业面对的最大实际困难就是现金流不足,背后的根本原因就是四大流程不同步,有的流程中断了,有的流程还得继续,尤其是物质流和价值流、人事流的不同步,员工不上班、零部件买不到、产品卖不出、货款收不回、工资费用要支付,这些问题在不同企业的严重程度不同。显然,尽管提供银行贷款、减免税收、给予各种费用减免或优惠都是解决问题的办法,但不是解决问题的根本性办法,根本性办法是需求拉动、打通四大流程。从企业角度讲,如果索性四大流程全部中断了,造成的经济损失反而很少;否则,复工不能复产、复产不能复销、复销不能回笼资金,再生产就循环不起来。

(2)可依据密度依赖原理,触发经济增长的临界规模。有些企业的生存依赖于商业生态系统中与之相关联主体的密度,尤其是客户对象,每天的数量只具有统计意义上的价值,比如餐饮等服务行业除了具有公共"职工食堂"功能的店铺,其每天的客流人数与周边就业上班人数成一定的比例关系,并有相对的稳定数量,但大多数情况都是"流动量"的概率。所以,客流必须达到一定的密度,在给定的概率情况下超过本企业盈亏临界点,才能有盈利,否则开门就是亏本。在疫情尚未完全消除的情况下,人越是多的地方,人们越是不愿意去,这就使得过去存在的"网络效应"不复成立。因此,在"从众效应"、"网络效应"发挥作用之前,这些公司就不能依靠"贝叶斯定律"生存,也就是说不能靠等待顾客,而是想办法接近"分散开来的"(他们也愿意分散开来的)顾客——比如,网上订餐、配送,小区团购等"游击战",但需要有耐心来培养这样的顾客——这样的消费习惯也有学习曲线过程。如果不愿意,没有能力做到这样,那么,最简单的办法就是缩减经营规模,以降低运营成本。

(3)培育分布式生产体系,确保不同体系之间的联系。此次疫情使学者们不得不思考传统的贸易理论中关于劳动分工、区位优势、经济一体化等的有效性,在和平时期按照这些理论做事也许是最好的、最经济的和最有效率的;但当遇到战争、全球疫情爆发等情况的时候,经济一体化程度越高,遭遇的困难反而越大。因此,维持经济生活所必需的当地化循环系统,就显得是必要的。当然,当地化范围则取决于政府可有效控制、调配资源的范围。但在当前疫情国际流行情况下,需要增强经济内循环。

(4)企业生产生活社区化,减少无效通勤活动。现在大城市产生的很多问题都是功能集中导致的供应不足和挤兑现象,医疗、教育、交通、餐饮都是如此。以医院为例,发热门诊就集中在几个医院,人口多的城市,一旦出现疫情必然导致供不应求。如果人们的生产生活功能是分散的、社区化的,每个拥有一定人口规模的小区都有自己的医院、学校、生活场所,就可能极大限度地减少日常城市人口在城内的"无效"流动,遇到问题也可以分散化解决。

(5)政府主导推行远程办公,鼓励弹性工作。我们已有的课题研究已经表明,远程工作不仅是社会发展的趋势,对于城市交通、环境污染、社会安全、家庭照顾、恶劣气候和流行病期间持续工作具有诸多优势,已在西方国家流行,美国早在2010年就通过国会立法确保有一定比例的政府机构从业人员居家办工;但是,在实行初期,员工办公的主要利益是外部的,企业自身获益并不多,所以,企业不大愿意主动实行,即使实行的公司也是迫于形势压力或跨国母公司的要求,相关的法律法规也没有,企业也会担心由此引起新的劳动纠纷。所以，一方面政府要通过相关立法，促进企事业单位部分地、示范性地推行远程工作，就像目前的远程教育给予同样的劳动待遇一样，还要在劳动法律法规上给出修订或补充，规范或为解决遇到的问题提供依据。

12.4　结论

新冠疫情对社会经济的影响是全方位的，对企业的影响首先是来自于对商业生态的破坏。因而探讨个体企业在疫情期间以及疫情之后的发展对策，就必须从企业所在的环境，尤其是与企业关系密切的商业生态视角进行分析，才有可能找出问题的根源和合适的对策。

本文首先认为，疫情对企业而言，其危机的性质取决于企业在商业生态系统中的角色与地位。对大企业来说，此次危机可能是脉冲式的，对小企业来说可能是间断平衡的，大家都希望是波动可以渐进恢复的；疫情影响主要体现在对企业运作所需的物质流、信息流、价值流和人事流的中断、延缓和不同步，破坏了它们原有的、协同一致的平衡关系；小企业要适应性地转型，采取生存 r 策略；大企业要做好商业生态系统内企业的协调、发挥统领作用，加快商业生态系统的恢复；政府要致力于帮助企业修复"四大流程"和保持它们的同步，通过市场消费引导，集体协同作战等拉动就业和消费；此外，在未来的城市发展、产业布局和企业组织设计等方面，应该考虑推行分布式、社区化的生产生活，加快远程办公和弹性工作制的试点和相应的立法工作。

第13章

面对可预见的危机：应急变革
还是有计划变革？

在日益动荡的商业环境下，组织危机越来越多，其带来的危害也愈加严重，管理者不得不比以往任何时候都要更多地关注组织危机。在组织领域，有关危机研究的历史久远，对其发生的规律性的探索也一直没有停止过，因为组织形态以及组织面对的环境、条件随着时代的进步在不断演变，组织危机产生的原因、影响因素和相应的防控策略也都需要做出新的探索。本文作为课题研究的一部分，在对相关研究成果进行总结的同时，也提出了自己的理论和分析，内容包括：组织危机的基本概念、原理，组织危机的间断平衡理论，组织增长-危机间隙模型和组织分形增长理论；组织危机与组织转型性变革的关系；组织成长过程中面临不同危机时的组织转型策略；防御组织危机的有计划变革与应急变革时机选择模型；从组织演进的视角提出组织转型的深层次结构转变规律；最后，以华为公司的组织变革历史经验为例，对本文提出的理论概念和模型进行了验证性讨论。

13.1　引言

本文题目看起来是矛盾的，因为常识告诉我们，如果已经面对了危机怎么可能"有计划"地变革应对呢？如果有计划就意味着预先知道将要发生危机，甚至知道发生什么样的危机，既然如此为什么不提前去避免危机发生呢？这些质疑不无道理，然而是不是真的有道理取决于两个前提问题的答案：第一，危机能不能避免？如果是不能避免的，那只能准备好防御措施。

就像家长不能避免小孩子发烧一样,因为发烧是小孩成长过程中生理调节的必然反应,家长能做的,就是尽量避免引起小孩发烧的情况和在家里备好常用药。同样道理,有些危机是可以避免的,而有些危机是组织成长过程中的必然反映。换言之,组织存在内生危机和外生危机,即组织危机既有先天性也有后天性,它们两者都具有可控和不可控、可利用和不可利用的两面性。第二,危机的发生可不可以预测?这个问题回答的难度更大,不确定性更高,涉及到的影响因素更多,不能简单地使用惯性原理、相关性原理、相似性原理和概率判断原理来预测。危机成因分析有助于我们找到答案。已有研究表明,组织内生危机的发生有一定的规律可循,其在管理上的可控性、可预测性程度高;组织外生危机是由组织外部环境因素所导致的,对于管理者而言其可控性、可预测性的程度就比较低。此外,随着组织演化发展,组织自身的柔性、脆弱性和不确定性的程度也会发生变化,这可以从大量企业实践上统计出它们的变化规律性(Greiner, 1972)。所以,即便对于可预测性、可控制性程度比较低的外生危机来说,组织在其演化的不同阶段,应对危机的策略和抵御危机的能力也有显著差异。因此,本文坚持这样的基本观点:因为组织危机具有可预测、可控制的一面,所以组织就可以提前做出相关计划安排,做好应对之策,但重要的前提是能够厘清组织危机发生的规律。

面对未来可能出现的危机,组织是通过有计划的变革活动加以防御,努力把危机造成的损失最小化,甚至化危为机,还是采取"到什么时候说什么话",信奉"船到桥头自然直"、"车到山前必有路"呢?两种对策的效果是否不同,或者说在什么情况下采用这两种变革策略中的哪种更好,还是殊途同归?前两个问题是认知问题,问题的答案很大程度上取决于组织领导者个人的态度、信念、知识,也取决于组织发展的阶段,早期应急的多,后期主动的多;第三个问题是实证问题,有待于对两种对策在不同情况下的比较分析,并且实证的结果也有助于回答前两个问题。人们通常认为,应急变革(emergent change)是组织应对突然出现的危机而不得不采取的变革行动,而有计划变革(planned change)是企业有意识地为实现目标而进行的变革活动,因而应急变革是相对于有计划变革的概念。然而,正如上面所说的,不管是组织研究还是企业实践经验都表明,企业内生危机的发生是组织发展过程中的必然现象,有规律可循,因而具有较高的可预测性;外生危机虽然被认为是由企业外部环境、重大事件引起的,但重大事件的发生对企业而言具有偶然性,因而不具有可预测性。而且,环境中的重大事件只是触发企业产生危机的因素,并不一定会导致企业发生危机,即便发生了,对不同企业产生的影响也不同,这与每个企业自身的组织脆弱性和柔性有关。尽管组织发生危机的原因可能不同,但组织防御危机和应对危机的策略却具有很多相似之处(Milburn et al.,1983)。因此,学者们多年来一直致力于探索组织危机发生的规律性,提出了包括间断平衡理论(Street & Denford,2012)、组织增长-危机间隙变换理论(Greiner,1972)和组织分形增长理论(刘洪,2001)等,用来解释组织为何发生危机,以及如何通过组织变革来应对危机的相关理论与模型。然而,到目前为止尚有很多问题并没有被很好地回答,其中包括组织危机发生的时间间隔是否有规律性?既然知道组织一定会发生危机,那么,是通过有计划变革还是应急变革来应对的效果更好?

本文在对已有相关理论回顾与分析的基础上,提出环境变化-组织演化的组织变革情景矩阵,弥补了单独从环境变化的外生危机或单独从组织演化的内生危机上来解释组织转型变革时机的合理性上存在的矛盾(未解之地);根据组织分形增长理论(刘洪,1996)提出随着组织成长,组织变革逐渐由应急变革转变为有计划变革的命题,并对其背后的组织"深层结构"原因给出解释模型;最后,以华为公司的组织变革历史发展案例,验证了本文提出的部分理论观点与模型。这些理论观点和模型的提出,希望能在一定程度上回答上述两个大问题。这里需要说明,尽管本文对已有研究成果进行了比较详细的介绍和阐述,但目的不是进行文献回顾,而是旨在对已有代表性理论阐述的基础上,凸显出弥补它们不足的新理论、新模型的必要性,以期能给企业的实际危机管理提供权变的理论指导,也为组织变革理论研究提供新的假设。

13.2 组织演化过程中的危机相关理论

13.2.1 组织增长的有限性

从时间维度观察自然界万物,它们大多表现出增长的有限性,并且因为其内部增长的力量与环境之间的相互作用,呈现出增长的 S 曲线,如图 13-

1 所示。在事物增长的初期,环境的制约作用还不明显,对外部资源吸取并不太多,因而事物增长所需的外部资源是相对充足的,但内部增长的力量相对薄弱,所以增长的速度比较缓慢。随着事物的增长,增长的正反馈作用增强,增长的速度越来越快;当到达某个时间点时,外部资源的供给不再充足,开始对事物的增长产生制约作用,即环境已经不能维持其进一步增长的需要,使得增长速度由正变负,开始降下来,该事物的增长也就不得不逐渐"停滞下来"。对于组织来说,其有限增长则体现为企业生命周期(Lewis & Churchill,1983),通常表现为 5 个阶段,如图 13-2 所示。对于生命周期内各阶段的发展,爱迪思等(1997)在《企业生命周期》中有比较详细的阐述。

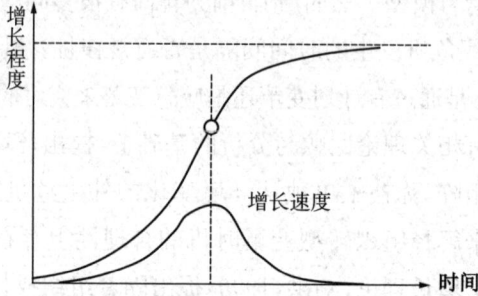

图 13-1　事物增长的有限增长曲线

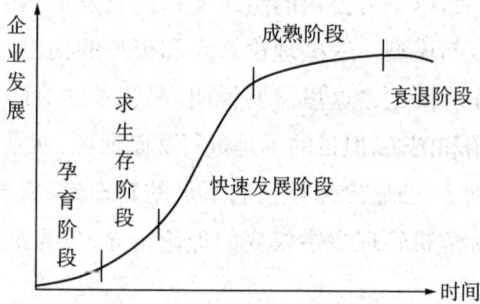

图 13-2　企业生命周期曲线

　　组织作为社会构建的系统,是人为地、有目的地组建起来的,人们根据环境的变化对组织战略、目标进行调整,进而改变组织与环境的关系,改变组织内部部门与部门之间的关系,以及管理者和员工行为和态度的改变,使得组织适应变化和即将变化的环境得以持续增长。人们在对自然界和社会生活中的现象研究发现,很多事物的持续增长表现出分形增长的规律——更大时间尺度上的增长曲线与微观尺度上的增长曲线具有相似性,如图 13-3 所示。就较长时期内的分析而言,在早期和后期增长危机发生的频率都高,并且早期它们的间隔期越来越长,而后期间隔期越来越短。在早期,每一个危机的克服都会使得事物越来越强壮;而在后期,每一个危机之后的事物会变得越来越虚弱。

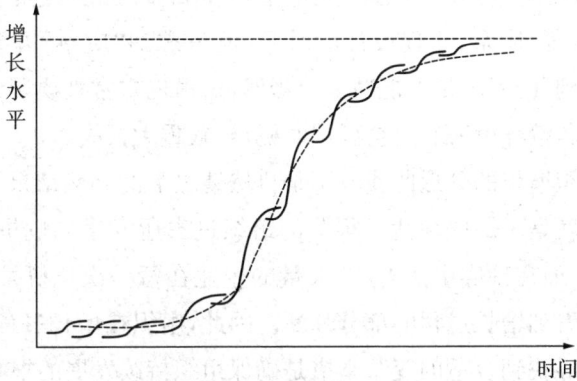

图 13-3 事物增长的分形曲线

对增长曲线理论而言,事物危机的产生是其增长过程中的必然现象,是不能避免的。然而,在现实生活中,外部环境的变化也可能导致内生危机的发生。内生危机要适应,常常也是有经验是可取的;而外生危机往往不具有可预见性,因此避免是困难的。也正是因为外生危机具有不确定性,所以,组织往往缺乏准备,其所造成的伤害也比较大。所以,要努力预先准备应对外生危机的方案和手段,包括:

(1) 相互独立的多重系统。构建两套方案、两套系统,就是有后备方案,它们可以同时并行工作,一旦一个出问题,另一个在负荷上依然可以承担下来;对于特别重要的事情甚至还可以有三套方案或系统。也可以只有一个系统工作,其他的处于休眠状态,一旦需要就可以激活使其开始工作。这样做成本比较高,所以企业一般不愿意这样做,也正因如此,一旦出问题,很多企业就无可救药了。所以,我国很多企业的低成本运营最后都是以企业生命的早结束为代价的。

(2) 确保系统之间的关联性。如果一个环节的运作依赖于其他环节的工作,并对另外的环节产生影响,各个环节之间就会相互影响,构成连锁机制,这样任何一个环节都很难出问题——需要别的环节容许、提供相应的条件。反过来考虑,如果每个环节所做的事情是孤立的,人们就会不知不觉地"我行我素",出错甚至故意出错的可能性就会增加。

(3)制度化、体系化、流程化。精心设计出流程、管理体系和制度安排,使得系统出问题的可能性降到最低。生活中出现的问题大多是在违反"操作规程"的情况下产生的。因此,无论事情多么重要、多么紧急,程序不能乱。如果在制度、体系、流程设计的时候,就考虑到"应急"方案,就会使得"当时没有想到"的问题尽可能减少。当然,这里也常常被质疑的是:程序固化会遏制创新,按部就班有时会延误时机,导致重大损失。

然而,组织增长的分形曲线并不是自然情况下的必然结果,而是统计意义上的规律,就是对那些存活了很久的组织过去所发生的危机进行分析所得到的结果。而在现实生活中,有大量的企业在每一次危机发生后就夭折了,我们只能看到增长过程的部分片断。因此,组织在增长过程中在每一次危机发生时,寻找到合适的变革举措是确保组织持续发展的根本。

13.2.2　组织增长过程中变革时机的选择

在组织增长的早期,外部可供组织增长需要的资源是相对充足的,组织在此阶段的主要任务是如何获取资源、利用资源;到了组织增长的后期,外部提供组织增长的资源逐渐枯竭,组织在此阶段的主要任务是获取新的资源,比如搬迁到一个新的环境下,以获得新资源;此外,组织依旧可以在原有环境下生存,但需要通过组织内部改革,降低对原有资源的依赖,转变为对新的、相对充足的资源的利用。不管是哪种类型的变革,组织只有变革才可能突破原有的增长极限,并开始新一阶段的增长过程。

那么,组织何时改变比较好呢?对变革时机的选择很大程度上取决于组织内部管理者对变革的必要性和紧迫性的感知,也就是说,面对同样的环境变化或事件,有的组织管理者认为事不宜迟,要尽快响应和做出组织变革,而有的组织管理者不以为然,等到了非变不可的时候,才不得不被动地进行变革。所以说,组织的变革有主动的有计划变革(如图13-4中A点),也有被动的或应急式的变革(如图13-4中B点)。当然,应急式的变革开始之后,也是可以做出相应计划的,所以,也可以认为是有计划地变革,只是时间比较仓促,也不是不主动计划的结果。

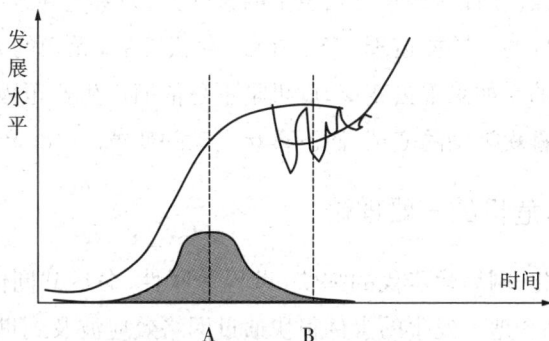

图 13-4 组织变革的时机选择

回顾那些能够经历多次危机而又持续发展的组织，它们的组织变革大多启动于 A 点。在企业发展最好的时候，企业家具有强烈的危机感，极力主张组织变革，这时候变革的资源充足，但反对变革的阻力也较大。变革是要花费成本的，比如部门调整在短时间会降低工作效率，甚至造成工作失误而带来损失，人员工作调整也会因为不理解、不承诺带来积极性下降等问题，但是这时候企业处于盈利最好的时候，因此变革对企业的影响相对来说是可以承受的、微不足道的。然而，在 B 点，企业暴露出来的问题较多，比如销售速度放缓、利润下降，内部冲突加剧等，大家变革的感知增强，变革的欲望增加。但是，组织承受变革的能力下降，员工士气低落，如果对未来和变革的期望不看好的话，优秀员工跳槽较多。所以，在 B 点进行变革代价比较高，成功率也会较低。

为什么 A 点的变革阻力会大？因为这个时候一切风平浪静，一般员工感受不到逐渐逼近的危机，如果领导者提出变革，尤其是引用"空降兵"来启动与领导变革，更容易引起员工的抵制。人们常常会说："一切很好，不变革不是很好吗？为什么要变？"、"不作不死"。不管你变革不变革，后期即将到来的"危机"都会发生，然而，人们却会将这看成是"变革"的结果。其实，从组织增长过程中"内生"的观点来讲，这与变革没有关系。我把这比喻成"挪家具原理"——挪动家具只是帮助我们发现灰尘，而灰尘原本就是存在的；此外，挪动家具并不能把灰尘消除，还需要借助其他手段和措施。如果我们不去挪动家具，就看不到灰尘，但并不代表灰尘不存在，灰尘的存在也确实会对居住者的身体产生不利的影响——也许生病的人从来不会怀疑是

237

灰尘存在这一点。所以,经常打扫卫生的家庭,因为灰尘导致的疾病发生的可能性一定是低的。同样道理,变革在前,危机在后,无知的人自然认定危机是变革导致的。如果不去变革,危机是不是依旧产生?正因为如此,现实生活中人们更喜欢被动的变革,而不喜欢主动的变革。

13.2.3　组织危机的一般理论

经济全球化、网络化步伐的加快,世界关联性、命运共同体特征越来越明显,世界上某个地方发生的事件很快通过网络效应波及到世界各地,导致社会生活中的各种危机层出不穷,影响范围也越来越宽广、影响后果也越来越严重。危机已经成为广大企业经历的常态现象。然而,对于什么是危机?不同企业却有着不同的理解。因为危机既是客观的,也是主观的。危机的客观性在于某类事件一定会发生,并且一定会对企业产生严重的负面影响,就像每年太平洋上都有台风,会对航海产生不利影响一样;危机的主观性在于某种事件未来是否发生的判断,取决于人的知识、能力和使用分析的工具与方法等因素,所以,对于同样一件事情未来能否发生,不同的人就会有不同的判断;此外,某种事件发生后对组织的影响以及影响程度,不同的人也会有不同的判断。因此,关于组织危机有很多定义。但基本含义包括三个方面(Milburn et al., 1983):第一,组织实现已有目标遇到了问题或困难,或者有了新的机遇。遇到的问题或困难如果不去化解,会危害组织目标的实现;作为机遇,如果能够得到利用,可以克服组织的痼疾,帮助组织进入良性发展的轨道。因此,组织危机对组织既可以是正面的、可利用的,也可以是负面的、要避免或化解的。第二,组织危机既可以是内外部环境变化导致的客观情况,也可以是人们对组织自身状况的主观感知。相同的环境变化情景,对不同的组织而言是否是危机,与每个组织中主要领导的个人特质、组织发展经验与历史、组织的人口统计特征和系统属性有关;组织危机的程度与好坏后果,与组织脆弱性(susceptibility)、环境控制性(controllability)有关。组织危机的诱因既可以来自组织内部,也可以来自组织外部,但它们最终能否导致组织危机,则取决于组织自身的环境控制性、组织脆弱性和这些因素对组织的影响程度。第三,组织危机可以被掩盖,也可以被揭示,因此,在同一个组织中有的危机能被人发现,而有的危机就不宜觉察。由组织外部环境突然发生重大变化,或者组织内部发生重大事故所引起的危机,往往是显而易见的;由于人们的惯性思维或习以为常,有些问题或困难的存在就可能被某些现象所掩盖起来,就像家具下面的灰尘若不去挪动就看不出来,但客观上是存在的,日积月累对家人健康是有害的,挪动家具则可以把灰尘暴露出来。

也有学者认为,之所以说组织发生了危机是因为事发突然,留给组织的响应时间有限,从而让领导者感到有压力(Hermann,1972)。但也有学者指出,时间压力会强化组织危机,但不是组织危机的本质属性(Billings et al.,1980)。如果组织与环境要求的不匹配程度、对组织目标实现有重要影响事件发生的不确定性或不可控制程度越高,他们对组织目标实现影响程度越大,那么,组织面临的危机也就越严重。所以说,对组织目标实现有重要影响的事件本身并不是组织危机,而是诱发组织危机的因素。

导致组织危机的环境因素包括竞争者、供应商、客户、监管者、社会、股东、自然灾害和流行疾病等,它们都是组织危机的外部潜在来源,但会不会诱发组织危机则取决于它们引起的组织与环境之间的不匹配程度和不可控程度。组织内部因素被认为是诱发组织危机的最主要来源,即符合"外因是变化的条件,内因是变化的根据"哲学原理,即使外部环境因素是完全不可控制、不可预见的,如果组织内部处理得当,也是可以避免发生危机的。诱发组织危机的内部因素主要来自高管特征、组织经验与历史、组织人口统计特征和组织属性四大方面(Milburn et al.,1983)。

组织危机一旦发生,对组织的影响首先体现在对组织中个人、尤其是对领导人产生压力,进而再在组织层面上反映出来。组织危机对个人产生压力的影响,随着时间推移而有所变化(如图13-5所示)。短期表现在人的心理和生理上的反应,比如兴奋、焦虑、害怕和血压升高、尿频尿急、心率加快等;中期表现在对待危机形成一定的态度与行为,比如视而不见、按部就班,或者根据组织内、外部环境变化做出应对之策;长期表现在个人心理上的满意或不满意,生理上的精力耗竭甚至累死,行为上的工作业绩水平提高或下降。

组织危机对组织的影响在不同时间尺度上的表现也有所不同(如图13-6所示)。从短期来看,组织危机发生会影响组织中权力的配置,比如更加集权或更加分权,群体更加团结或更加分裂,组织中行为和绩效的评价指标改变等;中期主要是高管团队变化,比如高管更换、辞退、采纳管理新理念或新

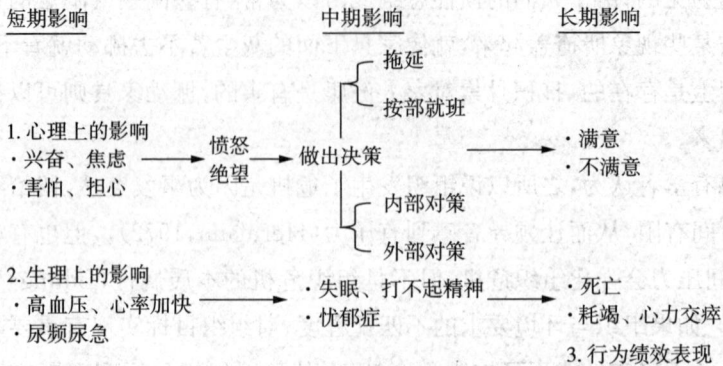

图 13 - 5　组织危机对个人的影响

参考:Milburn, T. W., Schuler, R. S., & Watman, K. H. (1983). Organizational Crisis. Part i: Definition and Conceptualization. Human Relations, 36(12): 1141-1160.

思想等,在组织属性变化上包括开发新市场、应用新技术、建立与完善内部管理系统等;长期影响包括组织价值观、发展目标的改变(收缩、扩展),组织属性变化包括缩减规模、扩大规模、决策、计划,以及形成新的组织经验与历史(成功、失败)。

短期影响	中期影响	长期影响
组织属性 ·集权化 ·分权化 ·群体协同 ·群体分裂 ·评价体系改变	**高管特征** ·替换 ·辞退 ·新理念 ·新思想 **组织属性** ·开拓新市场 ·采用新技术 ·建立与完善管理体系	**价值观与目标体系** ·缩减 ·扩展 **组织属性** ·缩小规模 ·扩大规模 ·战略与规划调整 **经验与公司历史** ·成功之处 ·失败之处

图 13 - 6　组织危机对组织的影响

参考:Milburn, T. W., Schuler, R. S., & Watman, K. H. (1983). Organizational Crisis. Part ii: Strategies and Responses. Human Relations, 36(12): 1161-1180.

因为危机的普遍存在性和后果严重性,所有组织都希望通过增强组织控制性和降低不确定性来加以预防。防范策略首先是要辨识组织的需求和价值观,以及实现这些需求和价值观的组织目标要素,明确这些有助于知道

240

组织应该从哪里分享知识、价值观;其次,建立并保持组织多样性、结构柔性、组织能力,具有解决问题的替代方案和可能措施;第三,在需要的时候,公司高层为组织发展指明方向、授予基层适当的权力;第四,制定防范危机的计划与管理办法;第五,不断地审视外部环境,尽可能地控制环境(这是高层管理者的责任);最后,不断地审视组织内部环境,尽可能降低组织脆弱性。

在危机出现之后,组织中个人和组织都要采取应对策略。个人应对策略,首先是认识到危机情况,并接受现实,不能做把头埋在沙子里的鸵鸟;第二,做出有效的决策,关键在于收集信息,尤其是真实的信息;第三,对组织中不同层次的员工根据危机应对工作的需要,进行相应角色分配;第四,大家相互评估,如采用观察员可以更好地了解现实;第五,降低时间压力,为处理危机提供更多资源;第六,邀请旁观者参与组织决策,就像医院里对于病人由不同科室的专家进行会诊一样;第七,合理地辨识出危机的来源,因为只有知道危机来源或原因,才能更好地管理危机,从根本上消除危机再次发生的隐患。如果把上述做法看成是个人管理组织危机的主动策略的话,那么,个人管理组织危机的被动策略就是:第一,形成支持群体,避免一人作战;第二,在危机期间,减少其他压力来源,尤其是次生危机的发生;第三,保持锻炼和饮食,因为在应对危机的时候还要应对其他事情,必须要精力充沛。

组织应对策略,包括短期、中期和长期策略。短期策略,首先是进行分散化决策,除非时间上不容许,否则要让各个部门,甚至个人根据自己所处的小环境和条件,做出最有利于生存的决定;第二,由企业高管提供可以进行高质量决策的保障,这意味着所有决策一定要在有相关、充分信息的地方做出(类似于华为:"让听到炮声的人做决定");第三,通过管理的暂时退却,发展群体协同与支持性领导力,而管理者在更大程度上提供后勤支持;第四,分享信息和明确组织发展方向,信息公开透明和让大家知道未来方向,这些对于消除恐慌、凝聚人心至关重要。中期策略,首先是解雇和替换关键员工,尤其是处于决策岗位上的人。对此策略人们有争议,但很多企业还是作为"危机"替罪羊的一种策略,便于化解民怨。通常,处于顶层人员的替换对组织影响最大;第二,开发新的组织架设、思想观念和价值观,并愿意尝试,付诸行动;第三,开发信息处理能力,迅速获得信息和迅速决策是非常关键的。长期策略,首先是持续检查组织目标和价值;第二,发展独特的能力和资源;第三,保持组织柔性和多样性;第四,持续收集环境变化的信息;第五,持续评估组织处于生命周期的哪个阶段,确定它的需求以及相应地对员工知识、能力、技巧的要求等。

解决危机的最好策略是防御,在危机尚未发生、组织资源条件充裕的时候做好预防。但资源条件对任何一个组织来说都是稀缺资源,不可能多到可以防御各种危机。因此,掌握组织危机产生的规律,能够预见到某类危机,进而提前做好预防,是非常有价值的事情,这也是很多学者感兴趣和愿意投入的原因。关于组织危机产生的规律探讨,Hwang 和 Lichtenthal (2010)归纳为案例研究、拓扑结构分析和危机定义三种类型。

(1) 基于案例的研究(Case-Based Studies)。调查危机案例是危机管理的一种流行方法,并分为实证研究和规范研究两种。实证研究(positive study),就是对实际发生危机的案例企业的所作所为进行归纳总结,比如根据企业高管处理危机的过程总结为危机认知、危机定义、危机计划和危机应对四个阶段,分别考察各个案例企业在这四个阶段上是如何做的。规范研究(normative study),是对实际发生危机的案例企业所作所为进行分析与反思,讨论哪些方面做的还有不足之处,哪些方面的经验值得借鉴,进而总结出经验和教训,为企业未来遇到类似情况应该如何做提供指导原则或程序、方法。因此,实证研究是对实际发生事情的总结,而规范研究是针对实际发生事情的反思并提出意见,从理论上讲后者还有待于未来企业实践的检验并不断完善。

(2) 基于拓扑结构的研究(Typology-Based Studies),就是通过找出各种组织危机的相似之处进行分类,进而针对各类危机提出相应的对策措施。比如,基于危机来源于技术因素与社会因素的交互作用,Shrivastava 和 Mitroff(1987)提出技术因素-社会因素和来自组织内部-组织外部两坐标的危机分类,四个坐标象限里的危机在每个企业发生的可能性是不一样的,即可以从这两个坐标维度上找出危机发生的评估性指标,也可以从它们身上寻求危机防御与管理的策略。还有学者从危机来源的技术因素-社会因素和危机后果的严重、一般两个坐标上,将危机分为不同的类型。在按照不同的指标体系组合之后可以得到不同分类的危机类型,在每一个类别里的危机具有相似性,那么,某个企业针对该种危机的应对之策就可以拓展用于发生该类别危机的其他企业身上,这样有助于企业管理者对危机进行管理。

同样道理,处在不同象限里的危机,企业应对的方式就可能不同,这也可以用来解释为什么中国应对新冠疫情的做法其他国家能"抄作业",有的就不能"抄作业",因为相同的危机处于坐标轴的象限不同。组织危机也可以按照其发生的组织管理领域进行分类,比如财务危机、市场危机、合规危机、劳务关系危机等。

(3)基于定义的研究(Definition-Based Studies)。正如前面所阐述,危机一定程度上取决于人们的认知及其对组织的影响。即便同一个组织中不同的人,对于组织内外部发生的某种事情是否属于危机也会有不同的结论,就像家里的孩子把手机丢了这件事情对孩子本人和家长、对穷人和富人,事件的性质是不同的。因此,为了便于相互比较和问题的讨论,应该具有共同的对话语境,这就使得对组织危机的定义非常必要。早在1969年,Hermann将危机定义为一种受到高度威胁和留给决策者决策的时间太短而令人惊讶的情景;Billings等人(1980)提出,危机取决于人们所感知的价值损失以及可能性(perceived probability of loss)和感知的时间压力,因此引发危机的事件对不同的企业、同一企业所处不同时期影响的程度是不同的。Billings等人定义与Hermann定义的不同在于,前者明确了人们对于危机后果的感知对于衡量危机的角色作用。根据这一思想,Milburn等人(1983)指出,一个组织有没有危机取决于你是否感知到了危机。这与"无知无畏"是一个道理。Clark(1988)提出,组织危机由三个要素:组织目标受到了威胁、对环境控制或引导能力降低、感知到了时间压力。

总体来说,案例研究可以从特定的危机中获得深刻的、丰富的理解,但不能从中获取一般性、普遍适用的知识;拓扑结构研究能够帮助识别不同类型的危机,找到有共性的、可相互借鉴的危机管理办法,但要将某类危机与真实世界中的危机联系起来有难度,特别是有些危机发生的影响因素是多重的,即它可以被划分到不同的危机类别中;基于定义的研究是对各种危机发生的情景、因素的抽象、分解,有助于相互之间比较分析,但是不能回答危机为何发生和如何发生。

13.2.4 组织危机的间断平衡理论

从1970年代开始,学者们开始将生物演化动力学理论应用于考察组织危机。生物学中,物种演变有两种明显不同的类型:一是受到环境突然变化,比如地震、火山爆发、洪水灾害等引起的物种突变;二是环境缓慢的变化积累达到一定门槛(the threshold-limit),比如气候变迁、土壤沙化、河水流量逐渐减少到一定时候而引起的物种突变。该理论将危机看成是物种的状态与所在的生态环境不匹配,为了维系与环境之间新的平衡,而进行自身的变革活动。类比于企业危机,则可以看成是企业与环境之间严重的不匹配,企业继续生存受到了威胁,因而要求企业做出变革活动,以期实现与环境之间新的匹配。类似于物种的突变,导致组织与环境不匹配进而引发组织危机的原因也有两种类型:突然性危机(abrupt)和积累性危机(cumulative)。它们的主要特征如表 13-1 所列。

表 13-1　突然性危机与积累性危机的主要特征

危机的关键维度	危机类型	
	突然性危机	积累性危机
形成速度	迅速	逐渐
可预测性	低	高
特殊性	具有聚焦点	比较广泛
危机辨识	明显	模糊
危机触发点	特殊事件	阈值
发生的概率	时间是常数	是时间的增函数
组织与环境错位情况	一个或少数方面	很多方面

参考:Hwang, P., & Lichtenthal, J. D. (2000). Anatomy of Organizational Crises. Journal of Contingencies & Crisis Management, 8(3): 129-140.

在间断平衡理论看来,老物种的突然消失和新物种的突然出现是老物种在经历一个较长时期的"停滞状态"演进后,因为某种间断事件诱发而引起的该物种在很短时间内突然消亡,某种新的物种产生并开始进入新的"停滞状态"(如图 13-7 右边所示)。间断平衡理论被广泛地应用于不同学科,比如生物学、社会学、心理学和组织的群体、组织等不同层次行为研究。组织演化到了某个时间点,内外部匹配处于一个脆弱的状态,当内外部某个事件发生后,要求组织不得不采取某种"间断性事件",也就导致了组织发生革命性的变化,在组织惯例和机制上产生根本性改变。在组织变革研究中,该理论被看成是组织转型的重要基础理论。表 7-2 是组织变革的间断平衡理论的基本内容。

Street 和 Denford(2012)提出,衡量组织变革活动是不是间断平衡式变革,要看是不是有一个激发组织变革的间断性事件,在较短的时间内,引起了整个组织发生了重要的变化。这句话有四重涵义:(1)有一个触发组织变革的间断触发事件,可以来自组织的外部(比如政策改变、经济技术条件改变等),也可以是来自于组织的内部(比如高层领导改变,发生重大安全事故等)。衡量一个事件是不是间断性事件,可以有三个评价指标:"是否可见"(对于组织中大多数决策者的知识而言)、"影响是否显著"(对整个组织生存与发展有影响)、"与组织内部变革是否相关"(体现在组织的战略、职能等方面)。(2)引起组织发生重要的变化,体现在组织的结构和运作流程上。对企业来说,就是组织功能、结构、技术和过程等方面发生与过去有根本差别的转变。(3)对整个组织都有重要的影响,体现在对组织惯例、制度(机制)的影响,因为这两者是影响整个组织运行的典型因素,如果间断性事件影响了组织的惯例、机制,那么也就可以认为它影响了整个组织。(4)所有这些都发生在"较短时间内"。对此,有不同的看法。因为"迅速"、"缓慢"是相对的概念。在自然科学中有个定义,如果一个稳定阶段的时间长度是后续"变革阶段"时间长度的 2 倍以上,那么,这个变革阶段就可以看成是"快速的变革"(Street & Gallupe,2009)。衡量的时间单位可以是周、月、季度或年份。综上所述,间断平衡变革发生的过程是:内外部环境变化是有个诱导事件——引起组织重大变化(间断)——这个变化波及到整个组织(结构、过程)——发生在较短时间内。

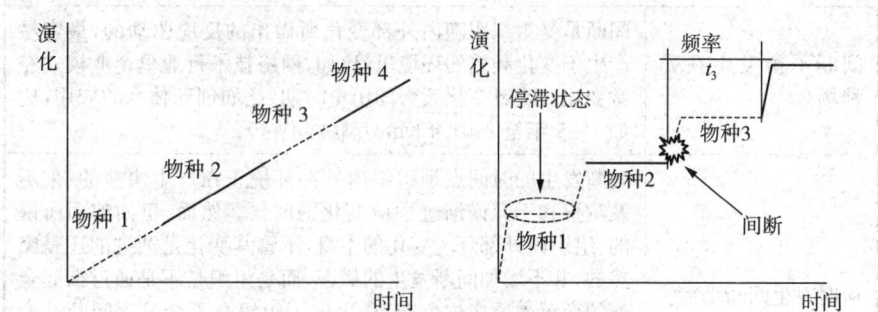

图 13－7　物种的渐进演化与间断平衡

参考:Street, C. T. , & Denford, J. S. (2012). Punctuated Equilibrium Theory in IS Research. Dwivedi, Y. K., et al. (eds.), Information Systems Theory: Explaining and Predicting Our Digital Society, Vol. 1, Integrated Series in Information Systems, 28: 335－354.

表 13−2　间断平衡理论的描述

理论要素	描述
什么是间断平衡（PE）？	组织在平衡阶段与革命阶段之间转换；在平衡阶段，组织仅仅进行渐进性变革；而在革命性阶段，组织由于受到重要事件的刺激，依靠渐进性变革已经不能适应环境，因而不得不进行事关组织全局的变革。
间断平衡是如何发生的？	在某个时间点，组织遇到了一个看得见的、不可回避的问题，它引起某个出于应对这个问题（危机）的触发事件——也就是一个间断；这个触发事件开启了组织不连续的革命性变革阶段，并成为下一个平衡阶段的基础。但是，这个关键时间点上的问题并不会触发革命性变革，它只是创造了组织革命性变革的需求——只有触发事件发生了，这才能引起组织的革命性变化。
为何发生间断平衡？	每一个组织在某个时期内都会根据环境条件和自己管理哲学，建立起组织结构与活动模式，最终成为组织的惯例和机制；随着时间的推移，组织的惯例和机制进一步强化了已经建立起来的组织结构和活动模式。这对于组织也有诸多好处，比如有利于大家追求共同的目标、有效地完成工作任务和做的越来越好——组织处于一个平衡阶段。 但是，某个时间点上某个问题（危机）的发生，要求组织进行根本性的变革来应对危机，那么，原有的组织结构和活动模式就要被显著地削弱和消除。触发事件（间断）就是打破组织原有惯例和活动模式的力量，能够破坏原有的组织结构和活动模式，并使得组织对它们进行重构。一旦组织结构和活动模式被重构，它们又会随着时间的推移得到强化，使得组织进入下一个新的平衡阶段。
间断平衡发生在哪种场合？	间断是受组织跟随内外部变化所做出的反应驱动的，最容易产生于变化频繁的环境里（比如，网络技术行业里企业模式经常变化），或者变化频繁的历史时期（比如创新技术的应用，比如 1995 年至 2001 年间的互联网泡沫）。
何时发生间断平衡？	间断发生的时间点是组织内外部环境正在产生快速的、来不及辨识和不容许渐进适应变化的时候。然而，正如前面所说的，组织内外部环境变化的本身，不管其变化是渐进的还是突然的，并不增加间断发生的概率，而是组织是不是通过彻底全面的变革来适应这个变革，决定了组织会不会发生间断性变革。如前所述，通常间断是发生在组织遇到不可回避的问题（危机）之后，比如当前的新冠疫情对很多公司来说，就是发生间断变革的时机。

理论要素	描述
哪类组织会发生间断平衡?	如果一个组织的惯例和机制不太容易为间断变革所改变,那么,间断平衡发生的可能性就会低。换言之,如果组织惯例和价值容易被改变,则该组织就容易发生间断平衡。

参考:Street, C. T. , & Denford, J. S. (2012). Punctuated Equilibrium Theory in IS Research. Dwivedi, Y. K., et al. (eds.), Information Systems Theory: Explaining and Predicting Our Digital Society, Vol. 1, Integrated Series in Information Systems, 28:335-354.

从上面积累性危机与突然性危机的定义可知,积累性危机属于组织内在机制演进的结果,不属于间断平衡的危机。当然,组织内部矛盾积累到一定阀值也会爆发出来,成为组织的"间断事件"。两类危机发生前后的应对策略也是不同的。参见表13-3。积累性危机的根源在于组织的环境适应性恶化,因此,防止积累性危机主要是使组织不能沿着会出大问题的道路上继续滑下去,比如组织发展停滞不前或思想上僵化,组织结构与外部环境关系的恶化等。积累性危机的特点是其可预测性程度高,因为它是随着时间推移而最终爆发出来的,所发生的概率是时间的增函数。"压垮骆驼的最后一根稻草",就是积累的结果。积累性危机特殊性程度低,具有普遍性;积累性危机防御的关键词是"防止组织与环境匹配关系的恶化",避免对环境的越来越不适应;应对策略的背后机制在于要诊断出组织开始出现与组织匹配上恶化的征兆,建立起防止这种恶化的保障体系。然而,积累性危机一旦发生,则需要组织从整体上找出解决方案,进行全方位的改变,局部的修修补补难以扭转局面。积累性危机发生后应对策略的关键词是"整体性再导向",应对策略的背后机制在于要调整企业产品或服务的市场定位、改变原有组织观念等。

表 13 - 3　突然性危机与积累性危机的应对措施

	危机前	危机后
突然性危机	关键:风险管理	关键:聚焦于应对
	预防机制:	应对机制:
	风险审计	激活组织内部关节
	管理暴露出来的风险	激活组织之间关节

危机前		危机后
积累性危机	关键：预防组织堕落	关键：整体性转向
	预防机制：	应对机制：
	组织衰退诊断	转变产品或市场地位
	构建组织衰退安全防御	转变组织观念

参考：Hwang, P., & Lichtenthal, J. D. (2000). Anatomy of Organizational Crises. Journal of Contingencies & Crisis Management，8(3)：129－140.

　　突然性危机根源在于组织内、外部变化，比如与某个利益攸关者产生冲突使得组织以比较快的速度发生根本上的转折，比如战略变化、组织结构变化、高层管理者更换等，导致组织惯性和运行机制发生与原来显著不同的变化。突然性危机就好像是有一种力量突然把组织驱离了原有平衡态，但发生的概率与时间无关，难以预测。换言之，每一个组织每天都可能发生突然危机，只不过每天发生突然危机的概率不同，也与过去已经发生的概率大小没有关系。突然性危机发生概率的大小取决于组织暴露于风险之中的程度，如同谚语"常在河边走，哪有不湿脚"。因此，组织降低突然性危机发生的关键在于保证组织不处于危险境界。但是，每个组织都有其弱点，在相同的环境下都存在产生突然性危机的可能性，只是概率不同。比如，市场突然变化、货币贬值、产品失败、员工罢工等都可能导致一个组织产生突然性危机，但这些事情对其他组织来说反而是新的商机。此外，组织中的过度冒险行为也会导致突然性危机发生，比如公司中某关键人物在银行借贷上的错误行为，企业高层不依赖理性的预测所进行的投资决策等都可能导致公司破产。突然性危机的特点是可预测性低、特殊性强。防止突然性危机的主要策略就是要使组织不在危险的悬崖边行走，关键在于"风险管理"，应对策略的背后机制是风险审计、管理暴露出来的风险等。但在突然性危机发生后，根据突然性危机具有特殊性这一自然属性，应对之策就是瞄准特定的问题、领域，应对策略的关键词就是"聚焦式应对"，应对策略背后的机制在于激活组织内部联系和不同组织之间的联系，即打通上下游渠道。

13.2.5　组织危机的增长——危机间隙变换理论

　　间断平衡理论解释了组织为什么会发生突然危机，描述了组织在渐进演化与革命性变革之间交替的规律性。但是,该理论并没有探讨组织将会出现什么样的危机,也没有讨论应对不同类型危机的具体对策举措。Greiner(1972)所开展的调查研究工作,在组织发展历史上具有里程碑意义,一定程度上弥补了PE理论的缺陷。他通过对一些公司的调查分析,提出了组织"增长"与"危机"间隙变化性,指出了组织在成长过程中发生危机的性质和对策,并将组织危机的发生归咎于组织发展的动力学机制上,而不是简单地归咎于外部事件的刺激。

Greiner组织增长-危机间隙变换理论的基础来源于钱纳德关于战略与组织结构关系的理论:"外部市场机会决定公司战略,而公司战略决定公司的组织结构",即认为组织结构是服务于外部市场机会的。然而,大量证据表明组织结构并不容易变化,反而是组织结构影响了公司的战略,即有什么样的结构就有什么样的战略,从而也就影响着公司未来的成长。所以,Greiner(1972)认为公司发展的内在动力学机制在于组织结构,决定组织结构的因素包括组织年龄、组织规模、增长阶段和行业成长速度。

组织年龄不同会遇到不同的问题,即便是相同的问题组织在不同年龄里解决的办法也不同,这类似于人的成长。此外,组织年龄越大还意味着组织中的员工态度变得成熟,行为可预测性提高,但同时它们也变得难以改变,在不知不觉之中固化为组织惯例。此外,企业有些问题的出现及其解决的办法,往往与企业的人数、销售规模有着显著关系。如果公司规模不变,即便企业年龄很大,与规模相关的问题也不会随着年龄变化而消失。比如,随着规模的扩大,企业内部需要协同和沟通的工作量扩大,要求设立新的职能部门,管理层级也就会增加,工作的相互联系增加,管理的复杂性提高。Greiner(1972)对公司的调研表明,企业每一阶段在增长的同时也都会孕育着本阶段的革命,不可能一直增长下去;大多数成长性公司持续扩展之后会有一年回调期(危机阶段),如果公司克服了这一危机阶段,一般后面有4~8年的持续增长阶段,接着会再有一个回调期。公司在这两种类型的阶段交替中走向成熟,如图13-8所示。

回调期也就是公司发展遇到了需要克服的问题,而解决这个问题需要采取革命变革的手段,才能使得公司进入下一个稳定增长阶段。公司的增长不可能永远都是平稳的、线性的,回头看,财富500强榜单上的公司在过去的30年里大多消失了。大量的历史案例告诉我们,公司在两个平稳增长阶段之间需要经历一个剧烈变化的过程,需要颠覆原有公司管理实践。那些适合于小企业或公司成长早期的管理实践,在革命时期如果不被抛弃的话就会导致企业的失败,换言之,在革命时期如果公司不进行重要的组织变革,公司的增长速度不仅会下降还会进一步恶化,直到公司破产倒闭。所以,在革命时期,管理者的任务就是要寻找新的组织实践,使之成为管理下一个阶段公司演化增长的基础。当然,它们也埋下了自身腐烂的种子,并导致另一个革命阶段的到来,这一点与上面讨论的积累性危机是一致的——组织自身解决问题的办法,会导致组织未来新的、需要革命才能解决的问题。

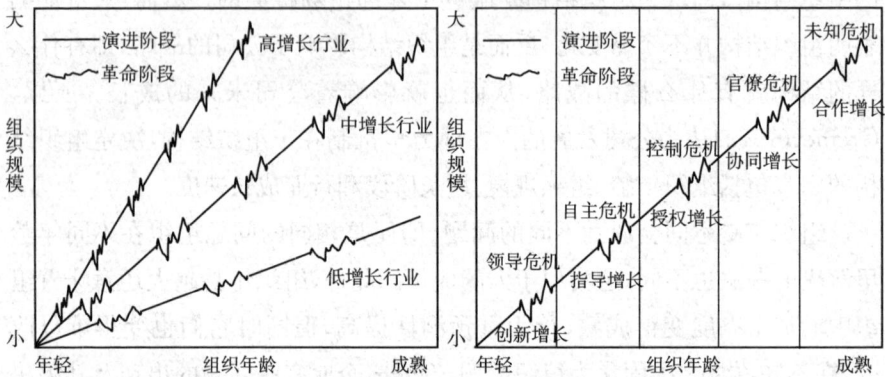

图 13 - 8　Greiner 的组织增长-危机间隙变换理论模型

参考:Greiner, L. E. (1972). Evolution and Revolution as Organizations Grow. Harvard Business Review, 50(4): July/August

Greiner 的研究(1972)还发现,行业发展速度越快,增长与革命的间隙越短,即在一定时期内发生危机的频率越高。比如说,一个市场快速扩张的企业要迅速招聘更多员工,也需要相应的组织结构,因而持续增长的阶段就会比较短;反之,在发展缓慢或成熟的行业里,增长的时间段就会比较长。如果一个企业获利容易的话,增长时间就会被延长,革命会被推迟,因为由于利润的缘故,一些过错被组织容忍了,从而避免了管理实践上的变革——所以,有人说:"增长中的问题都不是问题"。然而,革命终究是要到来的,企业利润也有下降的一天,不过到了市场环境不好的时候革命会变得严峻和困难,因为留给管理者的时间不多、资源不充足,紧迫感变强,因此组织危机也就显得严重。在图 13 - 8 右边的模型图里,Greiner 给出组织 5 个增长阶段,并认为在发展快的行业里公司会在较短时期内经历所有 5 个阶段,而在发展慢的行业内可能很多年也只会遇到 2、3 个阶段。每一个增长阶段既是上一个革命阶段的结果,也是下一个革命阶段的原因。比如,第三增长阶段的"授权"是为了解决上一个阶段出现的"自主危机",但本增长阶段"授权"的结果又会导致公司发展失控,陷入"控制危机"。此外,如果公司要不断朝前发展就不能用解决上一个危机的管理措施来解决下一个危机,也就说企业在不同增长阶段的管理风格不同,不同危机阶段解决问题的办法也不同(参见表 13-4)。

表 13-4　组织演化不同增长阶段的管理实践

实践内容	阶段 1	阶段 2	阶段 3	阶段 4	阶段 5
管理焦点	市场与销售	运营效率	市场扩展	巩固组织	问题解决与创新
组织结构	非正式	集权和职能化	分权、地区授权	工作小组	矩阵制
领导风格	个人主义企业家	指导	授权	看门狗	参与
控制系统	市场结果	指标、成本中心	报告、利润中心	计划与投资中心	设置多个目标
回报重点	所有权	工资与绩效	个人奖金	利润分享、期权	团队奖金

参考:Greiner, L. E. (1972). Evolution and Revolution as Organizations Grow. Harvard Business Review, 50(4): July/August

组织增长-危机间隙变换过程的特征(根据 Greiner 论文翻译):

创造性增长-领导力危机

处于初生期的组织,如果有初始危机的话,那么其最大的危机就是生存。此时,公司的侧重点放在一个产品和一个市场上,在这一增长阶段上的特征主要是:公司的缔造者通常是技术或创业导向的,他们藐视管理活动,他们生理和心理上的精力完全用在生产制造与销售一个新产品上;员工之间的沟通频繁,但非正式;用高工资激励员工长时间工作,给予股权承诺;活动控制来自工作场所直接反馈,管理根据客户反映做出反应,属于救火式管理。

个人英雄主义和开展创造性活动虽然是公司初期摆脱原有状态的基

础，但是随着公司的成长，它们就会成为问题。更大的生产运营需要更有效率的知识；员工数量的增加，就不能仅仅依靠非正式沟通；新员工的激励，也不能依靠对产品或组织的热情奉献；此外，资金必须牢固把握，财务控制需要新的会计管理。创业者发现，自己被很多并不想要的管理责任所束缚，于是苦恼的领导者之间冲突越来越多。这时候，领导力危机就产生了，并成为第一个革命的始端。

那么，谁来领导公司摆脱混乱，并解决管理面对的问题呢？很明显，需要一个强力的管理者，他要引入新的业务技术所需的必要知识与技能。但这说起来容易做起来难。创始人很不愿意自己下台，即便自己已经不再适合成为当下的管理者。因此，这时候要选择一个能为创业者接受的强人管理者，能够把企业团结在一起，才能解决这个阶段的领导力危机。

指导性增长-自主危机

公司在通过引入能人管理者而生存下来之后，通常会在该能人的带领下度过一段持续的增长阶段。该阶段的主要特征是：公司通过职能划分，把生产与销售活动分开，使得各项工作的安排更加专业化；管理体系更加完善，比如引入用于库存、采购的会计系统，应对利益扩大的生产与销售规模，采纳激励、预算、工作标准；内部沟通更为正式、非个人化，按照层次职位进行，形成制度化；新的经理和他的关键上司承担更多的工作指导责任，而低一级主管担当职能专家，而不是自主决策的经理。

尽管能人指导的办法能够有效地管理员工、促进公司增长，但是随着公司变得越来越大、更加多样化和复杂化，这种方式就会变得不合适了。低层级的员工发现他们被繁琐的流程、集权层次所限制，希望自己能够拥有直接面对市场的知识、做法，而不是由上级领导做出，其结果就是他们感到在遵循公司各种程序与发挥自我主观能动性之间的烦恼越来越多，于是第二次组织危机就不可避免了，并表现在低层级经理者从遵从命令到诉求自主的冲突上。

大多数公司解决这一危机的方法，是授予下级更多的决策权。然而，这对领导者来说是困难的，甚至在心理上难以接受，因为过去都是依靠自己指挥取得成功的，现在要放弃责任，他们感到无所适从。此外，低层级经理也不习惯于自己做决策，以前是听从上级的，很多责任并不需要自己负。有很多公司的创始人在这一危机阶段依旧坚持集权，而低层级的经理们感到无望而离开公司,从而对公司成长造成伤害。

授权增长-控制危机

如果这时候公司能够成功地应用去中心化组织结构,那么公司就会比较顺利地进入下一个增长阶段。该阶段的主要特征是:公司将更多的责任授予工厂、市场部门;通过采取利润中心、奖金等措施激发各个工厂、部门的工作积极性;最高层管理者根据基层单位的定期报告,负责例外管理;公司的管理常常聚焦于下属分权部门的兼并活动;对于下级单位而言,来自高层的沟通很少,取而代之是信函、电话和偶尔到现场的短暂访问。在这一阶段,公司通过给予低层高强度的激励和自主工作的权限,有利于公司快速扩张;被授权的部门经理因为有较大的权力和激励,能够进入更大的市场、更快地响应客户和开发新产品。

然而,伴随着公司的快速成长,一个严重的问题就冒出来了,那就是公司高层管理者感觉到正在失去对高度分散化的现场运作的控制。自主管理的现场经理喜欢按照自己的方式做事,而不与组织中的其他部门在资金、市场、技术、人力上保持协同,其结果就是各自为政,管制部门的利益高于其他部门的利益、公司整体的利益,公司整体利益受到损害,于是控制危机就出现了。

在高层决定设法收回对全部公司控制权的时候,公司发展过程中的第三次革命就要展开了。这时候,有些公司尝试回到过去的中央集权控制时代,但往往是失败的,因为运营摊子过于庞大,难以集权管理;而那些能够找到一个新办法来协同各单位部门的公司,比如通过管理信息系统建设(苏宁早期的 ERP)、产品开发生产营销整合的系统开发与应用(华为的 IPD 等)(吴晓波等,2017),就会进入下一个增长阶段。

协同增长-官僚危机

在通过协同实现新的增长阶段,公司采用正规体系来达到更大程度的协同,高层管理者的责任就是负责新管理体系的开发与管理,比如把原来授权的、各自为政的生产、销售、研发部门整合到一个利益共同体之中,公司通过建立起正规的计划、流程并强化审查;结果就是在公司总部雇佣了大量的行政职员,以从事全公司范围的控制体系开发和审核基层经理;在整个公司范围内资金使用被仔细权衡和分配,每一个生产运营被看成是投资中心,回报率是基金分配的重要指标;像数据处理等技术性职能部门,集中在总部,而日常运作的决策保留在分权的部门;股权和公司利润分享计划被用于公司整体的凝聚力(to encourage identity with the firm as a whole)。

所有这些协同体系能够更有效地分配公司有限的资源和促进公司成长,促使现场经理满足本部门之外单位的需求;这些经理依旧有很多决策的责任,但要学会更为公正地行事,以满足总部审计的要求。基层与总部职员之间、总部与分部之间的不信任逐渐形成,体系与项目的使用寿命达到了它的极限,官僚危机就要发生了。比如说,项目经理憎恨公司总部的职员不了解部门的局部条件,而公司总部职员抱怨一线经理不合作、不告知真实情况,双方都批评官僚体制。

解决公司官僚体制依靠从程序到程序、从人事到人事,归罪下属不听话、乱作为和领导能力不够,不会给公司发展带来创新。简单而言,就是公司已经建立起来的、庞大而复杂的结构关系,依旧使用正规的、僵硬的管理体系来管理,导致各种问题层出不穷,普遍的应付、不负责任现象越来越多,公司运行效率下降,于是新的危机就爆发了。

合作增长-未知危机

最后一个在已有研究中可以观察到的阶段,就是那些克服了官僚体制束缚的公司更加侧重于强烈的人际合作,以期克服官僚危机。如果说公司成长的上一个阶段是通过正规体系和程序来管理的话,新的增长阶段就是强调管理上的更大自发性,通过团队工作和对人际之间差异进行技巧性对抗,不同部门的人一起共同解决公司面对的问题。在合作过程中,取代公司原有正规控制的是社会规范、个人自律,也就是中国的俗语:由公事公办变为公事私办。这对于构建老体系的专家,以及依赖于正规体系进行工作的经理来说,这种转换是非常困难的。

在这一阶段,公司采用更为弹性的、人性化的方法从事管理,主要特征体现在:聚焦于利用团队行动迅速解决问题;团队是根据任务活动而跨部门组建的;总部专业职员在数量上减少,重新安排工作,参加由不同专业构成的团队,为现场单位提供咨询而不是直接指导;对于特定的问题组建的团队,常常采用矩阵结构制;简化已有的正规体系,并组建成为一个多目的的体系;经常举行关键经理会议,以解决主要问题;使用教育项目培训经理人员的行为技巧,以获得更好的团队工作和冲突解决;实时信息系统被整合到日常的决策过程中;经济回报更多地是依据团队绩效而不是个人绩效;组织内部鼓励实践创新试验。

然而，如同前面几个增长阶段一样，解决问题的办法一定会导致新的问题，公司也将会随着本增长阶段推移而产生新的危机，从而需要公司进行革命性的变革。那么，会有什么样的危机发生呢？因为绝大多数企业都在尚未经历第五个增长阶段的时候就夭折了，或者破产倒闭，或者相互兼并收购，或者公司只是名义上的公司，其实是若干个公司的联合体，用当今时髦的话来讲，就是投资公司（集团）。所以，要回答新出现的危机是什么有难度。但可以预计，随着员工情感成熟和对于高强度的团队工作和创新要求，员工将产生生理耗竭，新的危机可能会围绕员工的身心成熟、健康而爆发出来。

解决新危机的可能途径，则是构建新的结构和制度，以容许员工定期休假、反思和充实自己。比如一些公司采纳双重组织模式，已有模式用于日常工作，反思模式用于激发员工，员工可以在两者之间变换；比如轮训基地、休假制度、工作轮岗、健身设施、4组3班、弹性工作时间等。

Greiner 的组织增长-危机间隙理论对组织变革管理的启示：

首先，管理者要明确公司处于发展的哪一个阶段？在某个时间点上，每个公司可能处于发展的不同阶段。面对危机，管理者首先要知晓自己的公司处于发展的哪个阶段，否则就可能不知道何时要变革以及如何变革，以至于给出错误的解决办法。高层管理者也要顺势而为、顺水推舟，才能水到渠成，而不是对抗趋势。组织在每一个阶段自有本阶段的优势和特点，正是这些优势与特点保证了组织本阶段的增长；但是，它们并不能保证组织后一个阶段的增长，反之适合后一阶段增长的办法也不能提前拿来用在本阶段，如同不能让幼儿做出儿童的行为一样，也不能用管理儿童的办法管理幼儿。管理者可能还会试图避免组织危机，其实这也是没必要的。因为，外生的危机你避免不了，内生的危机又为组织下一阶段的变革发展提供了压力、创新、思想和醒悟，有助于组织引入新的实践模式。

其次，认识到解决危机的方案存在局限性，不是一劳永逸的。在每一个危机阶段解决问题的办法应该不同于解决组织后续发展中遇到的危机解决所需的办法，然而在现实生活中管理者倾向于选择曾经用过的、熟悉的、被证明是成功的办法，其实过去成功的办法并不能保证未来继续有效。管理者应该清楚，在危机来临、组织尚未变得混乱之前，应该做好改变现有架构的准备。高层管理者的管理风格可能已经不再适用了，甚至在危机到来的时候他们自己也会因为危机必须离开管理岗位，比如在指导性增长阶段的管理者在组织进入授权增长阶段的时候，就要由指导性领导转变为授权型领导，或者到其他依旧处于指导性增长的公司或者处于这一阶段的本公司下属公司去。需要指出的是，组织增长不是自发的，是组织生存抗争的结果。为了向前发展，组织应该有意识地认识到，在进行计划变革的时候，不仅要解决眼前的危机，还要能够适应下一个阶段的增长。这不仅需要高层管理者自身的觉醒，还需要具有说服其他管理者认识到变革必须性的能力。

最后，认识到解决问题的办法同时也在孕育新的问题。管理者常常不能够认识到解决问题的办法会导致未来产生新的问题，或者说未来的问题是今天造就的，比如分权最终会导致控制权的问题。这样的思维，有助于帮助管理者在分析问题的时候，能够用历史的眼光探求解决问题的办法，提高他们预见未来问题，以及在危机出现之前做好解决问题的能力。当然，这样做的后果也可能导致管理者会限制公司的增长，担心未来会出现问题，因而有意识地保持小的规模，担心公司成长为大企业之后难以驾驭等。

13.2.6　组织危机的组织分形增长理论

间断平衡理论解释了组织为什么会发生危机和什么情况下会发生危机，但没有回答组织会发生什么类型的危机；组织增长-危机间隙变换理论认为危机可以是组织内生决定的，因而具有一定的规律性；企业在成长过程中会表现出增长与危机间隙变换规律，并且增长的驱动力量和由此导致的危机性质是可以预见的。但是，组织增长-危机间隙变换理论有个潜在的假设，就是组织结构决定了公司的战略，组织结构具有相对稳定性。显然，这个假设在组织环境是稳定的、变化不大的条件下是成立，人们只要在所有可参考的企业中找到标杆，将其组织结构和管理模式用过来，就可以获得一样好的结果（同样的因，导致同样的果——机械论、还原论为基础）。如果环境变化很大，就需要通过对原有组织结构进行大规模的、间断平衡式的调整，也就是改变原有的组织发展动力学——结果可想而知，原组织运行的轨迹发生变化，进入另外一个相对稳定的增长过程。这时候，就需要借助于间断平衡理论来解释组织在环境发生根本性变化情况下组织的转型性变革。这两个理论既没有回答组织危机发生的时间间隔性问题，也没有说明那些长期生存下来的、在经历了 5 个增长-危机阶段之后的公司的发展情况。

世界上任何事物的生存与发展都要受其自身的生长能力和资源环境的制约，从而呈现出增长的有限性。比如，人的体重与身高、小麦的亩产、某种产品的销售、国民经济的发展和人的创造能力的提高等等，都有其增长的局限性。事物的增长过程，事实上是事物内部增长的力量和环境条件限制其增长的正、负反馈作用的结果。在增长的初期，环境条件的制约还不明显，内部增长的力量还很薄弱，增长速度较慢；随着增长的正反馈作用增强，增长的速度变得越来越大，环境条件的制约作用也变得明显起来，迫使增长的速度减慢下来；当增长过程积累到了一定大的程度，环境条件已不能维持其进一步增长的需求，整个增长过程也就不得不"停滞"下来。这种停滞并不仅仅是通常以为的趋于平静状态，还有另外三种停滞的方式：经过波动走向平静状态；经过波动走向周期性变化状态；进入混沌状态。到底趋向于哪一种停滞方式，取决于事物内部增长力量与环境条件制约之间的相互耦合关系以及增长过程对环境条件的依赖程度。研究表明，增长过程的前期和后期，都可以存在混沌阶段，是事物发展的内在机制决定的，它一方面意味着一个增长阶段的结束，另一方面也意味着一个新的增长阶段的开始。

达尔文的优胜劣汰、适者生存和现代系统科学的协同进化观点，都说明自然界和社会生活中事物的发展是不断向前的，它们或者通过本身结构的调整来增强生存与发展能力，或者通过开拓新的环境资源来保持其进一步发展的需要。因此，一个事物在其增长逼近某一增长阶段的极限时，就会在上述的两个方面寻求进一步发展的途径。在每一个方面都会有多条不同的可取途径，但只有在多次的尝试之后，事物才能最终决定沿着哪一条途径发展，以使其对生存与发展更为有利。因此，当一个增长阶段趋于结束，事物的增长需要经历一个波动阶段（本文的危机阶段）以后，才开始新的有序增长阶段。事物在增长过程中所拥有的经验或教训，都会以知识（或遗传基因）的形式保留下来，从而增强事物的增长能力，使得新的增长阶段能够得到进一步的提高与延长。一个接着一个的、不断延长的增长阶段构成了整个增长过程前期部分。与单一增长阶段的情况相似，整个增长过程受到更大层次上环境条件的制约，从而使得在整个增长过程的后期部分，每一个增长阶段又不断缩短，从整体上趋向于"停滞"。

自然增长过程的分形理论较好地描述了上述增长现象，也弥补了间断平衡理论、增长-危机间隙变换理论关于危机发生时间频率描述上的不足。人们从众多事物的有限增长过程中发现，它们都遵循一定的规律：在增长的初期和后期，增长速度较低，中期阶段增长速度最快，增长的总体过程呈现为 S 形曲线。从历史角度来看，有些事物的增长过程是由一系列增长阶段组合而成的，整个增长过程是可以没有止境的，我们将这类事物的增长称为自然增长。对于自然增长过程，其中每一个增长阶段服从 S 形曲线的有限增长规律，多个增长阶段所构成的整体增长过程也呈 S 形曲线的有限增长规律，并且具有与单一增长阶段相类似的增长规律性——常态→危机→革命→常态……的循环演变过程，在任何一个 S 形曲线的左边和右边，均连接着另一个相类似的增长过程，一个接着一个的、不断延长的增长阶段就构成了整个增长过程（这又是更大层次上增长过程的一个阶段）的前半部分，并构成更大的增长曲线，如图 13-9 右边图所示。从总体上来看，在整个增长过程的前期部分，各个增长阶段的增长速度较低，但变得越来越快，每一个阶段的增长时间也变得越来越长；在整个增长过程的后期部分，各个增长阶段的增长速度较低，并变得越来越慢，每一个阶段的增长时间却变得越来越短，从整体上趋向于"停滞"；在整个增长过程的中期部分，各个增长阶段的增长速度最快。整个增长过程具有与其中任一个增长阶段相似的增长特征，因此，我们把事物的此类增长过程称之为分形增长（刘洪，2003）。

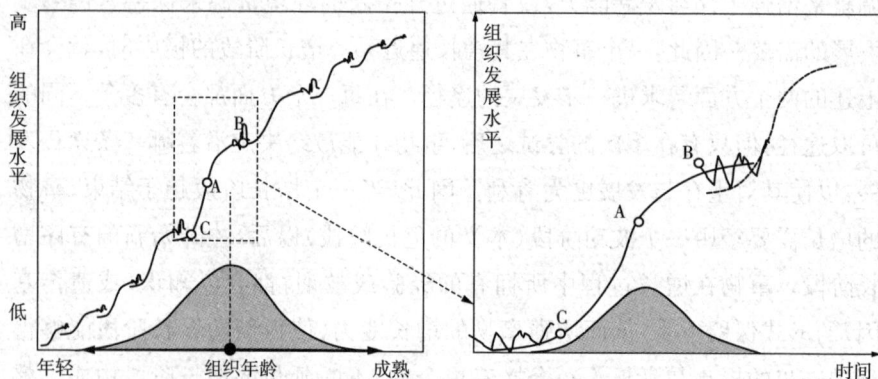

图 13-9 组织发展的分形增长模型
参考：刘洪、李必强：《自然增长过程的分形规律研究与应用》，《科技导报》，1996(10)：21-24.

对于危机的原因，间断平衡理论认为组织危机是环境因素冲击下、间断事件触发的结果，Greiner 的增长-危机间隙变换理论认为危机是过去解决问题办法积累的结果,而分形增长理论认为:(1) 危机的发生是事物增长过程中的必然现象;(2) 危机的发生有规律可循,在事物增长的早期或晚期,危机发生的频率较高,早期的间隔期越来越长,晚期的间隔期越来越短;(3) 每一次危机的发生并不必然会被化解,因而可能导致事物的死亡;(4) 在更长时期内,事物增长与阶段性增长具有相似性,每一阶段增长速度最高的时候就意味着未来的衰退开始。对于企业组织来说,如果发展中出现了某种危机,传统观点认为是外在环境因素或突发事件影响的结果,但分形增长理论则认为,这可以是组织自身发展的必然结果,并且在企业创立的早期时期,每次危机化解都会导致组织更加健康成长,因此,我们应该以积极的态度对待组织出现的危机(有时甚至可以促进危机);反之,在企业进入成熟期之后,每次危机的产生即便化解了也都会导致组织越来越衰落,因此,化解组织中的危机只能是权宜之计,重点应该放在孕育新一轮的长期增长过程上(既然不能避免,那就把着重点放在度过危机后的新生上)。

表 13-5　组织危机的三种解释性理论比较

理论类型 比较对象	间断平衡理论	增长-危机间隙 变换理论	分形增长理论
危机原因	环境大变化的刺激	组织内生积累的结果	组织内外部互动的结果
危机类型	不确定,取决于 原因	已知危机依序产生	早期生命力象征,后期 衰退象征
发生频率	未知	取决于行业发展 速度	遵循分形规律
预测性、控制性	差	强	强
危机后组织目标	与环境达成新平衡	焕发组织发展动力	早期是依随环境,后期 是环境选择与创造
危机化解途径	组织深层结构改变	顺势而为	早期应急,后期应变

13.3　应对危机的组织变革策略

13.3.1　危机与变革的关系

上述理论表明,在内外部环境发生重大变化而要求组织进行转型性变革的危机,可以用间断平衡理论来解释;在环境相对稳定、组织结构不变的情况下的危机,用增长-危机间断变换理论来解释。增长-危机间隙变换理论弥补了间断平衡理论关于增长与危机关系的缺陷,而分形增长理论则弥补了增长-危机间隙变换的时间频率问题。间断平衡理论指出,组织必须通过内部深层结构的变革来改变组织原有的惯例(inertia)和机制(institution),才能使得组织适应变化后环境的要求并与环境之间建立起新的平衡关系。增长-危机间隙变换理论指出,组织每一个增长阶段的驱动力量都是围绕着解决上一个组织危机而采取的举措,但这样做的结果虽然会使得组织出现一段新的增长,但之后又会导致新的组织危机。该理论主张组织解决危机之道在于"顺势而为"和"不计长期后果"。分形增长理论则将组织危机分为组织成长的早期和后期两个阶段时期的相对类别,主张早期的危机解决在于增强组织结构、完善制度流程,减少组织发展对人际关系等不确定因素的依赖,将组织发展建立在内生的机制上;后期的危机解决则在于逐渐削弱原有组织结构、制度、流程的作用,对它们进行革命、创新,打破组织惯例、运行机制以适应环境变化。总体而言,间断平衡理论主张通过组织深层次结构改变来化解危机,对应的内外部环境发生了重大变化;增长-危机间隙变换理论主张根据存在的问题进行变革,但解决危机的办法最终将会到执行的危机;分形增长理论强调组织成长早期、后期变革目标的不同,早期是生存与发展,强化组织结构,后期是创新与变革,强调打破组织惯例。

组织变革是组织从原来状态转变到新的、能够与环境匹配状态的过程,组织危机是组织状态不能适应环境的表现,因此它是组织变革的动因但并不必然导致变革——变革还取决于组织领导者对变革需求及其紧迫感的认知。因为组织危机可以发生在组织的不同层次、不同领域或部门,因此,由此导致的组织变革也可以发生在组织的不同层次或范围上,从而使得组织变革呈现出多样性。为了分析不同类型变革的特点和相互比较,Plowman等人(2007)从变革的节奏(pace)和范围(scope)两个维度将变革分为四种类型,如表13-6所示。变革节奏或者步调是指变革是连续的(continuous)还是片段的(episodic),变革范围或变革幅度是指变革是聚焦的(convergent)还是全面的(radical)。连续的变革是日常性的、积累性的、渐进的变革,通常是为了平衡组织现有做法与未来机会之间的不匹配性;相反,片段的变革是间隙性的、突然的变革,通常是组织为了应对内部或环境的挑战而打破原有的制度性惯例。聚焦的变革就是确保组织现有的实践和战略与组织既定的框架结构保持一致，而全面的变革则是为了适应挑战而进行组织秩序的新实践、新框架或新领域，因而对组织而言具有颠覆性，也称为革命性的变革。

表 13 - 6   四种类型的组织变革

		变革范围	
		聚焦的（一致性的）	全面的（颠覆性的）
变革节奏	持续的	持续渐进式变革	波动适应式变革
	片段的	地壳运动式变革	间断平衡式变革

参考：Street，C. T.，& Denford，J. S. (2012). Punctuated Equilibrium Theory in IS research. Dwivedi，Y. K.，et al. (eds.)，Information Systems Theory：Explaining and Predicting Our Digital Society，Vol.1，Integrated Series in Information Systems，28：335 - 354.

（1）持续渐进式变革。在现有组织框架内，进行小范围的、不间断的变革，就是对现有组织进行修修补补，比如工作程序的完善、管理漏洞的补充、问题隐患的消除等。当然，随着时间的推移，这些"小打小闹"式的变革也会日积月累使组织产生大的变革，有所谓"厚积而薄发"，增长-危机间隙变换理论可以解释这一点。绝大多数企业的日常变革活动都属持续渐进式变革。

（2）地壳运动式变革。间断平衡理论强调组织在经历一个较长时期的稳定之后，会被一个片段性的变革所中断，在整体上发生颠覆性变化。但地壳运动式的变革局限于组织局部的过程和或实践发生快速的、突然的变革，但依旧在组织原有框架范围内进行，就像地震没有改变地球总体地貌和结构一样。顾名思义，地壳运动式变革也可以比喻成为地球经受一次陨石的冲击，局部环境受到改变但整体上地球运行轨迹、气候条件变化并不大。

（3）波动适应式变革。有时候组织也可以通过持续不断而又快速地适应环境的变革活动，在比较短但又不是突然的时间内实现组织根本性的转型，而不必进行间断式的变革。就像我国改革开放所走的变革道路一样，从计划经济到市场经济采用的就是"渐进式"、"摸着石头过河"的变革，而俄罗斯采取是"休克疗法"式变革。波动适应式变革就是不断地将新的实践经验制度化，经历一段时间只到原有组织框架完全被改变的过程。显然，与间断平衡变革强调在短时间内实现颠覆性变革不同,波动适应式变革强调颠覆性变革是一个连续过程,也就是在时间上可以长一些。

(4)间断平衡式变革。这是前面已经较为充分讨论的变革形式。在组织管理领域,间断意味着发生了一些重大事件,比如像当今的电子支付、物联网互联互通、快递业崛起等突破性技术的发明与应用,引起了传统企业原有发展路径的中断,传统企业不得不在短时间内改弦易辙,重构商业模式。但是,有些事件引起的变革仅仅属于"地壳运动式变革",虽然也要求组织在短时间内发生的快速变化,但并没有引起整个组织发生颠覆性变化,仅仅局限于某个方面、领域,而间断平衡式变革是组织整体上颠覆性变革。

综上所述,组织局部危机引起的组织变革可以是地壳运动式变革,组织整体危机引起的组织变革可以是间断平衡式变革,但也可以通过波动适应式变革来应对。从直观上来讲,波动适应式变革引起的组织颠覆性变化有一个较长的时间过程,对所涉及到的人和事有个时间缓冲,因此在变革效果上可能要好于间断平衡式变革。正如已有研究表明的那样,非革命性的变革也可以实现组织根本性的转型,比如通过连续渐进、日积月累的变革,到一定阈值的时候实现组织涌现(Bacharach et al.,1996;Brown & Eisenhardt,1997;Fox-Wolfgramm et al.,1998;Greenwood & Hinings,1993)。但在现实生活中,人们遇到的问题如果具有时间紧迫性,就不容许组织进行按部就班式的、渐进式的变革来解决问题,只能在短时间内进行间断平衡式的变革。比如,新冠疫情对大多数企业的影响就属于这种情况,要么变革,要么死亡。

13.3.2 环境变化-组织成长阶段的组合情景

上述分析表明,组织危机既可能是环境变化的结果,也可能是组织自身演化的结果。但是,环境变化和组织自身演化所导致的组织危机在时间节奏上不一定是同步的,如果将环境分为稳定、不稳定两种极端情况,组织成长分为增长和革命两种阶段类型,那么,它们就有四种不同的组合情景,如图 13 - 10 所示。情景 1:环境稳定,组织处于增长阶段,没有组织危机发生;情景 2:环境稳定,但组织处于革命阶段,组织存在内生性危机(组织革命的原因);情景 3:环境不稳定,但组织成长处于增长阶段,组织存在外生性危机;情景 4:环境不稳定,组织处于革命阶段,组织既存在外生性危机,也存在内生性危机,属于共生危机。

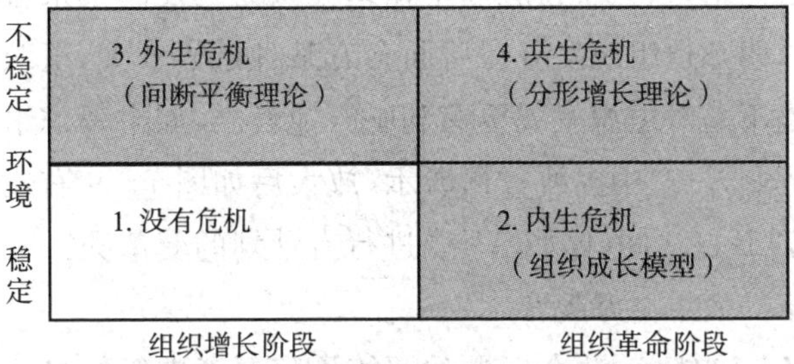

図 13-10　环境变化-组织成长阶段的组合情景下组织危机性质

显然,在情景 2、情景 3 和情景 4 里组织都有可能发生危机,因此组织在这三种情景里进行转型性变革以应对发生的或可能发生的危机,似乎是理所当然的,当然,也可以采用非革命的变革手段实现组织的转型。比如,Romanelli 和 Tushman(1994)以美国的小型电脑公司的历史数据分析发现,在面对电脑价格大幅度下降、技术快速升级的外部市场环境,成功转型的企业都是通过进行全面的、快速而不连续的变革活动完成的;Wischnevsky 和 Damanpour(2015)以美国 50 家银行 1975—1995 年间的数据,验证了在这些银行里转型性变革与渐进性变革之间存在间隙变换关系,也发现转型性变革除了以革命方式实现之外,也可以通过非革命的方式实现;Dean、Carlisle 和 Baden-Fuller(1999)在对英国水务行业研究表明,在英国进行私有化的重大政策变化虽然可以触发水务公司的间断性变革,但有的公司并没有通过间断式变革最后实现适应政策变化的目的。总之,面对危机,转型性变革和非转型性变革都可以帮助组织度过危机。

然而,对于情景 1 而言,组织所处的环境是稳定的,组织自身也处于其成长的增长阶段,在平常人看来组织发展是"顺风顺水",那么,这种情况下组织进行连续的、渐进性的变革被看成是理所当然。然而,一些成功公司的历史经验表明,它们有的时候确实就在这一时期进行转型性变革。在此,我们可否从理论上找到依据呢? 显然,上述三种有关组织成长过程中危机的理论都没有涉及这个问题。组织增长-危机间隙变换理论(4-8)和组织增长分形理论都表明(图 13-9),组织危机的发生有一定的规律性,危机发生的频率、甚至下一个内生性危机的性质都具有一定程度上的可预测性。两个理论潜在的假定都是组织转型性变革是被动的,要么是组织发展中化解危机的需要,要么是组织适应环境变化的要求,并且认为每次危机的发生是组织演进的必然结果(只不过间断平衡理论认为触发因素来自于环境重大变化)。那么,明知道组织发展在后面会有某种危机发生,组织预见性地采取变革措施是不是对组织发展更有利呢? 换言之,如果考虑组织处于某个增长阶段(如图 13-9 中虚线方框所示,放大后如图 7-9 右边图),那么组织是在 C 点到 B 点之间(比如 A 点)进行有计划的变革呢? 还是到 B 点再实施应急变革的效果更好呢?

参考图 7-10 矩阵,这个问题的回答不仅要考虑组织自身成长阶段属性,还要考虑组织所处外部环境变化的性质。如果外部环境是不稳定的,那么触发组织危机的条件(因素)在于环境是否发生了大的、对组织有重大影响、需要组织进行全面变革的变化。如果组织外部环境是稳定的,而组织也处于其成长过程中的增长阶段(图 7-9 右图所示的 C 点到 B 点),在 C 点到 A 点组织刚从上一个危机中恢复过来,正处于快速增长的上升时期,这时候的变革通常是局部的、连续改进的、探索式的变革活动。在 A 点,组织处于阶段性增长的最快时期,在外人看来组织发展顺风顺水,应该保持原有势头继续向前,其实这时候组织的资源条件、市场空间、竞争态势和自身能力都决定了组织即将进入衰退(增长后半段),增长的速度将逐渐下降。衰退刚开始的时候,人们希望把企业增长缓慢的原因归咎于外部环境,所以,对于绝大多数人来说组织不需要变革,而是要想方设法让环境条件保持原有的状态或趋势;如果认为组织需要变革的话,也为围绕如何保持组织原有发展势头,比如稳定销售量、组织结构、生产能力,并期待这一衰退情况得到恢复或扭转过来,但往往是事与愿违。根据分形增长理论,组织增长是一个内外部相互作用的动力学过程,会以不以人们意志为转移的方式趋于衰退。

A 点这时候组织拥有充沛的现金流和各种资源条件,但缺乏的是变革紧迫感。如果这时候为了应对后面一定会到来的危机而将组织变革作为防备性举措的话,会遭遇内部强烈的反对,领导者面对"现在不改变不是很好吗?","为什么要折腾?"等各种质疑。只有那些强有力的、事后被看成是英明的领导和有类似经验的组织,才会有在 A 点开始进行转型性变革的可能。比如华为的"备胎计划",在若干年之后遇到了中美贸易战争,人们才感慨华为掌门人任正非的英明。靠近 A 点的转型性变革,就是一种有计划的变革,它就像"挪动家具"一样,本身不一定能够解决问题,但可以暴露出组织存在的"问题",而问题的解决还需要另外的举措,就像在家具挪动之后还需要使用拖把、抹布、吸尘器才能把灰尘清理掉一样。然而,存在一种可能,就是人们倾向于认为这些被暴露出来的"问题"并不是组织原本就存在的,而是因为组织变革所引起的——"如果不挪动家具怎么会有灰尘呢?"因而,变革后出现的问题会成为人们反对变革的理由——这也就是为什么被动的组织变革相对于主动的变革来的容易,换言之,应急的组织变革的必要性高于有计划组织变革,人们接受变革的程度要更高。另一方面,"未雨绸缪",在组织来到 B 点的时候,就会应对有余,成为战胜竞争对手、在新环境条件生存下来的独特优势。所以,在 A 点,组织的主要任务是营造变革的紧迫感,对组织发展趋势形成共识,为未来可预见的危机做好远景规划和战略储备。总之,有计划变革的目的不是为了解决问题,而是为了暴露出问题;人们感知的变革紧迫性,实施应急性变革的组织里要高于有计划变革的组织里;实施有计划变革的组织要么领导强势,要么组织成熟有经验。

在 B 点,前期发展积累起来的问题或矛盾开始显现出来,逐渐为大多数人所知晓。一方面,变革的紧迫感在组织内部扩散和加强,最容易形成变革共识。如果这时候动员大家开始变革活动,会给大家带来信心、希望,有助于变革取得预期的目标。另一方面,如果组织高层迟疑不决,就会被下面的成员抱怨,认为坐失良机,悲观情绪在组织中蔓延,人才不稳定、部门之间利益争斗明显等。此外,组织这时候变革迟疑也是因为缺乏前期的准备,面对"突如其来"的问题有点措手不及,再加上组织增长处于低潮时期,库存的资源条件已经被侵蚀、消耗殆尽,如同一个人生病,初期防御、避免恶化的办法、途径很多,而真到了病入膏肓,治疗的办法、途径就越来越少了。所以,在组织增长处于阶段性下降时期,组织最宝贵的资源是留给危机到来的时间,自上而下的尽早果断决策尤为重要。对于组织的转型性变革而言,A-B 是最佳时间窗口。总之,远离危机的有计划变革动力来源于高管个人的危机感和决断能力,临近危机的应急变革动力来源于组织整体的危机感,但资源尤其是时间资源尤为珍贵。

13.3.3 变革方式选择的组织"深层结构"演进模型

并非在 A 点进行有计划的转型改革都有优势,也并非在 B 点进行应急变革都有劣势,因为影响变革成效的因素很多,涉及员工态度、组织资源条件、变革紧迫性等,所以就有一个变革时机以及变革方法选择问题。在环境不稳定的情况下,转型性变革的时机取决于什么样的事件可以触发组织的重大变化,该事件能否打破组织原有的"停滞状态"(平衡状态);在组织成长处于增长之后的危机阶段情况下,何时进行转型性变革则取决于危机何时显露出来或者领导者对危机的感知。根据间断平衡理论,组织原有"停滞状态"是组织惯例和制度共同作用的结果,要改变组织原有的平衡状态,就要改变组织的惯例和制度。然而,组织惯例的改变至少存在认知障碍和动机障碍。变革的认知障碍包括在问题的认识(常常认为那是别人的情况,与我们情况不同)和解决问题的办法(倾向于用同样的方法解决不同的问题,而不管这个方式是否适用)两个方面;变革的动机障碍包括担心变革失控、后果不确定、害怕失败和前功尽弃。制度的改变也存在规则效应和社会化效应两个方面的障碍。规则效应包括政府、行业机构的正式或非正式的对组织结构、组织活动的限制或要求,哪些能做,哪些不能做;社会化效应包括组织中管理者们对于组织结构、活动方式的共同理解。所以,惯例和制度对组织起到了防御变革和将任何试图脱离原有轨迹的做法拉回来的作用。所以,组织处于"停滞状态"的时候要变革是困难的,只有通过激烈的、彻底的、不连续的变革才有可能打破原有行为模式和组织结构;组织要进行根本上的变革就需要对组织的主要领域或部门进行快速的、根本性的、重大的调整,才有可能克服原有的惯例和体制障碍。所以说,转型性变革是组织解决危机的常用方式。

如果组织处于增长阶段,转型性变革就不能以外生危机、内生危机为依据。后面讨论的华为公司的案例表明,公司处于增长阶段的重大组织转型性变革不是取决于危机是否发生,而是取决于公司高层的危机意识。如果组织成长的早期,组织惯例和制度尚未建立起来,此时期对组织增长起决定性的因素尚未形成,依靠的是各种对组织增长有贡献因素的互补作用,比如技术因素、制度因素、管理水平低下等不足,其中人际关系因素具有不可替代作用,用公式来表示就是:

早期的组织成长 $= f$[人际关系因素×(技术因素＋制度因素＋管理水平＋……)]

这就意味着在众多影响组织成长的因素当中,在组织成长的早期,人际关系因素是决定性因素,各种其他因素之间具有弥补,但不能弥补人的因素。因为组织在年轻的时候，内部管理流程尚不完善，制度尚不健全，管理所需要的生产体系、供应体系、维护体系、适应体系、管理体系等尚未全部建立起来，或出于运行的初步版本，组织遇到的问题都是组织对自身管理流程、管理制度和管理体系进行构建、完善的契机。此外，因为组织年轻，要做的事情很多，面对的挑战也很多，组织的资源和领导者的精力往往被日常事务占有，对组织未来而言，环境的不确定以及组织发展的不确定性很高，就不可能有更多的事件和精力"未雨绸缪"，往往是 JIT(Just In Time)，"到什么时候说什么话"，所以，应急式变革占主导。

而在组织成长的后期，企业已经建立起成熟的管理体系、组织结构和工作流程，这时候组织的成长是"制度管事，而不是人管事"，决定组织行为的是制度因素，而人的因素、技术因素、管理因素等具有相互替代性，用公式来表示就是：

后期的组织成长 ＝ ƒ［制度因素×（人际因素＋技术因素＋管理水平＋……）］

在组织趋向于成熟时期，出现大问题或危机往往是组织原有制度、体系和流程在机制上不适应环境变化的结果，这时候要变革就不是修修补补，而要大动干戈，需要大刀阔斧式的改革。而在组织倾向于成熟的时期，组织积累了大量的历史经验，也储备了应对未来不确定性的足够的资源条件，组织在更大程度上更像一部雷达，不断地捕捉机会、分析机会，并对可能出现的问题、危机做到"有备无患"，预见性采取措施，虽然不能消除危机，但可以做到相对于其他组织而言更好地化解危机甚至"化危为机"，做到"春江水暖鸭先知"。大量的案例也都说明了这一点，比如五星电器和苏宁电器在相同道路上的分道扬镳，就是苏宁先行一步推进信息化进而强化流程管理的结果。

综上所述，转型性变革是组织被动应对内生危机的重要举措；如果不考虑环境不稳定变化导致的组织危机，那么，如图 13－11 所示，有如下两个假设：

假设 1：组织在每个增长阶段，越是增长初期，组织变革越倾向于渐进性变革；越是增长后期，组织变革越倾向于转型性变革，以应对即将来临的组织危机；

假设 2：从组织长期成长角度来看，组织越是年轻应对组织危机的变革越是应急式变革，靠近 B 点；组织越是成熟应对组织危机的变革越是有计划的变革，靠近 A 点。

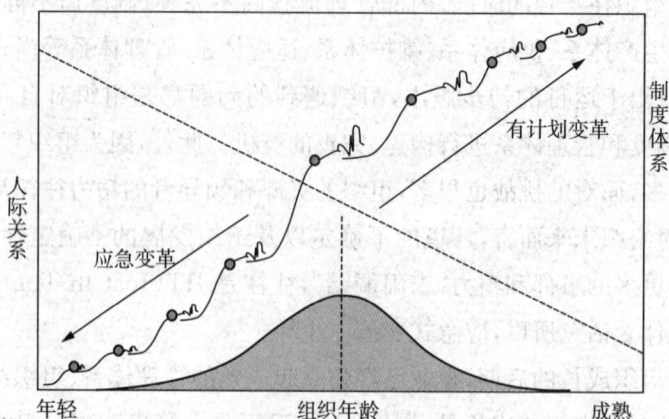

图 13 - 11　组织深层结构的变迁与变革方式的需求

13.4　来自华为公司的证据与经验

13.4.1　公司组织危机与转型性变革

案例研究不同于理论分析,实际发生的事件和实践活动不可能安全吻合于理论的概念定义和模型描述,因而需要找出能够反映所研究公司情况的包容性指标,但同样的事件或事件活动对不同公司的重要性程度不同,这些指标对一个公司是适用的,对另外一家公司就不一定是适用的。因此,在进行案例分析的时候就需要预先对有关概念进行界定,以便于将事实与之对应起来。

根据前面有关组织危机的定义,组织遭遇危机意味着组织目标的实现或实现该目标的能力遇到难以克服的困难或者有新的发展机会,但留给组织领导者的时间不多,具有紧迫性。能够引起组织危机的因素很多,如Webb(2020)指出的,可以导致公司发生颠覆性变化的因素包括财富分配、教育、基础设施、政府、地缘政治、经济、公共健康、人口变化、环境生态、媒体与通讯和技术发展 11 个方面,每一个方面都可能对企业产生"蝴蝶效应"。从企业实际面对的情况来看,导致企业危机的事件包括新的市场竞争者出现、市场规制或经济政策改变、发生重大自然灾害、严重的疾病流行、供应商或经销商脱钩、高管变故、生产安全事故;也可以反过来,从危机对组织中个人和组织整体的影响结果上，来反证组织是否遇到了危机，比如高管产生疾病、产品市场份额下降、产品故障率或返修率和退货率上升、资金链断裂、供应链/产业链断裂、高管跳槽、员工罢工等等。总之，可以引用 Clark（1988）衡量组织危机的三个要素来确定组织遇到危机：组织目标受到了威胁、对环境控制或引导能力降低、感知到了时间压力。衡量一个事件是不是间断触发事件，可以有三个评价指标：可见（对于组织中大多数决策者的知识而言）、显著（对整个组织生存与发展有影响）、相关（影响体现在对组织的战略、职能等方面）。对于案例企业的研究而言，判定组织危机相对比较简单，因为好就好在是后验性，已经拥有历史定论。

华为在过去 30 多年的发展史就是与风险并存的历史："30 年创业与发展太多坎坷，体制障碍、舆论抨击、谣言、国内外竞争对手的打压与围剿……可以说，华为的成长与壮大，正是不断地挣脱包围与突破围剿的螺旋式上升、发展的过程。"（田涛、吴春波，2012：20）。任正非认为："不冒风险才是企业最大风险"，"不断有危机感的公司才一定能生存下来"，"秦淮河边上产生不了世界领袖"。本文以《下一个倒下的会不会是华为》和《华为变革管理》这两本书描述的事实为依据，以自 1987 年华为成立以来发生的重大事件为线索，以对华为生产经营影响重大、影响全面、影响长远三个方面为考察指标，描绘出华为发展四个阶段，罗列出标志性的 4 次相对大的、引起组织转型新变革的组织危机，分别是 1998 年前后、2003 年前后、2011 年前后和 2018 年前后，如图 13 - 12 所示。

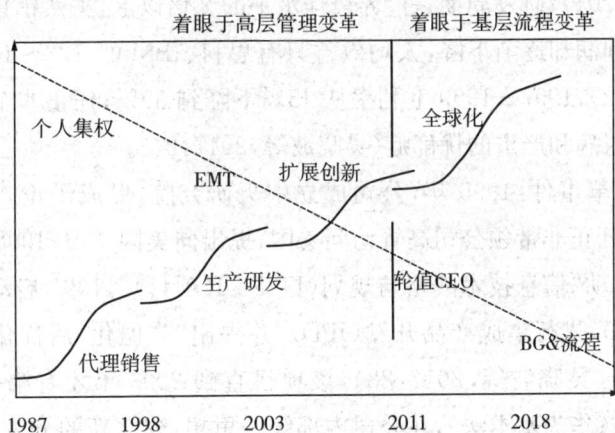

图 13 - 12　华为公司发展阶段与主要危机

（1）第一阶段（1987—1998）增长动力：华为初期从代理销售电话交换机起家，但因为货物掌握在供应商手里，1991年因为散件供应商自己销售产品使得公司差点破产，华为认识到只有自救才能继续生存——在最短的时间内实现自主研发，开发所有组件，生产自己的产品，否则，如果客户上门索赔，公司只能就此倒闭（吴晓波等，2017：202）。1991首款自主研发产品BH03（后来改为BH03K；一开始叫BH03U 第一款交换机HJD48）通过邮电部验收和入网许可；1993年成立数字机组，并开始以一种全新的组织架构来管理研发项目，启动数字交换机C&C08项目。这一阶段，华为的产品质量水平不高，主要依靠市场服务取胜；随着业务量的增加，员工人数由1992的270人增加到1998年的8100人，公司收入由1亿元增长到89亿元，成为国内最大电信公司；开始开拓非洲、东南亚、中东、南美、独联体等国际市场；组织管理上与其他企业初期一样，采用直线型组织结构，高度集权。

问题呈现：随着公司规模越来越大、市场范围不断扩大，员工越来越多，其中1997年末公司一次性招聘800名研发人员；但集权管理模式导致部门交流不够，员工组织认同感不够，思想不统一，进而产生了激励问题、控制问题、价值追求以及使命问题（吴晓波等，2017：58）。对此，公司开发了个人素质模型（思考能力、合作能力、学习能力、首创精神、坚毅品质、渴求成功的激情），先用在销售部门、售后服务部门，然后运用到全公司（吴晓波等，2017：173）。此外，研发系统扩展太快，研发的技术难度越来越大，原有的"串行工作"，缺乏规划，产品线长，承担"消防员"角色，市场响应速度逐渐减慢（吴晓波等，2017：205）；研发周期是世界最佳水平的2倍以上，虽然销售额逐年增加，但销售利润却逐渐下降，人均效益只有思科、IBM的1/3～1/6（吴晓波等，2017：102）；1997—1999毛利率从45％下降到39％；任正非个人患上了高血压、糖尿病和严重的忧郁症（吴晓波等，2017：24）。

重大变革事件：1995年，公司成立中央研究院，形成了正式的研发体系；1997年任正非带领公司高管访问美国，提出向美国学习；1998年8月与IBM合作启动"信息技术战略与规划（IT S&P项目）"，1999启动集成供应链变革（ISC），进行集成产品开发（IPD），并提出"先僵化、后优化、再固化"的变革策略（吴晓波等，2017：88），该项目直到2003年才有第一个试点；1998年制定《华为基本法》，在公司内部统一思想，建立新的分工体系；1998年开始（持续到2007年）财务"四个统一"变革（统一会计政策、统一会计流程、统一会计科目、统一监控);1998 年成立国际产品部,1998 年底成立预研部,规定资金不少于总研发支出的 10%,规定预研成果转化率保持在 70～80%,太低不行,说明预研远离市场,太高也不行,说明预研过于保守,容易漏掉潜在的技术方向(吴晓波等,2017:220)。这些重大变革都是在 1998 年前后启动进行的,并经历了较长一段时间,不是急于求成。

(2) 第二阶段(1998—2003)增长动力:通过新产品研发,打开了国际市场,国际销售收入增长很多;集成产品开发(IPD)变革效果逐渐显现,开发流程和模板更多地基于科学指导而非个人能力,产品开发周期由 2003 年的 84 周下降到 2007 年的 54.5 周,产品故障率由 2001 年的 17.0% 下降到 2006 年的 1.3%(吴晓波等,2017:81)。在此阶段,1999—2003 建立集成供应链系统(ISC),供应链被华为看着是企业的"第三利润"源泉;继续开始于 1998 年(至 2007 年)的财务"四个统一"变革;将英国的 NVQ 用于与本公司职能工资制度相结合(吴晓波等,2017:176)。

呈现问题:国内外市场竞争激烈,与此同时由于华为有意识地没有进入小灵通技术市场,短期结果是其在中国市场份额急剧缩减;任正非心理压力大增,患上忧郁症。此外,前期的集成供应链和集成产品开发(ISC\\IPD)等变革活动,要求组织变革相匹配(吴晓波等,2017:112);集成供应链(ISC)无法服务海外市场,海外业务以极低效率的手动处理(吴晓波等,2017:119);营业利润率由 2000 年的 24% 下降到 2002 年的 10%(吴晓波等,2017:145),2002 年华为出现了历史上的首次负增长,花费巨资研发的 3G 牌照迟迟得不到批准,任正非认为 2002 年是华为的冬天,在饱受内外交困情况下差点崩溃(马畅,2020)。

重大变革事件:正当公司致力于海外市场拓展的时候,2003 年思科对华为专利起诉,试图遏制华为的市场扩展;2003 年起,引入美世咨询,开展经营管理团队(EMT)变革,以 EMT 代替单一 CEO(吴晓波等,2017:59),进行管理分权,成立了战略与客户常务委员会、变革指导委员会、产品投资评审委员会;在国内 3G 牌照尚未下发的情况下,欧洲使用 3G,公司转向拓海外市场。

(3) 第三阶段(2003—2011)增长动力:在 2003—2011 年,建立全球供应链(GSC);2005 年之前,只有深圳生产基地使用 ERP,2005 进一步建立全球供应链(GSC),2006 年"海外子公司 ERP 实施"(吴晓波等,2017:121);

2005 年国际销售收入超过国内市场销售额占到了总数的 50%以上(吴晓波等,2017:229),2006 年海外收入占总收入的 65%(吴晓波等,2017:143);2007 年底,全球注册 80 多家子公司,除了俄罗斯、巴西之外,全部实施 ERP;继续实施 1998—2007 年财务"四个统一"变革;2007—2014 开展财务第二次变革:集成财经服务变革,贯通财务流程与业务流程(吴晓波等,2017:136);2006—2010 推行国际化人力资源管理(吴晓波等,2017:182);2010 年销售收入 1825 亿人民币,全球雇员 11 万人(吴晓波等,2017:186)。

呈现问题:由于集中化平台与一线员工沟通距离越来越大,反馈时间延长;在面临快速增长和日益复杂的全球业务发展的背景下,供应链的敏捷性、一致性和适应性等方面受到前所未有的挑战——供应链运营、流程和相关的管理机制,因固化而失去了灵活性(吴晓波等,2017:131),所造成的结果是"我们的确是获得了一些大的海外订单,但是我不知道它们是否赚钱"(吴晓波等,2017:143),营业利润率由 2003 年 19%下降到 2006 年的 7%。

重大变革事件:为了应对公司遇到的问题,2005 年开始 GSC(Global Supply Chain)全球供应链建立,采用自下而上变革扩散模式(这与上一个增长阶段 IPD 变革由高层推动的自上而下模式不同);在外部市场环境方面,2006 年朗讯与阿尔卡特合并,诺基亚与西门子的电信部门合并且在 2007 年 4 月运营,这些都对华为构成了强烈的竞争压力(吴晓波等,2017:143);2007 年,开始实施第二阶段的集成财经服务变革(IFS);2011 年,执行轮值 CEO 制度;2008 年,新的《劳动合同法》实施,公司 7000 余工作超过 8 年的员工要么签订新的劳动协议,要么给予补偿金后辞职;调整工号,实行随机分号,打破阶层和论资排辈(吴晓波等,2017:185)。

(4) 第四阶段(2011—2020)增长动力:公司大力发展技术创新,开发 5G 产品,提升自主知识产权;2007—2014 集成财经服务变革给公司带来的收益占公司整个收益的 72%,坏账率大幅度下降(吴晓波等,2017:157);2010—2016 年期间,推行员工赋能(吴晓波等,2017:0186);到 2013 年底,华为在全球建立 16 个研发中心(吴晓波等,2017:187),储备了强大的技术能力,从而占领了电信领域的技术制高点;任正非提倡"咖啡文化";解决外国人持股问题和退休员工持股与奋斗者为本相违背的问题——推行 TUP 时间单位计划(员工利润分享和奖励计划),每年免费给予一定数量的 5 年期期权(吴晓波等,2017:188)。

呈现问题:2013 年超越爱立信,成为世界第一大电信设备制造商(吴晓波等,2017:195);2016 年在全球建立了 15 所国外研发中心,在全球范围内建立了 36 个联合创新中心(吴晓波等,2017:229);美国实施全面的打压、围堵。

重大变革事件:2015 年成立战略预备队(0188~189,解决因为技术变化失去工作的员工再安排问题,以及应对未来可能的技术需求(吴晓波等,2017:188);人力资源管理进入新阶段——人力资源管理 5 大阶段:人事管理(1987—1991),人力资源管理(1992—1997),战略人力资源管理(1998—2005),国际人力资源管理(2006—2010),赋能管理(2010—2016)(吴晓波等,2017:191);2018 年 12 月 1 日,孟晚舟在加拿大温哥华被捕;华为问题成为中美两国之间的政治问题、经济问题。

13.4.2　华为变革实践对理论观点的验证

下面拟验证以下几个观点:(1) 企业危机的发生是不是符合 PE 理论;(2) 企业发展过程是不是符合增长-危机间隙变换理论;(3) 企业危机在发生频率上是不是具有一定规律性;(4) 组织变革模式在企业发展的早期或近期是否具有显著的差异性?

(1) 企业危机的发生是不是符合 PE 理论。PE 理论认为,组织危机的发生是因为内外部环境发生了重大事件,影响了组织原有环境条件下的发展轨迹,需要组织做出根本性的变革来适应新环境条件,实现组织与环境之间新的平衡关系。华为第一阶段的危机主要来源于组织自身初期快速发展过程积累起来的问题爆发,管理体系没有建立,管理流程不顺畅,人员素质能力达不到组织发展的需要,缺乏内在统一的文化,因此,我们判定这一阶段的危机属于内生性危机,不符合 PE 理论的基本假设。但是,第二阶段的危机则主要来源于组织外部,有三个事件对华为当时的发展影响很大,一是外部环境中 IT 泡沫破灭,全球电信市场凋零,经营受困(马畅,2020),华为有意识放弃"小灵通"业务带来内外部的压力,二是华为刚刚占领"亚非拉"的滩头阵地,国际对手思科就开始控告华为侵犯自己的知识产权,企图阻止华为在海外市场的前进步伐;三是华为投资了 50 亿元的 3G 牌照发放也遥遥无期。再从后续拓展国际市场,重视知识产权等措施来看,第二阶段的危机及其化解符合 PE 理论。第三阶段的危机来源于公司全球化发展快,内部供应链、财务系统跟不上发展的要求;此外,内部则是 2000 年原总经理李一男走后,还带走了 600 多名研发骨干,其创办的海湾公司,完全复制华为的技术、管理等模式,正在疯狂抢占华为的市场份额;再者,公司全盘学习 IBM 的第一次变革,但迟迟未在财务上看见成果;此时的任正非也苦于跟病魔缠斗,正被癌症和高度的抑郁症侵扰,后来他坦承,自己那时不仅考虑过卖掉华为,甚至也想过自杀,撒手而去(马畅,2020)。因此,第三阶段的危机属于内生性危机。第四阶段,也就是当今华为正在面临美国打压的危机,显然这一次的危机属于外部环境给华为造成的压力,符合 PE 理论。上述分析表明,华为在近 30 年发展过程中,遭遇 4 次危机是内生危机与外生危机交替,不能用单一的间断平衡理论来解释,换言之,PE 理论可以解释公司的某次危机,但不能解释公司的所有危机。

(2) 企业发展过程是不是符合增长-危机间隙变换理论。增长-危机间隙变换理论主张,组织在经历一段时期的增长之后,导致增长的动力(比如,制度、办法、体系、组织架构等)会逐渐不适应新的环境条件,固有的弊端会逐渐放大,也就是企业根据存在的问题进行变革最终会导致下一个危机发生。就华为的案例而言,公司解决第一次危机(市场危机)主要靠自主研发,带来增长的同时也导致了管理混乱、效率低下(管理效率危机);通过 IPD、ISC 等变革解决原有问题带来了公司第二阶段增长,但也导致了公司全球化管理新问题(全球化危机);国际化过程中新的管理从公司增长到产生危机(中美关系危机)。公司从实现新的增长和产生新的危机,这一交替过程符合企业发展的增长-危机间隙变换理论。第一次危机和第三次危机属于内生性危机,可以用该理论来解释;但是,第二次、第四次危机属于外生性危机,则不适合用该理论来解释了。当然,如果硬要从该理论视角,从更为宏观的、历史性的视野来看,华为公司未能预见到后来会遭遇市场变化、国际争端,则有点牵强符合,对企业的要求太高。所以说,增长-危机间隙变换理论比较适合解释企业环境相对稳定的情况下企业的发展情况,对于长时间测度下环境发生多次、大的变化情况下,可以"唯像"地解释增长-危机"间隙变化",但不能解释所有危机的主要原因和相应提出化解办法,需要配合 PE 理论共同解释和分析。

(3) 企业危机在发生频率上是不是具有一定规律性。组织危机的分形增长理论表明,在一个相对较长的历史时期内,组织成长的早期阶段或后期阶段里危机发生的频率较高,并且早期发生危机的间隔期越来越长,后期发生危机的间隔期越来越短;早期每次危机化解后组织变革更加强大,后期每次危机化解后组织变革更加虚弱。鉴于本文对华为公司危机的定义来源于有限的公开出版的著作,因此无法将华为公司30年发展过程中出现各种危机刻画出来,这也与人们的一般心理相吻合,"过得去的,都不是事",因而不能验证危机发生的时间频率。但是,前三次危机发生后组织采取的、克服危机的措施,事实上都促进了公司进一步快速发展,使得组织变革更加强大,而第四次危机,目前来看对华为的打击非常大,至少短期内会削弱华为发展的能力,未来华为能否应对此次危机和采取合适的应对举措,进而促进华为未来更加健康的发展,则拭目以待。因此,华为发展的历史部分地、显性地验证了组织危机分形增长理论。

(4)组织变革模式在企业发展的早期或近期是否具有显著的差异性?前面的理论分析提出了两个假设性命题:第一,越是增长初期,组织变革越倾向于渐进性变革,以完善组织内部管理上的不足;越是增长后期,组织变革越倾向于转型性变革,以应对即将来临的组织危机,要么着眼于解决内部重大问题或适应环境的重大变化。华为解决第一阶段的危机倒更像是前面理论上讲到的波动式变革,而不是革命性变革。公司在产品集成开发(IPD)变革过程中,花费了大量的时间和精力,以此来确保变革的成功;变革进程看上去是缓慢的,但一直朝着正确的方向前进,这样渐进式的变革进程让公司和员工都有了足够的时间去适应新的管理方式,同时也减少了很多对公司有害的激烈冲突。但是到了第三次危机的时候,华为就是全面的组织架构变革,采用项目为中心的团队(2007年北非就采用了),2011年开始采用轮值CEO,中间层采用面向客户群的业务BG(运营商BG、企业BG、消费者BG),进行战略目标变化,进行更多基础研究以继续提高对世界级领先技术的开发能力。

第二,组织越是年轻应对危机的变革越是应急式变革,在危机即将发生或已经发生之后进行;组织越是成熟,应对组织危机的变革越是有计划的变革,在组织发展处于良好状态的时候,增强危机意识,主动推行变革转型。华为在第三次重要战略转型之前,在通信市场已经出现增长瓶颈,必须找到新的奶酪。在"以客户为中心"的最高纲领指导下,任正非也同意,从原来的运营商走向消费者市场(B2C)和企业网市场(B2B)。这次变革,就是一次标准的集体决策。"第三次变革说明了，战略方向只能大致正确，必须保持组织的活力，保证高管团队的火车头作用，这是最根本的。"为此，任正非从不给自己设置"一票决定权"，他只有"一票否决权"，就是防止华为变成自己的一言堂；尤其当一个公司发展到后期，业务范围越来越广，更不可能单靠一个领袖来对任何事都进行决策（马畅，2020）。总之，有计划变革的目的不是为了解决问题，而是为了暴露出问题；人们感知的变革紧迫性，应急性变革高于有计划变革；实施有计划变革的组织要么领导强势，要么组织成熟有经验。在华为，这次剧烈的改革引发了一场内部地震，很多华为员工都对这次改革表示不理解。有人认为，IBM 不懂华为的实际情况，没资格来教华为怎么做，还有人觉得，华为现有流程要优于 IBM 的管理流程，变革根本没有必要。于是任正非提出，先以开放的心态虚心学习 IBM 上百年总结的经验，对于阻碍改革的干部，"要么换脑袋，要么换人"。

华为的历史，就是一部危机管理的历史。任正非"历史规律就是死亡，而我们的责任是要延长生命"。大公司犹豫和争执，导致它容易被小公司超越。朱广平就此说过一个金句：一个处于成长期的企业视所有的变化为机会，一个处于衰退期的企业视所有的变化为威胁（田涛、吴春波，2012：27）。

13.4.3 华为变革实践经验

华为发展的检验表明，理论可以解释企业实践，但没有一种理论可以解释企业的所有实践，组织危机也是如此。

(1) 华为发展过程中遭遇的危机有的属于内生危机，有的属于外生危机，并且两种危机交替进行；外生危机的形成以及解决危机的措施，符合间断平衡理论的环境重大变化和需要组织深层次结构变化的观点。

(2) 组织早期的危机主要来源于组织内部矛盾的积累，员工的思想观念是影响组织变革的主要障碍。任正非在第一阶段危机后进行的组织变革指出："5 年内不许你们的幼稚创新，顾问说什么、用什么样的方法，即便认为他不合理也不许你们动。5 年之后，把人家的系统用好了，我可以授权你们进行局部的改动。至于进行结构性的改动，那是 10 年之后的事情。"[①]

(3) 早期临近危机的应急变革动力来源于组织整体的危机感，但资源

<hr/>

① 马畅：《让任正非走下神坛》，笔记侠，2020 年 5 月 13 日。

尤其是时间资源尤为珍贵;后期远离危机的有计变革动力来源于高管个人的危机感和决断能力。

（4）变革时候是企业扩展的好时期,市场机会多,不希望变革而错失市场机会,或分散精力和资源。所以,很多企业急于求成,一旦发现短时间没有效果,就很快放弃了(吴晓波等,2017:93)。企业在变革的时候应该非常谨慎,需要有一个完善的计划,并且公司高层应该给予变革足够的支持以克服那些由于在变革初期绩效下降所带来的公司内部矛盾(吴晓波等,2017:96)。

（5）早期的变革是自上而下,是顶层设计的变革;后期的变革是自下而上、基层主动进行的变革,因此,变革对公司造成的影响比外人想象的要小的多。比如 2008 年由于《劳动合同法》公司进行的 6000 人辞职再聘用就没有产生群体性事件(吴晓波等,2017:48)。

13.5　结论

总体而言,间断平衡理论主张通过组织深层次结构改变来化解危机,对应的内外部环境发生了重大变化;增长-危机间隙换理论主张根据存在的问题进行变革,但解决危机的办法最终将会导致下一个阶段的危机;分形增长理论强调组织成长早期、后期变革目标的不同,早期是生存与发生,强化组织结构,后期是创新与变革,强调打破组织惯例。这些理论适用于不同的组织情景,因此,当组织发展到了一定的阶段和环境条件诱发组织危机的时候,就可能采用相应的理论来指导组织变革活动。间断理论适用于环境重大事件引起的危机后组织变革;增长-危机间断理论适合用于预见公司未来的危机和采取预防性措施;分形增长理论适用于解释组织发展早期和后期危机的原因和给出相应的对策措施。

第 14 章
适应间断平衡的企业反转过程与策略

爆发于 2019 年底的新冠疫情在肆虐全球威胁人类生命健康的同时,也极大地破坏了全球供应链体系和市场正常需求,使得大量企业陷入困境。如何帮助企业走出困境,不仅是企业管理者们高度关注的现实问题,也已经成为组织管理与人力资源管理学界的新兴热点话题。本文将新冠疫情对企业的影响归结为商业生态危机,对单个企业而言是间断平衡危机;企业为了适应这种间断平衡,在满足后疫情时代需要的同时,应关注转型过渡时期的组织结构、工作方式的调整和员工态度与行为的重塑。

14.1　引言

人类历史上已经发生了多次重大瘟疫,其中比较著名的有爆发于欧洲的黑死病(1347~1351),造成全世界死亡人数高达 7500 万,其中欧洲的死亡人数为 2500 万到 5000 万;1855 年始于中国云南省的第三次鼠疫大流行(1885—1950),这场鼠疫蔓延到所有有人居住的大陆,从云南传入贵州、广州、香港、福州、厦门等地后,这些地方死亡人数就达 10 万多人,单在印度和中国,就有超过 1200 万人死于这场鼠疫①。大家可以想象出来,在这些重大疫情爆发期间人们可能会感到世界末日的来临。然而,据联合国《2019 年

---

① 笔墨史书:《历史上最严重的十五次瘟疫,人类史上最大的灭族屠杀事件》,2020 - 3 - 27 https://www. sohu. com/a/383521340 _ 100068253? spm ＝ smpc. author. fd-d. 39. 1595937001895ErkKAjs.

世界人口展望》,2019 年全球人口 78 亿,预计到 2100 年为 109 亿。从长期的角度来看,世界人口不仅没有因为各种瘟疫或其他自然灾害而灭绝,反而在不断增长。对企业而言,随着生产社会化、专业化、国际化程度越来越高,面临的环境也越来越复杂和动荡不定,财富分配、教育机会、基础设施、公共卫生、技术发展、国际关系等等因素都有可能给企业带来破坏性影响(Webb,2020)。有的学者认为,企业就像自然界的生物一样,在遭遇环境重大变化情况下,通过组织深层次结构(deeper structure)的转型变革以适应新的环境条件,即打破企业与原有环境之间的平衡关系并建立起新的平衡关系,从而在新环境下生存下来(Street & Denford,2012)。

早在 1970 年代,Greiner(1972)通过对一些企业的调查分析表明,大多数成长性公司在持续扩展之后会有 1~2 年回调期(危机阶段);如果企业克服了这一危机阶段,一般后面有 4~8 年的持续增长阶段,接着会再有一个回调期;企业在回调和增长这两种类型的阶段交替中走向成熟。虽然距离得出这一结论已经有大约半个世纪,但今天看仍然与很多企业的发展相吻合。比如我国的华为公司,过去的 30 多年发展史就是增长与风险交替并存的历史(田涛、吴春波,2012)。华为公司分别在 1998 年前后、2003 年前后、2011 年前后和 2018 年前后经历了 4 次相对大的、引起公司转型性变革的组织危机(参见本书第 13 章)。Greiner(1972)的研究还发现,在发展速度越快的行业里,企业增长与危机的间隙越短,即在一定时期内发生危机的频率越高;反之在发展速度慢的行业里,企业增长与危机间隔期长。因此,从长期的视角来看,危机是企业发展过程中的常态现象,甚至可以看成是企业持续健康成长过程中必不可少的一个过程。

然而,危机并不是必然可以度过的,每一次危机对企业来说都是对其生命的威胁,如能正确地应对企业就能进入下一个增长阶段,否则就会走向衰退,甚至破产倒闭(刘洪、李必强,1996)。因此,如果企业不能够克服当前的危机也就不存在后续的可持续发展。所以,短期的生存是企业长期存在的基础,长期的发展是企业追求的目标。在面对危机的时候,企业如何避免衰退并实现反转(turnaround),是学界和是实践界共同关心的问题(Trahms et al.,2013)。企业反转是一个过程,这个过程的时间长短、路径不仅与触发企业衰退的原因有关,还与企业采取的策略、措施、领导力等因素有关(Ghazzawi,2018)。在引致企业衰退的不同原因存在的情况下,企业所在行业特点、发展趋势和企业自身的规模、生命周期阶段等因素（Yeh & Fang，2011）也都影响其反转进程和策略选择。所以，对于一个企业而言，搞清楚所遭遇危机的原因，并且分析它们对企业反转过程的影响，最终通过对历史成功经验的总结而提炼出应对策略，具有十分重要的现实意义。

目前，新冠疫情在全球蔓延，依旧没有消退的痕迹，但从人类历史的视角看，它终有为人类征服的一天，然而目前它对全球社会、经济、政治和国际关系的破坏性影响是前所未有的，也给广大企业带来了商业生态性危机，而它既不同于因为技术进步而形成的行业危机（比如数字照相对胶卷行业，网购平台与快递业发展对实体百货业的颠覆），也不同于单个企业因为市场变化、资源基础变化等原因造成的危机。因此，企业在这样的背景下如何复苏就是一个全新的课题，需要对企业危机进行定性分析的基础上，审视已有企业反转理论与实践经验应用的可行性，并提出相应的对策建议。本文首先阐述当今企业面对疫情危机属于间断平衡的属性，然后再在总结危机情况下企业反转过程和策略的基础上，探讨企业在疫情危机后反转时期内人力资源管理重构内容。

14.2　疫情对企业的影响与间断平衡

企业的衰退被认为是企业与环境不匹配的结果，危机则是短时间内企业与环境不匹配而给企业实现目标或实现目标能力造成损害，给经营管理者响应这一变化造成时间上压力的情景。企业与环境的不匹配既可以是环境变化引起的，也可以是企业自身变化引起的。企业在保持原有的组织结构、生产经营活动的同时，环境为企业提供投入的因素或对企业产出需求的因素发生了改变，使得维持企业原有生产经营活动的投入产出失去了平衡，从而影响企业绩效；也可能存在的情况是，企业环境是稳定的，但是随着时间的推移企业的一些能力、知识老化或组织架构僵化，不再能够满足客户的需求，或因为企业管理政策、制度等因素导致员工生产效率下降，从而导致企业业绩衰退。当然，也可以是企业内外部突发事件或者环境变化与企业内部变化共振的结果。今天全球范围的新冠病毒对企业影响是多层次、全方位的，是很多企业绩效衰退的共同影响因素。

（1）多层次影响。影响企业的各种因素，在一定的社会里受控于不同的主体或为不同管理体系所制约,反过来,它们影响的范围和直接或间接程度也有所不同。按照这一逻辑,企业的环境可以分为内部环境、外部环境两大类,外部环境又可以分为市场环境、制度环境、总体环境。在总体环境层次,新冠病毒原本只是这个层次中众多影响因素之一,但由于其影响的广泛性、潜在性和危害性等特性都是史无前例的,进而引起了全球社会、经济、技术和市场等多方面的问题。

在总体层次上,由于全球供应链的中断、人流的不畅,极大地破坏了经济全球化;一些国家的政治需要正在激发国家与国家之间的矛盾,催生区域战争;与此同时,各国也都加紧新冠疫苗的研发和高科技发展,以期抢占未来市场和占领军事、经济的主导地位。在国家制度环境层面,与人流、物流相关的餐饮、旅游、娱乐、交通运输等行业受到负面影响最大,引起就业率下降、市场消费不振,整体经济增长缓慢(其他国家甚至是负增长);迫使经济局部化、区域化和所谓的内循环。与此同时,国家制定了一系列旨在刺激经济发展的政策,尤其是加大货币投放,通过货币膨胀拉动的需求,但同时也将会造成贫富悬殊加大。在社会生活方面,疫情正在改变人际交往规则和风俗习惯。在行业市场环境层次,疫情对不同行业的影响以及影响大小是不同的,对人员流动量高、接触频繁的行业是负面影响,而对虚拟工作、线上消费和快递物流行业是正面的;在市场竞争方面,竞争对象正在由国际对手转化为国内对手,竞争区域化趋势日趋明显,这势必将阻碍技术创新与进步;另一方面,美国等国家对中国的技术断供、企业制裁和产品、服务的限制(比如美国、印度等对中国生产的APP),都对中国企业国际化进程产生极大阻碍;与此同时,疫情催生了一批新兴行业发展,且有数字化改造、平台经济发展、自动化、机器人、人工智能等所谓ABCD技术的发展与应用必将加快,并淘汰那些不能进行相应变革的企业。在企业内部环境层次,疫情不仅影响企业业绩,还对员工工作方式、工作价值与意义要求重新定义,管理者不得不重新思考管理哲学、企业发展的理念与目标;为适应市场变化和员工工作方式变化的要求,在组织架构、权力安排、员工参与管理与沟通等方面,进行变革。对于业绩衰退的企业而言,还需要重新思考如何实现反转问题。

(2)多方位影响。尽管企业内外部影响因素很多,导致危机的因素也很多,从企业系统投入产出和公共环境的视角可以将它们罗列出来(如图14-1所示)。从投入产出视角来看,一个企业要与外部的其他各类主体,包括政府、企业、大学、科研机构、各类服务机构、金融机构、水电气交通等公共产品提供方等,进行各种生产要素的交换,企业行为不仅受到这些要素提供方行为变化的影响,也反过来会影响这些要素接受方的行为。各种投入产出要素事件对企业重要影响体现在对企业的物质流、价值流、信息流、人事流等四大流程的运行上。显然,疫情对企业的投入产出要素中很多都有影响。首先,随着宏观社会经济环境和国际关系的变化,国家的产业政策和市场导向会发生变化,要求企业适应国家主导的"内循环"发展;其次,因为整体经济不景气,势必有很多企业的业绩下降,进而导致资金链脆弱甚至随时断裂;第三,对员工工作方式的影响,为了保持人际距离,员工需要实行远程工作,构建邻里中心;第四,对某些企业而言,关键原材料、零部件必须自主可控;第五,产品和服务数字化、智能化、远程控制;第六,生产过程自动化、孤岛分散化也成为趋势。

总之,疫情对企业的影响不仅反映在企业环境的不同层次上,也放在每一个各方位上,有的影响企业大环境,有的影响企业小环境;越是靠近外部层次的因素对企业影响越是间接、长远,越是靠近企业投入产出的层次因素对企业影响越是直接、紧迫。

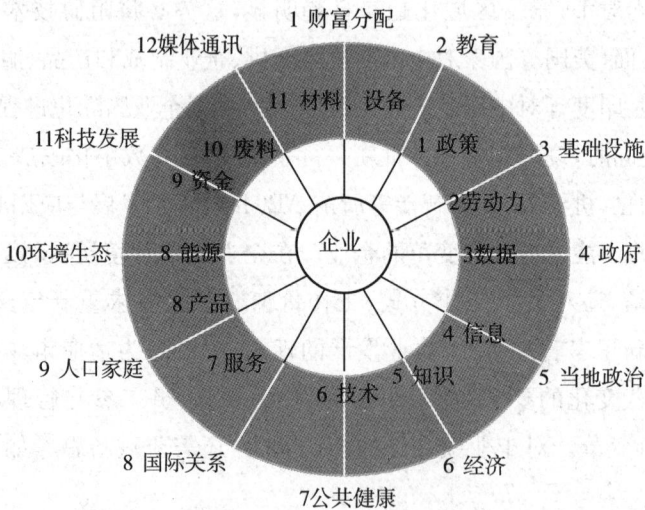

图14-1 影响企业的事故来源

（3）影响的结果：间断平衡式危机。新冠疫情对单个企业的影响是企业整个环境条件的重大变化，企业环境的内容、与企业关系都发生了前所未有的变化；对所有企业的影响，体现在全球企业之间已经建立起来的经济网络被撕裂（如图 14-2 示意），使得原有的相互依赖关系不复存在，越是全球化程度、专业化程度、网络化程度高的企业，受到的影响越是大；全球供应链的断裂和国际关系的恶化和重构，都进一步促使企业生产经营当地化、局部化。因此，我们可以判断，当今企业所面临的危机是商业生态生危机，是企业环境发生根本性变化的结果，属于间断平衡式危机。

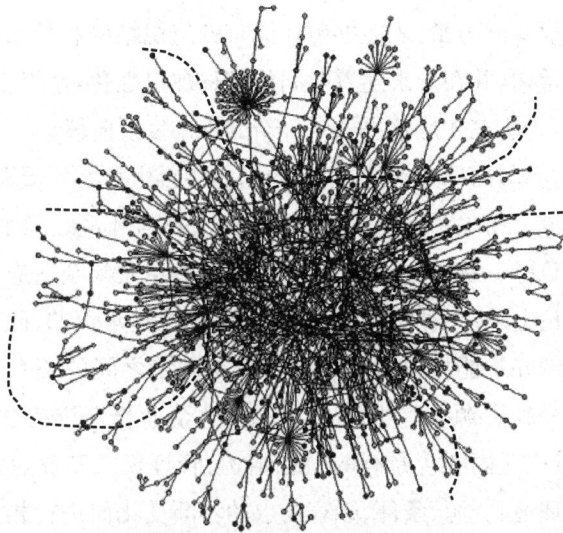

图 14-2　企业网络破裂示意图

正如已有研究表明的那样，企业危机既是企业衰退的结果，也可以是企业衰退的原因。企业衰退反映了企业在实质性资源上随时间的失去（Cameron & Whetten，1987），这既可以是一个缓慢的过程，也可以是一个突然的、不希望的中断（Tushman & Anderson，1986）。重大的企业衰退将会导致企业生存受到威胁的危机，即危机是衰退的结果。管理者倾向于将企业绩效的衰退和其他危机归因于外部不可控因素，即把企业危机视为企业衰退的原因。很多经验性研究表明，企业的失败很少仅仅是外部因素造成的结果（Boyle & Desai，1991），而常常与企业不能够更新产品、不能投资于核心能力和控制成本等因素相关（Baum，1989；Hedberg et al.，1976；Starbuck et al.，1978）。因此，在给定环境条件下组织的成功与失败更大程度上取决于组织处理与环境之间的平衡关系，组织在动态环境下不断进行组织战略、结构、流程和资源依赖性等的调整，来寻求与环境之间新的平衡关系。Street 和 Denford(2012)提出，衡量企业面对的危机是不是属于间断平衡式危机，就是要看是不是有一个激发企业变革的间断性事件在较短的时间内引起整个企业发生了重要的变化。就新冠疫情而言，对于所有企业来说几乎都有一个显著的影响：要求企业进行深层次的转型变革。并且突如其来的疫情让很多企业措手不及，仅依靠渐进的、局部的变革已经不能适应正在变化的环境，需要企业进行快速的、全局的变革。只有采取打破组织原有惯例和活动模式的力量，才能够破坏原有的组织结构和活动模式，使得组织对它们进行重构，并在未来随着时间的推移加以强化，使得企业与新环境实现新的平衡，企业也才能够进入一个新的稳定发展阶段。

所以，面对相同的环境条件，不同的企业能否生存与发展取决于其能否与环境之间形成平衡关系。需要说明的是，企业与环境之间平衡并不是企业长期追求的目标。首先，企业与环境之间的关系是复杂适应系统关系，它们的平衡从理论上来讲只能是暂时的状态而不能是永恒的；此外，在给定范围内的关系波动并不能从根本上动摇企业与环境之间的关系，而为企业所建立起来各种松弛资源和弹性所化解；第三，企业长期维持这种平衡的时候，往往意味着企业固守着原有的组织结构、管理模式和商业意识，并没有真正实现根据环境、资源、条件、顾客需求的不断变化而进行相应的改革；第四，正因为如此，有学者指出，企业的生命力在于"远离平衡态"，主动打破原有平衡才能实现突破性创新（田涛、吴春波，2012）。因此，我们可以得出这样的结论，企业与环境不平衡的时候，要主动适应环境，追求与环境相匹配的平衡关系；而当企业处于与环境相匹配的平衡关系的时候，企业应该追求革命，打破这种平衡，瞄准潜在技术发展、市场趋势，才能在"危机"到来的时候安然处之。这时的"危机"是对别的企业而言的，对有备而来的企业来说就是大好机遇了。但同时，我们也应该认识到，环境也有相对稳定的时期，在重大事件发生之后，新环境本身还不稳定，尚处于动荡变化和演进过程之中，因而，在这一过程中企业如何生存和发展，要比思考所谓"后疫情时代"如何做更为重要。

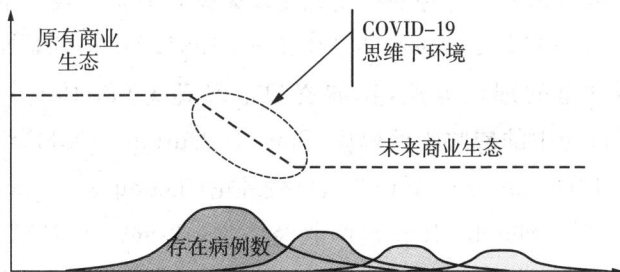

图 14 - 3　企业需要间断平衡式转型变革

14.3　反转过程

企业在与原有环境的平衡被打破之后实现与新环境的新平衡,遇到的最大挑战是并不清楚新环境是什么,或者新环境本身也还处于变动之中,而企业作为环境一分子,其变革也在改变其所在环境的本身,尤其是处于小商业生态之中的焦点企业,其技术行为和市场行为的变化必将左右与之相关联的供应商、配套商和客户的行为(刘洪,2020c)。因此,企业面对环境危机所进行的反转(turnaround)过程是一个学习过程,已有企业在遭遇业绩衰退后的反转经验也是值得借鉴的。

企业衰退(decline)是企业生命周期过程中的一种常见状态,没有哪个企业一直处于增长,大多在其生命结束之前经历增长、危机间隙变换的过程,并表现出一定的规律性(刘洪,2020b)。因为对不同行业企业以及处于企业不同的生命周期阶段而言,企业衰退表现出不同的特征,因而在文献中有不同的称呼,比如:组织衰退、绩效衰退、战略衰落、绩效衰落和组织衰落(decay)、企业破产(bankruptcy)、业务失败、组织失败(failure)、收缩(retrenchment)和企业寿命(longevity)、生命周期和死亡(lifecycle and mortality)等概念。在上个世纪七十、八十年代,美国公司遭受来自日本企业的猛烈打击而绩效受到影响,企业衰退这个主题从那时起受到越来越多学者们的关注(e. g., Collins et al., 2009; Damodaran, 2011; Hamel, 2012; Pfeffer & Sutton, 2006),主要探讨企业为什么会衰退,如何避免衰退,企业惯性在面对外部转型的角色,企业能力与资源是如何消逝的,什么样的决策过程会导致企业衰退,为什么企业资源会失去他们的原有价值和作用等

(Trahms et al.,2013)。另外一些研究主要是探讨衰退与反转的前因变量(e.g., Argenti, 1976；Cameron & Whetten, 1987；Hambrick & D'Aveni, 1988)，影响衰退的理论方法，比如资源依赖理论(Pfeffer & Salancik, 1978)、组织行为中的威胁刚性效应(Staw & Dutton, 1981)、组织生态学(Hannan & Freeman, 1984, 1989)、权变理论(Thompson, 1967)、企业行为理论(Cyert & March, 1963)、产业经济学(Porter, 1981)和风险决策(Singh, 1986)。自从新冠疫情爆发以来，企业反转又成为时下业界和学界热点话题(Nyagiloh & Kilika,2020)。

反转是从引起组织衰退的威胁形成开始，对于多长时间后才算是反转并没有一致的定义，但有学者建议一年是足够的(Morrow, et al., 2007)，也有学者认为连续3年绩效正向的才能算是成功反转(Barker, 1998；Bruton & Wan A 2003)。反转包括问题识别、原因确定、纠错方案(战略与结构再定位、获得内外部利益攸关者支持、采取行动)。图14-4是Boyne(2006)给出企业反转模型。

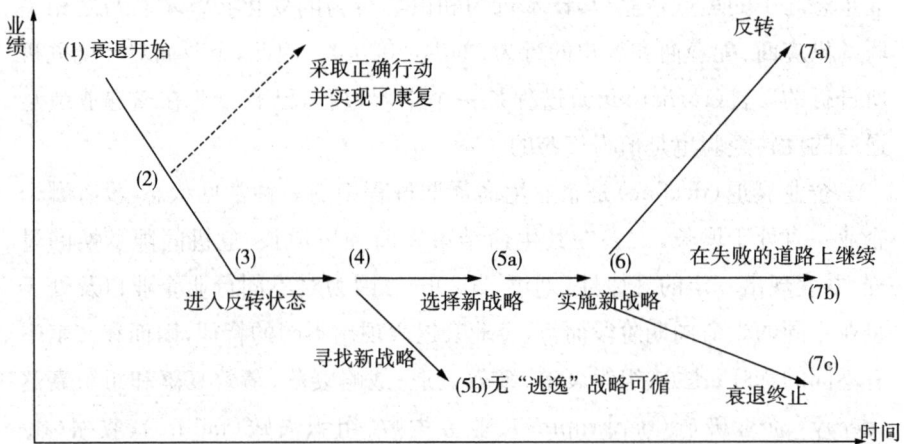

图14-4 企业反转过程

来源：Boyne, G. A. (2006). Strategies for Public Service Turnaround Lessons from the Private Sector? Administration & Society, 38(3)：365-388.

(1) 衰退开始(onset of decline)：企业绩效衰退通常是因为企业与环境之间的不匹配，比如环境中顾客需求发生变化、技术发生变化，如果企业与竞争对手比较不能够即时进行技术更新和提供满足客户需求的产品，那么，企业的市场占有率就会下降；或者环境是稳定的，但是企业内部领导不力、忽视客户需求,也会引起效率和效益下降。

(2) 采取扭转衰退状况的行动(corrective action avert a turnaround situation):有时候企业也会发生暂时性绩效衰退,甚至季节性的绩效衰退,这些都不一定需要采取应对衰退的策略。事实上,有时短期的失败倒可能是长期成功的前提条件,因为这能够促进公司的学习行为,进而带来高绩效。因此,反转的第二阶段就是采取摆脱衰退的行动,实现企业的自我纠错行为。

(3) 进入反转状态(the turnaround situation):如果一个企业不能够通过扭转行动改变绩效问题,或者不能够采取有效的行动,那么,企业就很有可能进入到反转状态中。这对于企业商业成功而言,不仅仅是一次短暂的失败,而是企业采取战略性进攻的开始,否则只能是彻底的失败,如倒闭、被收购或者破产。

(4) 寻找新战略(the search for new strategies):当企业处于反转状态时,企业管理者势必要寻找扭转衰退的战略。但企业受到的影响属于"刚性威胁"的时候,意味着企业原有的战略已经走到了尽头,如果还坚持原有战略只能导致企业衰退下去,这时候企业的强势股东就会要求企业领导采取可行的战略。对此学者们已经提出了一些可供企业选择的战略(Schoenberg et al.,2013),后面会给出介绍。对于解救衰退的公司而言,要尽快采取行动,因为很少有第二次机会(Hambrick & Schecter,1983)。

(5) 新战略在哪里? 有关企业反转的大多数研究集中在这里。应该采取什么样的战略及其后续绩效的影响如何? 经验研究表明,失败的公司是可以反转取得商业成功的,几乎可以肯定的是,只要采取适当的策略的企业都可以迎头赶上。当然,这一阶段采取的策略既可能是一个新的、更好的策略,但也有可能因为有些客观目标无法获得而无逃逸策略可循,反转过程很可能就此终止。逃逸策略的实施会受到变革阻力。

(6) 新战略的影响(Implication of the new strategy):虽然反转时期新战略的研究很多,但对于这些战略的后续影响仍然是一个有待揭示的黑箱。反转战略与后续绩效之间的关系受到不同实施风格的调节,目前,并没有发现确定的结构或方式能够保证反转战略的成功,但什么样的战略? 如何实施? 一定是影响反转成功的重要因素。

(7) 反转战略的结果(outcome of turnaround strategies):反转战略的

实施有三种可能的结局。第一,公司衰退到倒闭,作为公司实体不复存在,其中的部分可能会以其他企业的一部分而存在。这既可能是反转策略不当的结果,也可能是好的反转战略实施不当的结果。第二,维持现有的"不死不活"状况,可能是新战略虽然失败,但是公司在目前环境下仍然有生存的一席之地,但需要企业继续寻找和实施新的战略。第三,新战略导致公司在业绩上实现了反转,回到了原有业绩水平,通常这种状况维持 2～4 年时间才能说是反转成功。

Hambrick(1983)将反转状态定义为"业务绩效持续低于可接受的下限水平的一种状态"。这里提出了三个关于反转测量的问题:第一,什么是绩效? 第二,不好的绩效持续多长时间算是衰退? 第三,可接受的最低绩效水平如何定义? 关于企业绩效,在私营企业里通常使用财务指标来衡量,但它们忽视了社会责任、员工福利、环境影响等指标,而公共企业的绩效指标就相对复杂些了,它们会更多地考虑公共利益。对于多长时间绩效恶化算是衰退,有学者研究的经验值是 2～4 年(Lohrke & Bedeian,1998)。关于最低绩效水平,通常是公司领导根据本公司历史数据或者竞争对手(行业平均水平)的绩效进行判断的,也有从股东可接受的绩效水平上判断的。

Francis 和 Desai(2005)所提出企业发展模型中(见图 14 - 5 所示),衡量企业业绩好坏的标准是无风险投资回报率,如果企业业绩连续两年以上高于该水平之后开始下降,并且至少有 3 年处于该水平以下,其中至少一年的净收入是负的,那么,这个企业就是处于业绩衰退状态;如果在衰退期间采取非资产收缩战略,使得业绩再次超过无风险投资回报率并保持 3 年以上时间,那么,就可以认为该企业实现了反转。Francis 和 Desai(2005)的研究表明,反转结果受到资源的丰富性、衰退的严重程度、衰退的突然性与紧急性、企业的规模、资源富裕程度、劳动生产效率高低、开支节约有关,并存在这样的关系:环境资源的丰富性(Environmental munificence)正向影响衰退企业反转结果,资源丰富,市场机会多,竞争性低,采取反转策略行动容易;衰退的严重程度负面影响衰退企业反转结果;衰退的突然性程度负面影响衰退企业反转结果;衰退的紧急性(严重性和突然性)负面影响衰退企业反转结果;组织的规模正向影响衰退企业反转结果;资源的丰富性正向影响衰退企业反转结果;资本生产力正向影响衰退企业反转结果;员工生产力正向影响衰退企业反转结果;资产收缩正向影响衰退企业反转结果;开支缩减正向影响衰退企业反转结果。Boyne 和 Meier(2009)研究认为,任务环境的丰富度有助于衰退企业反转,而环境复杂性不利于衰退企业反转。Yeh 和 Fang(2011)的研究表明,反转策略的效果与企业生命周期阶段有关。在生命周期早期,采取成本追加策略(比如增加 R&D 投资)有利于企业反转结果;而在企业生命周期后期,采用成本削减策略有利于企业反转结果。

就新冠疫情导致的企业绩效衰退的反转而言,企业路径依赖于企业所实施的新战略和采取相应的措施,还与企业自身的行业性质有关,可能受到的影响就是一种冲击,很快就可以恢复(如图 14-6(a)所示);也可能"无逃逸"战略可循,只能是衰退下去直到企业破产或重组;比较理想的状态是逐渐恢复到或超过原有的业绩水平,但这需要通过企业深层次的组织变革,即通过对战略、组织结构、工作流程、内外部关系、员工行为和态度,甚至企业文化的改变,以实现重构和新生。

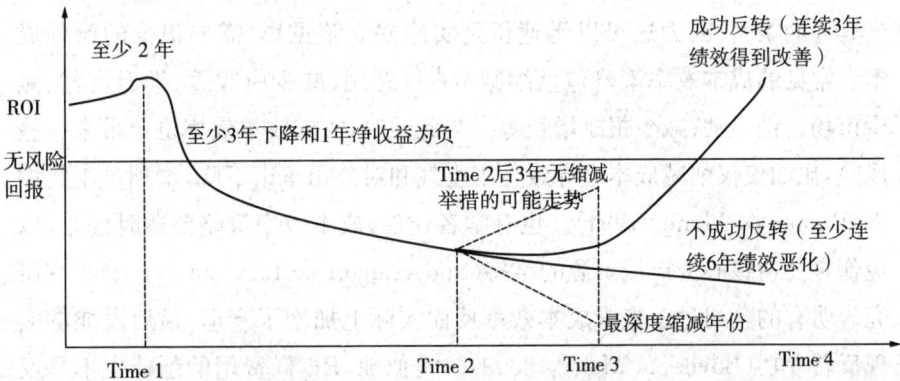

图 14-5 企业衰退与反转过程模型

来源:Francis, J. D., & Desai, A. B. (2005). Situational and Organizational Determinants of Turnaround. Management Decision, 43(9), 1203-1224.

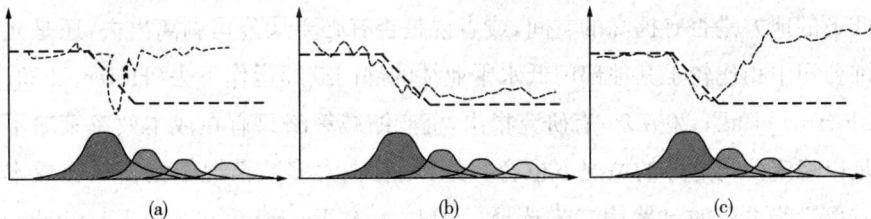

图 14-6 疫情影响下企业绩效反转的可能路径

14.4 应对策略

14.4.1 企业反转的常规策略

在相关文献中,企业从衰退中反转的策略可以归结为内容导向的策略:成本效率(cost effeiciency)、资产收缩(asset retrenchment)、核心活动聚焦(a focus on the firm's core activities)、构筑未来(building for the future)和变革过程导向的策略:公司领导力再生(reinvigoration of firm leadership)、文化变革(culture change)(Schoenberg et al., 2013)。

(1)成本效率策略。这是被企业最常用到的反转策略。成本效率策略包括减少开支、救急,目的是解决公司当前紧迫需要解决的问题,保持资金稳定和迅速改善现金流。这往往是公司反转策略中的第一步,被看成是首当其冲的策略,因为这可以迅速得到实施并立竿见影,需要很少的额外成本。常见的成本效率策略包括缩减 R&D 费用、减少应收款、推迟支付、减少市场营销活动、减少报酬增长等。与此同时,实施成本效率也会带来一些风险,比如仅仅削减成本会导致员工士气和对公司承诺下降,增加员工跳槽率(Barker & Mone, 1994)。也有学者建议,成本效率策略要适时停止,以免伤害公司核心资产或资源的维持(Sudarsanam & Lai, 2001)。确实有研究表明有的公司过于追求成本效率反而实际上加剧了衰退,最后没能够实现反转成功(Boyne & Meier, 2009)。类似地,R&D 费用的削减也不是反转的主要贡献力量,往往会削弱公司未来的业绩(Hambrick & Schecter, 1983)。

(2)资产缩减策略。这一策略一般紧随成本效率策略,就是对于业绩低下的地方是否有提高的空间,或者说是否有必要从公司剥离出去,还是允许公司中相比较于其他部门低水平业绩的部门继续运作下去(Hofer, 1989; Morrow et al., 2007)。有研究指出,资产缩减策略只有在成本效率策略不足以稳定公司财务的情况下也会实施,尽管在大多数情况下是公司在成本效率策略之后的自然第二步选择(Robbins & Pearce, 1992)。Filatotchev 和 Toms (2010)指出,资产收缩作为反转策略的一部分,其有用性取决于公司从资产处置中获得现金的能力。通常认为这要看具体情况,然而,由于资产的专用性、二手市场上的流动性和退出壁垒,其实围绕资产处置和现金流产生了很多困难(Filatotchev & Toms,2010)。类似地,资产缩减也涉及到老旧资产的处置,以及它们用于新工厂、新装备或新技术的更新等,都需要仔细评估以保证节省下来的是不是覆盖投资和实施的成本(Sudarsanam & Lai,2001)。虽然资产缩减能够产生现金流和减少损失,但是公司在做这类决策的时候主要还是考虑生存和止血的需要(Gopinath,1991)。

(3) 聚焦核心活动策略。这是继成本效率、资产缩减策略之后常被文献提及,常常与资产缩减并行实施的反转策略(Boyne & Meier,2009;Pearce & Robbins,1993;Robbins & Pearce,1992)。此策略涉及能够潜在地给公司带来最大利润的市场、产品和客户,以及重新聚焦公司在这些领域的活动。成功的反转往往聚焦于公司最主要的产品和客户,特别忠诚于对价格不敏感的细分市场,以及公司有明显竞争优势的领域(Hambrick & Schecter,1983;Sudarsanam & Lai,2001)。公司通过此策略,围绕核心重新设计或重构,比如取消那些与企业核心目标不匹配的分散投资、生产线或资产(O'Neill,1986),还可以将稀缺的营销、运营和财务资源节省下来,用于公司核心活动或未来发展所需要的地方(Grinyer et al.,1990;Hambrick & Schecter,1983;Stopford & Baden-Fuller,2010;Sudarsanam & Lai,2001),但小打小敲不能够导致成功反转(Hambrick & Schecter,1983)。如果经济条件很严峻,公司的核心就应该集中使用已有的资源和能力,来保留现有客户。

(4) 构筑未来策略。从逻辑上来说,构筑未来策略是在上述三个策略实施之后的应有之举。在危机已经过去、财务状况已经稳定之后,公司就要考虑构筑未来了(Filatotchev & Toms,2010;Robbins & Pearce,1992)。构筑未来是反转过程中的一个恢复阶段,这个阶段不仅要小心实施,还要考虑方式方法,常常将其与增强公司核心焦点相联系起来,应该瞄准未来长期增长而不是短期的当下生存。这一阶段,通常是对资产重组的创业驱动,撬动现有资源扩展产品线或进入新的区域市场(Pearce & Robbins,1993;Sudarsanam & Lai,2001)。然而,受到争议的是公司需要敏捷地适应未来环境的变化,所以今天所做的瞄准未来的事情是否正确就难以判断,而且公司员工希望公司采用通过转型变革摆脱过去的做法。总之,对公司未来而言,最重要的是保持公司的弹性能力(Ghoshal & Bartlett,1996)。

（5）公司领导力再生策略。这个策略包括调整 CEO 和高管团队（TMT）。公司常常在反转过程的初期和在面临严重困难或需要应对突发事件的时候，替换掉现任的 CEO（Stopford & Baden-Fuller，2010）。CEO 调整明显地与公司面临压力联系在一起，75％的 CEO 是由公司外部的人替换（Kesner & Dan，1994）。

CEO 的调整。文献中关于 CEO 更换有两个主流观点。第一，媒体和股东常常把公司出现负面情况的责任归咎于 CEO 身上，调整现任 CEO 就是向公司内外传递一种变革的信号（Daily & Dalton，1995）。事实上，领导者的变更常常是在投资人游说下董事会主席鼓动的结果（Sudarsanam & Lai，2001）。这个变革具有符号意义，不仅表明现在的局面不再持续下去的意愿，也表明了公司认真对待变革的愿望和标志着反转过程的开始（Arogyaswamy et al.，1995；Boyne & Meier，2009；O'Neill，1986）。有研究认为，仁慈型领导能够消除外部对公司能否生存下来的疑虑（Flynn & Staw，2004），让员工在困难时期更加投入和对组织保持忠诚。第二，因为现任 CEO 对存在的任何问题视而不见（Bibeault，1982；Gopinath，1991；Kesner & Dan，1994），或者还是用过去老办法解决问题（Arogyaswamy et al.，1995；Barker & Patterson，1996）。管理者持有的公司理想、信念会使得它们不愿意承认或同意自己的行为不适合公司运营的需要（Johnson，1987），他们过去建立起来的心智模式不能够适应公司与环境互动，如果发现过去解决问题的方式方法不能适用于当前情况，就应该寻找新的解决公司衰退的办法。确实也有证据表明（Sudarsanam & Lai，2001），公司的破产、业绩衰退都有管理者的不当管理行为、计划安排和 CEO 热衷推行的反转策略有关系。这时候更换不同个人背景、不同经验的 CEO 能够给公司带来新观点、新理想，更为重要的是带来公司反转实施策略的新思想（Barker & Duhaime，1997）。Grinyer 等人（1990）发现，55％成功反转的公司都对 CEO 进行了调整。但也有研究表明，TMT 调整与后续公司经营绩效没有一致性关系，外部来的 CEO 也不一定会导致 TMT 大的变化（Kesner & Dan，1994）。

高管团队的调整。与 CEO 更换相对应，高管团队中部分成员的调整更为普遍（Kesner & Dan，1994；Lohrke & Bedeian，2004）。事实上，很多新的 CEO 都会带一些自己信得过的同事到公司来，CEO 的更换与高管团队的调整基本上是一致的。有研究认为,TMT 的调整是一个公司实现成功反转的先决条件(Hofer,1980)。其原因在于:第一,原有的 TMT 拥有的对公司如何运作的理念已经被公司现状证明是不正确的(Hofer,1980);第二,因为原有高管对于他们做出的不当决策会拒绝承认或争论,因此,新的管理团队能够使公司聚焦于新的战略;第三,不同的管理者有不同的技能并影响公司的运作,原有 TMT 的技能可能不适用于领导公司的反转(Kesner &. Dan,1994)。

但是,需要注意的是,有研究认为 CEO 或者 TMT 的调整会导致公司内部高水平的混乱,给经理层带来对自身地位和职业安全的担忧,进而导致信息沟通渠道不畅,导致公司内部不透明性、不稳定性蔓延(Castrogiovanni,Baliga &. Kidwell,1992;Kesner &. Dan,1994)。有研究指出,反转策略应该考虑导致公司绩效衰退的原因是行业性原因还是企业自身原因(Barker &. Duhaime,1997;Pearce &. Robbins,1993)。如果是行业性衰退,这种情况下更换 CEO 和调整 TMT 反而会产生负面影响,不仅造成内部混乱,也会面临失去现有管理团队和外部客户的理解。如果是公司自身的原因导致的衰退,CEO 和 TMT 对此应该负有责任,这时候更换 CEO 和调整 TMT 对于实现有效恢复是必要的(Arogyaswamy et al.,1995;Barker &. Duhaime,1997;Pearce &. Robbins,1993)。

(6) 文化变革策略。伴随着领导层变革的是公司文化变革,这对于转变已经不再适应新的环境条件的公司理想、信念的情况来说是必要的,原有的做法需要放弃,转而培养员工适应新环境的行为。CEO 和 TMT 挑战原有的信念就意味着给那些认为老的行为还可以接受、能够产生创新解决方案的员工一个信号,这是不可能的。作为文化变革反转策略的一部分,就是用能够推动公司前进的新的行为方式代替旧的行为方式。有研究表明,标识的改变能够促进变革进程和迅速带来好的反转结果(Arogyaswamy et al.,1995)。总之,反转策略实施不仅仅是公司结构、体系的改变,还需要个体行为、态度的调整,并认识到这对于反转成功的重要性。

根据 Robbins 和 Pearce(1992)的观点,如果管理者感知衰退是内部原因导致的,倾向于采取成本效率和资产紧缩策略;如果感知是外部原因导致的,倾向于采取构筑未来的创新策略。衰退不严重,企业倾向于采用成本效率策略;衰退严重则倾向于采取资产紧缩。Schoenberg 等人(2013)告诫读者,提出上述策略的大多数研究都是针对美国、欧洲的企业而得到的,对其他国家是否适用或是否有不同的反转策略,有待探讨。此外,企业衰退和行业衰退两种情况下企业反转策略是不同的,企业不同的衰退原因对应的不同恢复办法也应该不同;其次,过去的研究过于强调 TMT/CEO 调整对于反转的作用,但忽视了企业恢复的自组织过程,最后,基于资源基础理论和动态能力理论的定量研究很多,但定性研究和理论发展性研究不多。

14.4.2 企业反转的变革策略

在企业面临危机、业绩持续下滑的情况下,通常对应的是要求企业进行组织变革。然而,成功的组织变革需要组织上下齐心协力、共同奋斗才能完成。已有实证研究表明,企业进行组织变革取得预期结果的比率很低,甚至不到 30%,原因很多,其中一个重要的原因就是不能从企业以及其环境构成的整体系统出发,以构建复杂适应系统(CAS)为目标的变革,而是以机械论、还原论为理论基础的“头痛医头,脚痛医脚”的片段式、不连续的变革,造成的结果往往是“压下葫芦飘起了瓢”。Cater(1992)提出的变革模型依旧有借鉴意义,如图 14-7 所示[①]。

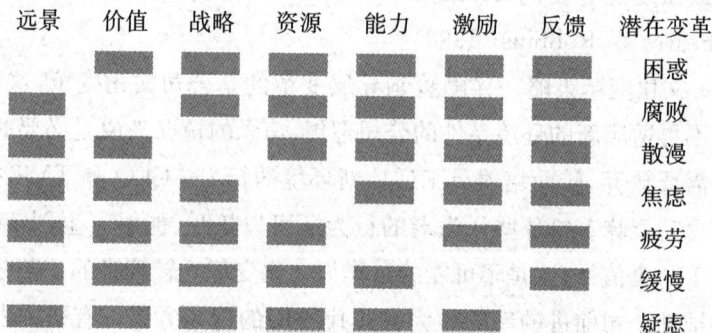

图 14-7 Carter 的变革模型

该模型认为,一个成功的变革是由明确远景、价值导向、战略制定、资源支持、能力建设、员工激励和反馈等工作共同影响的。如果远景不明确,就会导致企业内部混乱;如果没有合乎道德伦理、时代发展的价值导向,就会

---

① Carter, L. (2011). Best Practices in Leadership Development and Organization Change. Pfeiffer.

导致企业内部腐败滋生;如果没有明确的战略,就会导致企业内部各自为政,一盘散沙;如果缺少变革所需要的资源条件,就会导致领导和员工筋疲力尽,力不从心;如果缺少变革所需要的能力,就会导致企业内部心力交瘁,产生倦怠;如果没有相应的动力和激励措施,企业变革就缺乏生机,大家漫不经心;如果内部沟通不畅,不能及时反馈,就会产生怀疑和不信任。

Nyagiloh 和 Kilika(2020)提出反转策略与公司绩效关系理论模型(如图 14-8 所示)的同时,还给出了如下关系假设:一个企业在财务衰退期采取多样化的反转策略能够正向影响企业多个维度绩效的取得;一个企业所采用的反转策略与组织学习经验有关;组织学习经验在反转策略采用与公司绩效之间起到中介作用;组织特征决定企业反转策略的选择和最终绩效;所采取的反转策略与公司绩效的关系受到组织特征的调节作用;组织的学习经验对反转策略公司绩效关系的中介作用,受到组织特征的调节作用。

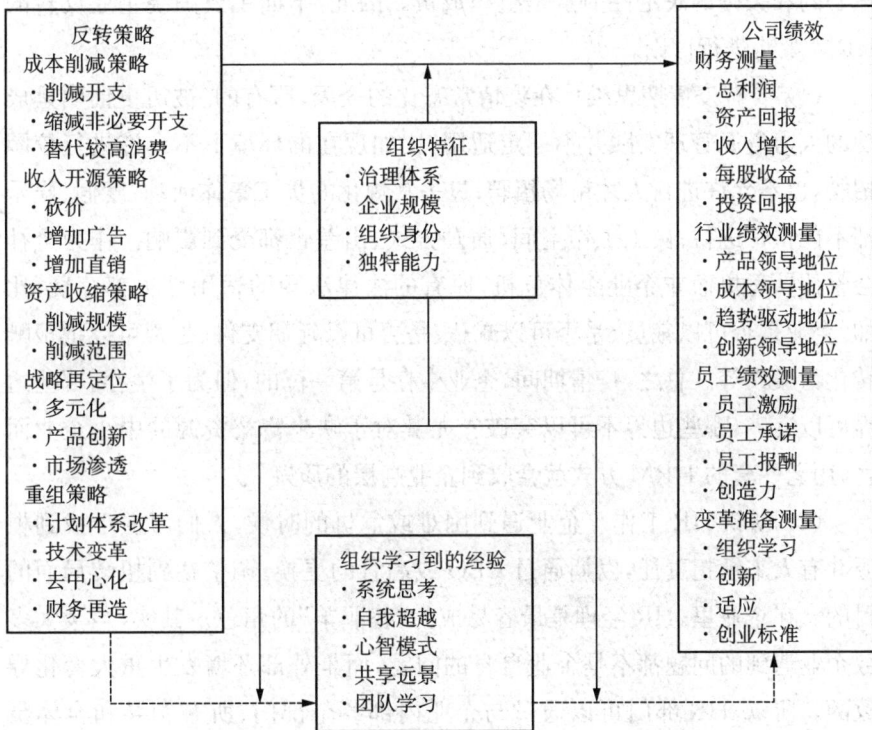

图 14-9 反转策略与公司绩效关系的理论模型

来源:Nyagiloh, K. A. , & Kilika, J. M. . (2020). Theoretical Review of Turnaround Strategy and Its Organizational Outcomes. International Business Research,13(2):13-34

14.4.3　企业反转的 HRM 策略

我国企业在政府大力支持和主导下,复工复产取得了令世人瞩目的成绩,相比较于世界其他国家疫情仍然蔓延、经济尚未启动的状况,我国企业发展有很多值得称道的地方,也正因为如此,人们很容易忘掉企业的商业环境已经"时过境迁",不可能再回到过去了,企业所经历的是商业环境间断式危机。目前,一些企业经营状况之所以能够得到恢复或好转,得益于国家宽松的货币政策和投资拉动,经济学研究早已证明这是不能长久的,都是权宜之计。企业只有在消费需求的拉动下、依靠市场自组织地运营才能保持整个经济乃至个体企业的健康发展。因此,任何企业都不要指望一切保持不变地恢复到原来状态,而是为"后疫情时代"的商业环境做准备,在疫情常态化的今天,抓住机遇进行变革。在这场适应新环境的转型性变革活动中,最核心的和关键的决定性因素是组织成员。因此,下面主要围绕企业反转的HRM 策略进行讨论。

(1) 要有疫情期思维。在疫情常态化的今天,原有的、被历史证明是成功的人力资源管理实践并不一定适用,比如现在的环境下不允许进行校园招聘,也不允许进行人才市场招聘;过去常规化的员工集体活动、度假、娱乐都不能正常进行;员工工作空间、通勤方式、出差也都受到影响。作为全社会整体性危机而非企业个体危机,原有的法律法规的适用性也都存疑,比如,企业是否可以裁员、是否可以减薪、是否可以延期支付、是否可以把报酬转化为股权等。总之,疫情期间,企业生存是第一位的,但为了生存,哪些边界可以突破、哪些边界不可以突破?尤其对于缺少富裕资源的中小企业而言,用老一套的 HRM 方式就会收到企业高层的质疑[①]。

(2) 创新 HR 工作。企业遇到困难或危机的时候,人们习惯于找到根源并有人来承担责任,以期通过 CEO 或高管的更换、调整达到扭转局面的目的。在企业里,HR 经理是最容易成为"替罪羊"的角色。其实,当今大多数企业遇到的问题都不是企业自身的问题,而是外部环境发生重大变化导致的。所以,HR 部门可以通过与企业内部各个部门、所有领导和全体员

---

① 那方部落(ID:hryeren)、牛沮杰原创:《云南 CEO 怒骂 HRD 劲爆后续:CEO 宣布撤除人力资源部,并批判 HR 十宗罪!》,https://new.qq.com/omn/20200310/20200310A06GL800.

工,主动"结盟",借助群众力量,"千斤重担万人担"、"人人有事做,事事有人做",群策群力,战胜困难。与此同时,HR 除担当原有 HR 角色之外,还要成为心理专家、公共卫生专家、危机管理专家,及时为企业领导提供政策建议,为员工提供工作生活指导,并配合其他部门落实行动方案。国内有些企业这方面做的就比较好①。此外,人力资源管理要借机进行工作方式现代化,推进数字化办公、远程工作、灵活就业、弹性工作,并加强企业内部沟通,描绘公司远景,分析现状,给出当下要求,列出具体流程步骤等,在关键时期体现出"领导的主心骨"、"员工的方向灯"、"企业的压舱石"。

(3) 重塑工作方式。为了保持人际距离和心理上的安全感,工作形式将更多地采取孤岛式工作,以远离与隔绝病毒;对于不依赖于设备和不需要面对面工作的工作任务,将更多地采用虚拟工作、远程工作;常规工作将被自动化、智能化取代,临时性任务多采用突击队,集中攻关方式完成;这时候,对团队以及团队中成员知识、能力的要求是模块化,即可以便利地"搭积木",形成能够完成各种任务的小组、项目小组,工作的内容更多关注技术创新、提供客户问题解决方案;管理方式上相应地提倡自组织管理,在企业平台下,员工或工作小组自我决策、自谋生路。

(4) 构建命运共同体。在疫情下企业变得脆弱,然而员工个人变得更加脆弱,员工对企业的依附性更高,在信用消费、按揭消费时代,员工一旦失去工作,就会对家庭生活产生十分严重的后果。所以,企业与员工要形成命运共同体。但是,只有和平时期的利益共享,才能有危机时期的风险共担。企业要与员工建立起真正的利益共同体,要改变员工的打工为主人的心态,必须要从劳动成果的分配上、工作安排和管理决策参与上,发挥员工的主人翁作用。企业要进行劳动关系重构,但员工心态也要归零,自我重塑,与企业共同分担困难,实现企业快速反转。总之,企业不能照搬原有的 HRM,也不能超前使用"后疫情时代 HRM",而应该制定与实施针对反转时期的 HRM。

(5) 增强企业的商业生态意识。企业原有的商业生态被摧毁了,需要与其他企业、市场主体一起才能营造新的商业生态。这就需要每个企业主

---

① 《大连一家日企复工管理方式,96％的出勤率》,https://www.sohu.com/a/373263831_120029359

动地与其他企业、主体构建起新的联系，实现商业联盟，构筑每个企业自身的资源条件、核心能力，合理定位在商业生态中的角色；与此同时，为了拓展生存空间、扩大生态位，企业要实现跨生态生存。为了适应新生态，企业要积极主动地拥抱数字化、平台化或被平台化，努力成为经济网络"节点"（焦点企业），避免"自我孤立"。

14.5　结论

到本文定稿为止，全球新冠疫情仍处于爆发高峰期，至少暂时还不能预测结束的时间，很多人充满了悲观情绪，主张把疫情常态化作为生活的基本色。但从人类历史来看，这不过是人类历史长河中的一次"洪灾"，虽然它改变了原有的社会生态，但也提高了人类生存的免疫能力。对企业而言，疫情造成整个商业生态的危机，如全球供应链中断、需求减少，大量企业倒闭或陷入经营危机，但也给网上营销、医疗保健和在线学习等企业带来新的商机。用历史观、整体观、生态观来看待疫情影响，疫情对企业的影响是商业生态破坏与再造的要求。

所以，对个体企业而言，长远来说是要进行适应间断平衡转型变革，短期则要进行适应性的修复和反转，其中，人力资源管理起到至关重要的引领作用。企业人力资源管理要在新的环境条件下进行新探索、有所新作为和借机求变；在疫情尚未结束的转型过渡期内，人力资源管理的主要任务是为企业生存服务，构筑企业与员工命运共同体，实现工作平台化、社会化。所有这些不仅是未来一段时间内学术界需要探索的课题，也需要管理者结合企业具体实际提出权变性方案。

第 15 章
人工智能发展会引发新的卢德运动吗?[①]

人工智能的发展引发了人们对社会就业影响的广泛关注。本文从人工智能与岗位替代的关系入手,分析了不同情况下人工智能对就业的影响;提出要用历史眼光和从宏观视角看待人工智能发展与就业的关系,并分别从技术演化哲学观和国家、企业、个人三个层面,提出了处理好人工智能发展与就业关系的建议。

15.1　引言

近年来人工智能技术得到国家大力提倡,理论研究与实际应用逐渐结合,推出了无人酒店、无人驾驶汽车、智能家居等一系列的智能技术产品,但在带给社会便利的同时也带来了种种担忧,尤其是技术进步对社会就业的冲击。那么人工智能技术会引起新时期的卢德运动吗? 本文以史为鉴,分析技术变革对就业造成影响的原因和对策,同时分析当下技术发展对就业市场影响的新特点,进而提出新对策,以更理性地应对这次新的工业革命对社会就业的冲击。针对技术进步与就业研究的相关理论,包括经济增长理论、创新和经济周期理论、技术创新经济学派理论和微观劳动经济学模型(王君、杨威,2017),已有研究大多从历史工业革命对就业市场的改变进而推演到现在的就业变化,或者采用宏观就业数据,对本次工业革命技术发展的特点分析对就业产生的不同方面的影响,而本文主要从社会大众对人工

---

① 本文为辛贝宁、刘洪撰写。

智能和失业关系的种种隐忧切入,着重探讨智能技术进步与就业之间的四种关系,指出人工智能带给就业市场职业数量增减,工作岗位类型调整,就业机会不平等变化,技术发展伦理观念等,并提出了相应的建议。

本文首先以阿里的无人酒店为例分析社会大众对人工智能与就业关系的种种担忧,然后通过分析历史与现实,阐述现阶段人工智能与就业的四种关系,进而以辩证眼光和宏观视角分析社会大众对人工智能与就业的认知及误解,并提出看法。最后从观念、国家、企业、个人等多个角度提出人工智能对就业冲击状况下的对策。

15.2　卢德运动起源与新时期的担忧

第一次工业革命时期蒸汽机器逐渐代替手工业者,致使工人失业、工资水平下降,进而导致了 18 世纪末到 19 世纪初期间的以破坏机器来维护劳工权益为目的卢德运动,给社会稳定带来了极大破坏,并引起了人们对技术进步与就业关系的长期思考。如今人工智能的发展与广泛应用,正在对人类的生产生活方式产生颠覆性的影响,致使很多人担忧是否会如同第一次工业革命那样,导致失业潮,引起社会恐慌,进而产生新的卢德运动。

麦肯锡全球研究院(McKinsey Global Institute)于 2017 年 12 月发布《自动化时代的劳动力转变》报告称,到 2030 年,全球 4～8 亿劳动力将被自动化取代,7500 万～3.75 亿人需要换工作并学习新的技能。从数量上看,中国将面临最大规模的就业变迁,预计将有 1200 万～1.02 亿人需要重新就业。在 2017 年北京首届"智能商业未来进化"XWorld 论坛上,《未来简史》的作者尤瓦尔·赫拉利也表示,人工智能的迅速崛起,几十年后全球数十亿人将面临失业,不论是体力劳动还是脑力劳动,凡是工作内容单调重复,不具备创造性和灵活性的,都可能被人工智能取代。因此,有人担忧:少数精英阶层创造大量的人工智能,绝大部分人将变成没有任何经济价值的无用阶层,数以亿计的人将找不到工作,这会产生巨大的社会、政治、经济方面的问题,这可能是 21 世纪最大的风险。

在严峻的事实面前可以预见,机器与人的矛盾如果不加以控制将会愈演愈烈。以 2018 年底阿里推出的无人酒店为例,整栋楼里面没有一个服务员,入住、吃喝玩乐、退宿等全部可以实现无人化管理。这一现象引发了网友热议，负面评论蜂拥而来。这里以微信公众号"商界洞察"发表的政军先生一文"马云野心终于暴露了！刚刚，阿里无人酒店开业，没有一个服务员……"的跟帖评论为例，读者担忧主要集中在以下几个方面：

第一、人工智能的发展会减少大量就业机会。大量就业人口得不到正确的安置，收入水平降低或者消失，出现抑制消费，导致社会再生产难以为继。

第二、高科技企业的社会道德责任观念令人质疑。以利益为主要驱动目标，不考虑底层劳动者利益，在无人服务领域里，公民人身安全难以保障，个人隐私行为数据更容易被监视和泄露。

第三、机器人替代人引发人伦道德问题。一方面，因为机器服务缺乏人情味、同理心、人际信任和感情，无人饭店等弱化了人际沟通，不符合人类的感知习惯，无法满足真实需求；另一方面，机器与人地位的对比发生变化，机器功能不断碾压人的价值，逐渐从各方面取代人类，这是人类的退化和耻辱。那么，未来人类存在的意义是什么？社会形态将会如何演变？没有工作的生活有什么意义？甚至有网友认为，智能化达到一定程度就应该停止发展。

第四、社会贫富差距会逐渐增大形成鸿沟。机器人技术的拓展改变了许多行业现有的业务运营模式，职业两极化压缩了中低收入阶层，拉大了高收入群体和低收入群体的差距，扩大了社会贫富差距，社会经济政治秩序发生重塑。

第五、国家相关政策制定滞后。如果任由高科技企业发展新技术，政府不能增加就业，反而推行智能制造，变相地鼓励裁员降薪，财富就会向极少数人流动，进一步压榨底层劳动者，势必会引起社会动乱。

相比之下，社会公众对此"无人"现象的正面评价虽然有些，但跟帖赞同者却非常少，主要聚焦在以下几点：

第一、人类发展与科技进步是相互促进的，随着智能科技的常态化，人类也会不断进步跟上步伐，知识和技能更新加快，从事工作也会变得更高级；未来科技会让人类价值更容易实现，将会衍生更多的工作岗位，工作时间将缩短，休闲时间将增多。

第二、国家福利会随着社会进步而增多，相信国家对人工智能的布局和计划会很长远，技术进步与社会稳定会和谐并存。

第三、人工智能的发展会为人类提供前所未有的各项美好的体验与服务,社会产业的更新迭代非常正常,阵痛是暂时的,应该以积极心态来迎接更美好的未来。

第四、下一代培育的重点在于激发梦想和创造性,面向未来建立独特的核心价值与竞争力才能更好地适应智能时代的需求。

毋庸置疑,人工智能等新技术的发展所引发的新一轮产业革命,将会引起就业市场产生巨大的变化,但是会不会像第一次工业革命那样引发普通劳动者的暴力反抗,在社会中产生新时期的卢德运动呢? 是否可以有规划地、预防性地采取对策措施,来减少人工智能发展对社会就业负面的影响? 这些问题的探讨,不仅具有现实意义,对于引导和处理好科技发展与人们实际生活的关系,也有长远的影响。

15.3 智能技术与就业的关系

回顾历史可以发现,人类对科技的恐惧开始于 18 世纪英国工业革命初期科技颠覆经济秩序之时(Colvin,2015)。16 世纪末,威廉牧师发明了可以把纺织工人从简单枯燥的苦差事中解放出来的机器,但被女王反对;工业革命前夕英国人约翰发明梭子,从而引起纺织业改革,但被纺织工人所抵制,掀起了著名的卢德运动(段海英、郭元元,2018)。除了这些显性的反对新技术运动之外,也还存在"软卢德主义"现象,比如在 20 世纪 90 年代末转基因食品问世,但是欧洲消费者拒绝这些食品,并将其妖魔化。今天,消费者更喜欢真人在商店、银行或者餐馆里为其服务,并愿意付出更多的金钱。总之,新技术对就业的影响,在不同的历史条件下是存在差异的,既可能给就业市场产生颠覆性的影响,引发底层劳动人员大量失业和短时期暴动,也可能促进新兴岗位的产生,创造出新的就业机会。

针对新技术与就业关系的影响,经济学家们众说纷纭,莫衷一是,但可以归结为两方面观点:一方面,技术进步使得单位产出所需人工劳动量的下降,就业岗位数量以及类型都会减少,导致失业现象趋于严重;另一方面,技术进步提高了生产率,带动社会再生产流程,并激发出新的就业增长点,从而创造出新的就业机会(王君、张于喆,2017),即技术一方面抑制就业,另一方面创造就业(李智明,2018)。正在孕育的第四次工业革命不仅对就业的职业结构、产业区域结构、年龄结构、就业形式和就业机会都将产生重要影响(杜传忠、许冰,2018),而且在司法、制造业、社会生活、教育服务和金融投资等人类生活的方方面面产生影响(蒋南平、邹宇,2018)。总之,可以肯定,并不是所有技术发展在所有领域都会导致失业或创造新的就业。

对于人工智能与就业之间的关系,我们可以分成四种情况来分析,如表15-1所列。

情况1:人工智能只替代岗位上人的智力,但不替代岗位上的人,即就业岗位并不会因人工智能的应用而消失。比如智能驾驶汽车,其传感技术与控制系统能够比人更快、更准确地判断道路情况,从而帮助人驾驶汽车并在更大概率上避免交通事故,但驾驶员依旧需要;此外,还会因为要发展汽车智能技术,而派生出新的职业岗位,导致新的就业。

情况2:人工智能既替代人的智力,也替代人的岗位,结果导致原有岗位,甚至职业的消失。比如,智能柜台终端的出现迫使大量从事出纳、检票等工作岗位上的员工下岗,或被那些使用智能工具者所取代,比如出租车司机被网约车司机所替代,从而造成失业者反抗和新旧从业者之间的冲突。

情况3:人工智能虽不能替代人的智力,但可替代人的岗位。比如危险环境下、可能危害人身安全的一些作业,就需要用机器人来代替,但也有些企业出于降低佣工成本、便于管理的目的,而采用智能机器人。

情况4:人工智能既不替代人的智力,也不替代人的岗位,而是辅助人们的工作与生活,比如智能家居管理、智能城市道路管理系统等,这种情况不会直接导致失业,虽然会因为提高工作效率而间接地减少原有职业岗位的需求,但同时也会刺激新岗位、新就业。

表15-1 人工智能与就业的四种关系

	与岗位的替代关系	对就业的影响与建议
情况1	只替代岗位上人的智力,不替代岗位上的人。	促进新职业,增加新岗位,要大力发展。
情况2	既替代人的智力,也替代人的岗位。	原职业消失或被替代,易导致社会矛盾,应该谨慎发展,有规划地发展。
情况3	不替代人的智力,但替代人的岗位。	不属于人文关怀、关爱生命的岗位替代,要大力发展;属于节约成本与便于管理原因的岗位替代,要有保障现有员工岗位的制度约束。

	与岗位的替代关系	对就业的影响与建议
情况 4	既不替代人的智力,也不替代人的岗位。	对原有岗位就业无影响,但可刺激新岗位、新就业,应该大力发展。

15.4　关于智能技术与就业关系的历史眼光与宏观视角

目前,人们虽然对于人工智能发展与就业的关系非常关注,但有些观点并不正确,甚至可能是谬误的。对待这些观点,我们需要用历史的眼光,从宏观的视角来分析,才能获得正确的理解。

人工智能在取代很多职位的同时也会催生出其他新的职位,但两者在数量增减上的不同步,会导致一段时期失业人数较多。技术进步对就业的替代作用主要表现在微观层面的劳动手段替代机制,管理效率破坏机制,产品生命周期破坏机制和宏观层面的经济波动破坏机制、劳动力市场需求破坏机制等(王君等,2017),正如随着互联网的兴起,原本占据就业市场很大一部分的职业打字员被淘汰后,派生出了产品经理和页面设计师等前所未有的职业;与此类似,人工智能的发展会在某个节点加速旧有职业类型的消失,但是与此同时,新的职业类型和数量也会逐渐增多,但新旧职业岗位更替是不同步的,这就会导致某一时间段内失业率增加,如图 1 所示阴影部分所示,这时候社会矛盾可能会激化、进入发生动荡时期。但是从我国历史经验来看,近些年来我国的技术进步并没有带来显著的劳动参与率下降,除了常规操作性工作,其他类的就业占比都在增长(孙文凯等,2018)。

人工智能发展所创造的岗位与被替代岗位,两者对员工胜任能力的要求往往是不同的,结果是新兴岗位人员短缺而传统岗位人员过剩。从总量上看新技术革命对就业规模的影响具有一定的不确定性(刘敏,2017),技术进步会放大能力和天赋上的自然差异,甚至拥有高等教育背景的人也有可能产生能力贫困(张于喆,2019)。人工智能、大数据、云计划、物联网的兴起和现代商业模式的发展,使得全社会对数据处理、计算分析、人工智能设计师的需求激增,但学校培养相对滞后,相应的社会人才积淀也不够充足,胜任者寥寥无几。在即便有近 14 亿人口、每年有 800 多万大学毕业生的我国,很多企业还是觉得招聘不到合适的人才,越来越多的人成为了"新文盲",需要通过再培训才可能适合新工作需要。再说,就算一个人经过培训可以胜任新的职业岗位,但新旧岗位之间的转换也不是短时间内就可以完成的。因此,即便全社会岗位供给是充分的,但也不会导致充分就业,也存在劳动力市场的结构性摩擦失业。

机器取代人类的工作,人类无需担心下岗,可以做机器无法完成的工作,还可通过缩短工作时间来增加就业机会,让人类有更多的时间学习、娱乐和休闲,但问题是每个人的机会是不同的。很多企业家乐观地认为,上班这种苦差事都交由机器人干,甚至认为未来人类只需每周工作 3 天、每天工作 4 小时,人们将获得更多的闲暇时光、更好地享受生活。然而,社会劳动分工与协作的自然属性和人力资本的差异性,决定了每个人在工作岗位机会的选择上是不平等的;由于工作的知识化、工作条件网络化,使得工作与非工作的界限也将越来越模糊、相互渗透,现在也不能再用时间、空间来划分工作与非工作的边界了,需要重新定义工作与生活。失业是工业社会的专有词汇,而生产力发展的要义是更多的自由时间而非更多的工作岗位(赵磊、赵晓磊,2018)。

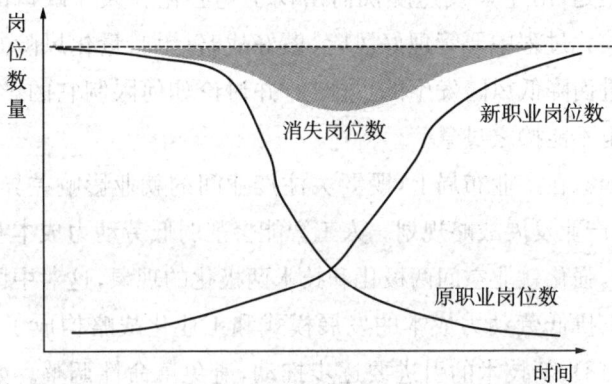

图 15-1 新旧职业更替随时间变化过程示意图

人工智能会带来明天的美好,但也会导致今天的痛苦,两者的平衡涉及技术发展的伦理问题。历次技术革命会带给劳动力市场阵痛,但是也会反向推动劳动力整体质量的提高和结构优化(朱巧玲、李敏,2018)。在腾讯主办的 2017 年"互联网+"数字经济峰会上,针对李彦宏描绘人工智能将带来的美好生活,宗庆后回应道:"什么都被机器取代了,人派什么用场? 什么都做不了就成傻瓜。"李彦宏回答："技术革命,不论你喜欢不喜欢,都会发生。比如蒸汽机和电力的发明,都会因解放劳动力造成大量的失业,但我们现在不是活得更好吗?"。两位企业家之间争论的本质是技术发展伦理的争论。技术进步对未来的人类是好的,但对现在的人类就不见得好。所以,人工智能发展不应该以未来美好生活为幌子而牺牲当代人的生活质量,而是要从时序整体优化上考虑人的全面发展。

15.5 研究结论与建议

首先,要树立演化的技术进步哲学观。对待技术进步,并不是所有技术的进步都是越快越好,因为社会是由政治、经济、科技、教育等子系统共同构成的,各子系统相互之间协同发展才有利于社会这个整体系统的优化;讲求时序上的整体优化,即不能以未来利益牺牲当前利益,也不能以当前损失阻碍未来发展。比如根据2019年德勤公司发布的《中国人工智能产业白皮书》,各地政府以建设产业园的方式发挥人工智能产业在推动新旧动能转化中的作用,但是,由于建设速度快而出现了空心化和人才缺口的问题。所以,在技术演化过程中要管理好风险、做好战略计划,量化风险并估算其潜在的影响,进而降低风险发生的可能性,并讨论如何限制它的影响,既不能犹豫不前,也不能操之过急。

其次,国家在产业布局上,既要关注产业间的就业影响差异,也要做好不同地域间产业发展战略规划。人工智能会削弱低劳动力成本和自然资源的竞争优势,强化就业空间两极化和技术两极化的现象,这对中国等发展中国家拼资源、拼低劳动力成本的发展模式和工业化战略构成了挑战(程承坪、彭欢,2018),新技术的引进要逐步推动,避免革命性调整。如本文前面所论述,不同情况下的人工智能发展对就业影响是不同的,在当前经济下行压力下尤其要缓慢发展以减少佣工人数为目的的智能制造,对人工智能进入劳动密集型行业要做好就业问题预防。不同地区产业发展结构不同,机器可替代的程度也会有所差异,一旦出现大规模的机器人替代人工劳动的情况出现,社会就业产生断裂变化,就可能引发集体性运动。比如在美国中西部,技术发展导致了结构性失业,当地区所在行业走下坡路的时候,整个社会的经济就会走下坡路(Cameron,2017)。所以,针对不同地区经济发展的不同状况,以及技术商业化应用后果的结构性差异,需要进行因地制宜的政策防范。与此同时,完善社会保障制度和失业人员扶持政策,避免就业动荡带来的社会风险,为那些被自动化取代的工人提供收入和重新就业的帮助,也有助于化解"卢德分子"的怨气。

第三,企业在应对人工智能发展上,要从人才、技术、创新三要素共同入手打造产业竞争力。新技术应用正在摧毁职业阶梯底部的工作岗位,但是也在顶端增加了新的岗位,梯子可以移动向上,为了跟上不断上升的工资阶梯,加强员工培训来提升工作技能就成为必不可少的环节。人工智能的应用要以提升产品品质、提高工艺过程的可靠性、稳定性和工作效率为目的,而不能以违背"以人为本"的原则,把机器作为员工的替代;要把为员工提供生活平台和美好生活,作为企业承担社会责任的基本任务。

第四,员工个人应该不断学习以跟上技术进步的步伐。科技是第一生产力,技术作为生产力中最活跃的因素其不断进步的趋势是不可阻挡的,人们很容易预测工作被新技术取代,但是很难预测新技术可能带来新的就业机会(罗伯特·戈登,2018),体力劳动、重复性工作和简单劳动终究要被先进技术所取代,也会派生出新的岗位需求。未来对于人类而非机器的岗位需求将持续存在,但是人也应该居安思危,重新思考传统的工作方式是否还可行,抓住随时可能到来的工作机会,对未来发展的工作环境提前做好准备,努力掌握适应市场需求的新知识、新技能、新心态。

纵观历史演变,很多划时代的科技成果必然会引发人们生产生活方式的改变,在短期内可能很难被接受,但从长远来看,就会发现几乎所有重大的科技革命无一例外成为了人类发展的加速器,提高了人类整体的生活品质。所以针对人工智能发展对就业可能产生的负面影响,如果国家、企业和员工个人都有预见地采取对策,就不会引发新时期的卢德运动。但是,我们每一位社会成员也应该在新形势下思考自己的劳动定位和社会价值,并为此不断学习、努力奋斗。

第 16 章

数字化时代的人力资源管理研究现状与展望[①]

数字化技术的浪潮为人力资源管理实践注入了新的动力,在产生新的实践现象的同时也引起了学者的广泛关注,但是已有文献存在研究内容较为零散、国内外研究热点差异较大等问题。为了全面探究数字化对人力资源管理的影响,本文结合文献计量和定性分析的方法,以 2010—2021 年间国内外相关领域期刊的 150 多篇文章为研究对象,采用 VOS viewer 可视化工具探析了当前的热点研究问题,从个体、团队、组织和社会四个层次梳理研究脉络并分类总结研究方法,进一步提出五项未来可能的研究方向。本文通过定量与定性的综述,分层次呈现了数字化对人力资源管理影响的研究成果,将以往散乱的研究进行了系统性整理,并在一定程度上为推动未来研究的社会现实关切和接轨国际前沿提供参考。

16.1 引言

MIT 著名计算机科学家尼葛洛庞帝在 1996 年《数字化生存》中预测:计算不再只与计算机有关,它将决定我们的生存(尼古拉·尼葛洛庞帝,1997)。当回顾过去二十多年,我们可以发现智能手机和移动互联网的普及的确加速了人类社会的数字化迁徙,每个人的生活方式都被数字化重塑,每一种商业形态都因为智能技术的加入而展现新的可能,每一个商业组织都

---

① 本文由辛贝宁、刘洪撰写。

随着时代的变迁而演化到新的阶段。根据《中国数字经济发展白皮书》可知[①],2020 年我国数字经济增加值规模达 39.2 万亿元,占 GDP 比重高达38.6％,数字经济规模不断扩张,不仅为组织的变革与发展持续赋能,而且在人力资源管理领域催生出了新现象。例如领英(LinkedIn)发布的 2018《中国自由职业者报告》显示中国已经有了近 3000 万的自由职业者;阿里无人酒店顾客服务全流程已实现无人化操作;疫情期间西贝等企业广泛采用跨界共享员工模式;传统依靠信息提供与匹配的中介机构例如高端猎头受到智能技术的威胁而面临着前所未有的挑战。总而言之,数字化技术的发展启动了人力资源革命的加速器,不仅在微观个体层面产生重要影响,在整体组织乃至宏观社会层面也将掀起变革浪潮,人力资源管理的对象、内容、方式和边界也将需要重新定义。

在这种浪潮的推动下,组织需要主动拥抱数字化技术来推动转型,但是这并不是一蹴而就的,不仅对领导者自身提出了要求,也为员工的管理实践带来了难题。一方面,数字化趋势对领导力提出了日益严重的挑战,领导者不仅要有前瞻意识,积极学习数字技能,发掘数字潜力,而且需要集中精力招募和留住高技能人才、提高劳动者素质。另一方面,数字化转型也会在某些情形下对员工产生负面影响,从应聘时遭遇的算法歧视到工作过程中人机协作时的社交关系疏离,再到员工个体的工作投入度、组织承诺和工作幸福感的降低,这些问题都需要引起管理者的重视并加以解决。基于上述背景,需要对数字化转型对人力资源影响的各方面进行合理的归纳和整理,并结合社会现实情况找出未来研究方向。

基于以往研究文献的不足以及国内外研究进展的差距,本文通过文献计量和定性分析,总结近十年来数字化转型对人力资源管理影响的研究成果发表趋势和概况,并从个体、团队、组织、社会四个层次梳理该领域的研究成果,最后结合现实背景与理论研究的差距,尝试性地提出未来需要研究的命题。

---

① 《中国数字经济发展白皮书》来自于 CCTV 新闻频道 http://tv.cctv.com

16.2 数据库和主要期刊

16.2.1 数据库和搜索过程

在数据库方面,为了提供有关数字化转型对人力资源影响的知识全景,确保文章内容的全面性和完整性,本文在 OBHR 等相关领域期刊进行依次检索后,进一步使用 Web of Science 数据库、EBSCO 数据库、Scopus 数据库、ProQuest 数据库、Elsevier ScienceDirect 全文数据库、Emerald 全文数据库、SpringLink 电子期刊图书库、Taylor&Francis eBooks 数据库、Wiley Online 电子期刊图书库进行完善补充。因为 WOS 数据库核心数据集已经提供了高质量的研究成果,在高级别期刊检索方面是可靠的,且已经被国内外诸多学者采用(Aca et al.,2021;林子筠等,2021),同时收集其他数据库的书籍期刊等进行交叉验证补充,可以避免遗漏重要的研究成果。

在关键词方面,本篇文章的主题涉及数字化和人力资源管理两个方面,在数字化主题词方面,我们参照权威期刊上 Vial(2019)提出的对数字化转型的定义总结以及谢小云等(2021)文献回顾的经验,归纳出:digital transformation, digitization, digitalization, artificial intelligence, human intelligence, algorithm, cloud computing, robot, cyber 这几个关键词。在人力资源管理方面,由于该领域涵盖较多的细分领域,所以我们主要在 OBHR 领域、管理学领域、应用心理学领域的 SSCI 期刊进行逐一检查检索并进行重点阅读,期刊列表来源于 OBHRM 百科[①],检索阅读工作历时两周完成。

在检索时间方面,虽然数字化的进程从 20 世纪 50 年代逐渐开始,但是到 2000 年前后才进入组织数字化阶段,并于 2010 年进入广泛计算阶段(Cascio & Montealegre,2016;谢小云等,2021),所以我们的英文检索时间范围为 2010 年—2021 年。接下来逐一阅读 OBHR 领域、管理学领域、应用心理学领域的期刊的文章摘要、其他文章的题目,从而删除研究主题不符的文献,而且在文章阅读过程中发现符合要求但是被遗漏的重点文献再进行补充,最终得到 2010—2021 年间共 142 篇符合研究要求的文献,具体文献

---

① OBHRM 百科是华人 OBHRM 学者共建共享的公益知识库,网页链接:http://www.obhrm.net/index.php.

收集和筛选过程详细见表 16-1。

在中文文献方面,选择国家自然科学基金委管理科学部认定的管理类 30 种重要期刊以及人力资源开发杂志,直接以关键词数字化进行检索,因为文章数目较少,因此通过阅读文章题目或摘要可以直接筛选出 9 条与本文主题较为相关的文献。然后,我们对文献进行梳理,以把握数字化转型对人力资源管理影响的研究脉络,并在进行数据清洗后借助文献计量软件 VOS viewer 绘制知识图谱,对研究结果进行可视化分析与定性解读。

表 16-1　文章筛选过程

分类	项目	删减数量	最终数量
英文	OBHR、应用心理学、管理学领域期刊文章数目(248 本)	+59	最终保留 2010—2021 年间中英文文献共计 151 篇进行下一步分析
	WOS 等数据库其他期刊文章数目(相关性排序)	+201	
	删减无关或者重复的文章数目、期刊非 SSCI 或 SCI 或 EI	-94	
	摘要或题目不符合主题	-40	
	新增的文章数目	+16	
	最终保留文章数目	142	
中文	国家自然科学基金委 AB 类期刊文章数目	+5	
	人力资源管理评论	+4	
	最终保留文章数目	9	

16.2.2　主要期刊

在英文期刊方面,选取了发表在 76 本国际期刊上的 141 篇英文文章,期刊多数来自于管理学领域,也有少量来自于计算机科学、心理学、社会学等领域。发文数量排名前 24 本期刊如表 16-2 所示,发文量前几的期刊分别为:Computers in Human Behavior,International Journal of Information Management,California Management Review,Information & Management,Business Horizons,Human Resource Management Review 等,大多属于管理学科的顶级或重点期刊。

表 16 - 2a　中文期刊来源及文章数量

期刊名称	数量	期刊名称	数量
中国人力资源开发	4	管理世界	1
中国软科学	3	中国管理科学	1

表 16 - 2b　英文期刊来源及文章数量

期刊名称	数量	期刊名称	数量
Computers in Human Behavior	10	Journal of Service Management	3
International Journal of Information Management	10	Organization Studies	3
California Management Review	6	Technology in Society	3
Information & Management	5	Baltic Journal of Management	2
Business Horizons	4	Human Resource Management	2
Human Resource Management Review	4	Internet Research	2
Public Relations Review	4	Journal of Business Research	2
Telematics and Informatics	4	Journal of Management	2
Academy of Management Annals	3	Journal of Managerial Psychology	2
Information & Organization	3	New Technology, Work & Employment	2
International Journal of Manpower	3	Organization	2
Journal of Intellectual Capital	3	Personnel Review	2

16.2.3　文献发表时间趋势

国内外相关主题的研究文献发表趋势如图 16 - 1 所示。在发表时间方面,国外文献在 2010 到 2016 年间基本稳定维持在 5 篇以内的数量,然而在 2016 年之后呈现爆发式增长,2020 年相关主题文章多达 55 篇,2021 年截止至 3 月也已发表了 17 篇相关主题的文章。相比较而言,中文权威文献对该主题的研究起步较晚,在 2018 年和 2021 年 1 月分别发表一篇文章,2020 年达到一个小高峰也仅有 7 篇文章发表,这说明了随着数字化的发展,国内学术界逐渐关注其对企业人力资源管理的影响,但是与国际研究相比仍旧存在较大差距。

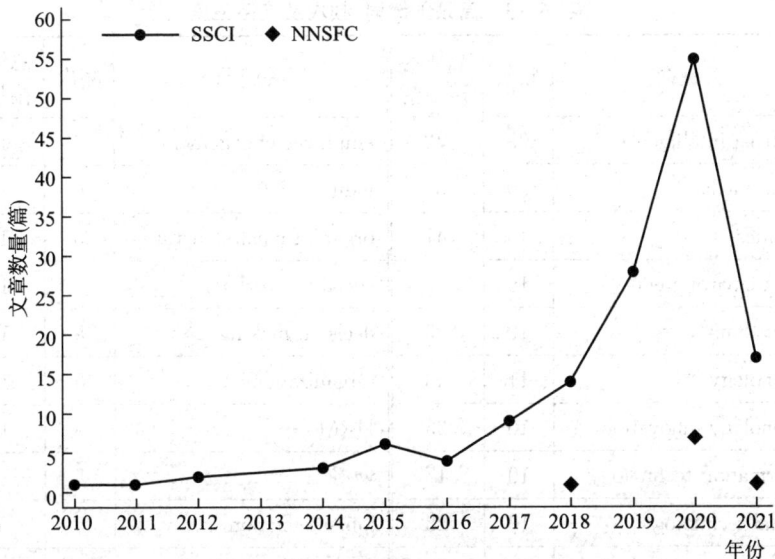

图 16-1　主题相关文献发表趋势
注释：2021 年文献数据截止至 3 月份

16.3　关键词和主题分布

16.3.1　关键词分析

　　关键词是文章核心主题和主要内容的高度凝练，通过 VOS viewer 软件的关键词共现与聚类可以初步探析相关主题研究领域的研究脉络与热点概貌。中文文献仅有 9 篇，因此选择了逐一阅读，所以本文主要对收集到的 142 篇英文文献进行聚类图谱分析，同时结合中文文献进行定性评述。在进行关键词初步共现时发现部分关键词表达意思一致，比如 robots 和 robotics，因此我们采用了 thesaurus files 进行关键词替换，然后再进行下一步的图谱共现。频次大于 10 的关键词，其中 artificial intelligence 一次出现的频率最高。其他的高频关键词有包括 algorithms、technology、machine learning、digitization、automation、robotics、human-robot interaction 等代表智能技术的词语，和包括：employee attitudes、decision making、organizational structure 等在内的人力资源领域学术名词，如表 16-3 所列。

表 16-3 高频关键词、频次及连接强度

关键词	频次	总体连接强度	关键词	频次	总体连接强度
artificial intelligence	39	72	employee engagement	6	10
social media	20	31	industry 4.0	6	10
robotics	16	41	organizational structure	5	16
work environment	15	25	social networks	5	14
algorithms	12	25	decision making	5	12
technology	11	23	Organizations	5	12
technology innovation	10	25	HRM	5	11
information technology	10	17	work	5	10
digital technology	10	23	job satisfaction	5	7
digitization	8	20	leadership	5	7
job performance	8	19	big data	5	6
machine learning	8	18	SEM	5	5
automation	8	16	employee creativity	5	4
organization change	7	19	human-robot interaction	5	4

通过关键词共现聚类分析(如图 16-2),一共得到 10 个聚类,第一聚类主要为对员工层面的影响比如沟通、态度和创造性等,第二聚类主要为技术变化比如算法管理、信息系统和机器人等,第三聚类为人机交互话题,比如类人机器人、人与计算机交互、工作结构等,第四聚类为技术的影响,比如自动化、数据决策、任务绩效等,第五聚类为数字化转型话题,比如数字化、组织变革、工作实践,第六为社交网络话题,比如知识分享、社交媒体、工作环境,第七聚类为技术创新话题,比如产品创新、3D 打印和机器人等,第八为技术影响话题,比如沟通交流、用户界面、产业关系等,第九为人力资本话题,如人类智力、智力资本等,第十为组织公平感知等。由于聚类是从施引文献关键词提取,虽然具有参考价值,但是并不能完全代表文献的聚类分布,而且聚类分布会存在交叉混淆的情况。因此我们通过进一步浏览关键词进行判断,发现这些聚类一共包含三个层次的内容:第一是员工个体层面的,比如承诺、创造力、隐私、情感、信任、工作满意度、离职倾向、职业发展、

认知重构、工作技能、信仰、态度、技术接受度、人机交互程度、心理契约、工作不安全感等。第二是团队层面的，比如团队效率、团队领导力、四维团队、虚拟团队、团队建设、工作结构、适应性领导力等。第三是组织层面的，比如社交网络、数字化转型、组织结构、算法决策、知识管理、工作环境、招聘决策、管理道德、雇佣破坏、离职倾向等。由此可见数字化智能对于企业三个层次人力资源管理都产生了重要的影响。

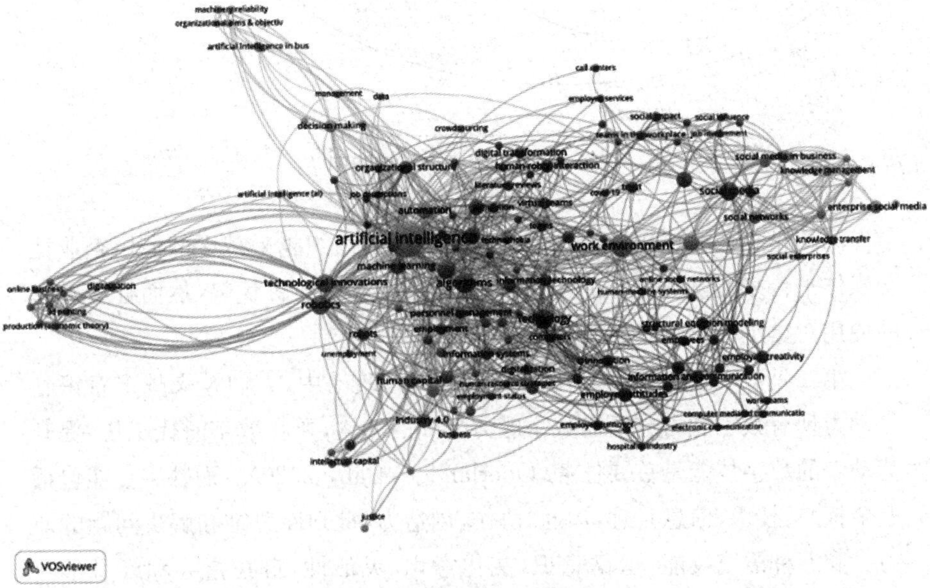

图 16 - 2　关键词共现聚类分析

16.3.2　主题分布

依托前文的文献计量分析，本文从不同的层次梳理了数字化转型对人力资源管理影响的研究脉络，为了深度发掘数字化转型对人力资源管理研究成果，本文主要从个体层次、团队层次、组织层次、社会层次这几个方面（如图 16 - 3）对文献进行进一步剖析。

（1）个体层次

围绕数字化转型对员工个体层面的影响主要包括六个方面，分别为：企业社交媒体应用、数字技能培养、人机交互信任、技术威胁感知、员工工作效果和家庭工作平衡。

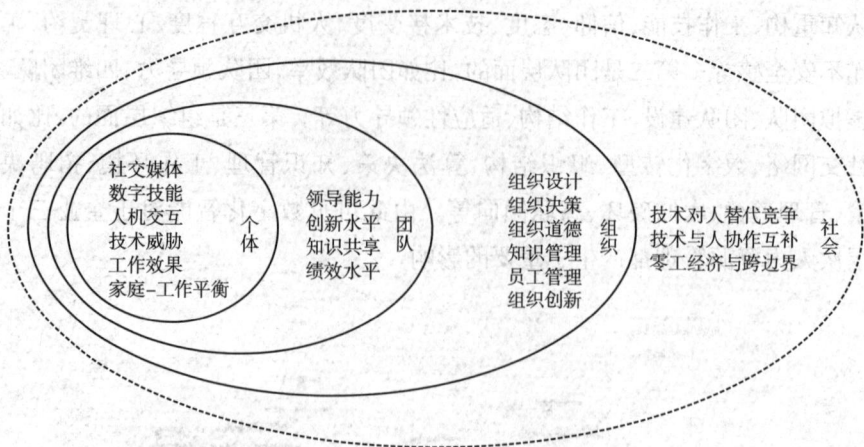

图 16-3　主题分析框架图

　　第一是企业社交媒体应用的影响。当今的组织越来越多的使用企业社交媒体平台来提供数字化的工作环境,以期望获得各种优势,然而社交媒体的使用对员工的影响是多方面的。

　　第二是数字技能培养。在如今的组织和政治中,人们越来越多意识到劳动力现有数字能力与所需数字能力之间的鸿沟,要在数字时代工作,提升劳动者的数字技能是首要任务(Oberländer et al.,2020)。而数字技能包括七个核心:技术,信息管理,沟通,协作,创造力,批判性思维和解决问题的能力。和五种语境技能:道德意识,文化意识,灵活性,自我指导和终身学习(Van Laar et al.,2017)。更特定的,有学者研究了女性企业家的数字技能,包括跟上数字化的步伐、边做边学、非正式学习、逐步自我发展和战略性招募年轻的数字技能雇员(即数字本地人)等,重点是不断学习新技能,以抓住数字化的潜力,尤其是在社交媒体的知识和使用方面,招聘年轻的数字技术雇员是因为当数字原住民和数字移民一起工作时,就需要进行学习和业务发展(Olsson & Bernhard,2020)。那么如何培养数字化技能呢?有学者提出要使多个利益相关者协调"数字"课程的设计,并由人力资源部门整合数字能力建设(Bick & Murawski,2017),此外员工个人的对自身能力可塑性的信念和对情景资源可用性的信念也至关重要(Solberg et al.,2020)。

　　第三是人机交互信任。机器人应用为工业 4.0 团队提供了卓有成效的组合,其中机器人系统正在逐步进入与人工共享的空间。社交和情感上复杂的人为形式的交流智能技术出现也使员工对自己的未来充满了困扰和模棱两可的感觉(Bankins & Formosa, 2020；Sinha et al., 2020)。在传统的工厂中,心理契约对工作投入和信任有显着的积极影响。然而,随着人工智能的采用,这损害了体面劳动的本质,心理契约的积极作用大大下降。(Braganza et al., 2020)。心理契约是指关于相互交换协议的内隐和主观信念,主要是在雇员和雇主之间存在(Bankins & Formosa, 2020),人机交互次数,不同的交互模式以及决策者响应中的人为不一致都会影响人机交互体验(Marquis et al., 2015)。然而,人工智能代表了能够与环境互动并旨在模拟人类智能的新一代技术。将 AI 集成到组织中的成功关键取决于工人对 AI 技术的信任(Glikson & Woolley, 2020),发展信任需要依靠 AI 的有形性,透明度,可靠性和即时行为等。

第四是员工工作效果。技术的普及和数字原住民进入工作场所影响了关键的工作设计,包括工作需求、工作自主性和关系(Wang et al., 2020)。形成新的工作方式(Colbert et al., 2016)和社交网络结构,这对于员工创造力的探索和开发都产生了重要影响(Oldham & Da Silva, 2015)。当员工认为自己的工作具有价值感的时候,他们才会更多从事数字工作(Lutz et al., 2019)。日常工作的减少以及生产效率提高的同时,员工也丧失了部分所有权,新技能发展的要求也随之提高(Wirtz et al., 2020),进一步影响员工的敬业度(De Grip et al., 2018)。

第五是技术威胁感知。一方面工人执行任务以及围绕任务的社会过程都会受到监视(Ball & Margulis, 2011),拟人化和技术恐惧症会显著影响员工行为意图 (Sinha et al., 2020)。另一方面,由于技术对劳动力替代作用的存在,员工感知到的技术中断威胁影响了工作不安全感和离职意愿(Glikson & Woolley, 2020),这种关系通过感知到的组织支持与竞争性心理氛围调节(Li, Bonn & Ye, 2019),新技术对劳动力市场的替代作用受员工的教育程度、组织任期和年龄影响而有所不同(Ten et al., 2020),年长的员工更容易受到智能技术的负面影响,身体健康,心理健康和工作能力都会影响(Borle et al., 2020),而拥有更多工作选择的人会更有针对性的应对重大技术变革带来的工作威胁(Brougham & Haar, 2020)。

第六是家庭工作平衡。数字技术的兴起塑造了新的工作关系,比如算法平台兴起后,普通工人和平台之间存在明显的权力不对等(Mäntymäki et al., 2019),工作与家庭的边界逐渐变得模糊(Cook, 2020；Mishna et al., 2012),道德的灰色地带也被不断触及,然而基于数字时间和算法管理的工作模式,可能会超出员工的应变能力,影响员工的情感幸福感(Lutz et al.,2020)。

表 16-4 社交媒体在员工层次的研究总结

类型	主要结论	文献来源
前因条件	组织承诺通过建设性建言的部分中介作用影响员工在线社交网络使用	(Olfat, Shokouhyar, Sedaghat, Khosravi & Rezvani, 2019)
正面影响	通过网络联系、共同愿景和信任提升员工社会资本形成,正面影响工作绩效	(Guo, Vogel, Cao & Zhang, 2016)
	促进更强的员工敬业度	(Sievert & Scholz, 2017)
	通过改善员工心理状况来发挥积极性	(Cai, Huang, Liu & Wang, 2018)
	通过任务相互依赖来改善工作绩效	(Pitafi, Kanwal, Ali, Khan & Waqas Ameen, 2018)
	使用员工在线评论数据预测员工离职	(Stamolampros, Korfiatis, Chalvatzis & Buhalis, 2019)
	通过提高员工效率和创新能力来提高工作绩效	(Dittes & Smolnik, 2019)
	增强社交网络的工具性,提升员工角色内工作绩效;提升社交网络的表达性,进而提升创新工作绩效	(Chen, Wei, Davison & Rice, 2019)
	增强合作,减弱任务冲突,影响员工创造力	(Pitafi, Khan, Khan & Ren, 2020)
	组织与员工对称沟通促进关系,减少其在匿名社交媒体上分享负面内容的动机	(Lee & Kim, 2020)
正面影响	增强员工的参与感和共享感	(Richter, Leyer & Steinhüser, 2020)
	正向影响员工敏捷性	(Pitafi, Rasheed, Kanwal & Ren, 2020)
	通过提高组织感知透明度来提升员工敬业度	(Men, O'Neil & Ewing, 2020)
	企业内部透明的沟通帮助减少不确定性	(Li, Sun, Tao & Lee, 2021)
	女性比例高、管理者比例高、发达程度高的样本中企业社交媒体的影响作用更强	(Wu, Zhang, Huang & Yuan, 2021)

类型	主要结论	文献来源
负面影响	工作场所员工互联网滥用削弱了工作效率	(Young，2010)
	员工对雇主的在线评论,影响公司内外部利益相关者的决策	(Symitsi, Stamolampros, Daskalakis & Korfiatis, 2021)
	员工经历网络不稳定的工作日后情感和身体的痛苦程度更高	(Park, Fritz & Jex, 2018)
	员工自带智能设备是公司面临的重要安全隐患	(Ameen, Tarhini, Hussain & Madichie, 2020)
中介作用	工作场所职业倦怠通过员工社交媒体使用影响员工工作满意度	(Mohammad, Thurasamy, Quoquab & Halimah, 2019)
调节作用	使用企业社交媒体可以缓解任务冲突与员工敏捷性之间的关系	(Pitafi, Liu & Cai, 2018)
	缓解了工作压力与员工创造力之间的关系	(Ding, Liu, Huang & Gu, 2019)
	任务型和关系型社交媒体的使用模式有差异的压力源和工作满意度之间的关系	(Wang, Huang, Davison & Yang, 2020)

资料来源:作者根据文献整理

(2) 团队层次

数字化的浪潮不仅在个体层面产生了影响,而且也影响了团队的领导方式、创新程度、知识管理以及绩效水平等。

第一是团队领导的影响。数字技术在以对领导力有重要影响的方式改变团队合作的性质(Larson & DeChurch,2020)并在数字工作场所转型中发挥着关键作用(Dery, Sebastian & Van Der Meulen, 2017)。首先是变革型领导。随着数字支持的分布式团队越来越多,领导可以通过授予雇员更多的工作分配自由度可以激发下属更广泛使用新技术(Shao, 2019),当团队电子依赖和任务依赖都很高时,变革型领导对领导成员交换关系之间负相关(Wong & Berntzen, 2019),但是主管在下属在场时使用手机或分散其注意力的程度会对员工的敬业度有间接的负面影响,因为会破坏信任(Roberts & David, 2017)。其次是共情领导力。现在大多数组织都在依靠 IT 系统来运行,而联系方式对社会认知具有重要影响,组织中的掌权者和下属通常通过计算机等进行协作,这种数字联系会影响领导者的责任预期

（Scholl et al.，2020）。当出现信息技术系统的严重安全威胁时，共情领导力在员工情感应对能力中发挥重要作用（Stacey et al.，2021）。最后，新冠疫情的大流行还造成了前所未有的社会和经济危机，这种情境下面向任务和关系的领导行为对于维护员工工作绩效也具有重要作用（Weber et al.，2020）。毫无疑问，数字化的趋势对领导力提出了日益严重的挑战，高级领导人需要集中精力提高劳动者素质、招募和留住高技能人才，建立企业内部文化以及管理技术与工作方式的空前变化（Watson，et al.，2021）。

第二是对团队创新的影响。机器人与人类能够团队合作时，需要增加通信透明度，也要提高团队的创新包容性（Guznov et al.，2020），协作共享空间的出现提高了团队创新水平（N. Clifton et al.，2019）。

第三是对团队知识管理的影响。社交网络媒体的使用影响团队知识共享（Khan & Khan，2019），创造性思维作为团队知识搜索的内在动机，当员工受到创新性思维驱动时，他们在专业虚拟论坛中搜索知识会减少他们在团队内的搜索，即产生替代效应，当员工受到专业技能鉴定的驱动时，员工在专业虚拟社区搜索不会影响他们在团队中的搜索（Guo & Tang，2017）。

第四是对团队绩效的影响。数字化逐渐改变现代的工作方式，全球虚拟团队的出现对员工的文化智能提出了挑战（Makhecha et al.，2020）以工作为导向的社交媒体（DingTalk）和以社会化为导向的社交媒体（WeChat）是互补的资源，可产生协同作用以改善团队和员工的绩效（Song et al.，2019），在制定关键的保障条件后可以将团队决策委派给人工智能（Parry，Cohen & Bhattacharya，2016），从而提高团队绩效水平（Webber et al.，2019）。

（3）组织层次

组织对数字技术的广泛实施和采用引起了巨大的变革，并有可能影响许多组织的内部运营和流程。这种转变影响着公司产出创造的不同层次和步骤（Kretschmer & Khashabi，2020），在组织中引发新实践、塑造新环境（谢小云等，2021），影响组织决策、知识管理、组织公平等多个方面。

第一是组织设计。组织对数字技术的广泛实施与采用引起了巨大变革，组织内部的运营和流程也发生着改变，这种转变不仅影响着公司创造价值的业务体系结构（Correani et al.，2020），也在内部触发了组织工作系统的变化（Kretschmer & Khashabi，2020）。这种变化包括两方面的内容，其一是自动化替代,快速发展的数字化催生着新型的工作流程,工作将以更加动态灵活的方式进行组织,自动化可以使行政流程不断减少(De Bruyne & Gerritse, 2018; Sajasalo et al., 2019),也意味着机器接管人的工作任务(Raisch & Krakowski, 2021)。其二是技术性增强。大数据和复杂的算法使软件能处理日益复杂的任务,例如检测欺诈、优化物流路线等(Blayone & VanOostveen, 2021),也可以对人的工作进行算法管理,比如通过电子监视系统、可穿戴设备等对工作系统产生重要影响(Cascio & Montealegre, 2016),又或者联合人类与机器紧密协作来执行任务(Raisch & Krakowski, 2021),这将需要重新进行工作设计并从根本上改变我们许多人的工作方式(Nankervis et al., 2021)。

第二是组织决策。学者指出人类在空间、时间、情感、理性距离以及认知位移上的一定程度上是偏离决策的(Bader et al., 2019),而人工智能已成为一种有前途且日益可用的管理决策技术,作为一种新颖的工具对人类决策进行修正或者替代(Leyer & Schneider, 2021)。事实上人类和 AI 在决策上是可以互补的,在不确定、复杂和模棱两可为特征的组织决策中发挥自己的力量,因为人工智能可以拓展人们在解决复杂性时的认知,而人类仍然可以提供一种更全面更直观的方法处理组织决策中的不确定性和模糊性(Jarrahi,2018)。两种决策模式组合到一起可以最佳提高组织决策质量,这种组合可以是从人到 AI 的完全授权、人与 AI 的混合顺序决策和汇总的人为 AI 决策等(Shrestha et al., 2019)。举例来说,在招聘决策方面,使用贝叶斯算法模型有时会得出违反直觉的见解,而依赖常规方法的招聘人员往往会忽视这些见解,在聘用前阶段通过算法模型纠正人类认识的偏见,可以提供更加平衡的招聘计划,也可以提高招聘多样性和成功率(Brock & Von Wangenheim, 2019; Pessach et al., 2020)。

第三是组织道德。新兴技术已经在工作场所中得到了广泛的应用并产生了重要影响(Carroll & Conboy, 2020)。首先在个人隐私方面,雇主期望获得有关其雇员的广泛信息甚至可以监测雇员的行踪,但是员工更期望能够自己掌控提供给组织的个人信息访问权限,两者之间的期望的鸿沟也被技术进一步放大了(Bhave et al., 2020)。其次在员工日常工作中,部分公司引入的社交机器人也使员工感受到了高度的道德挑战,而专业人员也对其持怀疑态度(Wiesenberg & Tench, 2020)。最后在招聘过程中,基于 AI

的面试在许多公司中得到了采用,然而与传统的基于面对面的面试,这种新兴的面试方法在程序上和交互上是更少的,这会导致申请人对面试公平正义的疑虑(Wiesenberg & Tench,2020),当企业员工产生不公平感知时,更有可能减少工作量和增加离职倾向(Robert et al.,2020)。诚然,算法可能有助于弥补根深蒂固的偏见,可是即使是精心设计的算法也不是中立的(Neupane et al.,2019),也应该进行道德和法律上的决策审核,将人力资源管理融于对人性尊严的关注和尊敬(Cheng & Hackett,2019)。

第四是知识管理。数字化时代的社交媒体是多样化且不断发展的,支持和改变着人们的沟通和协作方式,在过去的十年中,社交媒体的关键方面经历了技术进步、云计算和大数据分析,这每一个转变都对组织知识管理产生不同的影响,而融合人工智能、虚拟或增强现实等新兴技术的社交媒体,会进一步影响组织知识管理的实施方式(Kane,2017),比如改变组织中的专业知识、重塑工作与职业界限、提供新颖的协调和控制形式、促进知识共享等(Faraj et al.,2018;Kwayu et al.,2020)。

第五是员工管理。信息技术对人力资源管理的流程和实践产生了深远的影响(Stone et al.,2015),比如考评与奖励、培训与发展。招聘过程中可以将电子劳动合同的发展作为契机,可以建立智能化的劳动合同信息系统和劳动争议处理系统(李文涛,2020)。工作场所中的算法控制可以通过限制和推荐来指导工人,通过记录和评级对工人进行评估,并通过替换和奖励来对工人进行纪律处分(Kellogg et al.,2020)。此外,在实施数字技术决策时,需要考虑不同数字技术对员工的职位,工作任务和培训需求的影响(Achtenhagen & Achtenhagen,2019),通过工作场所的数字化学习大规模提升企业人力资本(Gashenko et al.,2020)。

第七是组织创新。数字化转型为组织提供了机会,让内部企业家参与其中,即员工共享企业家的热情,可以通过产生新想法在组织范围内进行创新(Reibenspiess et al.,2020),而人工智能的能力也可以提高组织的创造力和绩效(Mikalef & Gupta,2021)。

（4）社会层次

过去几年来,数字化转型的浪潮几乎席卷到各行各业。无论是新兴的互联网企业,或是传统的制造业巨头,都主动或是被动地加速了数字化转型的步伐。与此同时,数字化的冲击不仅仅局限于改变企业管理员工的方式

(Kim et al.，2021)，也涉及到社会生活的方方面面(隆云滔等，2020；罗文豪，2020)。

第一是技术对人的替代竞争。尽管对未来技术变革的速度和程度的预测存在差异，但是自动化等技术的进步对全球范围内劳动力市场结构已经产生了重要的影响(Borland & Coelli，2017；Lent，2018；程承坪、彭欢，2018)。这种影响包括变化、力量、意识形态和制度等多个方面(Bailey & Barley，2020)。首先从数量上看，具有人工智能的机器人系统中的知识体现出比其他实体更有效地实现知识的价值，有可能改变人与人之间的联系，甚至取代专业人员(Pee et al.，2019)，随着数字技术的发展，失业人数增长到最大，未来可能发生的大规模的人口失业将会构成新的社会经济和政治问题(Majumdar et al.，2018)，然后随着技术发展超过特定值会开始下降(Mirzaei Abbasabadi & Soleimani，2021)。其次，从结构上看，技术对就业的替代关系高度不平衡，取决于地点、经济活动、商业文化、工作性质、教育水平和性别等多种因素(Clifton et al.，2020；Belanche et al.，2020)，比如有中国学者通过制造业面板数据研究得出企业融合人工智能会显著降低低技能员工就业比重(谢萌萌等，2020)，因此人类智力和人工智能的未来使用比例和变型，可能是趋同(在同一创业过程中同时利用，在竞争条件下强调独特的功能)或发散(在不同业务过程中按劳动分工的条件使用)(Sergi & Popkova，2020)。

第二是技术与人的协作互补。生产数字化使人机协作成为可能，并已成为未来工厂的关键技术。它结合了人类工人和辅助机器人的优势，并允许在工作场所实施不同程度的自动化，以满足生产系统对灵活性不断增长的需求。在人与机器人的混合团队中，组织工作需要智能规划和控制算法(Bänziger et al.，2020)，这是对人类脆弱性的补充(Beltramini，2018)，可通过无形资产创造过程的某些阶段的自动化来改善创新，营销研发以及组织和管理活动以及研发领域的活动，无形资产创造过程中人力和机器劳动分工的可能性和便利性(Lobova et al.，2020；李雅宁等，2020)，从而提供决策支持、提高客户与员工参与、产生新产品和服务(Borges et al.，2021)。比如随着日益复杂的 AI 的出现，服务前线的工作性质正在发生变化。处于 AI(相对于控制)状态的员工在调节客户情绪方面就有着更显著的成效(Urovi et al.，2020)。但是机器人技术和人工智能应用也受到某些社会条件的限制(Upchurch，2018)，虽然用户倾向于将人与人之间的交互规范应用到与"智能机器"的交互中，将类似于人类的认知过程归因于机器人(Stenze et al.，2012)，可是与人类队友相比，人类对自动辅助设备的感知和反应方式存在细微的差异(Madhavan & Wiegmann，2007)。

人工智能对就业具有重塑效应，即通过对工作内容和技能要求的改变影响就业结构(何勤等，2020；邱玥、何勤，2020)，为了在不断变化的职业环境中保持胜任力，未来的工人应该具有创新精神，能够发现改变行业的机会并提供创造性的解决方案以应对挑战(Rampersad，2020)。

第三是零工经济与跨边界工作。近年来，越来越多的境内个人在数字化平台上提供劳务并获取报酬，零工经济已经发展成为一种新的经济现象并受到广泛关注，这种工作活动往往跨越组织界限，形成不同的结构关系(Swart & Kinnie，2014)。零工经济中的人力资源管理活动旨在通过协调三个主要零工经济参与者(零工工人，请求者和中介平台公司)的多边交易所来管理平台生态系统，以确保价值共创(Meijerink & Keegan，2019)。对于数字平台而言，他们基于算法管理劳动力，减少了集体异议和阻力(Walker et al.，2021)，对于零工工人而言，可以通过众包工作等多种形式参与(Duggan et al.，2020)。值得关注的是随着数字经济发展，非正规就业人数进一步增加，但我国面向这一群体的社会保障明显不足，其公平性、清晰度和先进性应得到更多的关注和研究(何文炯，2020)。

16.3.4　研究方法

数字化技术的发展不仅在人力资源管理领域催生了新实践和新理念，吸引着学者的研究兴趣，而且采用数字化技术解决人力资源管理问题也得到了许多学者的认可和实践。在过往十年的相关主题论文中，既有采用传统的定性方法和定量技术，也有采用人工神经网络、深度学习等新方法。

(1) 定量研究

以往学者采用了多种定量研究方法，首先被最多采用的是问卷调查，比如 Shao(2019)收集 299 名使用 IT 支持日常工作员工的经验数据，然后采用结构方程建模技术对研究模型及相应假设进行检验，也有学者采用多时点收集数据做纵向研究的(Pitafi et al.，2020)。其他被采用的方法包括人工神经网络(Abubakar，2020)、随机森林算法(Rombaut & Guerry，

2020)、社会网络分析(Sinha et al.，2020)、准自然实验(Song et al.，2019)和贝叶斯模型(Pessach et al.，2020)等等，具体示例如表 5a 所示。

（2）定性研究

由于数字化技术的出现对于人力资源管理的影响在近年来逐渐受到关注，基于现有的成熟的理论可能并不能解释很多新现象，因此也有很多学者采用了一种或多种定性研究方法，比如田野调查(Cook，2020)、元分析(Wu et al.，2021)、文本分析(Stamolampros et al.，2019；Symitsi et al.，2021)、深入访谈(Shao，2019；Watson et al.，2021)、案例研究(Kwayu et al.，2020；Stacey et al.，2021)等，具体分类及示例如表 5b 所示。

表 16‑5 研究方法分类与文献示例

表 5a. 定量研究方法

研究方法	文献来源
贝叶斯模型	(Pessach，Singer，Avrahami et al.，2020)
准自然实验	(Song，Wang，Chen et al.，2019)
社会网络分析	(Sinha，Singh，Gupta & Singh，2020)
随机森林算法	(Rombaut & Guerry，2020)
多层线性建模	(Ding，Liu，Huang & Gu.，2019)；(Park，Fritz & Jex，2018)
纵向研究	(Pitafi，Khan，Khan & Ren，2020)；
人工神经网络	(Abubakar，2020)；(Kennedy & McComb，2014)；(Abubakar，Behravesh，Rezapouraghdam & Yildiz，2019)
问卷调研	(Khan & Khan，2019)；(Shao，2019)；(Mohammad，Thurasamy，Quoquab & Halimah，2019)；(Chen，Wei，Davison & Rice，2019)；(Cai，Huang，Liu & Wang，2018)；(Dittes & Smolnik，2019)；(Men，O'Neil & Ewing，2020)；(Pitafi，Liu & Cai，2018)

表 5b. 定性研究方法

研究方法	文献来源
田野调查	(Cook，2020)
元分析	(Wu，Zhang，Huang & Yuan，2021)
文献回顾	(Van Laar，Van Deursen，Van Dijk & de Haan，2017)；

研究方法	文献来源
文本分析	(Stamolampros, Korfiatis, Chalvatzis & Buhalis, 2019); (Symitsi, Stamolampros, Daskalakis & Korfiatis, 2021);
焦点小组讨论	(De Bruyne & Gerritse, 2018); (Mishna, Bogo, Root, Sawyer & Khoury-Kassabri, 2012)
深入访谈	(Watson, Desouza, Ribiere & Lindič, 2021); (Shao, 2019); (Mäntymäki, Baiyere & Islam, 2019); (Gan, Chua & Wong, 2019);
案例研究	(Bader, Kaiser, Beverungen et al., 2019); (Kwayu, Abubakre & Lal, 2020); (Brock & von Wangenheim, 2019); (Correani, De Massis, Frattini et al., 2020); (Stacey, Taylor, Olowosule & Spanaki, 2021)

资料来源:作者根据文献整理

16.4 结论与未来研究方向

16.4.1 结论

为了厘清数字化浪潮对人力资源管理的影响,本文结合文献计量和定性综述对 150 篇左右的国内外文献进行了系统梳理。综合聚类分析和重点文献的阅读理解,该主题在近十年的研究成果可以划分为个体、团队、组织和社会四个层次的研究脉络。

首先,在个体层次。数字化逐渐渗透在工作环境中,员工现有数字能力和所需能力之间的鸿沟需要得到填补,数字技能的培养日益重要,人机交互信任也需要培养。企业社交媒体被员工所采用,可以增强任务依赖、提高协作效率、促进对称沟通、增加员工参与感和共享感,提升员工敏捷性,与此同时,工作场所互联网滥用也会削弱员工的工作效率、提升员工抑郁水平、给公司带来安全和声誉隐患。除此以外,员工感知到的技术中断威胁和被雇主监控的不安全感会对其工作效率产生负面影响。

第二,在团队层次。数字化趋势对领导者能力提出了挑战,他们不仅要提升自身的数字思维和技能,也要引导工作场所协作方式的转变。此外数字化联系增强了团队成员之间的协作水平和共享途径,对于团队知识管理、创新水平、绩效水平也有正面的作用。

第三,在组织层次。组织广泛实施数字技术引起了巨大变革,改变着组织内部的运营流程和价值创造体系,人与智能技术的协作也可以提高决策质量、促进知识管理、组织创新水平、但是算法偏见、隐私侵犯等问题也需要进一步解决。

第四,在社会层次。数字化转型浪潮几乎席卷到了各行各业,在整个社会层面来看,技术对人的影响会存在替代效应和互补效应两种。此外,各种组织之间的界限变得日益模糊,零工经济逐渐成为新的就业潮流。

最后,在研究方法上。学者们采用了定性和定量的不同研究方法,比如案例研究、深入访谈、问卷调研、准自然实验等。值得一提的是,不仅研究数字化在人力资源领域产生的新实践现象,而且将智能技术比如神经网络等应用于研究方法中。

16.4.2 未来研究方向

在把握现有研究脉络的基础上,我们结合数字化时代人力资源管理的现实问题,尝试性地提出五个可能值得未来研究的方向,包括四个研究主题和一个研究方法。

(1) 在线招聘与隐私保护

数字化时代的个体很多需要通过网络获取招聘信息或者通过平台投递简历就业,这就推动了第三方网络招聘平台的快速发展(徐芳等,2007),而算法技术的快速发展使数据变为最重要的资产,因为它影响着数据画像的成熟度和推荐分发机制的精准度,也是在线招聘平台的核心竞争力。但是骇人听闻的是 2021 年 315 晚会曝光智联招聘等在线招聘平台的个人简历信息流入黑市[①],将 C 端用户的隐私数据廉价倒卖给第三方,且这种乱象屡禁不止,为了解决这种问题需要建立一套完善的隐私保护追责体系,然而在学术文献中对于在线招聘平台的运作机制、贩卖隐私黑幕曝光的影响、求职者对招聘平台使用的态度、B 端企业和招聘平台的合作模式并未发现有特别深入的研究,未来可能可以从这一视角切入。

---

① 《315 晚会在线招聘平台贩卖用户隐私》,https://news.cctv.com/2021/03/15

（2）工作重塑与算法管理

在数字化不断转型的现代社会，组织与组织之间的边界逐渐模糊，工作与家庭的边界也逐渐模糊，工作任务与企业组织分离，模块化的任务将由多元化的工作主体和方式来完成（Swart & Kinnie, 2014）。过去是由管理层决定分配资源的方式，再通过 KPI 拆解自上而下地层层推动。但随着信息化与数字化的深入，那些离数字最近、能听到前方"炮火"的基层员工将不再被动地接受 KPI，而是要学会使用商业实践中实时产生的数据，自下而上地影响管理层的决策。而聚焦于自我主动改变工作边界以改善工作的重塑研究已经被学界认为是 21 世纪初出现的最有趣的工作设计研究（Bruning & Campion, 2018; Oldham & Fried, 2016）。工作重塑既是个体层面的活动（Wrzesniewski & Dutton, 2001），也涉及到与同事的互动和工作环境的影响（Grant et al., 2010）。由于现有企业越来越多的引入算法决策系统，员工的工作重塑行为与企业的算法管理体系的交互与冲突可能也需要得到进一步的研究。

（3）长期雇佣与灵活就业

阿里研究院发布的《数字经济 2.0》报告则预测：随着自由职业者全球化及共享经济的盛行，"共享平台＋企业/个人"的经济组织方式在未来 20 年将获得突破性进展[①]。以前，员工被企业雇佣，获得的是工作的安全感，公司则可以享有员工的忠诚度，以及较低的流动率。现在，信息技术和通信技术的发展为零工或短期合同合约的形式的普及提供了技术条件。企业能以较低的用人成本快速匹配业务所需要的人才，同时也保证了其能以更灵活的姿态面对飞速发展的商业世界中的不确定性，寻找全职员工也不再是雇佣关系的最优解。从员工视角来说，"稳定性"已经越来越少地与员工对工作的满意度挂钩，当工作被颠覆，个人如何保持自己的竞争力？这可能也是一个值得研究的话题。

（4）工具理性与价值理性

工业化时代确立的"机械人"型的人力资源模式把人异化，造成"工业人"失去组织主人翁的地位而被动适应组织的管理（王少杰、李静, 2019）。互联网的出现与高速发展为后工业社会注入了催化剂，人类社会在短短二

---

① 阿里研究院《数字经济 2.0 报告》，http://www.aliresearch.com

十年间发生了可以媲美以往百年的变化,但是这种变化的代价也伴随着更高强度的社会竞争,"内卷"现象日益严重。今年"两会"上全国政协委员李国华建议对 996 工作制进行监管①,指出当前我国 996 问题处于企业失控、监管失序、工会失灵的状态,鲜少见到 996 企业得到处罚,劳动监察没有发挥应有的作用,劳动者维权困难;一些企业甚至直接在规章制度中规定,执行 996、大小周的工作制,剥夺了员工的正当休息时间。这不禁要问,工作的意义是什么? 牺牲健康和生活的工作以换取金钱究竟是社会发展的必要,还是需要被管理限制的乱象?

(5) 数字技术与研究方法

本文中总结了以往研究中所采用的各种研究方法,比如准自然实验、问卷调查、纵向研究、案例研究、社会网络分析、深入访谈和田野调查等,但是也有很多学者采用人工神经网络、贝叶斯模型等智能方法解决人力资源管理领域中的问题。正如学者指出数字化有助于管理研究的历史性转变,可以以更少的努力和更高的质量,进行实践为导向的研究(Laurell C et al.,2020),因此管理学领域可以适当从计算机领域借鉴研究方法来解决理论和实践问题。

---

① 《全国政协委员李国华建议监管 996 工作制》,https://news.cctv.com/2021/03/10/AR-TIncTxf9LWlKZrjAUO0bFa210310.shtml.

附　录

1. 企业数字化水平测量量表

来源:Weill, P. & Woerner, S. L. (2015). Thriving in an Increasingly Digital Ecosystem. MIT Sloan Management Review, 56(4): 27 - 34.

就你公司所卖的产品或服务进行打分,0 表示最低,11 表示最高。

	低　　　　　　　　　　高											
	0	1	2	3	4	5	6	7	8	9	10	11
具有电子化的特殊性和可被搜索性	○	○	○	○	○	○	○	○	○	○	○	○
可以数字化订购?	○	○	○	○	○	○	○	○	○	○	○	○
可以数字化传递?	○	○	○	○	○	○	○	○	○	○	○	○
附带有价值信息?	○	○	○	○	○	○	○	○	○	○	○	○
受到其他行业的竞争或破坏性威胁吗?	○	○	○	○	○	○	○	○	○	○	○	○
被其他数字化方案替代的风险多大?	○	○	○	○	○	○	○	○	○	○	○	○
未来 5 年准备数字化传递吗?	○	○	○	○	○	○	○	○	○	○	○	○

说明:每一个条目,最高 11 分,总分最高 77 分,分数越高,说明需要数字化的程度越高。

2. 个人韧性量表

来源:Shannon Cheng, Danielle D. King, Frederick Oswald. (2020) Understanding How Resilience is Measured in the Organizational Science, Human Performance, 33:2 - 3: 130 - 163.

（1）组织中的员工韧性

来源：Amir，M. T.，& Standen，P.（2012）. Employee Resilience in Organizations：Development of a New Scale. Paper Presented at the 26th Australian New Zealand Academy of Management Conference，Perth，Western Australia.

我主动寻找克服所需遇到挑战的方法；

我寻找创造性方法以扭转困难境遇；

我愿病后或打击之后恢复(X6+)；

我能在以正面方式处理的困境中成长(X3+)；

我把困难看成是挑战和学习的机会(X3)；

我能够适应变革(X1+)；

我常常从别人那里寻找对我工作的反馈意见(X23+)；

我不会轻易因失败而挫伤(X32+)；

我通常自信我选择做的任何事情；

我面对问题感到兴奋而不是回避；

我通常是乐观和充满希望的；

我有兴趣面对并解决问题；

我能看到问题滑稽有趣的一面(X27)；

因为之前经历过困难，因此我能够度过困难时间(X5)；

我思考我犯的错误并从中学习(X4+)；

我思考如何防御哪些看不到的问题的出现；

当事情看起来无望的时候我不会放弃(X31+)；

我愿从压力事件中快速恢复(X7+)。

（2）Baruth 的保护因素清单

来源：Baruth，K. E.，& Caroll，J. J.（2002）. A Formal Assessment of Resilience：The Baruth Protective Factors Inventory. The Journal of Individual Psychology，58（3）：235 - 244. https://psycnet. apa. org/record/2002 - 04435 - 004

在过去 3 个月里，我的健康状态相比较于积极经历，有着更多的是问题；

在过去 3 个月里，我的财务状况相比较于积极经历，有着更多的是问题；

在过去 3 个月里，我的家庭/朋友相比较于积极经历，有着更多的是问题；

在过去 3 个月里,我的工作相比较于积极经历,有着更多的是问题;

我认为我在大多数情况下是乐观的和聚焦于积极态度的(X29);

我认为我是一个有创造性、有资源和独立性的人;

大多数人认为我是友善的,也愿意团结在我周围;

我认为我是有胜任能力的和高度自信的人;

我至少与一位支持者(家庭或以外)有着良好关系(X22);

我在生活中至少与一人(家庭或以外)有良好关系 (X22);

我认为我在生活中至少有一人(家庭或以外)能够信赖 (X22);

我在生活中至少对一个人有兴趣(家庭或以外);

我一直能够自己解决许多自己的问题;

我认为我能够掌控生活中的许多事件

我认为我在生活中已经很好地应付了一个以上有重要压力的事情

在我的生活中,我已经多次取得"坏情景中最好的结局"(X29)

(3) 韧性的自我评估量表

来源:Block, J., & Kremen, A. M. (1996). IQ and Ego-resiliency: Conceptual and Empirical Connections and Separateness. Journal of Personality and Social Psychology,70(2):349 - 361.

我对朋友慷慨大方;

我能迅速从震惊中克服和恢复过来;

我喜欢应对新的、不寻常的局面(X26);

我通常能成功地给人留下友善印象;

我乐于尝试从未吃过的食品(X26);

我被认为是一个充满活力的人;

到熟悉的地方我喜欢走不同的路;

我比大多数人更有好奇心;

我遇到的大多数人是可爱的;

我通常仔细思考过去做过的某些事情;

我喜欢做新的和不同的事情(X26+);

我日常生活中充满让我感兴趣的事情;

我愿意被别人描述成一个相当"强势"的人;

我对某些人的生气能够很快地理性度过。

（4）**Connor-Davidson 韧性量表**

来源：Connor，K. M.，& Davidson，J. R.（2003）. Development of a New Resilience Scale：The Connor-Davidson Resilience Scale（CD-RISC）. Depression and Anxiety，18(2)：76－82.

能够适应变革(X1)；

精密和安全的关系(X22＋)；

有时得靠命运和上帝帮忙；

能够应对任何事情；

过去的成功经验为新挑战提供了信心；

看到事情幽默的一面(X27＋)；

应对压力变强壮；

愿意从生病和困境中恢复(X6)；

事情的发生总有原因；

无论如何都要做出最大努力；

你能够实现你的目标；

在事情看起来无望的时候,我不会放弃(X31)；

知道到哪里寻求帮助(X21)；

在压力下,用心仔细思考(X34)；

在解决问题时喜欢起头；

不容易被失败屈服(X32)；

把自己看成是一个强壮的人；

做出不流行或困难的决策；

能够控制住不乐意的感觉(X35)；

必须用愉快的心态做事；

对目标有强烈意愿；

你的人生在你掌控之中；

我喜欢挑战；

你的工作始终瞄准目标；

对你取得的成就感到自豪(X37＋)。

（5）**一切都好(Five by Five)韧性量表**

来源：DeSimone，J. A.，Harms，P. D.，Vanhove，A. J.，& Herian，

M. N. (2017). Development and Validation of the Five-by-five Resilience Scale. Assessment，24(6)：778 - 797.

能够轻易切换状态；

对变革是开放的；

不喜欢变革；

容易适应新局面；

不喜欢未知；

我的情绪体验强烈；

不容易受到我情绪的影响；

我能控制住我的情绪(X33)；

是一个敏感和容易受到伤害的人；

被情绪击垮；

看到到处是困难；

期待事情失败；

看到生活明亮的一面(X29＋)；

我害怕最坏情况出现；

对未来有一个负面看法；

善于分析问题(X14)；

能够应对复杂问题(X14＋)；

我的能力要弱于大多数人；

精于我能做的事情；

能够决定任何事情；

容易交朋友(X19＋)；

我在关系上感到空虚；

愿意发现社会局面不清楚的地方(X20)；

对身边的人感到舒适(X18＋)；

感到与其他人有隔阂。

（6）成年人韧性量表

来源：Friborg，O.，Hjemdal，O.，Rosenvinge，J. H.，& Martinussen，M. (2003). A New Rating Scale for Adult Resilience：What are the Central Protective Resources behind Healthy Adjustment? International Journal of

Methods in Psychiatric Research，12(2)：65 – 76.

我相信我自己的能力；

相信我能够帮助自己克服艰难时光(X16＋)；

我知道我如果做的话我会成功；

我知道如何实现我的目标；

不管发生什么我总是能够找到一个解决方案(X13＋)；

与别人相处我是愉快的(X18)；

我对未来是乐观的；

我知道我能够解决自己的问题；

我对我自己感到满意；

对未来我有现实计划；

我完全信任我的判断和决策；

在艰难的时候我知道更好的时光即将到来；

我善于与新人打交道；

我能够轻易地建立新朋友关系(X19)；

对我而言容易想到好的交谈话题(X17)；

我容易适应新的社会情景(X20＋)；

我容易让他人笑起来；

我喜欢与他人在一起；

我知道如何开始一个交谈(X17＋)；

我容易笑(X28)；

在社会环境中具有柔性对我来说是重要的；

与同性和异性都有好的关系；

在我的家庭里有强烈的纽带；

我喜欢与家人在一起；

在我的家庭里大家相互忠诚；

在我的家庭里大家相互找到共同的活动；

即便在艰难的时候，我的家人也对未来保持积极看法；

在我的家庭里，对待生活中什么是重要的有共同的理解；

在我的家庭里很少有冲突；

我有亲密的家人或朋友真正关心我(X22)；

我有一些朋友或家庭在背后支持我；

每当我需要帮助的时候总是有人能够帮助我（X21＋）；

我有亲密的朋友或家人善于鼓励我；

当家庭成员遇到危机我能够迅速注意到；

我能够与家人或朋友讨论个人事情；

我有一些亲密的朋友或家人看重我的能力；

我定期与家人保持联系；

我在我的朋友之间有强烈的纽带；

规矩和日程使得我的生活变得容易；

即便在困难时候我也保持日常规律；

我喜欢对我的活动做计划；

为了实现一个目标我做最好的；

我善于组织我的时间。

（7）韧性胜任力量表

来源：Griffith, J., & West, C. (2013). Master Resilience Training and Its Relationship to Individual Well-Being and Stress Buffering among Army National Guard soldiers. The Journal of Behavioral Health Services & Research，40(2)：140-155.

从他人视角看待事情；

与朋友分享成功与挫折；

考虑他人需求；

与同事、上司和家人有强烈关系（X22）；

同事找我寻求帮助和建议；

遇到挑战时正面对待自己；

应对经常性的坏脾气（X35）；

不让负面事件影响我；

用开放的心态面对新局面（X26）；

遇到压力局面时候寻找一线希望；

面对困难和压力，能清晰而平静地思考（X34＋）；

自信能够处置压力氛围；

将变化看成是一个机会（X2＋）；

知道引起我焦虑的想法；

知道我的弱点和改进的领域(X36)；

控制我的情绪(X33)；

在遇到压力氛围时使用技术办法进行缓解(X15＋)；

识别我的强项和弱项(X36＋)；

识别别人的强项和弱项；

知道能提供给他人的我的强项(X36)。

(8) 韧性评估量表

来源:Johnson, J., Gooding, P. A., Wood, A. M., & Tarrier, N. (2010). Resilience as Positive Coping Appraisals: Testing the Schematic Appraisals Model of Suicide (SAMS). Behaviour Research and Therapy, 48(3): 179－186.

如果我有问题,我有可以寻求帮助的人(X21)；

我的家人和朋友都非常支持我；

在面对困难局面,我能够管理我的情绪(X35)；

我能够抵御我的负面情绪(X35)；

在遇到一个问题时,我常常能够找到一个方案(X12)；

如果遭遇麻烦,我知道其他人会帮助我(X21)；

我通常能够解决出现的问题(X12＋)；

我能够控制我的情绪(X33＋)；

我通常能够找到一个克服问题的方法(X12)；

如果我需要家人或朋友的时候,我能找到他们倾听我；

如果面对障碍,我有可能找到绕开该问题的方法(X13)；

我能够控制我的情绪(X35＋)。

(9) 心理资本韧性维度

来源:Luthans, F., Avolio, B. J., Avey, J. B., & Norman, S. M. (2007). Positive Psychological Capital: Measurement and Relationship with Performance and Satisfaction. Personnel Psychology, 60(3): 541－572.

当我工作中有障碍的时候,消除该障碍或恢复我有困难(X8)；

在工作中我通常有一两种方法来管理困难(X11)；

在工作中,如果需要的话,我会说:"就我自己而言的观点"(X30)；

我对待工作中压力通常泰然处之(X9);

我能够克服工作中的困难时光,因为之前我有困难经历(X5);

我感到我能够在目前工作中同时应对很多事情(X10)。

(10) 员工韧性量表

来源:Naswall, K., Kuntz, J., & Malinen, S. (2015). Employee Resilience Scale (EmpRes): Measurement Properties. Resilient Organisations Research Report 2015/04. Christchurch, New Zealand: Resilient Organizations.

在处理工作上无经验挑战时,我能够与其他人有效合作;

我能够长时间成功管理一个高负荷工作;

在工作中我胜任解决危机;

从工作失误中学习和改进我做工作的方法(X4);

我反复评估我的绩效和持续改进我工作方法;

我对工作反馈做出有效回应,即便是批评;

当我需要特殊资源的时候,我会寻找帮助;

当我需要管理者支持的时候,我就去找他们;

对将工作上的改变看成是成长的机会(X2)。

(11) 韧性应对信任量表

来源:Sinclair, V. G., & Wallston, K. A. (2004). The Development and Psychometric Evaluation of the Brief Resilient Coping Scale. Assessment, 11(1): 94 - 101.

我主动寻找办法替代生活中遭遇的失败;

我相信我能够从积极应对困难局面中得到成长(X3);

为扭转困难局面,我寻找创造性方法(X24+);

不管对我而言发生了什么,我相信我能够控制住我对其反应。

(12) 韧性信任量表

来源:Smith, B. W., Dalen, J., Wiggins, K., Tooley, E., Christopher, P., & Bernard, J. (2008). The Brief Resilience Scale: Assessing the Ability to Bounce back. International Journal of Behavioral Medicine, 15(3): 194 - 200.

我希望从艰难时刻迅速恢复(X6);

在遭遇压力事件时，我会度过一个艰难时光（X8）；

从压力事件中恢复过来，我不会花很长时间（X7）；

当某些坏事情发生的时候，我很难短时间内恢复（X6）；

我通常比较轻松地度过困难时期（X8＋）；

在我的生活中，我倾向于花很长时间克服衰退（X7）。

（13）韧性量表

来源：Wagnild, G. M., & Young, H. M.（1993）. Development and Psychometric Evaluation of the Resilience Scale. Journal of Nursing Measurement，1(2)：165－178.

我一旦做出计划，就会按计划执行；

我通常用另一种方式管理事情（X11＋）；

我能够依靠自己而不依赖其他人；

保持对事情的兴趣对我而言是重要的（X25）；

如果必须的话，我可以依靠我自己（X30＋）；

我对我生活中完成的事情而感到自豪（X37）

我通常对待事情泰然处之（X9＋）；

我对我自己是友善的；

我感到我能够在同一时间处置很多事情（X10＋）；

我是果断的；

我对事情很少犹豫；

我对待事情是过一天是一天；

我能够克服困难时间是因为我过去有过困难经历（X5＋）；

我是自律的人；

我保持对事情的兴趣（X25＋）；

我通常能够发现好笑的事情（X28＋）；

我相信我自己能够摆脱困难时光（X16）；

在紧急情况下，我有些常常能够依赖的人；

我通常用多种方式看待一个局面；

有时候，不管愿意不愿意我都会强迫自己去做；

我的生活是有意义的；

我不会栖身于我不能为之做点什么的事情；

在我处于困难局面的时候,我通常能够找到我自己摆脱它的方式(X13);

我有足够的力量做我必须要做的事情;

如果有人不希望我那样,就随他去吧。

(14) 工作韧性量表

来源:Winwood, P. C., Colon, R., & McEwen, K. (2013). A Practical Measure of Workplace Resilience: Developing the Resilience at Work Scale. Journal of Occupational and Environmental Medicine, 55(10): 1205-1212.

在我的生活中我有我自己的核心价值观;

如果工作中有必要的话,我能够改变我的脾气;

我知道我自己的强项,并在工作中常常利用它们;

我做的工作能够实现我的人生目标;

我认为我就属于我这里的工作场所;

我的工作与我的价值观、信念非常吻合;

我欣赏我工作环境中的一切;

当工作中遇到的事情变得糟糕的时候,通常会负面影响到我生活中其他方面;

工作中没有什么事情能困扰我太久;

工作中负面的人不会把我拉下;

在我工作刻苦的时候,我一定会休息一会确保自己的强壮和能量;

我已经找到在压力下工作时缓解放松的可靠方法(X15);

我已经找到了在工作中缓解放松个人压力,挑战事件的可靠方法;

我小心翼翼确保我的工作,不能主导我的个人生活;

我常常寻求反馈,以改善我的工作绩效(X23);

我认为工作上要帮助同事,有事时也要寻求同事帮忙;

在工作场所,我非常愿意感谢别人的努力和成功;

我有一个较好的身体素质;

我对待饮食小心并关注健康;

我能够依赖工作中的朋友,他们能在我需要的时候给予支持;

在工作中我有一个强的、值得信赖的、支持我的同事(X22)。

说明:上述量表中(X♯)表示该条目与其他该编号条目是重叠的,属于多余;(X♯＋)代表该条目被保留。

3 组织韧性测量问卷基本条目

来源：Lee，A. V.，Vargo，J.，& Seville，E.（2013）. Developing a Tool to Measure and Compare Organizations' Resilience. Natural Hazards Review，14(1)：29 - 41.

（1）韧性道德观

指标	题目
对韧性承诺	我们的组织关注于对非预期事情能够做出回应； ＊在我们的组织里，在当期与长期优先上有一个适当的平衡； 我们的组织有一个文化，就是确保从错误和问题中学习是重要的。
网络视角	＊我们组织主动参与行业或部门群体组织； 我们的组织能够与我们行业中的其他组织合作以管理不希望的挑战； ＊我们的组织在本行业担当着领导力角色。

＊这些条目的因子载荷低

（2）情景知觉

指标	题目
角色与责任	＊我们组织中的大多数人都知道自己在危机时应该担当的角色； 我们的组织能够迅速从常规业务模式中转变过来应对危机； 如果关键人物不在,总有其他人能够顶上去,弥补他们的角色。
对危害及后果的理解	在我们的组织里,人们日常相互交流足以能够促进事情的进展； 在我们的组织里管理者主动听取问题,因为这有助于帮助他们做出更好的反应； ＊公司面对的最大风险是什么？自然灾害、财务危机、火灾或事故、流行病、关键服务损失(比如电力)、声誉破坏、诈骗、违规、员工问题、关键供应商或客户流失等； 我们的组织完全理解这些风险对组织的影响； ＊组织依旧能够恢复过来的停滞运作的最长时间(1～6)。
连接知觉	在我们的组织里,我们知道一个领域的成功依赖于另一个领域的成功； ＊我们的组织,非常理解如果我的大客户或大供应商业务出现问题会迅速地影响我们； 我们的组织明白,组织中的一个危机会影响到其他组织。

指标	题目
保险知觉	＊如果组织不能运营 3 个月,我相信我们的保障水平能够帮助组织安全度过这一时期; ＊如果我们的组织能够在重大物质上的破坏后生存下来,必须要有足够的资金用于重建,直到保险落实下来。
恢复优先	我们的组织相信明确危机期间或之后的优先事项是重要的; 我相信我们的组织对于从危机中恢复的优先事项足以为员工提供方向; 我们的组织明白成功运作所需的最低水平的资源。
内外部局面的管控与报道	组织的每一次死里逃生我们都看成是触发我们自我反省而不是成功的确认; 我们的组织在行业里主动警觉所发生的一切,能够对紧急事件发生有所预告; 我们的成功在于从获取的项目中学习经验和确保这些经验用于未来项目。
被告知的决策	＊我们的组织在投资上确保决策是以最新信息为基础的。 在我们的组织里,当出现某些事情是我们不知道如何处置的时候,总是容易获得专家支持; 如果某些事情进展不顺的时候,我相信我们组织任何部门的员工都会把事情向更高主管汇报。

＊这些条目的因子载荷低

（3）关键脆弱性的管理

指标	题目
计划战略	我相信我们对待非预期的计划是适当的; ＊我们组织应对危机的途径是:计划、保险、计划加保险、不知道; 我们组织当前雇佣员工在下列领域:风险管理、危机管理、应急管理、业务持续性管理; 你的组织有文字形式的危机/应急或业务持续性计划吗? 有、没有、不知道; 你的组织有在紧急时候使用的文字形式的危机/应急或业务持续性计划标准吗? 有、没有、不知道; 你的组织对待特定的灾害或危机已经有任何正式计划吗? 有、没有、不知道。

指标	题目
给出利益相关者的重要性程度	下面哪一个灾害或危机,你的组织已有应对计划? 自然灾害、财务危机、重大事故或火灾、流行病、关键服务丧失(比如电力)、声誉破坏、欺诈、违规、员工事务、关键供应商或客户流失,其他; 你的组织有任何对待流行病的计划吗? 有、没有、不知道; 对待流行病,我们的组织已有计划:已讨论关键员工的管理,做出了正式计划,与其他组织共同制定社区管理流行病的计划。
参与实施	我们的组织明白仅仅有应急计划是不够的,还必须明白计划是可操作和被测试过是有效的; 人们通常能够从日常事务中拿出时间参与应急准备演练; 我相信我们的组织投资了足够的资源用于应对任何类型的应急事件。
内部资源的能力与容量	我相信我们的组织有足够的内部资源保障日常成功运作; 在日常运作中,资源管理能够吸纳小的不希望发生的变化; 当我们组织中出现问题时候,内部资源很容易应对而不会出现短缺或亮红灯。
外部资源的能力与容量	＊我确定我们的员工有足够的外部联系以确保在需要时能获得外部资源; 我们的组织已经与其他组织达成协议在紧急时给予资源支持; 我们的组织已经思考和做出计划,为社区遇到紧急情况时提供支持。
组织的连接性	＊我们组织中的人主动管理他们工作中需要依赖其他组织的地方; 我们的组织与那些在危机中需要共同工作的组织保持联系; 我们的组织理解如何与本行业里或本地区其他组织联系,并主动管理相互关系。
辨识和分析脆弱性鲁棒过程	我们组织中的人理解组织是如何迅速受到不希望事件或潜在负面事件的影响的; ＊我们组织中的人在犯明显错误,即使别人不知的情况下也会报告; ＊我们组织中的人如果当场指出潜在麻烦总是获奖励。
员工投入与参与	＊组织中各个层次的人经常思考什么事情会变化,以便他们能够找到管理这些特征的创造性方法; 我们组织中的大多数人都认为对组织有效性富有责任; 我们组织中的人通常自己负责解决问题。

＊这些条目的因子载荷低

343

（4）适应性能力

指标	题目
孤立意识	在我们的组织里，人们被鼓励在不同部门之间流动或尝试不同角色，以获得经验； 在我们的组织里有强烈的团队意识和友爱精神； 在我们的组织里，对于共同工作或与其他组织合作没有任何障碍。
沟通与关系	我们的组织在行业或部门里被看成是积极参与者； 我们组织中的人们不管和任何需要共同工作的人在一起，都能把工作做好，而不会受到部门或组织界限影响； ＊如果我们的组织不能运作 3 个月，我们拥有的与其他供应商和客户关系就会来帮助我们快速恢复。
战略性远景和结果期待	＊我们的组织有远景或使命，并用文字形式正式表达出来； ＊当我阅读我们组织远景或使命的时候，我把它看成是反映我们追求目标的价值所在； 在我们的组织里，我们日常工作中不断评级是我们所追求的。
信息与知识	在我们的组织里，人们拥有应对不期望出现问题的信息和知识是优先重要的； 在我们的组织里，如有任何不寻常的事情发生，人们知道谁拥有应对的专业能力； 在我们的组织里，我努力确保关键信息能够以不同方式或从不同地点获得（比如员工联系细节）。
领导力、管理和治理结构	我确定在我们的组织里管理当局在遭遇危机时候能够提供好的领导力 我相信人们接受管理上所做出的如何处理危机的决定，即使他们没有参与该决策过程； 管理者时刻关注员工工作负荷并在他们超负荷工作时减轻负荷； 高层管理总是战略性思考和行动，以确保组织总是走在前头； 我们组织的高层管理是业界翘楚，是我们能够追随和学习的榜样。
创新和创造	我们组织主动鼓励人们通过工作来挑战和提升自己； 我们组织中的人们知道尽他们所能以新方式使用他们的知识； 我们组织中的人们被激励从外部思考问题。
对决策的转移与回应	一旦问题出现，拥有权威的某个人总是可以出现在第一线； 如果我们需要，我们的组织能够迅速做出决断； 在我们的组织里，大多数人不管他们资历如何都能胜任决策之事。

＊这些条目的因子载荷低

参考文献

[1] Abubakar, A. M. (2020). Using Hybrid SEM-Artificial Intelligence: Approach to Examine the Nexus between Boreout, Generation, Career, Life and Job Satisfaction. Personnel Review, 49(1): 67 – 86.

[2] Aca, B., Sp, C., Mmp, D., & Mde, F. (2021). Digitalization and Business Models: Where are We Going? A Science Map of the Field. Journal of Business Research, 123: 489 – 501.

[3] Achrol, R. S., & Kotler, P. (1999). Marketing in the Network Economy. Journal of Marketing, 63(1):146 – 163.

[4] Achtenhagen, L., & Achtenhagen, C. (2019). The Impact of Digital Technologies on Vocational Education and Training Needs. Education & Training, 61(2): 222 – 233.

[5] Adger, W. N. (2000). Social and Ecological Resilience: Are They Related? Progress in Human Geography, 24(3): 347 – 364.

[6] Aghaei, S. (2012). Evolution of the World Wide Web: From Web 1.0 to Web 4.0. International Journal of Web & Semantic Technology, 3(1): 1 – 10.

[7] Alase, A. O. (2017). The Tasks of Reviewing and Finding the Right Organizational Change Theory. International Journal of Educational Leadership & Management, 5(2):198 – 215.

[8] Alberts, D. S. (2011). The Agility Advantage: A Survival Guide for Complex Enterprises and Endeavors. Available online: https://apps.dtic.mil/dtic/tr/fulltext/u2/a631225.pdf

[9] Aldrich, H. E., & Martinez, M. A. (2010). Entrepreneurship as So-

cial Construction: A Multilevel Evolutionary Approach. In: Acs Z., Audretsch D. (eds) Handbook of Entrepreneurship Research. International Handbook Series on Entrepreneurship, 5: 387 – 427.

[10] Al-Haddad, S., & Kotnour, T. (2015). Integrating the Organizational Change Literature: A Model for Successful Change. Journal of Organizational Change Management, 28(2): 234 – 262.

[11] Allaoui, A., & Benmoussa, R. (2020). Employees' Attitudes toward Change with Lean Higher Education in Moroccan Public Universities. Journal of Organizational Change Management, 33 (2): 253 – 288.

[12] Ameen, N., Tarhini, A., Hussain, S. M., & Madichie, N. O. (2020). Employees' Behavioural Intention to Smartphone Security: A Gender-based, Cross-national Study. Computers in Human Behavior, 104, 106 – 184.

[13] Andal-Ancion, A., Cartwright, P., & Yip, G. S. (2003). The Digital Transformation of Traditional Businesses. Mit Sloan Management Review, 44(4): 34 – 41.

[14] Andriole, S. J. (2017). Five Myths about Digital Transformation. MIT Sloan Management Review, 58(3):20 – 22.

[15] Annarelli, A., & Nonino, F. (2016). Strategic and Operational Management of Organizational Resilience: Current State of Research and Future Directions. Omega-International Journal of Management Science, 62: 1 – 18.

[16] Annarelli, A., Battistella, C., & Nonino, F. (2020). A Framework to Evaluate the Effects of Organizational Resilience on Service Quality. Sustainability, 12(3): 958.

[17] Appio, F. P., Martini, A., Massa, S., et al. (2016). Collaborative Network of Firms: Antecedents and State-of-the-art Properties. International Journal of Production Research, 55(7): 2121 – 2134.

[18] Argenti, J. (1976). Corporate Collapse: The Causes and Symptons. New York: John Wiley & Sons Inc.

[19] Argyris, C., & Schön, D. A. (1978). Organizational Learning: A Theory of Action Perspective. Jossey-Bass, San Francisco.

[20] Armenakis, A. A., & Bedeian, A. G. (1999). Organizational Change: A Review of Theory and Research in the 1990s. Journal of Management, 25: 293 – 315.

[21] Arogyaswamy, K., Barker, V. L. & Rdekani, M. Y. (1995). Firm Turnarounds: An Integrative Two-Stage Model. Journal of Management Studies, 32: 493 – 525.

[22] Arthur, W. B. (1994). Positive Feedback in the Economy. Mckinsey Quarterly, 262(2): 81 – 94.

[23] Arthur, W. B. (1999). Complexity and the Economy. Science, 284 (5411):107 – 109.

[24] Ashby, W.R. (1962). Principles of the self-organizing system. In: H. von Foerster and G. W. Zopf (eds) Principles of Self-Organization. New York: Pergamon, 255 – 278.

[25] Augier, M., & March, J. G. (2008). A Retrospective Look at A Behavioral Theory of the Firm. Journal of Economic Behavior & Organization, 66(1): 1 – 6.

[26] Aven, T. (2015). Society for Risk Analysis Glossary. Retrieved from http: //www. sra. org/sites/default/files/pdf/SRA _ glossary _ 20150622.pdf.

[27] Avey, J. B., Wernsing, T. S., & Luthans, F. (2008). Can Positive Employees Help Positive Organizational Change? Impact of Psychological Capital and Emotions on Relevant Attitudes and Behaviors. Journal of Applied Behavioralence, 44(1):48 – 70.

[28] Bacharach, S. B., Bamberger, P., & Sonnenstuhl, W. J. (1996). The Organizational Transformation Process: The Micropolitics of Dissonance Reduction and the Alignment of Logics of Action. Administrative Science Quarterly, 41(3): 477 – 506.

[29] Bader, V., Kaiser, S., Beverungen, A., Beyes, T., & Conrad, L. (2019). Algorithmic Decision-making? The User Interface and its

Role for Human Involvement in Decisions Supported by Artificial Intelligence. Organization, 26(5): 655 - 672.

[30] Bailey, D. E., & Barley, S. R. (2020). Beyond Design and Use: How Scholars Should Study Intelligent Technologies. Information & Organization, 30(2), 100286

[31] Bakker, G. (2011). From Betamax to Blockbuster: Video Stores and the Invention of Movies on Video. Business History, 53(3): 472 - 474.

[32] Ball, K. S., & Margulis, S. T. (2011). Electronic Monitoring and Surveillance in Call Centres: A Framework for Investigation. New Technology, Work & Employment, 26(2): 113 - 126.

[33] Ballesta. (2011). Resiliencia Organizacional. Transformando la Adversidad en Fuente de Innovación. Available online: http://www. gerenciadinamicahoy.com/2011/02/resiliencia-organiza tional.html.

[34] Balu, R. (2001). How to Bounce Back from Setbacks. Fast Company, (45): 148 - 156.

[35] Bankins, S., & Formosa, P. (2020). When AI Meets PC: Exploring the Implications of Workplace Social Robots and a Human-robot Psychological Contract. European Journal of Work & Organizational Psychology, 29(2): 215 - 229.

[36] Bardoel, E. A., Pettit, T. M., Cieri, H. D., et al. (2014). Employee Resilience: An Emerging Challenge for HRM. Asia Pacific Journal of Human Resources, 52(3): 279 - 297.

[37] Barker, V. L. (1998). The Mechanistic Structure Shift and Strategic Reorientation in Declining Firms Attempting Turnarounds. Human Relations, 51(10): 1227 - 1258.

[38] Barker, V.L., & Duhaime, (1997). Strategic Change in the Turnaround Process: Theory and Empirical Evidence. Strategic Management Journal, 18(1): 13 - 38.

[39] Barker, V.L., & Mone, M. A. (1994). Retrenchment: Cause of Turnaround or Consequence of Decline? Strategic Management Jour-

nal, 15(5): 395 - 405.

[40] Barker, V. L., & Patterson, P. W. (1996). Top Management Team Tenure and Top Manager Causal Attributions at Declining Firms Attempting Turnarounds. Group & Organization Management An International Journal, 21(3): 304 - 336.

[41] Baron, J. N. (2004). Employing Identities in Organizational Ecology. Industrial and Corporate Change, 13(1): 3 - 32.

[42] Baron, J. N., Hannan, M. T., & Burton, M. D. (2001). Labor Pains: Organizational Change and Employee Turnover in Young, High-tech Firms. American Journal of Sociology, 06(4): 960- 1012.

[43] Barroso, A. P., Machado, V. H., & Machado, V. C. (2011). Supply Chain Resilience Using the Mapping Approach, Supply Chain Management, Dr. Pengzhong Li (Ed.), InTech, 161 - 184.

[44] Barry, S., & Wandel, J. (2006). Adaptation, adaptive capacity and Vulnerability. Global Environmental Change, 16: 282 - 292.

[45] Bartunek, J. M., & Moch, M. K. (1987). First-order, Second-order, and Third-order Change and Organization Development Interventions: A Cognitive Approach. Journal of Applied Behavioral Science, 23(4): 483 - 500.

[46] Basile, G., & Dominici, G. (2016). A Complex Adaptive System Framework for Management and Marketing Studies. Springer International Publishing.

[47] Baum, J. (1989). Liabilities of Newness, Adolescence, and Obsolescence: Exploring Age Dependence in the Dissolution of Organizational Relationships and Organizations, Administrative Sciences Association of Canada. 10(5): 1 - 10.

[48] Beer, M., Eisenstat, R., & Spector, B. (1990). Why Change Programs don't Produce Change. Harvard Business Review, 158 - 166.

[49] Bekkhus, R., 2016. Do KPIs Used by CIOs Decelerate Digital Business Transformation? The Case of ITIL. Digital Innovation, Technology, and Strategy Conference, Dublin, Ireland.

[50] Bekmeier-Feuerhahn, S. (2009). Mechanisms of Teleological Change. Management Revue, 20(2): 126 – 137.

[51] Belanche, D., Schepers, J., Casaló, L. V., & Flavián, C. (2020). Robots or Frontline Employees? Exploring Customers' Attributions of Responsibility and Stability after Service Failure or Success. Journal of Service Management, 31(2): 267 – 289.

[52] Beltramini, E. (2018). Human Vulnerability and Robo-advisory. Baltic Journal of Management, 13(2): 250 – 263.

[53] Benson, J. K. (2013). The Dialectical Theory of Organizations. Encyclopedia of Management Theory, 2013:190 – 194.

[54] Berghaus, S., Back, A. (2016). Stages in Digital Business Transformation: Results of an Empirical Maturity Study, Tenth Mediterranean Conference on Information Systems (MCIS).

[55] Bernard, M J., & Barbosa S D. (2016). Resilience and Entrepreneurship: A Dynamic and Biographical Approach to the Entrepreneurial act. Management, 19(2): 89 – 123.

[56] Bhave, D. P., Teo, L. H., & Dalal, R. S. (2020). Privacy at Work: A Review and a Research Agenda for a Contested Terrain. Journal of Management, 46(1): 127 – 164.

[57] Bibeault, D. B. (1982). Corporate Turnaround: How Managers Turn Losers into Winners. Accountancy.

[58] Bick, M., & Murawski, M. (2017). Digital Competences of the Workforce-A Research Topic? Business Process Management Journal, 23(3): 721 – 734.

[59] Bier, V., & Gutfraind, A. (2019). Risk Analysis beyond Vulnerability and Resilience-Characterizing the Defensibility of Critical Systems. European Journal of Operational Research, 276(2): 626 – 636.

[60] Biggiero, L. (2001). Sources of Complexity in Human Systems. Nonlinear Dynamics Psychology and Life Sciences, 5(1): 3 – 19.

[61] Billings, R. S., Milburn, T. W., & Schaalman, M. L. (1980). A Model of Crisis Perception: A Theoretical and Empirical Analysis.

Administrative Science Quarterly, 25(2), 300 - 316.

[62] Björck, F., Henkel, M., Stirna, J., et al. (2015). Cyber Resilience-Fundamentals for a Definition. Advances in Intelligent Systems and Computing, 353: 311 - 316.

[63] Blayone, T. J. B., & VanOostveen, R. (2021). Prepared forWork in Industry 4.0? Modelling the Target Activity System and Five Dimensions of Worker Readiness. International Journal of Computer Integrated Manufacturing, 34(1): 1 - 19.

[64] Boin, A., & Van Eeten, M. J. (2013). The Resilient Organization. Public Management Review, 15(3): 429 - 445.

[65] Boisot,M., & Mckelvey, B. (2011). Complexity and Organization-environment Relations: Revisiting Ashby's Law of Requisite Variety. Value in Health, 280 - 298.

[66] Bonanno, G. A. (2004). Loss, Trauma, and Human Resilience: Have we Underestimated the Human Capacity to Thrive after Extremely Aversive events? American Psychologist, 59(1): 20 - 28.

[67] Borchert, O. (2007). Resource-based Theory: Creating and Sustaining Competitive Advantage. Journal of Marketing Management, 24 (9): 1041 - 1044.

[68] Boretos, G. P. (2009). The Future of the Global Economy. Technological Forecasting and Social Change, 76(3): 316 - 326.

[69] Borges, A. F. S., Laurindo, F. J. B., Spínola, M. M., Gonçalves, R. F., & Mattos, C. A. (2021). The Strategic Use of Artificial Intelligence in the Dgital Era: Systematic Literature Review and Future Research Directions. International Journal of Information Management, 57, 102 - 225.

[70] Borland, J., & Coelli, M. (2017). Are Robots Taking Our Jobs? Australian Economic Review,50(4): 377 - 397.

[71] Borle, P., Boerner-Zobel, F., Voelter-Mahlknecht, S., Hasselhorn, H. M., & Ebener, M. (2020). The Social and Health Implications of Digital Work Intensification. Associations between Exposure to In-

formation and Communication Technologies, Health and Work Ability in Different Socio-economic Strata. International Archives of Occupational and Environmental Health, 1 - 14.

[72] Bosse, D. A., Coughlan, R. (2016). Stakeholder Relationship Bonds. Journal of Management Studies, 53(7): 1197 - 1222.

[73] Bourgeois, L. J. (1980). Strategy and Environment: A Conceptual Integration. Academy of Management Review, 5(1): 25 - 39.

[74] Bovey, W. H., & Hede, A. (2013). Resistance to Organizational Change: The Role of Cognitive and Affective Processes. Leadership & Organization Development Journal, 22(8): 372 - 382.

[75] Boylan, K. A. (2017). Developing Organizational Adaptability for Complex Environment. Journal of Leadership Education, 16(2): 183 - 198.

[76] Boyle, R. D., & Desai, H. B. (1991). Turnaround Strategies for Small Firms. Journal of Small Business Management, 29(3): 33 - 42.

[77] Boyne, G. A. (2006). Strategies for Public Service Turnaround Lessons from the Private Sector? Administration & Society, 38(3): 365 - 388.

[78] Boyne, G. A., & Meier, K. J. (2009). Environmental Change, Human Resources and Organizational Turnaround. Journal of Management Studies, 46(5): 835 - 863.

[79] Braganza, A., Chen, W., Canhoto, A., & Sap, S. (2020). Productive Employment and Decent Work: The Impact of AI Adoption on Psychological Contracts, Job Engagement and Employee Trust. Journal of Business Research, in press, doi.org/10.1016/j.jbusres.2020.08.018

[80] Brock, J., & von Wangenheim, F. (2019). Demystifying AI: What Digital Transformation Leaders Can Teach You About Realistic Artificial Intelligence. California Management Review, 61(4): 110 - 134.

[81] Brougham, D., & Haar, J. (2020). Technological Disruption and

Employment: The Influence on Job Insecurity and Turnover Intentions: A Multi-country Study. Technological Forecasting and Social Change, 161, 120276.

[82] Brown, N., & Brown, I. (2019). From Digital Business Strategy to Digital Transformation-How: A Systematic Literature Review. ACM International Conference Proceeding Series. https://doi. org/10. 1145/3351108.3351122

[83] Bruning & Campion, B. (2018). A Role-resource Approach-avoidance Model of Job Crafting: A Multimethod Integration and Extension of Job Crafting Theory. Academy of Management Journal, 61 (2): 499 – 522.

[84] Bruton, G. D, & Wan A. (2003). Turnaround in East Asian firms: Evidence from Ethnic Overseas Chinese communities. Strategic Management Journal, 24(6):519 – 540.

[85] Buchanan, D., Fitzgerald, L., Ketley, D., R Gollop & E Whitby (2010). No Going back: A review of the Literature on Sustaining Organizational Change. International Journal of Management Reviews, 7(3): 189 – 205.

[86] Buckle, P., Mars, G., & Smale, R. S. (2000). New Approaches to Assessing Vulnerability and Resilience. Australian Journal of Emergency Management, 15: 8 – 15.

[87] Bulling, K. (2018). The Systems Constellation as an Instrument for Change Agents—A Case Study, General Conceptual Model and Exploration of Intervention Effects. Springer Gabler: Wiesbaden.

[88] Bundy, J., Pfarrer, M. D., Short, C. E., et al. (2017). Crises and Crisis Management: Integration, Interpretation, and Research Development. Journal of Management, 43(6): 1661 – 1692.

[89] Bundy, J., Vogel, R. M., & Zachary, M. A. (2018). Organization-stakeholder Fit: A Dynamic Theory of Cooperation, Compromise, and Conflict between an Organization and its Stakeholders. Strategic Management Journal, 39(2): 476 – 501.

[90] Burke, W. W., & Litwin, G. H. (1992). A Causal Model of Organizational Performance and Change. Journal of Management, 18(3): 523 - 545.

[91] Burley, T., & Freier, M. C. (2004). Character Structure: A Gestalt-Cognitive Theory. Psychotherapy Theory Research Practice Training, 41(3): 321 - 331.

[92] Burnes, B. (2004). Emergent Change and Planned Change-Competitors or Allies? International Journal of Operations & Production Management, 24(9): 886 - 902.

[93] Burnes, B., & Jackson, P. (2011). Success and Failure in Organizational Change: An Exploration of the Role of Values. Journal of Change Management, 11(2): 133 - 162.

[94] Butler, R.W. (2017). Tourism and Resilience; CABI: Strathclyde University, Glasgow, UK.

[95] Buyl, T., Boone, C., & Wade, J. B. (2017). CEO Narcissism, Risk-taking, and Resilience: An Empirical Analysis in U.S. Commercial banks. Journal of Management, 45(4): 1372 - 1400.

[96] By, R. T. (2005). Organizational Change Management: A Critical Review. Journal of Change Management, 5(4): 369 - 380.

[97] Cai, Z., Huang, Q., Liu, H., & Wang, X. (2018). Improving the agility of employees through enterprise social media: The mediating role of psychological conditions. International Journal of Information Management, 38(1): 52 - 63.

[98] Callaway, D. S., Newman, M., Strogatz, S. H., et al. (2000). Network Robustness and Fragility: Percolation on Random Graphs. Physical Review Letters, 85(25): 5468 - 5471.

[99] Cameron, K. S., & Whetten, K. D. A. (1987). Organizational Effects of Decline and Turbulence. Administrative Science Quarterly, 32(2): 222 - 240.

[100] Carmeli, A., & Markman, G. D. (2011). Capture, Governance, and Resilience: Strategy Implications from the History of Rome.

Strategic Management Journal, 32(3): 322 – 341.

[101] Carpenter, S., Walker, B., Anderies, J. M., et al. (2001). From Metaphor to Measurement: Resilience of What To What? Ecosystems, 4(8): 765 – 781.

[102] Carr, A, & Gabriel, Y. (2018). The Psychodynamics of Organizational Change Management: An Overview. Journal of Organizational Change Management, 14(5): 415 – 421.

[103] Carroll, A. B. (1999). Corporate Social Responsibility: Evolution of a Definitional Construct. Business & Society, 38(3): 268 – 295.

[104] Carroll, N., & Conboy, K. (2020). Normalising the "new normal": Changing Tech-driven Work Practices under Pandemic Time Pressure. International Journal of Information Management, 55, 102 – 186.

[105] Cascio, W. F., & Montealegre, R. (2016). How Technology is Changing Work and Organizations. Annual Review of Organizational Psychology and Organizational Behavior, 3: 349 – 375.

[106] Cassel, J. (1974). An Epidemiological Perspective of Psychosocial Factors in Disease Etiology. American Journal of Public Health, 64 (11):1040 – 1043.

[107] Castrogiovanni, G., Baliga, B., & Kidwell, R. (1992). Curing Sick Businesses: Changing CEOs in Turnaround Efforts. Academy of Management Executive, 6: 26 – 41.

[108] Celik, A., & Ozsoy, N. (2016). Organizational Change: Where Have We Come From and Where Are We Going? International Journal of Academic Research in Accounting Finance & Management Sciences, 6(1): 134 – 141.

[109] Chandler, D. (2014). Organizational Susceptibility to Institutional Complexity: Critical Events Driving the Adoption and Implementation of the Ethics and Compliance Officer Position. Organization Science, 25(6):1722 – 1743.

[110] Chang, R. M., Kauffman, R. J., & Kwon, Y. O. (2014). Under-

standing the Paradigm Shift to Computational Social Science in the Presence of Big Data. Decision Support Systems, 63(3): 67-80.

[111] Chanias, S. (2017). Mastering Digital Transformation: The Path of a Financial Services Provider towards a Digital Transformation Strategy. European Conference on Information Systems, 16-31.

[112] Chanias, S., Myers, M. D., & Hess, T. (2019). Digital Transformation Strategy Making in Pre-digital Organizations: The Case of a Financial Services Provider. The Journal of Strategic Information Systems, 28(1): 17-33.

[113] Chapman, A. J. (2002). A Framework for Transformational Change in Organizations. Leadership & Organization Development Journal, 23(1): 16-25.

[114] Chen, X., Wei, S., Davison, R. M., & Rice, R. E. (2019). How do Enterprise Social Media Affordances Affect Social Network Ties and Job Performance? Information Technology & People, 33(1), 361-388.

[115] Cheng, M. M., & Hackett, R. D. (2021). A Critical Review of Algorithms in HRM: Definition, Theory, and Practice. Human Resource Management Review, 31(1), 100698.

[116] Choi, M., & Ruona, W. (2011). Individual Readiness for Organizational Change and Its Implications for Human Resource and Organization Development. Human Resource Development Review, 10(1): 46-73.

[117] Christ, J. P., & Slowak, A. (2010). Why Blu-Ray vs. HD-DVD is not VHS vs. Betamax: The Co-Evolution of Standard-Setting Consortia. Social Science Electronic Publishing.

[118] Christopher, M., & Peck, H. (2004). The Five Principles of Supply Chain Resilience. Logistics Europe, 12: 16-21.

[119] Chung, G. H., Jing, D., & Jin, N. C. (2014). How do Employees Adapt to Organizational Change Driven by Cross-border M&As? A case in China. Journal of World Business, 49(1): 78-86.

[120] Clark, T. (1988). The Concept of a Marketing Crisis. Journal of the Academy of Marketing Science, 16(2): 43-48.

[121] Claudia, O. (2015). Business Models To Meet The Challenges Of The Global Economy. A Literature Review. Revista Economica, 67 (6): 127-146.

[122] Clayton, M. C., & Raynor, M. E. (2003). The Innovator's Solution. Journal of the American College of Radiology Jacr, 8(6): 382.

[123] Clement, V., & Rivera, J. (2017). From Adaptation to Transformation: An Extended Research Agenda for Organizational Resilience to Adversity in the Natural Environment. Organization & Environment, 30(4): 346-365.

[124] Clifton, J., Glasmeier, A., & Gray, M. (2020). When Machines Think for us: The Consequences for Work and Place. Cambridge Journal of Regions, Economy & Society, 13(1): 3-23.

[125] Clifton, N., Füzi, A., & Loudon, G. (2019). Co-working in the Digital Economy: Context, Motivations, and Outcomes. Futures, 102439.

[126] Clohessy, T., Acton, T., & Morgan, L. (2017). The Impact of Cloud-based Digital Transformation on ICT Service Providers' Strategies. Bled e-Conference, Bled, Slovenia, 111-126.

[127] Clulow, V. (2005). Futures Dilemmas for Marketers: Can Stakeholder Analysis Add Value? European Journal of Marketing, 39(9/10): 978-997.

[128] Cohen, J. E. (2015). Law for the Platform Economy. Social Science Electronic Publishing.

[129] Colbert, A., Yee, N., & George, G. (2016).The Digital Workforce and the Workplace of the Future. Academy of Management Journal, 59(3): 731-739.

[130] Collins, J.C., & Porras, J.I. (1994) Built to Last, Harper Business, New York, NY.

[131] Colvin, G. (2015). Humans Are Underrated: What High Achievers

Know That Brilliant Machines Never Will.

[132] Constantinides, P., Henfridsson, O., & Parker, G G. (2018). Introduction-Platforms and Infrastructures in the Digital Age. Information Systems Research, 29(2): 381 - 400.

[133] Conz, E., & Magnani, G. (2020). A Dynamic Perspective on the Resilience of Firms: A Systematic Literature Review and a Framework for Future Research. European Management Journal, 38(3): 400 - 412.

[134] Cook, D. (2020). The Freedom Trap: Digital Nomads and the Use of Disciplining Practices to Manage Work/Leisure Boundaries. Information Technology & Tourism, 22(3): 355 - 390.

[135] Correani, A., De Massis, A., Frattini, F., Petruzzelli, A. M., & Natalicchio, A. (2020). Implementing a Digital Strategy: Learning from the Experience of Three Digital Transformation Projects. California Management Review, 62(4): 37 - 56.

[136] Coutu, D. L. (2002). How Resilience Works. Harvard Business Review, 80(5): 46 - 50, 52, 55.

[137] Crossan, M. M., Lane, H. W., & White, R. E. (1999). An Organizational Learning Framework: From Intuition to Institution. Academy of Management Review, 24(3): 522 - 537.

[138] Cyert, R. M., & March, J. G. (1963). A Behaviour Theory of the Firm. Operation Research, 16(1): 84 - 89.

[139] Cynthia A., Lengnick-Hall et al. (2011). Developing a Capacity for Organizational Resilience through Strategic Human Resource Management. Human Resource Management Review. 21: 243 - 255.

[140] Daily, C. D., & Dalton, D. R. (1995). CEO and Director Turnover in Failing Firms: An Illusion of Change? Strategic Management Journal, 16(5): 393 - 400.

[141] Dalziell, E. P., Mcmanus, S. T. (2004). Resilience, Vulnerability, and Adaptive Capacity: Implications for System Performance. University of Canterbury Civil & Natural Resources Engineering.

[142] Damodaran, A. (2011). The Little Book of Valuation: How to Value a Company, Pick a Stock and Profit. Journal of Finance.

[143] David A. McEntire. (1970). Local Emergency Management Organizations. In Handbook of Disaster Research. Edited by Mcentire, D. A., Havidán Rodríguez, Quarantelli, E. L., & Dynes, R. R. Springer New York, 168 – 182

[144] De Bruyne, E., & Gerritse, D. (2018). Exploring the Future Workplace: Results of the Futures Forum Study. Journal of Corporate Real Estate, 20(3): 196 – 213.

[145] De Grip, A., Gerards, R., & Baudewijns, C. (2018). Do New Ways of Working Increase Work Engagement? Personnel Review, 47(2): 517 – 534.

[146] Dean, A., Carlisle, Y., & Baden-Fuller, C. (1999). Punctuated and Continuous Change: The UK Water Industry. British Journal of Management, 10(s1): 3 – 18.

[147] Demirkan, H., Spohrer, J. C., & Welser, J. J. (2016). Digital Innovation and Strategic Transformation. It Professional, 18(6): 14 – 18.

[148] Dery, K., Sebastian, I. M., & Van Der Meulen, N. (2017). The Digital Workplace is Key to Digital Innovation. MIS Quarterly Executive, 16(2): 135 – 152.

[149] Desjardine M, Bansal P, & Yang Y. (2019). Bouncing Back: Building Resilience through Social and Environmental Practices in the Context of the 2008 Global Financial Crisis. Journal of Management, 45(4): 1434 – 1460.

[150] Dew, N., Read, S., Sarasvathy, S. D., et al. (2009). Effectual Versus Predictive Logics in Entrepreneurial Decision-making: Differences between Experts and Novices. Journal of Business Venturing, 24(4): 287 – 309.

[151] Dimaggio, P. J., Powell, W. W. (1983). The Iron Cage Revisited: Institutional Isomorphism and Collective Rationality in Organiza-

tional Fields. American Sociological Review, 48(2): 147 - 160.

[152] Ding, G., Liu, H., Huang, Q., & Gu, J. (2019). Enterprise Social Networking Usage as a Moderator of the Relationship between Work Stressors and Employee Ceativity: A Multilevel Study. Information & Management, 56(8): 103165.

[153] Dittes, S., & Smolnik, S. (2019). Towards a Digital Work Environment: The Influence of Collaboration and Networking on Employee Performance within an Enterprise Social Media Platform. Journal of Business Economics, 89(8): 1215 - 1243.

[154] Donaldson, L. (1987). Strategy and Structural Adjustment to Regain Fit and Performance: In Defence of Contingency Theory. Journal of Management Studies, 24(1): 1 - 24.

[155] Donaldson, L. (2010). Organizational Portfolio Theory: Performance-driven Organizational Change. Contemporary Economic Policy, 18(4): 386 - 396.

[156] Downey, H. K., Hellriegel, D., & Slocum, J. W. (1975). Environmental Uncertainty: The Construct and Its Application. Administrative Science Quarterly, 20(4): 613 - 629.

[157] Duggan, J., Sherman, U., Carbery, R., & McDonnell, A. (2020). Algorithmic Management and App-work in the Gig Economy: A Research Agenda for Employment Relations and HRM. Human Resource Management Journal, 30(1): 114 - 132.

[158] Duncan, R. B. (1972). Characteristics of Organizational Environments and Perceived Environmental Uncertainty. Administrative Science Quarterly, 17(3): 313 - 327.

[159] Dutton, J. E., Frost, P. J., Worline, M. C., et al. (2002). Leading in Times of Trauma. Harvard business review, 80(1): 54 - 61,125.

[160] Eck, N. J. V., & Waltman, L. (2020). Vosviewer Manual. Netherland: Universiteit Leiden.

[161] Eggers, J. P., & Kaplan, S. (2013). Cognition and Capabilities: A Multi-level Perspective. The Academy of Management Annals, 7

(1): 295 - 340.

[162] Eisenbach, R., Watson, K., & Pillai, R. (2013). Transformational Leadership in the Context of Organizational Change. Journal of Organizational Change Management, 12(2): 80 - 89.

[163] Eisenhardt, B. (1997). The Art of Continuous Change: Linking Complexity Theory and Time-Paced Evolution in Relentlessly Shifting Organizations. Administrative Science Quarterly, 42(1): 1 - 34.

[164] Eisenhardt, K. M., & Martin, J. (2000). Dynamic Capabilities: What are they. Strategic Management Journal, 21(4): 1105 - 1121.

[165] Ensley, M. D., & Hmieleski, K. A. (2005). A Comparative Study of New Venture Top Management Team Composition, Dynamics and Performance between University-based and Independent Start-up. Research Policy, 34(7): 1091 - 1105.

[166] Erol, D.; Henry, B. S. (2010). Perspectives on Measuring Enterprise Resilience. In Proceedings of the 2010 IEEE International Systems Conference, San Diego, CA, USA, 5 - 8 April: 587 - 592.

[167] Erol, O., Sauser, B. J., & Mansouri, M. (2010). A Framework for Investigation into Extended Enterprise Resilience. Enterprise Information Systems, 4(2), 111 - 136.

[168] Evans, D. S., & Schmaleness, R. (2010). Failure to Launch: Critical Mass in Platform Business, Review of Network Economics, 9 (4): 1 - 26.

[169] Faraj, S., Pachidi, S., & Sayegh, K. (2018). Working and Organizing in the Age of the Learning Algorithm. Information & Organization, 28(1): 62 - 70.

[170] Ferreira, J., Coelho, A., & Moutinho, L. (2020). Dynamic Capabilities, Ceativity and Innovation Capability and their Impact on Competitive Advantage and Firm Performance: The Moderating Role of Entrepreneurial Orientation. Technovation, 92 - 93, 202061.

[171] Fiksel, J. (2006). A Framework for Sustainable Materials Manage-

ment. Journal of Materials, 58(8): 15 – 22.

[172] Filatotchev, I, & Toms, S. (2010). Corporate Governance and Financial Constraints on Strategic Turnarounds. Journal of Management Studies, 43: 407 – 433.

[173] Fitzgerald, M. (2016). General Motors Relies on IoT to Anticipate Customers' Needs. MIT Sloan Management Review, 57(4): 1 – 9.

[174] Fitzgerald, M., Kruschwitz, N., Bonnet, D., & Welch, M. (2014). Embracing Digital Technology: A New Strategic Imperative. MIT Sloan Management Review, 55(2): 1 – 12.

[175] Flammer, C., & Bansal, P. (2017). Does a Long-term Orientation Create Value? Evidence from a Regression Discontinuity. Strategic Management Journal, 38(9):1827 – 1847.

[176] Flynn, F. J., & Staw, B. M. (2004). Lend Me Your Wallets: The Effect of Charismatic Leadership on External Support for an Organization. Strategic Management Journal, 25:309 – 330.

[177] Foike, C., Carpenter, S., Elmqvist, T., et al. (2002). Resilience and Sustainable Development: Building Adaptive Capacity in a World of Transformations. Ambio, 31: 437 – 440.

[178] Ford, J. D., & Ford, L. W. (1995). The Role of Conversations in Producing Intentional Change in Organizations. Academy of Management Review, 20(3): 541.

[179] Forrester, J. W. (1997). Industrial Dynamics. Journal of the Operational Research Society, 48(10): 1037 – 1041.

[180] Fox, W. S., Boal, K. B., & Hunt, J. G. (1998). Organizational Adaptation to Institutional Change: A Comparative Study of First-order Change in Prospector and Defender Banks. Administrative Science Quarterly, 43: 87 – 126.

[181] Francis, J. D., & Desai, A. B. (2005). Situational and Organizational Determinants of Turnaround. Management Decision, 43(9): 1203 – 1224.

[182] Fredberg, T., & Pregmark, J. E. (2021). Organizational Transfor-

mation: Handling the Double-Edged Sword of Urgency. Long Range Planning, 2021, 102091.

[183] Freeman, S. F., Hirschhorn, L., & Triad, M. M. (2003). Moral Purpose and Organizational Resilience: Sandler o'neill & partners, Academy of Management Proceedings, 2003 ODC: B2-B6

[184] Freeman, S. F. & M. Maltz 2003. A Multi-level Analysis of Resilience: Situational Influences; Characteristic Practices, Attitudes and Skills. U Pennsylvania Center for Organizational Dynamics Working Paper.

[185] Frie Guidimann dman, T. L. (2007). The World Is Flat: A Brief History of the Twenty-First Century. International Journal, 9(1): 67 – 69.

[186] Friedman, T. L. (2007). The World Is Flat: A Brief History of the Twenty-First Century. International Journal, 9(1): 67 – 69.

[187] Frost, P. J., & Egri, C. P. (1991). The Political Process of Innovation. Research in Organizational Behavior, 13: 229 – 295.

[188] Gallopín, G. C. (2006). Linkages Between Vulnerability, Resilience, and Adaptive Capacity. Global Environmental Change, 16(3): 293 – 303.

[189] Gambrell, B., Steven, W., Stevens, & Craig, A. (1992). Moving Through the Three Phases of Organizational Change. Industrial Management, 34(4): 4 – 6.

[190] Gendron, M. S. (2015). Understanding Your Organization and Its Competitive Environment. John Wiley & Sons, Inc.

[191] Ghazzawi, I. (2018). Organizational Turnaround: A Conceptual Framework and Research Agenda. American Journal of Management, 17(7): 10 – 24.

[192] Ghoshal, S., Bartlett, C. A. (1996). Rebuilding Behavioral Context: A Blueprint for Corporate Renewal. MIT Sloan Management Review, 37(2): 141 – 161.

[193] Gibbs, M. T. (2009). Resilience: What is it and What Does it Mean

for Marine Policymakers?. Marine Policy, 33(2): 322 - 331.

[194] Gill, R. (2002). Change Management Or Change Leadership? Journal of Change Management, 3(4): 307 - 318.

[195] Gilley, A., McMillan, H. S., & Gilley, J. W. (2009). Organizational Change and Characteristics of Leadership Effectiveness. Journal of Leadership & Organizational Studies, 16(1): 38 - 47.

[196] Gilly, J. P., Kechidi, M., Talbot, D. (2014). Resilience of Organisations and Territories: The Role of Pivot Firms. European Management Journal, 32(4): 596 - 602.

[197] Gilsing, V., &Nooteboom, B. (2006). Exploration and Exploitation in Innovation Systems: The Case of Pharmaceutical Biotechnology. Research Policy, 35(1): 1 - 23.

[198] Gittell, J. H, Cameron, K., Lim, S, et al. (2006). Relationships, Layoffs, and Organizational Resilience: Airline Industry Responses to September 11. Journal of Applied Behavioral Science, 42(3): 300 - 329.

[199] Glikson, E., & Woolley, A. W. (2020). Human Trust in Artificial Intelligence: Review of Empirical Research. Academy of Management Annals, 14(2): 627 - 660.

[200] Gopinath, C. (1991). Turnaround: Recognizing Decline and Initiating Intervention. Long Range Planning, 24: 96 - 101.

[201] Gorman Erol, O., Sauser, B., & Mansouri, M. (2010). A Framework for Investigation into Extended Enterprise Resilience. Enterp Inf Syst, 4(2): 111 - 136.

[202] Gorman, C. The Importance of Resilience. Why Do Some Children Bounce Back from Adversity Better ThanOthers—and Can That Quality Be Taught? Available online: http://content. time. com/time/magazine/article/0,9171,1015897,00.html

[203] Grant,A. M., Parker, S., & Collins, C. (2010). Getting Credit for Proactive Behavior: Supervisor Reactions Depend on What you Value and How you Feel. Personnel Psychology, 62(1): 31 - 55.

[204] Gray, B., & Ariss, S. S. (1985). Politics and Strategic Change Across Organizational Life Cycles. Academy of Management Review, 10(4): 707 – 723.

[205] Greenwood,R. & Hinings, C. R. (1993). Understanding Strategic Change: The Contribution of Archetypes. The Academy of Management Journal, 36(5): 1052 – 1081.

[206] Greiner, L. E. (1997). Evolution and Revolution as Organizations Grow: A Company's Past Has Clues for Management that are Critical to Future Success. Family Business Review, 76(3): 55 – 63.

[207] Greiner, L. E. (1972). Evolution and revolution as organizations grow. Harvard Business Review, 50(4): July/August.

[208] Greve, A. (2007). A Behavioral Theory of the Firm – 40 years and Counting: Introduction and Impact. Organization Science, 18(3): 337 – 349.

[209] Griffin,M. A., & Grote, G. (2020). When Is More Uncertainty Better? A Model of Uncertainty Regulation and Effectiveness. The Academy of Management Review, 45(4) . doi: 10.5465/amr.2018. 0271.

[210] Grinyer, P. H., Mayes, D., & Mckiernan, P. (1990). The Sharpbenders: Achieving a Sustained Improvement in Performance. Long Range Planning, 23(1): 116 – 125.

[211] Grix, J. (2002). Introducing Students to the Generic Terminology of Social Research. Politics, 22(3): 175 – 186.

[212] Gruber, M. (2007). Uncovering the Value of Planning in New Venture Creation: A Process and Contingency Perspective. Journal of Business Venturing, 22(6): 782 – 807.

[213] Guenther, W. A., Mehrizi, M., Huysman, M., et al. (2017). Debating Big Data: A Literature Review on Realizing Value from Big Data. The Journal of Strategic Information Systems, 26(3): 191 – 209.

[214] Guidimann T. (2002). From recovery to resilience . The Banker,

3 - 6.

[215] Guinn, S. L. (1997). Change before You Have to: For CEOs Who Recognize the Need, the Tools Exist Now for Organizational Change. Career Development International, 2(5): 225 - 228.

[216] Guo, L., & Tang, C. (2017). Employees' Knowledge Searching in Professional Virtual Forums and in Teams: A Complement or Substitute? Computers in Human Behavior, 74: 337 - 345.

[217] Guo, X., Vogel, D., Cao, X., & Zhang, X. (2016). Exploring the Influence of Social Media on Employee Work Performance. Internet Research, 26(2): 529 - 545.

[218] Gutemberg Ribeiro, Ana Paula Mussi Szabo Cherobim. (2017). Environment and innovation: discrepancy between theory and research practice. Rai Revista De AdministraçãoE Inovao, 14(1): 30 - 40.

[219] Guznov, S., Lyons, J., Pfahler, M., Heironimus, A., Woolley, M., Friedman, J., & Neimeier, A. (2020). Robot Transparency and Team Orientation Effects on Human-Robot Teaming. International Journal of Human-Computer Interaction, 36(7): 650 - 660.

[220] Haffke, I., Kalgovas, B. J., & Benlian, A. (2016). The Role of the CIO and the CDO in an Organization's Digital Transformation. International Conference of Information Systems.

[221] Haimes, Y. Y. (2006). On the Definition of Vulnerabilities in Measuring Risks to Infrastructures. Risk Analysis, 26 (2): 293 - 296.

[222] Haimes, Y. Y. (2008). Risk Modeling, Assessment, and Management of Terrorism. John Wiley & Sons, Inc.

[223] Hajro, A. (2015). Organizational Schemata Change: The Role of Improvisational Learning Processes in Teams. Academy of Management Annual Meeting Proceedings, 15963 - 15963.

[224] Hambrick, D. C., & D'Aveni, R. A. (1988). Large Corporate Failures as Downward Spirals. Administrative Science Quarterly, 33(1): 1 - 23.

[225] Hambrick, D. C., & Schecter, S. M. (1983). Turnaround Strategies for Mature Industrial-product Business Units. Academy of Management Journal, 26: 231 – 248.

[226] Hamel, G. (2012). First, Let's Fire All the Managers (How a Company can Operate without Managers). Human Resource Management International Digest, 20(4) .

[227] Hannan, M. T., & Freeman, J. (1984). Structural Inertia and Organisational Change. American Sociological Review, 49(2): 149 – 164.

[228] Hannan, M. T., & Freeman, J. (1989). Organizational Ecology. Havard University Press.

[229] Hanson, S. (2013). Change Management and Organizational Effectiveness for the HR Professional. Cornell Hr Review, 2013 – 10 – 14: 1 – 8.

[230] Hartl, E., & Hess, T. (2017). The Role of Cultural Values for Digital Transformation: Insights from a Delphi Study. Proceedings of the 23rd Americas Conference on Information Systems (AMCIS 2017).

[231] Hauschild, S., & Knyphausen-Aufsess, D. Z. (2013). The Resource-based View of Diversification Success: Conceptual Issues, Methodological Flaws, and Future Directions. Review of Managerial Science, 7(3): 327 – 363.

[232] Hedberg, B. L. T., Nystrom, P. C., & Starbuck, W. H. (1976). Camping on Seesaws: Prescriptions for a Self-designing Organization. Administrative Science Quarterly, 38: 20 – 50.

[233] Heilig, L., & Schwarze, S. (2017). An Analysis of Digital Transformation in the History and Future of Modern Ports. Proceedings of the 50th Hawaii International Conference on System Sciences (HICSS 2017): 1341 – 1350.

[234] Helfat, C. E., & Raubitschek, R. S. (2018). Dynamic and Integrative Capabilities for Profiting from Innovation in Digital Platform-

based Ecosystems. Research Policy, 47(8): 1391 – 1399.

[235] Hempel, P. S., & Martinsons, M. G. (2009). Developing International Organizational Change Theory Using Cases from China. Human Relations, 62(4): 459 – 499.

[236] Hermann, C. F. (1972). International Crises: Insights from Behavioral Research. New York: Free Press.

[237] Herold, D. M., Fedor, D. B., & Caldwell, S. (2008). The Effects of Transformational and Change Leadership on Employees' Commitment to a Change: A Multilevel Study. Journal of Applied Psychology, 93(2):346 – 57.

[238] Hess, T., Matt, C., Benlian, A., Wiesbock, F. (2016). Options for Formulating a Digital Transformation Strategy. MIS Quarterly Executive, 15(2): 123 – 139.

[239] Hofer, C. W. (1989). Turnaround Strategies. Journal of Business Strategy, 1:19 – 31.

[240] Holling, C. S. (1973). Resilience and Stability of Ecological Systems. Annual Review of Ecology and Systematics, 4: 1 – 23.

[241] Hong, J., & Lee, J. (2017). The Role of Consumption-based Analytics in Digital Publishing Markets: Implications for the Creative Digital Economy. International Conference of Information Systems, 2017.

[242] Horlach, B., Drews, P., Schirmer, I., et al. (2017). Increasing the Agility of IT Delivery: Five Types of Bimodal IT Organization, Hawaii International Conference on System Sciences. 2017, 5420-5429.

[243] Horlacher, A., Klarner, P., & Hess, T. (2016). Crossing Boundaries: Organization Design Parameters Surrounding CDOs and Their Digital Transformation Activities. In: Americas Conference of Information Systems, San Diego, CA.

[244] Horne, J. F. (2017). The Coming of Age of Organizational Resilience. Business Forum, 22(2/3): 24 – 28.

[245] Horne, J.F. & Orr J.E. (1998) Assessing behaviors that create re-silient organizations[J]. Employment Relations Today, 24(4):29 - 39.

[246] Howitt, P., & Clower, H. R. (2000). The Emergence of Economic Organization. Journal of Economic Behavior & Organization, 41 (1): 55 - 84.

[247] Hu, Y., Li, J.,& Holloway, E. L. (2008). Towards Modeling of Resilience Dynamics in Manufacturing Enterprises. Literature Review and Problem Formulation. Fourth IEEE Conference on Automation Science and Engineering, Washington DC: IEEE.

[248] Huang, J., Henfridsson, O., Liu, M. J., et al. (2017). Growing on Steroids: Rapidly Scaling the User Base of Digital Ventures through Digital Innovation. Mis Quarterly, 41(1): 301 - 314.

[249] Huber, G. P. (1991). Organizational Learning: The Contributing Processes and the Literatures. Organization Science, 2(1): 88 - 115.

[250] Hunt, B. (1980). Managers of Change: Why they are in Demand. Advanced Management Journal, 45(1): 40 - 44.

[251] Hunt, S. D., & Morgan, R. M. (1995). The Comparative Advantage Theory of Competition. Journal of Marketing, 59(2): 1 - 15.

[252] Hwang, P., & Lichtenthal, J. D. (2010). Anatomy of Organizational Crises. Journal of Contingencies & Crisis Management, 8 (3):129 - 140.

[253] Igielski, M. (2015). Management System of Knowledge Workers in the Contemporary Enterprise. Working Papers, (4):1121 - 1204.

[254] Indriastuti,D., & Fachrunnisa, O. (2020). Achieving Organizational Change: Preparing Individuals to Change and their Impact on Performance. Public Organization Review, 6: 1 - 15.

[255] Ishak, A. W., & Williams, E. A. (2018). A Dynamic Model of Organizational Resilience: Adaptive and Anchored Approaches. Corporate Communications: An International Journal, 23(2): 180 - 196.

[256] Ivanov, D. (2020). Viable Supply Chain Model: Integrating Agili-

ty, Resilience and Sustainability Perspectives—Lessons from and Thinking beyond the COVID – 19 Pandemic. Annals of Operations Research, 1 – 21. doi: 10.1007/s10479 – 020 – 03640 – 6.

[257] Iwi, D., Watson, J., Barber, P., et al. (1998). The Self-reported Well-being of Employees Facing Organizational Change: Effects of an Intervention. Occupational Medicine,48(6): 361 – 368.

[258] Jacobs, G., Witteloostuijn, A. V., & Christe-Zeyse, J. (2013). A Theoretical Framework of Organizational Change. Journal of Organizational Change Management, 26(5): 772 – 792.

[259] Jalagat, R. (2016). The Impact of Change and Change Management in Achieving Corporate Goals and Objectives: Organizational Perspective. International Journal of Science and Research (IJSR 2016), 5(11):1233 – 1239.

[260] James, M., & Simon, H. (1958). Organizations. New York: John Wiley & Sons, Inc.

[261] Jamrog, J. & Mecann, J. E. (2016). Agility and Resilience in the Face of Continuous Change: A Global Study of Current Trends and Future Possibilities, 2006 – 2016. American Management Association.

[262] Jansson, N. (2013). Organizational Change as Practice: A Critical Analysis. Journal of Organizational Change Management, 26 (6): 1003 – 1019.

[263] Jaros, S. (2010). Commitment to Organizational Change: A Critical Review. Journal of Change Management, 10(1): 79 – 108.

[264] Jeong, I., & Shin, S. J. (2019). High-Performance Work Practices and Organizational Creativity during Organizational Change: A Collective Learning Perspective. Journal of Management, 45(7): 909 – 925.

[265] Jick, T. (1995). Accelerating Change for Competitive Advantage. Organizational Dynamics, 24(1): 77 – 82.

[266] Johnson, G. (1987). Strategic Change and the Management Process.

Strategic change and the management process, Blackwell, Oxford.

[267] Judson, A. S. (1991). Changing Behavior in Organizations: Minimizing Resistance to Change. Cambridge: Blackwell.

[268] Kahn, W. A., Barton, M. A., & Fisher, C, M. (2018). The Geography of Strain: Organizational Resilience as a Function of Intergroup Relations. Academy of Management Review, 43(3): 509 - 529.

[269] Kaivo-Oja, J., Roth, S., & Westerlund, L.(2017). Futures of robotics, Human Work in Digital Transformation. International Journal of Technology Management, 73(4): 176 - 205.

[270] Kane, G. C. (2017). Digital Maturity, not Digital Transformation. MIT Sloan Management Review, April 04: 1 - 32.

[271] Kane, G. C. (2017). The Evolutionary Implications of Social Media for Organizational Knowledge Management. Information & Organization, 27(1): 37 - 46.

[272] Kane, G. C., Phillips, A. N., Copulsky, J., & Andrus, G. (2019). How Digital Leadership is not Different. MIT Sloan Management Review, 60(3): 34 - 39.

[273] Kanter, R. M., Stein, B., & Jick, T. D. (1992). The Challenge of Organizational Change: How Companies Experience It and Leaders Guide It. New York: Free Press.

[274] Kantur, D., & Iseri-Say, A. (2012). Organizational Resilience: A Conceptual Integrative Framework. Journal of Management & Organization, 18(6): 762 - 773.

[275] Kaplan, S. (2011). Research in Cognition and Strategy: Reflections on Two Decades of Progress and a Look to the Future. Journal of Management Studies, 48(3): 665 - 695.

[276] Karagiannaki, A., Vergados, G., & Fouskas, K. (2017). The Impact of Digital Transformation in the Financial Services Industry: Insights from a pen Innovation Initiative in Fintech in Greece. Mediterranean Conference of Information Systems.

[277] Karim, A., & Kathawala, Y. (2005). The Experience of Manufac-
turing Firms with the Implementation of Different Production Phi-
losophies: A United States Survey. International Journal of Man-
agement, 22(3): 65 - 351.

[278] Karimi, J., & Walter, Z. (2015). The Role of Dynamic Capabilities
in Responding to Digital Disruption: A Factor-Based Study of the
Newspaper Industry. Journal of Management Information Systems,
32(1):39 - 81.

[279] Karman, A. (2020). Flexibility, Coping Capacity and Resilience of
Organizations: Between Synergy and Support. Journal of Organiza-
tional Change Management,33(5): 883 - 907.

[280] Karsten, L., Keulen, S., Kroeze, R., et al. (2009). Leadership
Style and Entrepreneurial Change. Journal of Organizational Change
Management, 22(1): 73 - 91.

[281] Katz, D., & Kahn, R L. (1966). Organizations and the System
Concept. The Social Psychology of Organizations 1: 14 - 29.

[282] Kavadias, S., Ladas, K., & Loch, C. (2016). The Transformative
Business Model. Harvard Business Review, 94: 96 - 98.

[283] Kellogg, K. C., Valentine, M. A., & Christin, A. (2020). Algo-
rithms at Work: The New Contested Terrain of Control. Academy
of Management Annals, 14(1): 366 - 410.

[284] Kesner, I. F., & Dan, R. D. (1994). Top Management Turnover
and CEO Succession: An Investigation Of The Effects Of Turnover
On Performance. Journal of Management Studies, 31: 701 - 713.

[285] Khan, N. A., & Khan, A. N. (2019). What Followers are saying a-
bout Transformational Leaders Fostering Employee Innovation via
Organizational Learning, Knowledge Sharing and Social Media Use
in Public Organizations? Government Information Quarterly,
36(4), 101391.

[286] Khandwalla, P. N. (1972). Organization and Environment and its
Impact on the Organization. International Studies of Management &

Organization, 2(3): 297 – 313.

[287] Kim, J. Y., & Miner, A. S. (2009). Organizational Learning from Extreme Performance Experience: The Impact of Success and Recovery Experience. Organization Science, 20(6): 958 – 978.

[288] Kim, S., Wang, Y., & Boon, C. (2021). Sixty Years of Research on Technology and Human Resource Management: Looking back and Looking forward. Human Resource Management, 60(1): 229 – 247.

[289] King, D. D., Newman, A., & Luthans, F. (2016). Not if, but When We Need Resilience in the Workplace .Journal of organizational behavior, 37(5): 782 – 786.

[290] Kloster, M.(2005). Analysis of Evolution through Competitive Selection. Physical Review Letters, 95(16): 168701.

[291] Knight, H. F. (2013). Risk, Uncertainty and Profit. Vernon Press Titles in Economics, (4): 682 – 690.

[292] Kohli, R, & Johnson, S. (2011). Digital Transformation in Latecomer Industries: CIO and CEO Leadership Lessons from Encana Oil & Gas (USA) Inc. Mis Quarterly Executive, 10(4): 141 – 156.

[293] Kotter, J. P. (1995). Leading Change: Why Transformation Efforts Fail. Harvard Business Review, 35(3): 42 – 48.

[294] Kotter, J. P., & Schlesinger, L. A. (1979). Choosing Strategies for Change. Harvard Business Review, 57(2): 106 – 14.

[295] Kretschmer, T., & Khashabi, P. (2020). Digital Transformation and Organization Design: An Integrated Approach. California Management Review, 62(4): 86 – 104.

[296] Kuhn T S. (2012). The Structure of Scientific Revolutions. Chicago: University of Chicago Press.

[297] Kumar,V., Ramachandran, D., & Kumar, B. (2020). Influence of New-age Technologies on Marketing: A Research Agenda. Journal of Business Research, 125: 864 – 877.

[298] Kunitz, S. J. (2002). Holism and the Idea of General Susceptibility

to Disease. International Journal of Epidemiology, (4): 722 – 9.

[299] Kuntz, J., Malinen, S., & K Näswall. (2017). Employee Resilience: Directions for Resilience Development. Consulting Psychology Journal Practice & Research, 69(3): 223 – 242.

[300] Kwasnicki, W. (2013). Logistic Growth of the Global Economy and Competitiveness of Nations. Technological Forecasting & Social Change, 80(1): 50 – 76.

[301] Kwayu, S., Abubakre, M., & Lal, B. (2020). The Influence of Informal Social Media Practices on Knowledge Sharing and Work Processes within Organizations. International Journal of Information Management, 102280.

[302] Labaka, L., Hernantes, J., & Sarriegi, J. M. (2015). Resilience Framework for Critical Infrastructures: An Empirical Study in a Nuclear Plant. Reliability Engineering & System Safety, 141:92 – 105.

[303] Larson, L., & DeChurch, L. A. (2020). Leading Teams in the Digital Age: Four Perspectives on Technology and What They Mean for Leading Teams. The Leadership Quarterly, 31(1), 101377.

[304] Laumann, E. O., Marsden, P. V., & Prensky, D. (1983). The Boundary Specification Problem in Network Analysis. In Applied Network Analysis. Eds. By Burt Ronald, & Monor, M., Sage Publications Ltd., Beverly Hills, California, 18 – 24.

[305] Laurell, C., & Sandstrm, C. (2020). Digitalization and the Future of Management Learning: New Technology as an Enabler of Historical, Practice-oriented, and Critical Perspectives in Management Research and Learning. Management Learning, 51(1): 89 – 108.

[306] Lee, A. V., Vargo, J., & Seville, E. (2013). Developing a Tool to Measure and Compare Organizations' Resilience. Natural Hazards Review, 14(1):29 – 41.

[307] Lee, S. M., & Lee, D. H. (2021). Oppportunities and Challenges for Contactless Healthcare Services in the Post-COVID – 19 Era.

Technological Forecasting and Social Change, 167(4): 120712.

[308] Lee, Y., & Kim, K. H. (2020). De-motivating Employees' Negative Communication Behaviors on Anonymous Social Media: The Role of Public Relations. Public Relations Review, 46(4), 101955.

[309] Legner, C., Eymann, T., Hess, T., Matt, C., Böhmann, T., Drews, P., Mädche, A., Urbach, N., Ahlemann, F.(2017). Digitalization: opportunity and challenge for the business and information systems engineering community. Bus. Inform. Syst. Eng. 59 (4), 301 – 308.

[310] Lengnick-Hall, C. A., & Beck, T. E. (2003). Beyond Bouncing Back: The Concept of Organizational Resilience. Academy of Management Proceedings, Organization & Management Theory Conference Paper.

[311] Lengnick-Hall, C. A., & Beck, T. E. (2005). Adaptive Fit Versus Robust Transformation: How Organizations Respond to Environmental Change. Journal of Management, 31(5):738 – 757.

[312] Lengnick-Hall, C. A., Beck, B. E., & Lengnick-Hall, M. L. (2011). Developing a Capacity for Organizational Resilience through Strategic Human Resource Management. Human Resource Management Review, 21: 243 – 255.

[313] Lent, R. W. (2018). Future of Work in the Digital World: Preparing for Instability and Opportunity. Career Development Quarterly, 66(3): 205 – 219.

[314] Levinthal, D. A., & March, J. G. (1993). The Myopia of Learning. Strategic Management Journal, 14(S2): 95 – 112.

[315] Levy, A. (1986). Second-order Planned Change: Definition and Conceptualization. Organizational Dynamics, 15(1): 5 – 23.

[316] Lewin, A. Y., & Volberda, H. W. (1999). Prolegomena on Coevolution: A Framework for Research on Strategy and New Organizational Forms. Organization Science, 10(5): 519 – 534.

[317] Lewin, A. Y., Weigelt, C. B., & Emery, J. D. (2004). Adaptation

and Selection in Strategy and Change-perspectives on Strategic Change in Organizations. Handbook of Organizational Change and Innovation. New York: Oxford University Press, 108 – 149.

[318] Lewin, K. (1947). Frontiers in Group Dynamics i: Concept, Method and Reality in Social Science; Social Equilibria and Social Change. Human Relations, 1(1):5 – 41.

[319] Lewin, K. (1947). Frontiers in Group Dynamics ii. Channels of Group life; Social Planning and Action Research. Human Relations, 1(2):143 – 153.

[320] Lewin, R., Parker, T., & Regine, B. (2015). Complexity Theory and the Organization: Beyond the Metaphor. Complexity, 3(4): 36 – 40.

[321] Lewis, M. W., Andriopoulos, C., & Smith, W. K. (2014). Paradoxical Leadership to Enable Strategic Agility. California Management Review, 56(3): 58 – 77.

[322] Lewis, V.& Churchill, N. (1983). The Five Stages of Small Business Growth. Harvard Business Review, 61(3): 30 – 50.

[323] Leyer, M., & Schneider, S. (2021). Decision Augmentation and Automation with Artificial Intelligence: Threat or opportunity for managers? Business Horizons, (3)

[324] Li, J. Y., Sun, R., Tao, W., & Lee, Y. (2021). Employee Coping with Organizational Change in the Face of a Pandemic: The Role of Transparent Internal Communication. Public Relations Review, 47(1), 101984.

[325] Li, J., Bonn, M. A., & Ye, B. H. (2019). Hotel Employee's Artificial Intelligence and Robotics Awareness and its Impact on Turnover Intention: The Moderating Roles of Perceived Organizational Support and Competitive Psychological Climate. Tourism Management, 73: 172 – 181.

[326] Li, L., Su, F., Zhang, W., et al. (2018). Digital Transformation by SME Entrepreneurs: A Capability Perspective. Information Sys-

tems Journal, 28(6): 1129 – 1157.

[327] Lichtenstein, B. B., Dooley, K. J., & Lumpkin, G. T. (2006). Measuring Emergence in the Dynamics of New Venture Creation. Journal of Business Venturing, 21(2): 153 – 175.

[328] Lichtenstein, B. M. B., & Brush, C. G. (2001). How Do "Resource Bundles" Develop and Change In New Ventures? A Dynamic Model and Longitudinal Exploration. Entrepreneurship Theory and Practice, 25(3), 37 – 58.

[329] Liere-Netheler, K., Packmohr, S., & Vogelsang, K. (2018). Drivers of Digital Transformation in Manufacturing. Hawaii International Conference on System Sciences, 2018, 3926 – 3935.

[330] Limnios, E. M., Mazzarol, T., & Ghadouani, A. (2014). The Resilience Architecture Framework: Four Organizational Archetypes. European Management Journal, 32(1): 104 – 116.

[331] Linnenluecke, M. K. (2017). Resilience in Business and Management Research: A Review of Influential Publications and a Research Agenda. International Journal of Management Reviews, 19(1): 4 – 30.

[332] Linnenluecke, M. K., & Griffiths, A. (2010). Beyond Adaptation: Resilience for Business in Light of Climate Change and Weather Extremes. Business & Society, 49(3): 477 – 511.

[333] Linnenluecke, M. K., Griffiths, A., & Winn, M. (2012). Extreme Weather Events and the Critical Importance of Anticipatory Adaptation and Organizational Resilience in Responding to Impacts. Business Strategy and the Environment, 21(1): 17 – 32.

[334] Lippman, S. A., & Rumelt, R. P. (1982). Uncertain Imitability: An Analysis of Interfirm Differences in Efficiency under Competition. The Bell Journal of Economics, 13(2): 418 – 438.

[335] Lipshitz, R., Strauss, O. (1997). Coping with Uncertainty: A Naturalistic Decision-Making Analysis. Organizational Behavior & Human Decision Processes, 69(2): 149 – 163.

[336] Lobova, S. V., Alekseev, A. N., Sadovnikova, N. A., & Litvinova, T. N. (2020). Labor Division and Advantages and Limits of Participation in Creation of Intangible Assets in Industry 4.0: Humans Versus Machines. Journal of Intellectual Capital, 21(4): 623 – 638.

[337] Lohrke, F., & Bedeian, A. (1998). Managerial Responses to Declining Performance: Turnaround Investment Strategies and Critical Contingencies. Turnaround research: Past accomplished and future, 1998: 3 – 20.

[338] Loonam, J., Eaves, S., Kumar, V., et al. (2017). Towards Digital Transformation: Lessons learned from Traditional Organisations. Strategic Change, 27(2): 101 – 109.

[339] Luecke, R., & Booksx, I. (2003). Managing Change and Transition. Harvard Business School Press.

[340] Luthans, F., & Youssef, C. A. (2007). Emerging Positive Organizational Behavior. Journal of Management, 33(3): 321 – 349.

[341] Luthans, F., Norman, S. M., Avolio, B. J., et al. (2008). The Mediating Role of Psychological Capital in the Supportive Organizational Climate—Employee Performance Relationship. Journal of Organizational Behavior, 29(2): 219 – 238.

[342] Luthans, F., Vogelgesang, G. R., & Lester, P. B. (2016). Developing the Psychological Capital of Resiliency. Human Resource Development Review, 5(1): 25 – 44.

[343] Lutz, C., Bucher, E., & Fieseler, C. (2019). Mattering in DigitalLabor. Journal of Managerial Psychology, 34(4): 307 – 324.

[344] Lutz, S., Schneider, F. M., & Vorderer, P. (2020). On the Downside of Mobile Communication: An Experimental Study about the Influence of Setting-inconsistent Pressure on Employees' Emotional Well-being. Computers in Human Behavior, 105, 106216.

[345] Ma, H., & Hou, H. (2020). Ecosystem strategy: Who should Adopt it and How? Organizational Dynamics, 2020, 100805

[346] Mack, O., Khare, A., Krämer, A., & Burgartz, T. (2016). Managing in a VUCA World. Springer International Publishing, 129(5): 1322 - 1329.

[347] Madhavan, P., & Wiegmann, D. A. (2007). Similarities andDifferences between Human-human and Human-automation Trust: An Integrative Review. Theoretical Issues in Ergonomics Science, 8(4): 277 - 301.

[348] Madni, A. M., & Jackson, S. (2009). Towards a Conceptual Framework for Resilience Engineering. IEEE Systems Journal, 3 (2):181 - 191.

[349] Maitlis,S., & Christianson, M. (2014). Sensemaking in Organizations: Taking Stock and Moving Forward. The Academy of Management annals, 8(1): 57 - 125.

[350] Majumdar, D., Banerji, P. K., & Chakrabarti, S. (2018). Disruptive Technology and Disruptive Innovation: Ignore at your Peril! Technology Analysis & Strategic Management, 30 (11): 1247 - 1255.

[351] Makhecha, U. P., Gouda, S. K., & Shaik, F. F. (2020). Work andNon-work Identities in Global Virtual Teams. International Journal of Manpower, 42(1): 51 - 78.

[352] Makinen, S. J., & Dedehayir, O. (2012). Business Ecosystem Evolution and Strategic Considerations: A Literature Review, International Ice Conference on Engineering. IEEE, 2012.

[353] Mallak, L. (1998). Putting Organizational Resilience to Work. Industrial management, 40(6): 8 - 13.

[354] Mallak, L. A. (1999). Toward a Theory of Organizational Resilience. IEEE.

[355] Mäntymäki, M., Baiyere, A., & Islam, A. K. M. N. (2019). DigitalPlatforms and the Changing Nature of Physical Work: Insights from Ride-hailing. International Journal of Information Management, 49: 452 - 460.

[356] March, J. G. (1991). Exploration and Exploitation in Organizational Learning. Organization Science, 2(1): 71 - 87.

[357] Margiono, A. (2020). Digital Transformation: Setting the Pace. Journal of Business Strategy, 42(5): 315 - 322.

[358] Marquis, J., Gel, E. S., Fowler, J. W., Köksalan, M., Korhonen, P., & Wallenius, J. (2015). Impact of Number of Interactions, Different Interaction Patterns, and Human Inconsistencies on Some Hybrid Evolutionary Multiobjective Optimization Algorithms. Decision Sciences, 46(5): 981 - 1006.

[359] Marwell, G., & Oliver, P. E. (1991). A Theory of the Critical Mass. Disziplin und Kreativität..

[360] Matt, C., Hess, T. & Benlian, A.(2015). Digital Transformation Strategies. Business & Information Systems Engineering, 57(5): 339 - 343.

[361] McCarthy, J., Canziani, O. F., Leary, N. A., Dokken, D. J., & White, K. S. (2001). Climate Change 2001: Impacts, Adaptation and Vulnerability. Cambridge: Cambridge University Press.

[362] Mcconnel, J. J., Denis, D. J. (2015). Corporate Restructuring. Caring, 34(9): 60 - 61.

[363] McDonald, N. (2006) Organizational Resilience and Industrial Risk. In Resilience Engineering: Concepts and Precepts; Hollnagel, E., Woods, D. D., Leveson, N., Eds.; Ashgate: Hampshire, UK: 155 - 179.

[364] Mcfarland, V. (2016). Organizational Culture & Change. Social Science Electronic Publishing.

[365] Mcginnis, D. (2015). Employee and Leadership Beliefs about the Reasons Organizational Change Initiatives Fail Despite over 50 years of Research. Dissertations & Theses - Gradworks.

[366] Mcmanus, J., Li, M, & Moitra, D. (2007). China and India: Opportunities and Threats for the Global Software Industry. Chandos Publishing (Oxford), 19 - 36.

[367] Mcmanus, S., Seville, E., Vargo, J., et al. (2008). Facilitated Process for Improving Organizational Resilience. Natural Hazards Review, 9(2): 81-90.

[368] Meijerink, J., & Keegan, A. (2019). Conceptualizing Human Resource Management in the Gig Economy. Journal of Managerial Psychology, 34(4); 214-232.

[369] Men, L. R., O'Neil, J., & Ewing, M. (2020). Examining theEffects of Internal Social Media Usage on Employee Engagement. Public Relations Review, 46(2), 101880.

[370] Metcalfe, B. (2013). Metcalfe's Law after 40 Years of Ethernet. Computer, 46(12): 26-31.

[371] Mikalef, P., & Gupta, M. (2021). Artificial Intelligence Capability: Conceptualization, Measurement Calibration, and Empirical Study on its Impact on Organizational Creativity and Firm Performance. Information & Management, 58(3), 103434.

[372] Milburn, T. W., Schuler, R. S, & Watman, K. H. (1983). Organizational Crisis. Part II: Strategie and Responses. Human Relations, 36(12): 1161-1180.

[373] Milburn, T. W., Schuler, R. S., & Watman, K. H. (1983). Organizational Crisis. Part I: Definition and Conceptualization. Human Relations, 36(12):1141-1160.

[374] Miles, R. E, Snow, C. C., Meyer, A. D., et al. (1978). Organizational Strategy, Structure, and Process. McGraw-Hill.

[375] Miner, A. S., & Mezias, S. J. (1996). Ugly Duckling No More: Pasts and Futures of Organizational Learning Research. Organization Science, 7(1): 88-99.

[376] Minnema, D., & Helfrich, M. (2016). A Susceptibility Model for Organizational Accidents. Advances in Safety Management and Human Factors. In Advances in Safety Management and Human Factors: Proceedings of the AHFE 2016 International Conference on Safety Management and Human Factors (Edited by Arezes).

Springer Publishing Company, Incorporated. 14 – 23.

[377] Minolli, C. B. (2005). Empresas Resilientes Algunas Ideas Para Construirlas. Temas Manag, 3: 20 – 25.

[378] Mirzaei, A. H., & Soleimani, M. (2021). Examining the Effects of Digital Technology Expansion on Unemployment: A Cross-sectional Investigation. Technology in Society, 64, 101495.

[379] Mishna, F., Bogo, M., Root, J., Sawyer, J.L., & Khoury-Kassabri, M. (2012). "It ust crept in": The Digital Age and Implications for Social Work Practice. Clinical Social Work Journal, 40(3): 277 – 286.

[380] Mitroff, I. I., Shriwastava, P., & Udwadia, F. E. (1987). Effective Crisis Management. Academy of Management Executive, 1(4): 283 – 292

[381] Mohammad, J., Thurasamy, R., Quoquab, F., & Halimah, S. (2019). Workplace Internet Leisure and Employees' Productivity. Internet Research, 29(4): 725 – 748.

[382] Moore, A. (2011). The Long Sentence: A Disservice to Science in the Internet Age. Bioessays, 33(12): 893 – 893.

[383] Morakanyane, R., Grace, A. A.,&O'Reilly, P. (2017). Conceptualizing Digital Transformation in Business Organizations: A Systematic Review of Literature. Bled e-Conference, Bled, Slovenia, 427 – 444.

[384] Moran, J. W., & Brightman, B. K. (2001). Leading Organizational Change. Career Development International, 6(2): 111 – 119.

[385] Morrow, J. J. L., Sirmon, D. G., Hitt, M. A., & Holcomb, T. R. (2007). Creating Value in the Face of Declining Performamnce: Firm Strategies and Organizational Recovery. Strategic Management Journal, 28: 271 – 283.

[386] Mosadeghrad, A. M. (2014). Why Do Organizational Change Programmes Fail? International Journal of Strategic Change Management, 5(3): 189 – 218.

[387] Muindi, F., & K'Obonyo, P. (2015). Quality of Work life, Personality, Job Satisfaction, Competence, and Job performance: A Critical Review of Literature. European Scientific Journal, 11(26): 223 – 240.

[388] Nadkarni, S., & Narayanan, V. K. (2007). Strategic Schemas, Strategic Flexibility, and Firm Performance: The Moderating Role of Industry Clockspeed. Strategic Management Journal, 28(3): 243 – 270.

[389] Nadler, D. A., & Tushman, M. L. (1990). Beyond the Charismatic Leader: Leadership and Organizational Change. California Management Review, 32(2): 77 – 97.

[390] Nankervis, A., Connell, J., Cameron, R., Montague, A., & Prikshat, V. (2021). 'Are we there yet?' Australian HR Professionals and the Fourth Industrial Revolution. Asia Pacific Journal of Human Resources, 59(1): 3 – 19.

[391] Narayanan Lewin, K. (1947). Frontiers in Group Dynamics i: Concept, Method and Reality in Social Science; Social Equilibria and Social Change. Human Relations, 1(1):5 – 41.

[392] Narayanan, V., & Fahey, L. (1994). Macro-environmental Analysis: Understanding the Environment Outside the Industry. The Portable MBA in Strategy, 2nd edition, 189 – 214.

[393] Näswall, K., Burt, C. D. B., Pearce, M., & Arezes, P. (2015). The Moderating Effect of Control over Work Scheduling and Overtime on the Relationship between Workload Demands and Perceived Job Risk. Work, 51(3): 571.

[394] Naswall, K., Kuntz, J., & Malinen, S. (2015). Employee resilience scale (EmpRes): Measurement Properties. Resilient Organisations Research Report 2015/04. Christchurch, New Zealand: Resilient Organizations.

[395] Nelson, R. R., & Winter, S. G. (1982). An Evolutionary Theory of Economic Behavior and Capabilities. Harvard University Press,

14.

[396] Nelson, R. R., Winter, S. G., Becker, M. C., & Lazaric, N. (2005). Applying Organizational Routines in Understanding Organizational Change. Industrial and Corporate Change, 14(5): 775 - 791.

[397] Neupane, B., Yarger, L., & Cobb Payton, F. (2019). Algorithmic Equity in the Hiring of Underrepresented IT Job Candidates. Online Information Review, 44(2): 383 - 395.

[398] Newell, S., & Marabelli, M. (2015). Strategic Opportunities (and challenges) of Algorithmic Decision-making: A Call for Action on the Long-term Societal Effects of 'datification'. The Journal of Strategic Information Systems, 24(1): 3 - 14.

[399] Newman, M. E. J. (2005). Power laws, Pareto Distributions and Zipf's Law. Contemporary Physics, 46 (5): 323 - 351.

[400] Norman, Z. (2015). Reflection on Organization Theory: Connecting General System Theory to Open Systems Theory. Social Science Electronic Publishing.

[401] Nwankpa, J. K., & Roumani, Y. (2016). IT Capability and Digital Transformation: A Firm Performance Perspective. In: International Conference of Information Systems, Dublin, Ireland.

[402] Nyagiloh, K. A., & Kilika, J. M. (2020). Theoretical Review of Turnaround Strategy and its Organizational Outcomes. Social Science Electronic Publishing, 13(2): 13 - 34.

[403] Oberländer, M., Beinicke, A., & Bipp, T. (2020). Digital Competencies: A Review of the Literature and Applications in the Workplace. Computers & Education, 146, 103752.

[404] OCDE. (2014). The Digital Economy, New Business Models and Key Features// Addressing the Challenges of the Digital Economy. OECD Publishing, Paris: 69 - 97.

[405] Oldham, G. R., & Da Silva, N. (2015). The Impact of Digital Technology on the Generation and Implementation of Creative Ideas

in the Workplace. Computers in Human Behavior, 42: 5 – 11.

[406] Oldham, G. R., & Fried, Y. (2016). Job Design Research and Theory: Past, Present and Future. Organizational Behavior and Human Decision Processes, 136: 20 – 35.

[407] Olfat, M., Shokouhyar, S., Sedaghat, A., Khosravi, P., & Rezvani, A. (2019). The Influence of Organisational Commitment on Employees' Work-related Use of Online Social Networks. International Journal of Manpower, 41(2): 168 – 183.

[408] Oliver, P, E., Marwell, G, & Teixeira, R. (1985). A Theory of the Critical Mass: I. Interdependence, Group Heterogeneity, and the Production of Collective Action. American Journal of Sociology, 91(3): 522 – 556.

[409] Oliver, P. E., Marwell, G. (1988). The Paradox of Group Size in Collective Action: A Theory of the Critical Mass. II. American Sociological Review, 53(1): 1 – 8.

[410] Olsson, A. K., & Bernhard, I. (2020). Keeping up thePace of Digitalization in Small Businesses-Women Entrepreneurs' Knowledge and Use of Social Media. International Journal of Entrepreneurial Behavior & Research, 27(2): 378 – 396.

[411] O'Neill, H. M. (1986). An Analysis of the Turnaround Strategy in Commercial Banking. Journal of Management Studies, 23(2): 165 – 188.

[412] Oreg, S, Vakola, S., & Armenakis, A. (2011). Change Recipients' Reactions to Organizational Change: A 60-year Review of Quantitave Studies. The Journal of Applied Behavioral Science, 47(4): 461 – 524.

[413] Oreg, S., & Berson, Y. (2019). Leaders' Impact on Organizational Change: Bridging Theoretical and Methodological Chasms. The Academy of Management annals, 13(1): 272 – 307.

[414] Ortiz-de-mandojana,N., & Bansal, P. (2016). The Long-term Benefits of Organizational Resilience through Sustainable Business Prac-

tices. Strategic Management Journal, 37(8): 1615 – 1631.

[415] O'Shaughnessy, J. (1964). The Enterprise and its Environment, a System Theory of Management Organization. Journal of the Operational Research Society, 15(2): 152 – 155.

[416] Paavola, R., Hallikainen, P., & Elbanna, A. (2017). Role of Middle Managers in Modular Digital Transformation: The case of SERVU, European Conference of Information Systems. 2017.

[417] Parastuty, Z., Schwarz, E. J., Breitenecker, R. J., et al. (2015). Organizational Change: A Review of Theoretical Conceptions that Explain How and Why Young Firms Change. Review of Managerial Science, 9(2):241 – 259.

[418] Park, Y., Fritz, C., & Jex, S. M. (2018). Daily Cyber Incivility and Distress: The Moderating Roles of Resources at Work and Home. Journal of Management, 44(7): 2535 – 2557.

[419] Parry, K., Cohen, M., & Bhattacharya, S. (2016). Rise of the Machines. Group & Organization Management, 41(5): 571 – 594.

[420] Patricia, S., & Medina, S. (2020). Organizational Capability for Change and Performance in Artisanal Businesses in Mexico. Journal of Organizational Change Management, 33(2): 415 – 431.

[421] Pee, L. G., Pan, S. L., & Cui, L. (2019). Artificial Intelligence in Healthcare Robots: A Social Informatics Study of Knowledge Embodiment. Journal of the Association for Information Science & Technology, 70(4): 351 – 369.

[422] Penrose, E. (1959). Theory of the Growth of the Firm. Journal of the Operational Research Society, 23(2): 240 – 241.

[423] Pereira, C. R., Christopher, M., & Da Silva, A. L. (2014). Achieving Supply Chain Resilience: The role of Procurement. Supply Chain Management-an International Journal, 19(5 – 6): 626 – 642.

[424] Pessach, D., Singer, G., Avrahami, D., Chalutz Ben-Gal, H., Shmueli, E., & Ben-Gal, I. (2020). Employees Recruitment: A Prescriptive Analytics Approach via Machine Learning and Mathe-

matical Programming. Decision Support Systems, 134, 113290.

[425] Peter Hwang, & J. David Lichtenthal. (2000). Anatomy of organizational crises. Journal of Contingencies & Crisis Management, 8(3), 129 – 140.

[426] Pfeffer, J., & Salancik, G. R. (1978). The External Control of Organizations: A Resource Dependence Perspective. Economic Journal, 23(2): 123 – 133.

[427] Pfeffer, J., & Sutton, R. I. (2006). Evidence-based Management. Harvard Business Review, 84(1), 62 – 74.

[428] Piccinini, E., Hanelt, A., Gregory, R., et al. (2015). Transforming Industrial Business: The Impact of Digital Transformation on Automotive Organizations. International Conference of Information Systems.

[429] Pitafi, A. H., Kanwal, S., Ali, A., Khan, A. N., & Waqas Ameen, M. (2018). Moderating Roles of IT Competency and Work Cooperation on Employee Work Performance in an ESM Environment. Technology in Society, 55: 199 – 208.

[430] Pitafi, A. H., Khan, A. N., Khan, N. A., & Ren, M. (2020). Using Enterprise Social Media to Investigate the Effect of Workplace Conflict on Employee Creativity. Telematics and Informatics, 55, 101451.

[431] Pitafi, A. H., Liu, H., & Cai, Z. (2018). Investigating the Relationship between Workplace Conflict and Employee Agility: The Role of Enterprise Social Media. Telematics and Informatics, 35 (8): 2157 – 2172.

[432] Pitafi, A. H., Rasheed, M. I., Kanwal, S., & Ren, M. (2020). Employee Agility and Enterprise Social Media: The Role of IT Proficiency and Work Expertise. Technology in Society, 63, 101333.

[433] Plowman, D. A., Baker, L. T., Beck, T. E., Kulkarni, M., Solansky, S. T., & Travis, D. V. (2007). Radical change accidentally: The emergence and amplification of small change. Academy of Man-

agement Journal, 50(3): 515-543.

[434] Porras,J. I., Son, R. J. (1992). Organizational development: Theory, Practice and Research, in Dunnette, M. D., Hough, L. M. Research in Organization Change and Development. Greenwich C T: JAI.

[435] Porter, M. E. (1981). The Contributions of Industrial Organization to Strategic Management. The Academy of Management Review, 6(4): 609-620.

[436] Powley, E. H. (2009). Reclaiming Resilience and Safety: Resilience Activation in the Critical Period of Crisis. Human Relations, 62(9): 1289-1326.

[437] Quinn, R. E. (1978). Towards a Theory of Changing: A Means-Ends Model of the Organizational Improvement Process. Human Relations, 31(5): 395-416.

[438] Rafferty, A. E., Jimmieson, N. L., & Armenakis, A. A. (2013). Change Readiness: A Multilevel Review. Journal of Management, 39(1): 110-135.

[439] Raisch, S., & Krakowski, S. (2021). Artificial Intelligence and Management: The Automation-Augmentation Paradox. Academy of Management Review, 46(1): 192-210.

[440] Rampersad, G. (2020). Robot Will Take Your Job: Innovation for an Era of Artificial Intelligence. Journal of Business Research, 116, 68-74.

[441] Raquel Sanchís, Raúl Poler Escoto. Evaluación de la resiliencia empresarial: Marco de categorización de disrupciones. Dirección Y Organización Revista De Dirección Organización Y Administración De Empresas, 2014: 45-53.

[442] Raza, M. A., Khan, M. M., & Mujtaba, B. G. (2018). The Impact of Organizational Change on Employee Turnover Intention: Does Stress Play a Mediating Role? Public Organization Review, 18(3): 313-327.

[443] Reibenspiess, V., Drechsler, K., Eckhardt, A., & Wagner, H.-T. (2020). Tapping into the wealth of employees' ideas: Design principles for a digital intrapreneurship platform. Information & Management, 103287.

[444] Reinmoeller, P. B., & Aa Rdwijk, N. V. (2005). The Link Between Diversity and Resilience. Mit Sloan Management Review, 46(4): 61 – 65.

[445] Remane, G., Hanelt, A., Wiesboeck, F., et al. (2017). Digital Maturity in Traditional Industries-an Exploratory Analysis. Proceedings of 25th European Conference on Information Systems (ECIS 2017), 143 – 157.

[446] Richter, A., Leyer, M., & Steinhüser, M. (2020). WorkersUnited: Digitally Enhancing Social Connectedness on the Shop Floor. International Journal of Information Management, 52, 102101.

[447] Richtnér, A, Löfsten, H. (2014). Managing in Turbulence: How the Capacity for Resilience Influences Creativity. R&D Management, 44(2):137 – 151.

[448] Riolli, L., Savicki, V. (2003). Information System Organizational Resilience. Omega-International Journal of Management Science, 31(3): 227 – 233.

[449] Risk Steering Committee. DHS Risk Lexicon. (2010). Retrieved from https://www. dhs. gov/xlibrary/assets/dhs-risk-lexicon-2010.pdf.

[450] Rivers, J. J., & Josephs, R. A. (2010). Dominance and Health: The Role of Social Rank in Physiology and illness. Guilford Press, 87 – 112.

[451] Robb, D. (2000). Building Resilient Organizations. OD Practitioner, 32(3): 27 – 32.

[452] Robbins, D. K. & Pearce, J. A. (1992). Turnaround: Retrenchment and Recovery. Strategic Management Journal, 13(4): 287 – 309.

[453] Robert, L. P., Pierce, C., Marquis, L., Kim, S., & Alahmad, R. (2020). Designing Fair AI for Managing Employees in Organizations: A Review, Critique, and Design Agenda. Human-Computer Interaction, 35(5/6): 545 – 575.

[454] Roberts, J. A., & David, M. E. (2017). Put down your Phone and Listen to me: How Boss Phubbing Undermines the Psychological Conditions Necessary for Employee Engagement. Computers in Human Behavior, 75: 206 – 217.

[455] Roblek, V., Tok, Z. M., & Meko, M. (2016). The Complexity Views on the Changes in Social and Economic Environment in 21st Century. Governance in (post)Transition Conference 2016.

[456] Romanelli, E., & Tushman, M. L. (1994). Organizational Transformation as Punctuated Equilibrium: An Empirical Test. The Academy of Management Journal, 37(5): 1141 – 1166.

[457] Rombaut, E., & Guerry, M. A. (2020). The Effectiveness of Employee Retention through an Uplift Modeling Approach. International Journal of Manpower, 41(8): 1199 – 1220.

[458] Rosenbaum, D., More, E., & Steane, P. (2018). Planned Organizational Change Management: Forward to the past? An Exploratory Literature Review", Journal of Organizational Change Management, 31(2): 286 – 303

[459] Roth, S., Kaivo-Oja, J., & Hirchmann, T. (2013). Smart Regions: Two Cases of Crowdsourcing for Regional Development. International Journal of Entrepreneurship and Small Business, 20(3): 272 – 285.

[460] Rudolph, J. W., & Repenning, N. P. (2002). Disaster Dynamics: Understanding the Role of Quantity in Organizational Collapse. Administrative Science Quarterly, 47: 1 – 30.

[461] Ruth, M., & Hannon, B. (2012). Positive Feedback in the Economy. Springer US.

[462] Sætren, G., & Laumann, K. (2017). Organizational Change Man-

agement Theory and Safety - A Critical Review. Safety Science Monitor, 1(2): 1 - 10.

[463] Sajasalo, P., Siikanen, N., Jarvenpää, M., & Dahlbom, P. (2019). Big Data and HR Analytics in the Digital Era. Baltic Journal of Management, 15(1): 120 - 138.

[464] Sajko, M., Boone, C., & Buyl, T. (2020). Ceo Greed, Corporate Social Responsibility, and Organizational Resilience to Systemic Shocks. Journal of Management, 47(4):952 - 957.

[465] Sambamurthy, V., & Grover, B. V. (2003). Shaping Agility Through Digital Options: Reconceptualizing the Role of Information Technology in Contemporary Firms. Mis Quarterly, 27(2): 237 - 263.

[466] Sanchis, R, Canetta, L., & Raúl Poler. (2020). A Conceptual Reference Framework for Enterprise Resilience Enhancement. Sustainability,12(4): 1464.

[467] Santa, M., & Nurcan, S. (2016). Learning Organization Modelling Patterns. Knowledge Management Research & Practice, 14 (1): 106 - 125.

[468] Sarta, A., Durand, R., & Vergne, J. (2021). Organizational Adaptation. Journal of Management, 47(1): 43 - 75.

[469] Sashkin, M., & Burke, W. W. (1987). Organization Development in the 1980s. Journal of Management, 13(2):393 - 417.

[470] Schein, E. H. (1988). Process Consultation: Its Role in Organization Development. Journal of Experimental & Theoretical Physics, 27(Oct): 21 - 38.

[471] Schneider, M., & Somers, M. (2006). Organizations as Complex Adaptive Systems: Implications of Complexity Theory for Leadership Research. The Leadership Quarterly, 17(4): 351 - 365.

[472] Schoenberg, R., Collier, N., & Bowman, C. (2013). Strategies for Business Turnaround and Recovery: A Review and Synthesis. European Business Review, 25(3): 243 - 262.

[473] Scholl, A., Sassenberg, K., Zapf, B., & Pummerer, L. (2020). Out of Sight, out of Mind: Power-holders Feel Responsible when Anticipating Face-to-face, but not Digital Contact with Others. Computers in Human Behavior, 112, 106472.

[474] Scholten, K., Scott, P. S., & Fynes, B. (2014). Mitigation Processes-Antecedents for Building Supply Chain Resilience. Supply Chain Management An International Journal, 19(2): 211 - 228.

[475] Scholten, K., Scott, P. S., & Fynes, B. (2019). Building Routines for Non-routine Events: Supply Chain Resilience Learning Mechanisms and their Antecedents. Supply Chain Management-an International Journal, 24(3): 430 - 442.

[476] Scholz, R. (2004). Principles of Human-Environment Systems (HES) Research. Complexity and integrated resources management, 791 - 796.

[477] Scholz, R. W., Blumer, Y. B., & Brand, F. S. (2012). Risk, Vulnerability, Robustness, and Resilience from a Decision-theoretic Perspective. Journal of Risk Research, 15(3): 313 - 330.

[478] Schumacher, A, Erol, S., & Sihn, W. (2016). A Maturity Model for Assessing Industry 4.0 Readiness and Maturity of Manufacturing Enterprises. Procedia CIRP, 52: 161 - 166.

[479] Schwartz, M. (2016). Encyclopedia and Handbook of Materials, Parts and Finishes; CRC Press: Boca Raton, FL, USA.

[480] Schwarz, G. M., & Bouckenooghe, D. (2017). A Collective Action Process Model for Attitudes to Organizational Change. Academy of Management Annual Meeting Proceedings, (1): 10346.

[481] Scott, W. R. (1987). The Adolescence of Institutional Theory. Administrative Science Quarterly, 32(4): 493 - 511.

[482] Scott, W. R., & Davis, G. (2006). Organizations and Organizing Rational, Natural and Open System Perspectives. Pearson Education (US), International edition.

[483] Segars, A. H. (2019). Seven Technologies Remaking the World.

MIT Sloan Management Review, 60(3): 3 - 19.

[484] Semana, N. A. A., Zakuana, N., & Jusoha, A., et al. (2012). The Relationship of Green Supply Chain Management and Green Innovation Concept. Procedia-Social and Behavioral Sciences, 57(9): 453 - 457.

[485] Senge, P. M. (2010). The Fifth Discipline: Theart and Practice of the Learning Organization. Performance Improvement, 30(5): 27 - 37.

[486] Sergi, B. S., & Popkova, E. G. (2020). Human Capital and AI in Industry 4.0. Convergence and Divergence in Social Entrepreneurship in Russia. Journal of Intellectual Capital, 21(4): 565 - 581.

[487] Seville, E. (2018). Building Resilience: How to Have a Positive Impact at the Organizational and Individual Employee Level. Development and Learning in Organizations, 32(3): 15 - 18.

[488] Shah, N., Irani, Z, & Sharif, A. M. (2017). Big Data in an HR Context: Exploring Organizational Change Readiness, Employee Attitudes and Behaviors. Journal of Business Research, 70: 366 - 378.

[489] Shao, Z. (2019). Impact Mechanism of Direct Supervisor's Leadership Behaviors on Employees' Extended Use of Information Technologies. Journal of Enterprise Information Management, 32(4): 626 - 645.

[490] Shashi, C. P., & Cerchione, R. (2019). Managing Supply Chain Resilience to Pursue Business and Environmental Strategies. Business Strategy and the Environment, 29(3): 1215 - 1246.

[491] Shaw, P. (1997). Intervening in the Shadow Systems of Organizations: Consulting from a Complexity Perspective. Journal of Organizational Change Management, 10(3): 235 - 250.

[492] Sheffi, Y. (2006). Resilience Reduces Risk. Logistics Quarterly, 12:12 - 14.

[493] Sheffi, Y. Rice Jr J. (2005). A Supply Chain View of the Resilient

Enterprise. MIT Sloan Management Review, 47(1): 41 - 48.

[494] Shepherd,M., Turner, J. A., Small, B., & Wheeler, D. (2018). Priorities for Science to Overcome Hurdles Thwarting the Full Promise of the 'Digital Agriculture' Revolution. Journal of the Science of Food and Agriculture, 100: 5083 - 5092.

[495] Shien, L. W., & Yazdanifard, R. (2014). A Multidimensional Review on Organizational Change Perspectives, Theories, Models, Approaches and Type of changes: Factors Leading to Success or Failure Organizational Change. Global Perspective on Engineering Management, 3(2): 27 - 33.

[496] Shin, J., Taylor, M. S., & Seo, M. G. (2012). Resources for Change: The Relationships of Organizational Inducements and Psychological Resilience to Employees' Attitudes and Behaviors toward Organizational Change. Academy of Management Journal, 55(3): 727 - 748.

[497] Shin,S. K., Picken, J. C., & Dess, G. G. (2017). Revisiting the Learning Organization: How to Create it. Organizational Dynamics, 46(1): 46 - 56.

[498] Shrestha, Y. R., Ben-Menahem, S. M., & von Krogh, G. (2019). Organizational Decision-Making Structures in the Age of Artificial Intelligence. California Management Review, 61(4): 66 - 83.

[499] Sievert, H., & Scholz, C. (2017). Engaging Employees in (at least partly) Disengaged Companies. Results of an Interview Survey within about 500 German Corporations on the Growing Importance of Digital Engagement via Internal Social Media. Public Relations Review, 43(5): 894 - 903.

[500] Singh, A., & Hess. T. (2017). How Chief Digital Officers Promote the Digital Transformation of their Companies. MIS Quarterly Executive, 16(1): 1 - 17.

[501] Singh, J. V. (1986). Performance, Slack, and Risk Taking in Organizational Decision Making. The Academy of Management Jour-

nal, 29(3): 562 – 585.

[502] Singh, S. K., Chen, J., Giudice, M. D., & El-Kassar, A. N. (2019). Environmental Ethics, Environmental Performance, and Competitive Advantage: Role of Environmental Training. Technological Forecasting and Social Change, 146: 203 – 211.

[503] Sinha, N., Singh, P., Gupta, M., & Singh, P. (2020). Robotics at Workplace: An Integrated Twitter Analytics-SEM based Approach for Behavioral Intention to Accept. International Journal of Information Management, 55, 102210.

[504] Skinner, D. (2010). Evaluation and Change Management: Rhetoric and Reality. Human Resource Management Journal, 14(3): 5 – 19.

[505] Smith, B. M. (1951). Field Theory in Social Science: Selected Theoretical Papers. Psychological Bulletin, 48(6): 520 – 521.

[506] Smith, H. J., & Hasnas. J. (1999). Ethics and Information Systems: The Corporate Domain. MIS Quarterly, 23(1): 109 – 127.

[507] Smith, P., Hutchison, D., Sterbenz, J., et al. (2011). Network Resilience: A Systematic Approach. IEEE Communications Magazine, 49(7): 88 – 97.

[508] Sofer, C. (1964). The Assessment of Organizational Change. Journal of Management Studies, 1(2): 128 – 142.

[509] Solberg, E., Traavik, L. E. M., & Wong, S. I. (2020). Digital Mindsets: Recognizing and Leveraging Individual Beliefs for Digital Transformation. California Management Review, 62(4): 105 – 124.

[510] Song, Q., Wang, Y., Chen, Y., Benitez, J., & Hu, J. (2019). Impact of the Usage of Social Media in the Workplace on Team and Employee Performance. Information & Management, 56 (8), 103160.

[511] Spence, A. M. (1981). The Learning Curve and Competition. Bell Journal of Economics, 12(1): 49 – 70.

[512] Stacey, P., Taylor, R., Olowosule, O., & Spanaki, K. (2021). Emotional Reactions and Coping Responses of Employees to a

Cyber-attack: A Case Study. International Journal of Information Management, 58, 102298.

[513] Stahl, B. C. (2012). Morality, Ethics and Reflection: A Categorisation of Normative IS Research. Journal of the Association for Information Systems, 13(8): 636 - 656.

[514] Stamolampros, P., Korfiatis, N., Chalvatzis, K., & Buhalis, D. (2019). Job Satisfaction and Employee Turnover Determinants in High Contact Services: Insights from Employees' Online reviews. Tourism Management, 75: 130 - 147.

[515] Starbuck, W. H., Greve, A, & Hedberg, B. L. T. (1978). Responding to Crisis. Journal of Business Administration, 9(2): 111 - 137.

[516] Starr, R., Newfrock, J., & Delurey, M. (2003). Enterprise Resilience: Managing Risk in the Networked Economy. Strategy Business. Booz and Company.

[517] Staw, B. M., & Dutton, S. J. E. (1981). Threat Rigidity Effects in Organizational Behavior: A Multilevel Analysis. Administrative Science Quarterly, 26(4): 501 - 524.

[518] Stenzel, A., Chinellato, E., Bou, M. A. T., del Pobil, Á. P., Lappe, M., & Liepelt, R. (2012). When Humanoid Robots Become Human-Like Interaction Partners: Corepresentation of Robotic Actions. Journal of Experimental Psychology. Human Perception & Performance, 38(5): 1073 - 1077.

[519] Stephens, J. P, Heaphy, E. D., & Carmeli, A. (2013). Relationship Quality and Virtuousness: Emotional Carrying Capacity as a Source of Individual and Team Resilience. Journal of Applied Behavioral Science, 49(1): 13 - 41.

[520] Stinchcombe, A. L. (2000) Social Structure and Organizations. Advances in Strategic Management, 17: 229 - 259.

[521] Stoltz, P. G. (2004). Building Resilience for Uncertain Times. Leader to Leader, 31: 16 - 20.

[522] Stone, D. L., Deadrick, D. L., Lukaszewski, K. M., & Johnson, R. (2015). The Influence of Technology on the Future of Human Resource Management. Human Resource Management Review, 25(2): 216 – 231.

[523] Stopford, J. M., & Baden-Fuller, C. (2010). Corporate rejuvenation. Journal of Management Studies, 27(4): 399 – 415.

[524] Stoverink, A. C., Kirkman, B. L., & Mistry, S. (2020). Bouncing Back Together: Toward a Theoretical Model of Work Team Resilience. Academy of Management Review, 45(2): 395 – 422.

[525] Street, C. T., & Denford, J. S. (2012). Punctuated Equilibrium Theory in IS Research. Dwivedi, Y. K., et al. (eds.), Information Systems Theory: Explaining and Predicting Our Digital Society, Integrated Series in Information Systems, 1(28): 335 – 354.

[526] Street, C. T., & Gallupe, R. B. (2009). A Proposal for Operationalizing the Pace and Scope of Organizational Change in Management Studies. Organizational Research Methods, 12(4): 720 – 737.

[527] Sudarsanam, S., & Lai, J. (2001). Corporate Financial Distress and Turnaround Strategies: An Empirical Analysis. British Journal of Management, 12(3): 183 – 199.

[528] Suddaby, R. (2010). Editor's Comments: Construct Clarity in Theories of Management and Organization. Academy of Management Review, 35(3): 346 – 357.

[529] Sugarman, B. (2001). A Learning-Based Approach to Organizational Change: Some Results and Guidelines. Organizational Dynamics, 30(1): 62 – 76.

[530] Sullivan, D. M., & Ford, C. M. (2014). How Entrepreneurs Use Networks to Address Changing Resource Requirements during early Venture Development. Entrepreneurship Theory and Practice, 38(3): 551 – 574.

[531] Sullivan, K., Kashiwagi, D., & Lines, B. (2011). Organizational Change Models: A Critical Review of Change Management Proces-

ses. COBRA 2011-Proceedings of RICS Construction and Property Conference, 2011, 256 – 266.

[532] Swart, J., & Kinnie, N. (2014). Reconsidering Boundaries: Human Resource Management in a Networked World. Human Resource Management, 53(2): 291 – 310.

[533] Symitsi, E., Stamolampros, P., Daskalakis, G., & Korfiatis, N. (2021). The Informational Value of Employee Online Reviews. European Journal of Operational Research, 288(2): 605 – 619.

[534] Taneja, H., & Maney, K. (2018). The End of Scale. Mit Sloan Management Review, 59(3): 67 – 72.

[535] Tangpong, C., Abebe, M., & Li, Z. (2015). A Temporal Approach to Retrenchment and Successful Turnaround in Declining Firms. Journal of Management Studies, 52(5): 647 – 677.

[536] Tao, Y., Xu, G. Y., Liu, H. (2020). Compensation Gap, Retrenchment Strategy and Organizational Turnaround: A Configurational Perspective. Journal of Organizational Change Management, 33(5): 925 – 939.

[537] Teece, D., Pisano, G., & Shuen, A. (1997). Dynamic Capability and Strategic Management. Strategic Management Journal, 18(7): 509 – 533.

[538] Ten, B., J., Lippényi, Z., van der Lippe, T., & Goos, M. (2020). Technology Implementation within Enterprises and Job Ending among Employees. A Study of the Role of Educational Attainment, Organizational Tenure, Age and Unionization. Research in Social Stratification and Mobility, 69, 100548.

[539] Teo, S., Lakhani, B., Brown, D., et al. (2008). Strategic Human Resource Management and Knowledge Workers. Management Research News, 31(9): 683 – 696.

[540] Teoh, S. Y., & Zadeh, H. S. (2013). Strategic Resilience Management Model: Complex Enterprise Systems Upgrade Implementation. Proceedings - Pacific Asia Conference on Information Systems,

PACIS 2013.

[541] Thompson, J. P. (1987). Decline of Vesicular-arbuscular Mycorrhizae in Long Fallow Disorder of Field Crops and Its Expression in Phosphorus Deficiency of Sunflower. Australian Journal of Agricultural Research, 38(5): 847 – 867.

[542] Tichy, N. M. (1974). Current Trends in Organizational Change. Columbia Journal of World Business, 9(1): 98 – 111.

[543] Tidd, J. (2001). Innovation management in context: environment, organization and performance. International Journal of Management Reviews, 3(3): 169 – 183.

[544] Tisch, D., & Galbreath, J. (2018). Building Organizational Resilience through Sensemaking: The Case of Climate Change and Extreme Weather Events. Business Strategy and the Environment, 27 (8):1197 – 1208.

[545] Tolbert, P. S., David, R. J., & Sine, W. D. (2011). Studying Choice and Change: The Intersection of Institutional Theory and Entrepreneurship Research. Organization Science, 22(5): 1332 – 1344.

[546] Trahms, C. A., & Ndofor, H. A., & Sirmon, D. G. (2013). Organizational Decline and Turnaround A Review and Agenda for Future Research. Journal of Management Official Journal of the Southern Management Association, 39(5): 1277 – 1307.

[547] Tukamuhabwa, B., Stevenson, M., & Busby, J. (2017). Supply Chain Resilience in a Developing Country Context: A Case Study on the Interconnectedness of Threats, Strategies and Outcomes. Supply Chain Management, 22(6): 486 – 505.

[548] Turner, B., Kasperson, R. E., Matson, P. A., et al. (2003). A Framework for Vulnerability Analysis in Sustainability Science. Proceedings of the National Academy of Sciences, 100(14): 8074 – 8079.

[549] Tushman, M. L., & Anderson, P. (1986). Technological Disconti-

nuities and Organizational Environments. Administrative Science Quarterly, 31(3): 439 - 465.

[550] Tuttle, T. C. (2004). Organizational Change Processes: Review and Critique of Selected Change Models. The Tuttle Group International.

[551] Uchida, M., & Shirayama, S. (2007). Network Effect in Complex Market Structures, IEEE/ WIC/ACM International Conferences on Web Intelligence & Intelligent Agent Technology Workshops. IEEE, 449 - 453.

[552] Upchurch, M. (2018). Robots and AI at Work: The Prospects for Singularity. New Technology, Work & Employment, 33(3): 205 - 218.

[553] Urovi, V., Bromuri, S., Henkel, A. P., & Iren, D. (2020). Half-Human, Half Machine-Augmenting Service Employees with AI for Interpersonal Emotion Regulation. Journal of Service Management, 31(2): 247 - 265.

[554] US Department of Homeland Security. Implementation of National Maritime Security Initiatives, 33 CFR Parts 101 and 102 § 68/126 (2003). Retrieved from https://www. gpo. gov/fdsys/pkg/FR-2003- 07- 01/pdf/03- 16186.pdf

[555] Van de Ven, A. & Sun, K.(2011). Breakdowns in Implementing Models of Organization Change. Academy of management Perspectives, 25(3): 58 - 74.

[556] Van De Ven, A. H., & Poole, M. S. (1995). Explaining Development and Change in Organizations. Academy of Management Review, 20(3): 510 - 540.

[557] van Djik, J. (2006). The Network Society, 2nd ed. Sage, London.

[558] Van Laar, E., Van Deursen, A. J. A. M., Van Dijk, J. A. G. M., & De Haan, J. (2017). The Relation between 21st-century Skills and Digital Skills: A Systematic Literature Review. Computers in Human Behavior, 72: 577 - 588.

[559] van Opstal, D.(2007). The Resilient Economy. Integrating Compet-
itiveness and Security (report). Washington, DC: Council on Com-
petitiveness.

[560] Vial, G. (2019). Understanding Digital Transformation: A review
and a Research Agenda. The Journal of Strategic Information Sys-
tems, 28(2):118 - 144.

[561] Vogus, T., & Sutcliffe, K. M. (2003). Organizing for Resilience.
Social Science Electronic Publishing, 94 - 110.

[562] Vora, M. J. (2015). Organizational Change & Transformation-A
Review. International Journal of Research and Scientific Innovation,
2(2): 67 - 71.

[563] Vrontis, D., & Vignali, C. (2001). Dairy Milk in France A Mar-
keting Investigation of the Situational Environment. British Food
Journal, 103(4/5): 291 - 296.

[564] Wacker, J. G. (2004). A Theory of Formal Conceptual Definitions:
Developing Theory-building Measurement Instruments. Journal of
Operations Management, 22(6): 629 - 650.

[565] Walker, B., Gunderson, L., Kinzig, A., et al. (2006). A Handful
of Heuristics and Some Propositions for Understanding Resilience in
Social-Ecological Systems. Ecology and Society, 11(1): 709 - 7

[566] Walker, H. J., Armenakis, A. A., & Bernerth, J. B. (2007). Fac-
tors Influencing Organizational Change Efforts: An Integrative In-
vestigation of Change Content, Context, Process and Individual
Differences. Journal of Organizational Change Management, 20(6):
761 - 773.

[567] Walker, M., Fleming, P., & Berti, M. (2021). 'You can't Pick up
a Phone and Talk to Someone': How Algorithms Function as
Biopower in the Gig Economy. Organization, 28(1): 26 - 43.

[568] Walsh, J. P. (1995). Managerial and Organizational Cognition:
Notes from a Trip Down Memory Lane. Organization Science,
6(3): 280 - 321.

[569] Wang, B., Liu, Y., & Parker, S. K. (2020). How Does the Use of Information Communication Technology Affect Individuals? A Work Design Perspective. Academy of Management Annals, 14(2): 695 – 725.

[570] Wang, Y., Huang, Q., Davison, R. M., & Yang, F. (2020). Role Stressors, Job Satisfaction, and Employee Creativity: The Cross-level Moderating Role of Social Media Use within Teams. Information & Management, 103317.

[571] Warner, K., & Waeger, M. (2019). Building Dynamic Capabilities for Digital Transformation: An Ongoing Process of Strategic Renewal. Long Range Planning, 52(3): 326 – 349.

[572] Watson, G. J., Desouza, K. C., Ribiere, V. M., & Lindič, J. (2021). Will AI ever Sit at the C-suite table? The future of senior leadership. Business Horizons, in Press.

[573] Webb, A. (2020). The 11 Sources of Disruption Every Company Must Monitor. MIT Sloan Management Review, 61(3), March 10

[574] Webber, S. S., Detjen, J., MacLean, T. L., & Thomas, D. (2019). Team Challenges: Is Aartificial Intelligence the Solution? Business Horizons, 62(6): 741 – 750.

[575] Weber, E., Huber, A., Büttgen, M., & Bartsch, S. (2020). Leadership Matters in Crisis-induced Digital Transformation: How to Lead Service Employees Effectively During the COVID – 19 pandemic. Journal of Service Management, 32(1): 71 – 85.

[576] Wee, E., & Taylor, M. S. (2018). Attention to Change: A Multi-level Theory on the Process of Emergent Continuous Organizational Change. Journal of Applied Psychology, 103(1): 1 – 13.

[577] Wei, J. C., Ouyang, Z., & Chen, H. P. (2017). Well Known or Well Liked? The Effects of Corporate Reputation on Firm Value at the Onset of a Corporate Crisis. Strategic Management Journal, 38 (10): 2103 – 2120.

[578] Weick, K. E. (1979). The Social Psychology of Organizing. Ran-

dom House, New York.

[579] Weick, K. E. (1988). Enacted Sensemaking in Crisis Situations. Journal of Management Studies, 25: 305 – 317.

[580] Weick, K. E. (1993). The Collapse of Sensemaking in Organizations: The Mann Gulch Disaster. Administrative Science Quarterly, 38(4): 628 – 652.

[581] Weick, K. E. (2000). Making Sense of the Organization. Malden, MA: Blackwell.

[582] Weick, K. E., & Roberts, K. H. (1993). Collective Mind in Organizations: Heedful Interrelating on Flight Decks. Administrative Science Quarterly, 38(3): 357 – 381.

[583] Weick, K. E., (1989). Theory Construction as Disciplined Imagination. The Academy of Management Review, 14(4): 516 – 531.

[584] Weick, K., & Quinn, R. (2003). Organizational Change and Development. Annual Review of Psychology, 50(50): 361 – 386.

[585] Weill, P., & Woerner, S. L. (2015). Thriving in an Increasingly Digital Ecosystem. MIT Sloan Management Review, 56(4): 27 – 34.

[586] Wen, W., & Yazdanifard, R. R. (2014). A Multidimensional Review on Organizational Change's Perspectives, Theories, Models, and Types of Change: Factors Leading to Success or Failure Organizational Change. Global Perspectives on Engineering Management, 3(2): 27 – 33.

[587] Westerman, G., Bonnet, D., & Mcafee, A. (2014). The Nine Elements of Digital Transformation. MIT Sloan Management Review, 1:1 – 6.

[588] Westerman, G., C., Calméjane, D., Bonnet, et al. (2011). Digital Transformation: A Road-Map for Billion-Dollar Organizations. MIT Center for Digital Business and Capgemini Consulting, 1 – 68.

[589] Westerman, G., Soule, D. L., & Eswaran, A. (2019). Building Digital-Ready Culture in Traditional Organizations. MIT Sloan

Management Review, 60(4): 59 - 68.

[590] Westrum, R. (2006). A Typology of Resilience Situations. In: E. Hollnagel, D.D. Woods, and N.Leveson, eds. Resilience engineering: concepts and precepts.Aldershot, UK: Ashgate Press.Wilkinson, M., Designing an 'adaptive' enterprise architecture. BT Technology Journal,24, 81 - 92.

[591] Wiesenberg, M., & Tench, R. (2020). Deep Strategic Mediatization: Organizational Leaders' Knowledge and Usage of Social Bots in an Era of Disinformation. International Journal of Information Management, 51, 102042.

[592] Williams, T. A., & Shepherd, D. A. (2016). Building Resilience or Providing Sustenance: Different Paths of Emergent Ventures in the Aftermath of the Haiti Earthquake. Academy of Management Journal, 59(6): 2069 - 2102.

[593] Williams, T. A., Gruber, D. A., Sutcliffe, K. M., et al. (2017). Organizational Response to Adversity: Fusing Crisis Management and Resilience Research Streams. Academy of Management Annals, 11(2): 733 - 769.

[594] Winn, M. I., & Pogutz, S. (2013). Business, Ecosystems, and Biodiversity: New Horizons for Management Research. Organization & Environment, 26(2): 203 - 229.

[595] Winn, M. I., Kirchgeorg, M., Griffiths, A., et al. (2011). Impacts from Climate Change on Organizations: A Conceptual Foundation. Business Strategy & the Environment, 20(3):157 - 173.

[596] Winston, A. (2014). Resilience in a Hotter World. Harvard Business Review, 92(4): 56.

[597] Wirtz, J., Gruber, T., Paluch, S., Lu, V. N., Kunz, W. H., Martins, A., & Patterson, P. G. (2020). Service Robots, Customers and Service Employees: What can we Learn from the Academic Literature and Where are the Gaps? Journal of Service Theory and Practice, 30(3): 361 - 391.

[598] Wischnevsky, J. D., & Damanpour, F. (2015). Punctuated Equilibrium Model of Organizational Transformation: Sources and Consequences in the Banking Industry. Research in Organizational Change & Development, 15(15): 207 – 239.

[599] Wong, S. I., & Berntzen, M. N. (2019). Transformational Leadership and Leader-member Exchange in Distributed teams: The Roles of Electronic Dependence and Team Task Interdependence. Computers in Human Behavior, 92: 381 – 392.

[600] Wood, R., & Bandura, A. (1989). Social Cognitive Theory of Organizational Management. Academy of Management Review, 14(3): 361 – 384.

[601] Woodman, R. W. (1989). Organizational Change and Development: New Arenas for Inquiry and Action. Journal of Management, 15(2): 205 – 228.

[602] Wooldridge, B., & Floyd, S. W. (1990). The Strategy Process, Middle Management Involvement, and Organizational Performance. Strategic Management Journal, 11(3): 231 – 241.

[603] Wrzesniewski, A., & Dutton, J. E. (2012). Crafting a Job: As Active Employees Revisioning Crafters of Their Work. Academy of Management, 26(2): 179 – 201

[604] Wu, C., Zhang, Y., Huang, S., & Yuan, Q. (2021). Does Enterprise Social Media Usage Make the Employee More Productive? A meta-analysis. Telematics and Informatics, 60, 101578.

[605] Yeh, Q. J., Fang, P. (2011). A Resource-based Analysis of Organizational Turnaround: The Contingency Role of Organizational Life Stages. Journal of Management & Organization, 17(6): 782 – 796.

[606] Yeow, A., Soh, C., & Hansen, R. (2018). Aligning With New Digital Strategy: A Dynamic Capabilities Approach. The Journal of Strategic Information Systems, 27: 43 – 58.

[607] Young, K. (2010). Policies and Procedures to Manage Employee Internet Abuse. Computers in Human Behavior, 26(6): 1467 – 1471.

[608] Youssef, C. M., & Luthans, F. (2007). Positive Organizational Behavior in the Workplace: The Impact of Hope, Optimism, and Resilience. Journal of Management, 33(5): 774 – 800.

[609] Zaheer, A., & Bell, G. G. (2005). Benefiting from Network Position: Firm Capabilities, Structural Holes, and Performance. Strategic Management Journal, 26(9): 809 – 825.

[610] Zeira, Y., & Harari, E. (1975). Planned Organizational Change in Multinational Corporations. Advanced Management Journal, 40(3): 31 – 39.

[611] Zheng,D., Luo, Q., & Ritchie, R. W. (2020). Afraid to Travel after COVID – 19? Self-protection, Coping and Resilience against Pandemic 'Travel Fear'. Tourism Management, 83: 1 – 13.

[612] Zhong, C. B., & House, J. (2012). Hawthorne Revisited: Organizational Implications of the Physical Work Environment. Research in Organizational Behavior, 32: 3 – 22.

[613] Zhu, Y. Q., Corbett, J., & Chiu, Y. T. (2020). Understanding Employees' Responses to Artificial Intelligence. Organizational Dynamics. 2020, 100786.

[614] Zickuhr, K., Purcell, K., & Rainie, L. (2014). From Distant Admirers to Library Lovers-and Beyond. Pew Research Centers, March 13.

[615] Zieglar, J. G. (2003). Toward a Synthesis of Decision-making and Change Management. Futurics, 27(1/2): 77 – 85.

[616] Zimmerman, H. (2015). Understanding the Digital Economy: Challenges for New Business Models. Social Science Electronic Publishing.

[617] Zook, C. (2007). Finding your Next Core Business. Harvard Business Review, 85(4): 66 – 75, 140.

[618] 阿姆瑞特·蒂瓦纳:《平台生态系统》.侯赟慧、赵驰译,北京大学出版社,2018:49—60。

[619] 彼得·德鲁克:《管理:使命、责任、实务》,王永贵译,机械工业出版

社,2006。

[620] 波士顿咨询公司:《打造多样性组织:复杂世界的生存之道》,《中国工业评论》,2017,(08):24—28。

[621] 布莱恩·阿瑟:《经济中的正反馈:经济社会体制比较》,1998,(06):18—23。

[622] 常凯:《中国劳动关系报告:当代中国劳动关系的特点和趋向》,中国劳动社会保障出版社,2009。

[623] 陈春花、尹俊、梅亮、韩夏:《企业家如何应对环境不确定性?基于任正非采访实录的分析》,《管理学报》,2020,17(08):1107—1116。

[624] 陈定国:《企业管理》,三民书局(台北),1983。

[625] 陈冬梅、王俐珍、陈安霓:《数字化与战略管理理论——回顾、挑战与展望》,《管理世界》,2020,36(05):20、220—236。

[626] 陈国权、刘薇:《企业组织内部学习、外部学习及其协同作用对组织绩效的影响——内部结构和外部环境的调节作用研究》,《中国管理科学》,2017,25(05):175—186。

[627] 陈国权、周琦玮:《基于时间维度的组织学习理论——组织从过去经历中学习的模型》,《技术经济》,2016,35(09):9—20。

[628] 陈文玲、颜少君:《当前世界经济发展的新趋势与新特征》,《南京社会科学》,2016,(05):1—9。

[629] 陈悦、陈超美、刘则渊、胡志刚、王贤文:《CiteSpace 知识图谱的方法论功能》,《科学学研究》,2015,33(02):242—253。

[630] 程承坪、彭欢:《人工智能影响就业的机理及中国对策》,《中国软科学》,2020,2018(10):62—70。

[631] 崔淼、周晓雪、蔡地:《新兴市场企业如何塑造组织韧性——基于路径构造理论的案例研究》,《管理案例研究与评论》,13(06):646—657。

[632] 戴维 S.埃文斯、理查德·施马兰奇:《连接:多变平台经济学》,《张昕译、中信出版社》,2018:73—110。

[633] 戴翔、刘梦、任志成:《劳动力演化如何影响中国工业发展:转移还是转型》,《中国工业经济》,2016,(09):24—40。

[634] 丹尼尔·A.雷恩:《管理思想的演变》,赵睿等译、中国社会科学出版社,1986。

[635] 董华、赵生冬:《企业边界理论的发展——观点比较与理论反思》,《工业技术经济》,2013,32(07):143—153。

[636] 杜传忠、许冰:《第四次工业革命对就业结构的影响及中国的对策》,《社会科学战线》,2018,(02):68—74。

[637] 段海英、郭元元:《人工智能的就业效应述评》,《经济体制改革》,2018,(03):187—193。

[638] 鄂齐:《中国企业专利现状分析及对策》,《大连海事大学学报》(社会科学版),2011,10(01):74—77。

[639] 樊纲:《市场机制与经济效率》,三联书店上海分店,1992。

[640] 樊宏烨:《企业脆弱性机理研究》(学位论文),武汉理工大学,2008。

[641] 费洪平:《当前我国产业转型升级的方向及路径》,《宏观经济研究》,2017,(02):3—8,38。

[642] 冯璐、冷伏海:《共词分析方法理论进展》,《中国图书馆学报》,2006,(02):88—92。

[643] 付才辉:《最优生产函数理论——从新古典经济学向新结构经济学的范式转换》,《经济评论》,2018,(01):3—46。

[644] 格奥尔格·凡尔梅特、伊冯娜·赛尔:《破译黑天鹅——如何应对未来15年的商业巨变》,王雪婷译,中国友谊出版社,2014。

[645] 巩见刚、董小英:《信息化中高层支持的维度表现以及影响因素分析——一个本土案例研究》,《管理学报》,2012,9(9):1349—1355。

[646] 郭海、沈睿、王栋晗、陈叙同:《组织合法性对企业成长的"双刃剑"效应研究》,《南开管理评论》,2018,21(05):16—29。

[647] 郭熙保、习明明:《人力资本边际收益递减、后发优势与经济增长——基于国家间面板数据的实证分析》,《世界经济研究》,2012,(04):3—10、87。

[648] 韩雪亮:《组织变革准备研究回顾与整合》,《心理科学》,2016,39(05):1248—1255。

[649] 韩毅、金碧辉:《基于连通性的引文网络结构分析新视角:主路径分析》,《科学学研究》,2012,30(11):1634—1640。

[650] 郝喜玲、涂玉琦、刘依冉、谭炜:《失败情境下创业韧性的研究框架构建》,《外国经济与管理》,2020,42(01):30—41。

[651] 何勤、李雅宁、程雅馨、李晓宇:《人工智能技术应用对就业的影响及作用机制研究——来自制造业企业的微观证据》,《中国软科学》,2020,(S1):213—222。

[652] 何文炯:《数字化、非正规就业与社会保障制度改革》,《社会保障评论》,2020,4(03):15—27。

[653] 何铮、谭劲松、陆园园:《组织环境与组织战略关系的文献综述及最新研究动态》,《管理世界》,2006,(11):150—157。

[654] 胡鞍钢:《中国进入后工业化时代》,《北京交通大学学报》(社会科学版),2017,16(01):1—16。

[655] 黄泰岩、牛飞亮:《西方企业网络理论述评》,《经济学动态》,1999,(04):63—67。

[656] 黄毅、佟晓光:《中国人口老龄化现状分析》,《中国老年学杂志》,2012,32(21):4853—4855。

[657] 姜加林:《中国威胁还是威胁中国?"中国威胁论"研究》,外文出版社,2012。

[658] 蒋南平、邹宇:《人工智能与中国劳动力供给侧结构性改革》,《四川大学学报》(哲学社会科学版),2018,(01):130—138。

[659] 杰奥夫雷 G.帕克、马歇尔 W.范·埃尔斯泰恩、桑基特·保罗·邱达利:《平台革命:改变世界的商业模式》,志鹏译、机械工业出版社,2017:16—77。

[660] 靖培栋:《信息可视化——情报学研究的新领域》,《情报科学》,2003,(07):685—687。

[661] 克劳斯·施瓦布:《第四次工业革命:转型的力量》,《南风窗》,(20):104。

[662] 李宝:《企业组织脆弱性生成机理与评价研究》(学位论文),武汉理工大学,2012。

[663] 李鹤、张平宇、程叶青:《脆弱性的概念及其评价方法》,《地理科学进展》,2008,(02):18—25。

[664] 李建平:《二十国集团(G20)国家创新竞争力发展报告(2016—2017)》,社会科学文献出版社,2017。

[665] 李文涛:《人工智能时代电子劳动合同的订立及其风险防范:以意思

表示的归责理论为基础》,《中国人力资源开发》,2020,37(10):75—90。

[666] 李雅宁、何勤、王琦、钟青青:《人工智能上市公司全要素生产率测度及其对就业的影响研究》,《中国人力资源开发》,2020,37(11):62—74。

[667] 李玉刚、童超:《企业合法性与竞争优势的关系:分析框架及研究进展》,《外国经济与管理》,2015,37(3):65—75。

[668] 李智明:《技术进步与就业关系文献综述》,《经济研究导刊》,2018,(02):7。

[669] 林毅夫:《中国经济发展回顾与展望》,《中国流通经济》,2012,26(7):4—8。

[670] 林忠、郑世林、夏福斌、孟德芳:《组织变革中工作压力的形成机理:基于国有企业样本的实证研究》,《中国软科学》,2016,(03):84—95。

[671] 林子筠、吴琼琳、才凤艳:《营销领域人工智能研究综述》,《外国经济与管理》,2021,43(03),89—106。

[672] 刘洪、李必强:《自然增长过程的分形规律研究与应用》,《科技导报》,1996,(10):21—24。

[673] 刘洪、周玲:《组织变革的复杂性增长路径》,《管理评论》,2003,15(12):52—55。

[674] 刘洪:《科学发展的自然增长分形论》,《科学学研究》,1998,(04):19—24、109。

[675] 刘洪:《经济混沌管理理论方法应用》,中国发展出版社,2001。

[676] 刘洪:《经济系统预测的混沌理论原理与方法》,科学出版社,2003:114—125。

[677] 刘洪:《组织复杂性管理》,商务印书馆,2011。

[678] 刘洪:《组织能力的整体性重构——寻找转型变革期企业的出路》,《清华管理评论》,2014,(Z2):30—37。

[679] 刘洪:《变革环境下的组织变革及其管理研究综述》,《人力资源管理评论》,2018,(02):3—22。

[680] 刘敏:《新技术革命对就业的多重影响及政策建议》,《宏观管理》,2017,(03):54—56、60。

[681] 刘伟、蔡志洲:《中国经济发展的突出特征在于增长的稳定性》,《管理世界》,2021,(05):2、11—23。

[682] 刘雯雯:《组织脆弱性研究》,中国林业出版社,2011。

[683] 隆云滔、刘海波、蔡跃洲:《人工智能技术对劳动力就业的影响——基于文献综述的视角》,《中国软科学》,2020,(12):56—64。

[684] 陆昌勤、梁建、张莉:《本土化的组织变革与创新专栏介绍》,《管理科学》,2017,30(03):1—2。

[685] 罗伯特·戈登:《人工智能会制造大规模失业吗》,《中国经济报告》,2018,(02)。

[686] 罗胜强、姜嬿:《管理学问卷调查研究方法》,重庆大学出版社,2014。

[687] 罗文豪:《数字化转型中的人力资源管理变革》,《中国人力资源开发》,2020,37(07):3。

[688] 罗仲伟、卢彬彬:《技术范式变革环境下组织的战略适应性》,《经济管理》,2011,(12):42—51。

[689] 吕一博、韩少杰、苏敬勤:《企业组织惯性的表现架构:来源、维度与显现路径》,《中国工业经济》,2016,(10):144—160。

[690] 马畅:《让任正非走下神坛:深度解剖华为为什么总能抓对机会》,《中国企业家》,2020,(05)。

[691] 马迎贤:《组织间关系:资源依赖视角的研究综述》,《管理评论》,2005,(02):55—62、64。

[692] 马云:《如果银行不改变我们就改变银行》,《现代企业文化》,2009,(01):15—16。

[693] 迈克尔·波特:《竞争优势》,陈小悦译,华夏出版社,2005。

[694] 尼古拉·尼葛洛庞帝:《数字化生存》,胡泳译,海南出版社,1997。

[695] 宁光杰、林子亮:《信息技术应用、企业组织变革与劳动力技能需求变化》,《经济研究》,2014,49(08):79—92。

[696] 邱均平:《信息计量学》,武汉大学出版社,2007。

[697] 邱月烨:《双面美的》,《21世纪商业评论》,2019,(01):22—25。

[698] 邱玥、何勤:《人工智能对就业影响的研究进展与中国情景下的理论分析框架》,《中国人力资源开发》,2020,37(02):90—103。

[699] 芮明杰:《平台经济:趋势与战略》,上海财经大学出版社,2018。

[700] 沈小峰等:《耗散结构论》,上海人民出版社,1987。

[701] 孙文凯、郭杰、赵忠、汤璨:《我国就业结构变动与技术升级研究》,《经济理论与经济管理》,2018,(06):5—14。

[702] 谭翠莲:《全球化背景下中国企业转型升级》,《中国高新技术企业》,2014,(15):1—2。

[703] 陶颜、魏江:《战略柔性主导逻辑演化、测量与影响因素:最新视角与动向探析》,《西安电子科技大学学报》(社会科学版),2015,25(1):27—36。

[704] 田涛、吴春波:《下一个倒下的会不会是华为》,中信出版社,2012。

[705] 托马斯·弗里德曼:《世界是平的:21世纪简史》,湖南科学技术出版社,2015。

[706] 王家枢、张新安、张小风:《矿产资源与国家安全》,地质出版社,2000。

[707] 王君、杨威:《人工智能等技术对就业影响的历史分析和前沿进展》,《经济研究参考》,2017,(27):11—25。

[708] 王君、张于喆、张义博、洪群联:《人工智能等新技术进步影响就业的机理与对策》,《宏观经济研究》,2017,(10):169—181。

[709] 王少杰、李静:《数字化员工对人力资源变革之影响——基于经济人类学视角的探索》,《湖北民族学院学报》(哲学社会科学版),2019,37(04):131—137。

[710] 魏杰:《亲历改革:1978—2008中国经济发展回顾》,中国发展出版社,2008。

[711] 吴敬贤、姚金安:《论我国人力资源优势弱化趋势——基于劳动力结构变化的分析》,《中国劳动》,2016,(13):17—21。

[712] 吴晓波、约翰·彼得·穆尔曼、黄灿,郭斌:《华为管理变革》,中信出版集团,2017。

[713] 吴晓波:《华为管理变革》,中信出版社,2017。

[714] 武亚军:《"战略框架式思考"、"悖论整合"与企业竞争优势——任正非的认知模式分析及管理启示》,《管理世界》,2013,(04):150、163—167。

[715] 习近平:《决胜全面建成小康社会 夺取新时代中国特色社会主义伟大胜利——在中国共产党第十九次全国代表大会上的报告》,《理论

学习》,2017,(12):4—25。

[716] 谢康、吴瑶、肖静华、廖雪华:《组织变革中的战略风险控制——基于企业互联网转型的多案例研究》,《管理世界》,2016,(02):133—148、188。

[717] 谢萌萌、夏炎、潘教峰、郭剑锋:《人工智能、技术进步与低技能就业——基于中国制造业企业的实证研究》,《中国管理科学》,2020,28(12):54—66。

[718] 谢小云、左玉涵、胡琼晶:《数字化时代的人力资源管理:基于人与技术交互的视角》,《管理世界》,2021,37(01):200—216。

[719] 徐芳、孙媛媛、沙伟影:《结构洞理论与中介组织的网络招聘》,《经济理论与经济管理》,2007,(10):27—31。

[720] 徐高彦、李桂芳、陶颜、刘洪:《"扶大厦之将倾":女性高管、危机企业反转与管理者认知》,《外国经济与管理》,2020,42(05):42—59。

[721] 徐明琦:《先进制造技术及其发展分析》,《科技展望》,2017,(1):155。

[722] 亚历克斯·莫塞德、尼古拉斯 L.约翰逊:《平台垄断:主导 21 世纪经济的力量》,杨菲译、机械工业出版社》,2017:94—111。

[723] 杨明海:《中国企业家的现状及企业家教育刍议》,《中国成人教育》,2001,(10):54—55。

[724] 杨正东、甘德安:《中国国有企业与民营企业的数量演进——基于种群生态学的仿真实验》,《经济评论》,2011,(04):96—103。

[725] 叶健:《"零工经济"新观察》,《新农村商报》,2015 年 11 月 11 日(B12)。

[726] 伊察克·爱迪思、爱迪思、Adizes、赵睿、何燕生:《企业生命周期》,中国社会科学出版社,1997。

[727] 张二震、戴翔:《全球贸易保护主义新趋势》,《人民论坛》,2017,(05):130—131。

[728] 张公一、张畅、刘晚晴:《化危为安:组织韧性研究述评与展望》,《经济管理》,2020,42(10):192—208。

[729] 张隆高:《德鲁克论 21 世纪管理挑战—知识工作者生产率》,《南开管理评论》,2000,3(5):26—30。

[730] 张三保、舒熳:《中国企业用工"双轨制":回顾与前瞻》,《学习与实

践》,2014,(10):61—68。

[731] 张文松、郭广珍:《企业网络与企业边界理论》,《中国工业经济》,
2005,(12):78—84。

[732] 张新红:《数字经济:中国转型增长新变量》,《智慧中国》,2016,(11):
22—24。

[733] 张于喆:《人工智能、机器人的就业效应及对策建议》,《科学管理研
究》,2019,37(01):43—45,109。

[734] 张志学、施俊琦、刘军:《组织行为与领导力研究的进展与前沿》,《心
理科学进展》,2016,24(03):317—326。

[735] 赵磊、赵晓磊:《AI正在危及人类的就业机会吗?》,《社会科学文摘》,
2018,(01):58—60。

[736] 钟春平、刘诚、李勇坚:《中美比较视角下我国数字经济发展的对策建
议》,《经济纵横》,2017,(04):35—41。

[737] 朱其权、龙立荣、孙海法、罗攀峰:《仁慈领导与变革管理对员工变革
情感承诺作用效果研究》,《管理学报》,2017,14(02):205—212。

图书在版编目（CIP）数据

变革环境下的组织转型理论研究 / 刘洪著. —南京：
南京大学出版社，2021.12
ISBN 978 - 7 - 305 - 23759 - 1

Ⅰ. ①变… Ⅱ. ①刘… Ⅲ. ①企业管理–组织管理–
研究 Ⅳ. ①F272.9

中国版本图书馆 CIP 数据核字（2021）第 245965 号

出版发行 南京大学出版社
社 址 南京市汉口路 22 号 邮 编 210093
出 版 人 金鑫荣

书 名 变革环境下的组织转型理论研究
著 者 刘 洪
责任编辑 胡 豪

照 排 南京紫藤制版印务中心
印 刷 南京玉河印刷厂
开 本 718×1000 1/16 印张 26.75 字数 425 千
版 次 2021 年 12 月第 1 版 2021 年 12 月第 1 次印刷
ISBN 978 - 7 - 305 - 23759 - 1
定 价 85.00 元

网 址:http://www.njupco.com
官方微博:http://weibo.com/njupco
官方微信:njupress
销售咨询热线:(025)83594756